党的领导与中国式现代化

（第一辑）

主　编　魏　建

副主编　李春明　陆　影　王玲强

山东大学出版社
SHANDONG UNIVERSITY PRESS
·济南·

图书在版编目(CIP)数据

党的领导与中国式现代化. 第一辑 / 魏建主编. 济南 : 山东大学出版社，2025. 1. -- ISBN 978-7-5607-8179-2

Ⅰ. D61

中国国家版本馆 CIP 数据核字第 2024Y9P684 号

责任编辑　谭学秋
封面设计　王秋忆

党的领导与中国式现代化(第一辑)

DANG DE LINGDAO YU ZHONGGUOSHI XIANDAIHUA (DIYIJI)

出版发行　山东大学出版社
社　　址　山东省济南市山大南路 20 号
邮政编码　250100
发行热线　(0531)88363008
经　　销　新华书店
印　　刷　济南华林彩印有限公司
规　　格　720 毫米×1000 毫米　1/16
　　　　　16.75 印张　301 千字
版　　次　2025 年 1 月第 1 版
印　　次　2025 年 1 月第 1 次印刷
定　　价　68.00 元

前　言

党的二十大擘画了以中国式现代化全面推进中华民族伟大复兴的宏伟蓝图，并强调指出，中国式现代化是中国共产党领导的社会主义现代化，坚持党的领导是中国式现代化的本质要求之一。2023 年 2 月 7 日，习近平总书记在学习贯彻党的二十大精神研讨班开班式上的重要讲话中指出："党的领导直接关系中国式现代化的根本方向、前途命运、最终成败。"[①]可见，坚持党的领导，既是中国式现代化的根本政治原则，也是中国式现代化的最大政治优势。为此，《山东大学学报(哲学社会科学版)》自 2022 年第 6 期始，设立了"党的领导与中国式现代化"栏目。该栏目从多学科交叉融合的视角出发，立足于党的领导与中国式现代化的伟大实践，着力推出有理论说服力和实践指导意义的高质量研究成果。截至 2023 年第 6 期，该栏目共刊发 16 篇高质量论文。为了集中展示《山东大学学报(哲学社会科学版)》"党的领导与中国式现代化"重大栏目的研究成果，现把这 16 篇论文结集出版。其主要包括如下内容：(1)习近平新时代中国特色社会主义思想与中国式现代化；(2)坚持党的领导是中国式现代化的本质要求；(3)中国式现代化的理论体系与实践指向；(4)文化传承发展与中国式现代化；(5)全球减贫视域下的中国式现代化。

一、习近平新时代中国特色社会主义思想与中国式现代化

论文集第一章为"习近平新时代中国特色社会主义思想与中国式现代化"，主要研究阐释了习近平总书记对中国式现代化进程中有关问题的重要论述，刊发了 3 篇论文，分别为《论习近平新时代中国特色社会主义思想的立场、观点、方法》《深刻把握习近平总书记关于共同富裕重要论述的原创性贡献》《论习近平生态文明思想的哲学基础及其逻辑》。

党的二十大报告指出："继续推进实践基础上的理论创新，首先要把握好新

① 习近平：《中国式现代化是中国共产党领导的社会主义现代化》，《求是》2023 年第 11 期。

时代中国特色社会主义思想的世界观和方法论，坚持好、运用好贯穿其中的立场观点方法。”[①]研究阐释习近平新时代中国特色社会主义思想的立场、观点、方法，对于在新征程上继续推进党的理论创新，谱写马克思主义中国化时代化新篇章，开创全面建设社会主义现代化国家新实践，具有重要意义。中国人民大学马克思主义学院刘建军教授等的《论习近平新时代中国特色社会主义思想的立场、观点、方法》(2023年第1期)一文认为，党的二十大报告中提到的“六个必须坚持”——必须坚持人民至上、必须坚持自信自立、必须坚持守正创新、必须坚持问题导向、必须坚持系统观念、必须坚持胸怀天下，深刻揭示了习近平新时代中国特色社会主义思想的根本立场、基本观点、科学方法及精神品格。文章指出，在“六个必须坚持”体系结构中，必须坚持人民至上是命脉，必须坚持自信自立是根基，必须坚持守正创新是方向，必须坚持问题导向是动力，必须坚持系统观念是格局，必须坚持胸怀天下是情怀，它们共同构成了习近平新时代中国特色社会主义思想的世界观与方法论。从个体方面看，每一个“必须坚持”虽在立场、观点、方法上各有侧重，但都兼具立场、观点、方法的三重意蕴，是涵盖立场、观点、方法的有机统一体，体现了习近平新时代中国特色社会主义思想是立场、观点、方法的辩证统一。

共同富裕是中国式现代化的重要特征之一。习近平总书记对共同富裕问题作出过许多重要论述。复旦大学马克思主义学院李冉教授等在《深刻把握习近平总书记关于共同富裕重要论述的原创性贡献》(2023年第2期)中认为，习近平总书记关于共同富裕的重要论述具有重大原创性贡献，推动我们党对共同富裕的认识达到全新高度。在关于“什么是共同富裕”的认识上，明确了共同富裕的战略步骤与衡量指标，以人的全面发展为导向丰富和发展了共同富裕的内涵，澄清了党内外对共同富裕的主要认识误区；在关于“为什么要实现共同富裕”的认识上，站在治国理政全局高度，以广阔的视野揭示了新时代扎实推动共同富裕的重大意义；在关于“怎么实现共同富裕”的认识上，对扎实推动共同富裕的生产力基础和制度安排作出了系统论述，在做大做好蛋糕的同时切好分好蛋糕，有效解决了在新发展阶段扎实推动共同富裕这一重大现实问题。文章指出，习近平总书记关于共同富裕的重要论述，不仅使中国共产党对共同富裕的认识达到全新层次，而且为新发展阶段扎实推动共同富裕提供了根本立场、政治引领和行动方案。

---

① 习近平：《高举中国特色社会主义伟大旗帜　为全面建设社会主义现代化国家而团结奋斗——在中国共产党第二十次全国代表大会上的报告》，北京：人民出版社，2022年，第18～19页。

党的二十大报告指出，中国式现代化是人与自然和谐共生的现代化。党的十八大以来，习近平总书记站在人类文明发展进步和中华民族永续发展的高度，系统全面地阐述了加强生态文明建设的重大意义，将人与自然的关系提升到生命共同体的高度，大力推动生态文明建设理论创新、实践创新、制度创新，提出了一系列新理念新思想新战略，形成了习近平生态文明思想。习近平生态文明思想具有深厚的理论依据与文化底蕴。山东大学马克思主义学院周向军教授等在《论习近平生态文明思想的哲学基础及其逻辑》(2023年第5期)一文中认为，习近平生态文明思想具有系统完备而又逻辑缜密的哲学基础。生命共同体论是其哲学立论基石，它确证了人与自然共生、共存、共荣的关系，概括了二者在生存道义上所具有的耦合性和涌现性特质；生态辩证法、矛盾分析法、哲学思维剖析法等哲学方法论，是其内在理论依循，它为我国全面推进生态文明建设提供了逻辑指导和方法遵循；"两山"理论是其思想内核，它内蕴着对"生态资本与经济资本"共增的目标设定、矛盾主次分明的价值权衡以及克服为己私欲的辩证把握，为实现中华民族永续发展提供了思想指引和行动指向；环境民生论是其思想与实践的价值旨归，它诠释了自然环境与民生福祉之间的耦合交互关系，为推进生态民生建设提供了根本遵循和理论指南。文章指出，深入研究习近平生态文明思想的哲学基础及其逻辑，对于全面深刻理解和把握这一思想、准确研判当前我国生态文明建设的发展趋向和实践目标，走好人与自然和谐共生的中国式现代化道路，具有重要的指导意义和时代价值。

二、坚持党的领导是中国式现代化的本质要求

党的领导是中国式现代化的本质要求之一，"中国式现代化，是中国共产党领导的社会主义现代化"①。论文集第二章为"党的领导是中国式现代化的本质要求"，着力探讨党在中国式现代化建设中的领导作用，刊发了3篇论文：《伟大建党精神与中国式现代化》《中国共产党领导国家建设的历史变革、政治效能与基本经验》《文以载道：中国共产党文艺观的文化逻辑》。

党的二十大报告将"弘扬伟大建党精神"②写入大会主题，这既是重大的理论创新，也是鲜明的实践要求。深入探究伟大建党精神与中国式现代化的关系，对于科学总结中国式现代化的探索历程、深刻把握中国式现代化的科学内

① 习近平：《高举中国特色社会主义伟大旗帜 为全面建设社会主义现代化国家而团结奋斗——在中国共产党第二十次全国代表大会上的报告》，第22页。

② 习近平：《高举中国特色社会主义伟大旗帜 为全面建设社会主义现代化国家而团结奋斗——在中国共产党第二十次全国代表大会上的报告》，第1页。

涵、增强推进中国式现代化的精神动力，都具有重要的理论价值和实践意义。北京师范大学中共党史党建研究院王炳林教授等在《伟大建党精神与中国式现代化》（2023年第3期）一文中指出，伟大建党精神与中国式现代化具有内在逻辑的一致性。伟大建党精神使中国对现代化的探索追求由被动转入主动，以伟大建党精神为源头的中国共产党人精神谱系，推动中国式现代化建设取得重大成就。在中国式现代化的中国特色和本质要求中，伟大建党精神犹如一条红线贯穿其中，全面展现了我们党推进和拓展中国式现代化的历史自信和精神主动。伟大建党精神是推进中国式现代化的强大精神动力，弘扬伟大建党精神能够为立党兴党强党提供丰厚滋养，激发中国人民的斗争精神，汇聚起中华民族团结奋斗的磅礴伟力。

国家建设是国家现代化发展的重要组成部分，体现着各国现代化发展的内在逻辑及其独特性。就中国式现代化而言，党的领导贯穿于国家建设始终，既决定着中国现代国家成长的实践进路，又塑造着以政党领导为特征的现代化发展新范式。在此意义上，要系统理解中国式现代化，就应从学理上把握政党领导和国家建设的内在关联，总结分析我们党领导国家建设的历史变革、政治效能与基本经验，从而推进中国式现代化，并为后发国家的现代化探索提供参考。山东大学政治学与公共管理学院方雷教授等在《中国共产党领导国家建设的历史变革、政治效能与基本经验》（2023年第3期）一文中指出，中国共产党作为中国式现代化的领导核心，在革命、建设和改革各个历史时期，领导国家建设实现发展前途转换、发展道路转变、发展体制转轨和发展方式转变，成功走出一条以政党领导为特征的中国式现代化道路。这条道路超越了西方现代化理论对政党地位与功能的狭隘理解，充分展现了我们党领导国家建设的价值凝聚效能、权威塑造效能和组织动员效能。在党领导国家建设的过程中，形成了坚持党的全面领导、坚持党的自觉组织变革、坚持党的自主理论创新、坚持党的政策创新试验等基本经验。这些经验有利于中国式现代化的理论发展，并为后发国家的现代化实践提供参考。

党的二十大报告指出，丰富人民精神世界是中国式现代化的本质要求之一，强调要“推出更多增强人民精神力量的优秀作品”①，这彰显了我们党对文艺社会功能的理解和运用。百余年来，我们党始终高度重视文艺事业，强调文艺要服务人民，为建设社会主义精神文明提供助益。党在领导中国特色社会主义

① 习近平：《高举中国特色社会主义伟大旗帜　为全面建设社会主义现代化国家而团结奋斗——在中国共产党第二十次全国代表大会上的报告》，第45页。

文艺事业繁荣发展的过程中，继承并发展了“文以载道”的中国传统文艺观，不断赋予其全新的时代内涵。山东大学马克思主义学院郝书翠教授等的《文以载道：中国共产党文艺观的文化逻辑》(2023年第4期)一文认为，“文以载道”传统文艺观的基本立场是强调文艺的社会价值和政治导向，最终达成审美与道德的合一。中国共产党文艺观肯定文艺的政治导向与审美导向之间的双向互动，主张发挥文艺的社会功能，体现了我们党对“文以载道”传统文艺观基本立场的肯认。为实现审美与政治的双向互动，我们党从历史、现实和情感三个向度实现了对“文以载道”传统文艺观的创造性转化和创新性发展。文章主张，新时代的文艺理论应始终坚持以人民为中心的创作导向，致力于增强人民的精神力量，丰富人民的精神世界，着力建构标志性的中华文艺符号体系，将“文以载道”这一中国传统文艺观推进到全新的历史高度，推动中国特色社会主义文艺事业的进一步繁荣发展。

三、中国式现代化的理论体系与实践指向

习近平总书记指出：“推进中国式现代化是一个探索性事业，还有许多未知领域，需要我们在实践中去大胆探索。”[①]因此，我们要在实践中探索构建中国式现代化的理论体系，并解决中国式现代化进程中的一些重大现实问题。论文集第三章“中国式现代化的理论体系与实践指向”对此问题进行了探索，从中国式现代化的理论体系构建角度，刊发了3篇论文：《中国式现代化话语体系建构的三重维度》《中国式现代化的历史由来与发展进程》《不确定性背景下中国式现代化的理论变革与实践转向》；从探讨解决中国式现代化进程中重大现实问题的角度，刊发了3篇文章：《基于共同富裕的新型城镇化之路：重要性、障碍及实现路径》《新发展格局下中国文化产业高质量发展的战略思路与实现路径》《中国式现代化与第四次工业革命：风险和应对》。

“中国式现代化”的提出顺应了历史发展趋势，指明了中国现代化发展的道路和方向，破解了“现代化等于西方现代化”的迷思。清华大学习近平新时代中国特色社会主义思想研究院艾四林教授等在《中国式现代化话语体系建构的三重维度》(2023年第2期)中认为，中国式现代化的传播和接受，需要经历话语体系建构的过程。如此才能对外亮明旗帜，回应西方国家对中国式现代化的质疑；对内团结奋斗力量，全面推进中华民族伟大复兴。文章指出，中国式现代化话语体系的建构，能为深刻认识中国特色社会主义实践成果、实现全面建成社

① 习近平：《推进中国式现代化需要处理好若干重大关系》，《求是》2023年第19期。

会主义现代化强国目标、展现可信可爱可敬中国形象，提供话语层面的保障与支撑。中国实践的成功推进、原创话语的丰富供给、人类共同发展的价值旨归，为中国式现代化话语体系建构提供了可能性。加快建构话语体系，要在实践中遵循主流意识形态的导向原则，通过立体多元的传播载体输出话语价值，在内容阐释中突出理论优越性，提升话语受众对话语体系的认同感。

党的二十大报告指出："在新中国成立特别是改革开放以来长期探索和实践基础上，经过十八大以来在理论和实践上的创新突破，我们党成功推进和拓展了中国式现代化。"①这告诉我们，中国式现代化走过了依序衔接的若干时间节点，经历了一脉相承的不同发展阶段。把握中国式现代化的历史进程，我们不仅要看到从新中国成立到改革开放再到党的十八大以来的时序延展，也要回望中华民族从近代以后到新中国成立期间的现代化走向。唯其如此，才能够全景式、全链条地审视中国式现代化的表现与演进。山东师范大学马克思主义学院商志晓教授等在《中国式现代化的历史由来与发展进程》（2023 年第 5 期）一文中认为，中国式现代化源出于从鸦片战争到新中国成立期间中华民族为摆脱半殖民地半封建社会而进行的艰苦抗争和曲折历程，肇始于新中国的诞生并在社会主义革命和建设过程中朝向"四个现代化"目标探索前进，崛起于改革开放以来中国特色社会主义事业的长足发展，成熟于中国特色社会主义新时代。在这个过程中，中国式现代化的中国特色、本质要求、路径遵循和世界影响得以充分彰显。从回顾和展望的长视域看，中国的现代化正历经两个依次联通的"一百年"，已呈现出从盲从到自主、从被动到主动、从后发到引领、从跟进到创新、从自救到利他等一系列规律性特征。

传统现代化理论主要是从一种"确定性"的视角出发，将现代化视作社会发展水平不断提高的演进过程，而不确定性则被视作社会发展的"偶然因素"和"概率事件"。然而，自 2012 年起，全球发展的不确定性开始快速攀升，并于 2020 年达到历史最高点。正如 2022 年 4 月 29 日中共中央政治局会议所指出的，"新冠肺炎疫情和乌克兰危机导致风险挑战增多，我国经济发展环境的复杂性、严峻性、不确定性上升"②。可见，在百年变局和世纪疫情相互叠加的局面下，不确定性背景正在成为中国式现代化的重要底色和关键变量。因此，构建能观照"不确定性"的中国式现代化理论体系和实践机制，越来越具有理论价值

① 习近平：《高举中国特色社会主义伟大旗帜　为全面建设社会主义现代化国家而团结奋斗——在中国共产党第二十次全国代表大会上的报告》，第 22 页。

② 《中共中央政治局召开会议分析研究当前经济形势和经济工作　审议〈国家"十四五"期间人才发展规划〉》，《人民日报》2022 年 4 月 30 日。

和现实意义。华东师范大学中国现代城市研究中心暨社会发展学院文军教授等在《不确定性背景下中国式现代化的理论变革与实践转向》(2023 年第 1 期)一文中认为,中国式现代化面临着环境、主体、方式、过程、结果的不确定性挑战,亟须理论变革。一是要从“西方话语”转向全球视野中的“本土经验”,探求现代化的“中国经验”和“中国道路”。二是要坚持以人民为中心,通过人民的主体认知和实践行动去理解和应对“不确定性”的时代挑战。三是要以中国社会发展的“真问题”“真需求”为导向,搭建跨学科平台,推动建构能与当前不确定性发展相匹配的中国式现代化理论体系和整合框架。四是要以历史为鉴、以实践为本,更好地在不确定性情境中探求中国式现代化的行动方向。五是要从研究范式的“确定性取向”转向“不确定性取向”,建构以“不确定性”为导向的中国式现代化理论体系,以此为中国式现代化进程中的不确定性提供理论解释,践行“在不确定性中认识和把握不确定性”的时代使命。

共同富裕是社会主义的本质要求,也是中国式现代化的重要特征。“全面建设社会主义现代化国家,最艰巨最繁重的任务仍然在农村。坚持农业农村优先发展,坚持城乡融合发展,畅通城乡要素流动。”①因此,深刻理解和准确把握新型城镇化与共同富裕的内在逻辑关系,探寻新型城镇化建设的现实路径,对实现全体人民共同富裕的现代化,具有重要的现实意义。西南政法大学文丰安教授等在《基于共同富裕的新型城镇化之路:重要性、障碍及实现路径》(2022 年第 6 期)一文中认为,在全面建成小康社会的基础上,推进新型城镇化建设既是巩固脱贫攻坚成果的必由之路,也是实现共同富裕的必然选择。同时,新型城镇化建设对于解决好我国区域之间发展不平衡问题具有重要意义。在共同富裕目标下,推动新型城镇化建设,要坚持新发展理念,走集约式城镇化发展道路;要大力发展城市经济,为新型城镇化夯实基础;要加快完善相关制度建设,使城镇化建设更具人文情怀;要提高县城建设水平,推动新型城镇化高质量发展。

党的二十大报告强调:“必须完整、准确、全面贯彻新发展理念,坚持社会主义市场经济改革方向,坚持高水平对外开放,加快构建以国内大循环为主体、国内国际双循环相互促进的新发展格局。”②文化产业高质量发展不仅是畅通国内大循环的新发展动能,也是推进中国式现代化进程、实现 2035 年建成社会主义

① 习近平:《高举中国特色社会主义伟大旗帜 为全面建设社会主义现代化国家而团结奋斗——在中国共产党第二十次全国代表大会上的报告》,第 30～31 页。

② 习近平:《高举中国特色社会主义伟大旗帜 为全面建设社会主义现代化国家而团结奋斗——在中国共产党第二十次全国代表大会上的报告》,第 28 页。

文化强国目标的重要战略。山东大学管理学院潘爱玲教授等在《新发展格局下中国文化产业高质量发展的战略思路与实现路径》(2022年第6期)一文中认为，文化产业高质量发展是双循环新发展格局下满足人民美好生活需要、助推我国经济高质量发展的重要路径，更是坚定文化自信、走好中国式现代化道路、从容应对百年未有之大变局的战略选择。在新发展格局下，我们需要以守正创新、双效统一为根本遵循，立足于“文化产业内循环协同均衡”与“文化产业外循环链条攀升”两个维度，通过加强文化供给侧与需求侧良性互动、优化文化要素空间布局、推动产业链条国际攀升、推进新型文化数字化战略、加强制度创新和治理保障等路径，实现新格局下我国文化产业的高质量发展。

中国式现代化需要统筹发展与安全。实现高质量发展和高水平安全之间的动态平衡，需要主动防范化解各类风险隐患。在化解传统风险的同时，我们需要高度关注第四次工业革命带来的新兴风险挑战，并采取有效的治理措施。山东大学政治学与公共管理学院马奔教授等在《中国式现代化与第四次工业革命：风险和应对》(2023年第1期)一文中认为，在第四次工业革命发展过程中，“机器问题”带来的社会失业风险、技术监管滞后带来的隐私风险、多智能体崛起带来的治理风险、技术异化带来的伦理风险、人类生存意义何在的终极风险等挑战，使社会发展面临很大的不确定性。面对第四次工业革命的新兴风险挑战，我们需要推动劳动力教育培训体系升级，进行负责任的研究与创新，实现数据使用与隐私保护的平衡，实行更加灵活高效的监管，从而对第四次工业革命的风险挑战进行有效治理，不断推进中国式现代化的实践与探索。

四、文化传承发展与中国式现代化

党的二十大报告指出：“中国式现代化，是中国共产党领导的社会主义现代化，既有各国现代化的共同特征，更有基于自己国情的中国特色。”[①]习近平总书记在文化传承发展座谈会上强调：“中国式现代化赋予中华文明以现代力量，中华文明赋予中国式现代化以深厚底蕴。”[②]这些重要论断深刻揭示了中国式现代化与中华文明的内在联系，为我们推进中国式现代化、建设中华民族现代文明提供了根本遵循。我们需要准确把握中国式现代化与中华文明的内在联系，在新时代新征程上推动文化传承发展，进一步推进和拓展中国式现代化。论文集第四章“文化传承发展与中国式现代化”，刊发了3篇论文，对相关问题进行了

① 习近平：《高举中国特色社会主义伟大旗帜　为全面建设社会主义现代化国家而团结奋斗——在中国共产党第二十次全国代表大会上的报告》，第22页。

② 习近平：《在文化传承发展座谈会上的讲话》，《求是》2023年第17期。

研究探讨。

丰富人民精神世界是中国式现代化的本质要求之一。人民精神世界的丰富需要从中华传统美学中汲取历史文化的滋养。南京艺术学院管宁教授在《以中华美学丰富人民精神世界——文人艺术的多元形态与当代价值》(2023年第4期)认为,中华美学作为中华优秀传统文化的构成要素,在丰富人民精神世界、创造中国式现代化的文化形态中不断彰显新的活力,赋予中华民族现代文明以深厚底蕴。文章指出,文人艺术是中华美学思想的集中体现,并以审美的多元形态融入文艺美学、造物美学和生活美学之中,成为中华美学的经典和中华文明的重要表征。文艺领域中意涵丰富的雅韵美学,不仅普遍渗透于造物之中,形成天人合一、万物一体的造物理念和独特智慧,而且深深融会于日常生活中,形成道器融通、优雅平淡的生活意趣和生存哲学。文章强调,在中国式现代化进程中对中华美学富矿进行深入挖掘,既要注重生成性的阐扬创化,又要着力文化智慧的运思创解;既要以高质量文化供给丰富精神世界,又要以高品位文化素养提升民族精神境界,使中华文化在创造人类文明新形态中焕发新的光彩。

党的二十大报告指出:"全面建设社会主义现代化国家,必须坚持中国特色社会主义文化发展道路,增强文化自信,围绕举旗帜、聚民心、育新人、兴文化、展形象建设社会主义文化强国,发展面向现代化、面向世界、面向未来的,民族的科学的大众的社会主义文化,激发全民族文化创新创造活力,增强实现中华民族伟大复兴的精神力量。"[①]在文化传承发展座谈会上,习近平总书记对建设中华民族现代文明的文化方略进行了全面系统论述。山东大学范玉刚教授等在《建设中华民族现代文明的历史逻辑阐释——以推动文艺繁荣发展的方针政策演进为考察对象》(2023年第6期)一文中认为,习近平总书记提出的"两个结合"特别是"第二个结合",为以中国式现代化全面推进中华民族伟大复兴指明了方向,构成了习近平文化思想的核心底蕴和鲜明价值指向。从"两个结合"尤其是"第二个结合"来看,建设中华民族现代文明的文化使命,经历了三个不同历史时期的政策促进和价值引导,即新民主主义革命时期"普及和提高"的文艺方针、新中国成立初期促进科学文化发展的"百花齐放,百家争鸣"方针、新时代"文化自信、开放包容、守正创新"的文化方略。在党的文化政策引导和历史逻辑的合力作用下,在中国式现代化进程中,文化发展应越来越聚焦于建设中华

① 习近平:《高举中国特色社会主义伟大旗帜　为全面建设社会主义现代化国家而团结奋斗——在中国共产党第二十次全国代表大会上的报告》,第42～43页。

民族现代文明的使命担当。

党的二十大报告强调："坚持和发展马克思主义，必须同中华优秀传统文化相结合。"[①]在文化传承发展座谈会上的重要讲话中，习近平总书记多次谈到"第二个结合"并指出，尽管二者来源不同，"但彼此存在高度的契合性……相互契合才能有机结合"[②]。"第二个结合"是关系马克思主义在中国牢牢扎根、关系马克思主义真理之树根深叶茂的富有深邃思考的重大理论命题。从学理上对马克思主义与中华优秀传统文化之间的相互契合进行阐释，对于不断推进"第二个结合"具有重要的理论意义和现实意义。山东大学马克思主义学院马秋丽教授等在《"三重六维"：马克思主义和中华优秀传统文化的契合性分析》（2023 年第 6 期）一文中认为，马克思主义与中华优秀传统文化存在从外到内、由表及里的层层递进的三重契合，每一重契合主要体现在两个维度，这三重契合共体现在六个维度，我们可称之为"三重六维"。第一重契合是理论本性的契合，主要表现为中华优秀传统文化开放包容的文化基因与马克思主义开放性的理论品格相契合、中华优秀传统文化革故鼎新的文化基因与马克思主义发展性的理论品格相契合这两个维度。这种最宽泛层面的契合提供了二者结合的先决条件。第二重契合是精神气质的契合，主要体现为中华优秀传统文化与马克思主义在辩证思维上的相通和实践精神方面的神似这两个维度。这一层面的契合促进了二者的精神接近。第三重契合是中华优秀传统文化与马克思主义在价值观上的契合，主要体现在民众观、社会理想观两个维度。这一层面的契合构成了二者结合的深层理据。深入剖析二者的多维度契合，有助于促进马克思主义基本原理与中华优秀传统文化的融通和贯通，进一步推进二者的结合与相互成就，在新时代谱写马克思主义中国化时代化新篇章。

五、全球减贫视域下的中国式现代化

贫困是全人类的敌人，消除贫困、过上富裕美好生活，是人类的共同理想，是各国推进现代化进程的重要目标。中国在现代化进程中消除绝对贫困，全面建成小康社会，由此走出了一条致力于消除贫困、走向共同富裕的中国式现代化道路。党的二十大报告指出："我们坚持精准扶贫、尽锐出战，打赢了人类历史上规模最大的脱贫攻坚战……历史性地解决了绝对贫困问题，为全球减贫事

① 习近平：《高举中国特色社会主义伟大旗帜　为全面建设社会主义现代化国家而团结奋斗——在中国共产党第二十次全国代表大会上的报告》，第 18 页。

② 习近平：《在文化传承发展座谈会上的讲话》，《求是》2023 年第 17 期。

业作出了重大贡献。”[1]因此，全球减贫事业是认识党的领导与中国式现代化内在联系的一个新视角。论文集第五章“全球减贫视域下的中国式现代化”刊发的山东大学政治学与公共管理学院张淑兰教授等《“亚洲的戏剧”：中印消除贫困的现代化路径》(2023年第1期)一文，比较了中印两国消除贫困的现代化途径，为深刻认识“党的领导与中国式现代化”的内在关系提供了新的视角。

“亚洲的戏剧”是诺贝尔经济学奖获得者冈纳·缪尔达尔提出的概念，意指第二次世界大战后亚洲国家消除贫困、追求现代化发展的生动实践。“戏剧”的主角在中国和印度之间呈现周期性的变化。文章指出，与印度相比，中国的最初贫困率和现代化起点均处于劣势，但是中国在2021年成功解决了绝对贫困问题，而印度直到现在仍然没有解决绝对贫困问题。文章强调，中印在消除贫困方面的成效差距以及现代化路径的差异，显示了中国式现代化的制度优势和文化优势。消除绝对贫困、全面建成小康社会，彰显了中国共产党领导的中国特色社会主义制度的优越性。社会主义制度具有集中力量办大事的优势，在不同时段的现代化建设上表现出更强的方向感和规划性。中国特色的消除贫困道路，坚持了“以发展促减贫”和“精准扶贫”等理念。中国特色的消除贫困道路，在多个方面蕴含着中华优秀传统文化的思想基因，是中华优秀传统文化创造性转化、创新性发展的实践典范。总之，在全球减贫视域下，我们更能深刻理解中国式现代化的全球意义。中国式现代化消除贫困的伟大实践，在某种意义上重新界定了现代化和现代性。

六、结语

习近平总书记指出：“党的领导直接关系中国式现代化的根本方向、前途命运、最终成败。”[2]这一重要论断基于中国式现代化的理论探索、实践历程和现实要求，深刻揭示了党的领导与中国式现代化的内在关系。论文集从“习近平新时代中国特色社会主义思想与中国式现代化”“坚持党的领导是中国式现代化的本质要求”“中国式现代化的理论体系与实践指向”“文化传承发展与中国式现代化”“全球减贫视域下的中国式现代化”五个方面，集中呈现了《山东大学学报(哲学社会科学版)》2022年第6期～2023年第6期“党的领导与中国式现代化”重大栏目刊发的学术研究成果。论文集的出版，对于更加深入研究阐释党的二十大精神，更加全面把握党的领导与中国式现代化的内在关系，更加深刻

---

① 习近平：《高举中国特色社会主义伟大旗帜　为全面建设社会主义现代化国家而团结奋斗——在中国共产党第二十次全国代表大会上的报告》，第7～8页。

② 习近平：《中国式现代化是中国共产党领导的社会主义现代化》，《求是》2023年第11期。

理解中国式现代化的理论逻辑、历史逻辑和实践逻辑，具有良好的推动作用。“推进中国式现代化是一个探索性事业，还有许多未知领域，需要我们在实践中去大胆探索。”[①]《山东大学学报（哲学社会科学版）》愿以论文集的出版为契机，进一步加强对“党的领导与中国式现代化”有关重大理论与现实问题的研究探讨，推出更多高质量研究成果，为学理化、体系化研究党的二十大精神，坚定理想信念，进一步推进和拓展中国式现代化，作出应有的贡献。

① 习近平：《推进中国式现代化需要处理好若干重大关系》，《求是》2023年第19期。

目　录

第一章 习近平新时代中国特色社会主义思想与中国式现代化

论习近平新时代中国特色社会主义思想的立场、观点、方法

刘建军　李小春

党的二十大报告指出："不断谱写马克思主义中国化时代化新篇章，是当代中国共产党人的庄严历史责任。继续推进实践基础上的理论创新，首先要把握好新时代中国特色社会主义思想的世界观和方法论，坚持好、运用好贯穿其中的立场观点方法。"①这一科学思想的立场、观点、方法是习近平新时代中国特色社会主义思想的世界观和方法论的集中体现，主要包括"必须坚持人民至上""必须坚持自信自立""必须坚持守正创新""必须坚持问题导向""必须坚持系统观念""必须坚持胸怀天下"六个方面。这"六个必须坚持"是习近平新时代中国特色社会主义思想"活的灵魂"，具有极为重要的意义。对此，我们要知其言更知其义、知其然更知其所以然，把握其中的道理哲理学理，这就需要从理论上作出相应阐释。

一、必须坚持人民至上的根本立场

立场是理论创造的出发点和落脚点，反映着理论体现谁的意志、代表谁的利益、为谁服务的根本性问题。马克思主义历史性地第一次站在无产阶级和人民大众的立场上探索人类社会发展问题，把造福人民和人类自由解放作为根本立场。作为在马克思主义指导下建立起来的无产阶级政党，中国共产党自成立

---

① 习近平：《高举中国特色社会主义伟大旗帜　为全面建设社会主义现代化国家而团结奋斗——在中国共产党第二十次全国代表大会上的报告》，《人民日报》2022年10月26日。

以来，自觉坚守和践行人民立场，把维护好、发展好人民利益放在首位，始终不渝地为人民而奋斗。党的十八大以来，习近平总书记坚持以人民为中心，做到一切为了人民、一切依靠人民、一切发展成果由人民共享，在理论与实践的结合上继承和升华了马克思主义人民观，形成了人民至上的价值理念和政治立场。坚持人民至上，是习近平新时代中国特色社会主义思想的根本立场。

首先，站稳人民立场。《共产党宣言》指出："过去的一切运动都是少数人的，或者为少数人谋利益的运动。无产阶级的运动是绝大多数人的，为绝大多数人谋利益的独立的运动。"[①]这一经典论述，鲜明地指出了马克思主义政党人民性的本质属性和根本立场。习近平新时代中国特色社会主义思想在继承人民立场的基础上，旗帜鲜明讲政治，强调党性与人民性的统一，坚持以人民至上的根本政治立场为统领，将人民立场更加切实地贯穿在党的全部理论和实践活动的全过程。在治国理政中，习近平总书记向全党反复强调："人民立场是马克思主义政党的根本政治立场。"[②]为人民而生、因人民而兴、靠人民而强的中国共产党，是最广大人民根本利益的忠实维护者和代表者，没有任何自己特殊的私利，更不可能成为任何集团、权势团体、特权阶层利益的"代理人"，无论在任何时期，始终坚持为人民而执政。对此，习近平总书记有过一个精辟的喻论："江山就是人民、人民就是江山，打江山、守江山，守的是人民的心。"[③]这形象而深刻地昭示了在中国共产党这里，人民高于一切，是根基所在、血脉所系、立业之本，凝聚民心是最重的政治要事，为民造福是最大的政治业绩。正是以人民至上的政治立场为统领，我们党在各方面工作中全面践行立党为公、执政为民的根本理念，永远依靠人民、服务人民，新时代人民立场不仅站住了，而且站得更稳了。

其次，把握人民愿望。马克思和恩格斯指出，"历史的活动和思想就是'群众'的思想和活动"，"随着历史活动的深入，必将是群众队伍的扩大"[④]。人类社会的发展，归根结底是以人民群众为主体的实践创造的结果。人民群众在实践基础上形成的愿望，体现着社会发展的趋势。中国共产党人历来重视民意、体恤民情、关注民生，善于把人民的愿望转化为党的主张，从人民的诉求、需要、呼声中形成党的战略和策略。早在2012年十八届中央政治局常委同中外记者见面会上，习近平总书记就郑重承诺："人民对美好生活的向往，就是我们的奋斗

① 《马克思恩格斯选集》第1卷，北京：人民出版社，2012年，第411页。

② 《习近平谈治国理政》第2卷，北京：外文出版社，2017年，第189页。

③ 习近平：《在庆祝中国共产党成立100周年大会上的讲话》，北京：人民出版社，2021年，第11页。

④ 《马克思恩格斯文集》第1卷，北京：人民出版社，2009年，第286、287页。

目标。”[①]十多年来，民有所呼，党必有所应。我们党始终把顺应人民对美好生活的向往，增进人民福祉、提高人民生活品质作为一切工作的立足点，从解决人民群众最关心最直接最现实的利益问题出发，统筹做好教育、就业、收入分配、社会保障、医疗卫生、住房、精神文化生活等各领域民生工作，不断实现人民愿望。在党的十九大上，习近平总书记根据“人民美好生活需要日益广泛”和我国社会生产“更加突出的问题是发展不平衡不充分”的新实际，作出“我国社会主要矛盾已经转化为人民日益增长的美好生活需要和不平衡不充分的发展之间的矛盾”[②]的新判断。以此为依据，我们党全面把握人民在物质文化上更高的需要和在民主、法治、公平、正义等方面日益增长的需要，动态聚焦人民群众在实践中产生的新需求新期待，着力解决好发展不平衡不充分问题，引领人民创造美好生活，推动人的全面发展事业、全体人民共同富裕在新时代取得更为明显的突破性、实质性进展。

再次，尊重人民创造。人民群众作为历史的主体，不仅是物质财富的创造者，也是精神财富的创造者。人民的创造性实践是社会变革和发展的根本动力。党的十八大以来，中华民族伟大复兴进入关键一程，改革发展稳定任务之重、矛盾风险挑战之多前所未有，要实现党和国家事业新发展，必须尊重人民创造，从人民那里获得应变局、开新局的磅礴力量。针对全面深化改革，习近平总书记强调：“要尊重人民首创精神，尊重实践、尊重创造，坚持全局和局部相配套、治本和治标相结合、渐进和突破相促进，鼓励大胆探索、勇于开拓。”[③]尊重人民主体地位，发挥人民首创精神，贯彻尊重劳动、尊重知识、尊重人才、尊重创造的重大方针，创造有利的环境和条件，鼓励大众创业、万众创新，最大限度地激发了人民的创造活力和创造热情。我们党紧紧依靠人民，如期完成脱贫攻坚等任务，取得了一系列重大成就。新时代十年伟大变革的丰硕成果，从根本上说，是我们党坚持人民主体地位、尊重人民创造的必然结果。

最后，集中人民智慧。人民群众的创造性实践蕴含着丰富的智慧。中国共产党历来重视人民智慧，将其作为理论创新的思想源泉。毛泽东指出，要“将群众的意见（分散的无系统的意见）集中起来（经过研究，化为集中的系统的意见）”[④]，在党内创造了群众路线的领导工作方法。对于改革开放的伟大创举，邓

---

① 《习近平谈治国理政》，北京：外文出版社，2014 年，第 4 页。

② 习近平：《决胜全面建成小康社会　夺取新时代中国特色社会主义伟大胜利——在中国共产党第十九次全国代表大会上的报告》，北京：人民出版社，2017 年，第 11 页。

③ 《习近平关于全面深化改革论述摘编》，北京：中央文献出版社，2014 年，第 34 页。

④ 《毛泽东选集》第 3 卷，北京：人民出版社，1991 年，第 899 页。

小平多次强调:“改革开放中许许多多的东西,都是群众在实践中提出来的。”[①]党的十八大以来,习近平总书记高度重视人民智慧,指出:“在人民面前,我们永远是小学生,必须自觉拜人民为师,向能者求教,向智者问策。”[②]在治国理政过程中,他始终坚持问政于民、问需于民、问计于民,坚持走群众路线和加强调查研究,听民意、汇民智、聚民力,并将其化为实践创新与理论创新的坚实力量。例如,在“十四五”规划编制过程中,习近平总书记主持召开7场座谈会,鼓励广大人民群众和社会各界以各种方式贡献智慧、建言献策;在起草党的二十大报告过程中,我们党进行广泛调查研究,听取各方意见,围绕党的二十大相关工作开展网络意见征求,集中人民智慧。这一切都是我们党充分发扬民主、集中人民智慧的生动实践。习近平新时代中国特色社会主义思想,就是以习近平同志为核心的党中央站稳人民立场、把握人民愿望、尊重人民实践、集中人民智慧进行理论创新而形成的重大成果,是全党全国各族人民集体智慧的结晶。

二、必须坚持自信自立的精神品格

真理也是有精神品格的。精神品格是理论的立场、观点、方法的集中体现,它建立在理论对时代脉搏的深刻把握之上,体现为一种精神面貌、人格特质、作风风格。一种理论之所以能够使人信服,不仅缘于它能够解答时代课题、指导社会实践,还在于其独有的精神禀赋和理论品格。习近平新时代中国特色社会主义思想把握时代特征,是真理和道义的有机统一,标识了新时代自立自强、自信昂扬的精神风貌。坚持自信自立,是这一科学思想鲜明的精神品格,它不仅蕴含着自主自立的精神根基,也包含着自尊自信的精神气质,还体现着自立自强的精神追求。

首先,坚持自主自立的精神根基。自主自立指的是思想上有自己独立的主见、不附庸他人,行动上自主完成自己的事务、不依赖他人。独立自主是马克思主义的重要思想内容。唯物辩证法认为,内因决定事物的发展趋向,外因因主体能动性的差异而产生不同的影响。于一个政党、国家而言,坚持自主自立是立身之本,是实现自尊自信、自立自强的首要前提。中华民族自古以来就有着独立自主、自强不息的优良传统和精神气节。近代以后,由于西方列强入侵和封建统治腐败,中华民族遇到了深重危机,中国人民陷入被欺负、被奴役、被压迫的悲惨境地。面对内忧外患的局面,中国共产党领导人民坚持独立自主、艰

① 中共中央文献研究室编:《邓小平年谱(1975～1997)》(下),北京:中央文献出版社,2004年,第1350页。

② 《习近平谈治国理政》,第27页。

苦奋斗，推翻重压在头上的“三座大山”，找到了一条符合国情的救国、兴国、强国之路，逐步实现了从被动挨打、饱受欺凌到自主自立、自信自强的历史转变。党的十八大以来，面对新的世情、国情、党情，习近平总书记反复强调，要始终不渝地把国家和民族发展放在自己力量的基点上，把中国发展进步的命运牢牢掌握在自己手中。他指出：“全党必须增强忧患意识，坚持底线思维，坚定斗争意志，增强斗争本领，以正确的战略策略应变局、育新机、开新局，依靠顽强斗争打开事业发展新天地，最根本的是要把我们自己的事情做好。”[①]深刻总结党的百年历史，习近平总书记将“独立自主”作为党百年奋斗的重要历史经验，“独立自主是中华民族精神之魂，是我们立党立国的重要原则”[②]。历史与现实一再证明，只要坚持党的领导，坚持自主自立，就没有任何力量可以阻挡中华民族伟大复兴的历史进程。

其次，坚持自尊自信的精神气质。自尊自信指的是自己尊重自己，自己相信自己，对自己的思想和行动具有充分的把握。中华民族历来是一个自尊自信的民族，其悠久的文化传统流淌着自尊自信的基因，如《周易》的“天行健，君子以自强不息”，就彰显了这种自尊自信的精神品格，哺育了一代又一代的中华儿女，在历史发展中积淀为中华民族精神的基本内核。在新时代，中国共产党和中国人民更加自尊自信，集中体现在对马克思主义的坚定信仰，对中国特色社会主义的牢固信念，对中华民族伟大复兴的充分信心。马克思主义是我们立党立国的根本指导思想。以习近平同志为核心的党中央高度重视学习和运用马克思主义，将马克思主义视为党的“看家本领”，将学深悟透马克思主义基本理论视为共产党人的“必修课”，通过多次组织以马克思主义理论为题的集体学习、开展纪念马克思诞辰200周年活动等方式，鲜明展现了马克思光辉的人格形象和马克思主义科学的、实践的、人民的、开放的理论形象，阐扬了科学的马克思主义观。习近平总书记强调：“对马克思主义的信仰，对社会主义和共产主义的信念，是共产党人的政治灵魂，是共产党人经受住任何考验的精神支柱。”[③]我们党坚持把马克思主义基本原理同中国具体实际相结合、同中华优秀传统文化相结合，推动中国特色社会主义进入新时代，取得了原创性思想、变革性实践、突破性进展、标志性成果，中华民族伟大复兴进入不可逆转的历史进程。正

① 《习近平在省部级主要领导干部“学习习近平总书记重要讲话精神，迎接党的二十大”专题研讨班上发表重要讲话强调　高举中国特色社会主义伟大旗帜　奋力谱写全面建设社会主义现代化国家崭新篇章》，《人民日报》2022年7月28日。

② 《中共中央关于党的百年奋斗重大成就和历史经验的决议》，北京：人民出版社，2021年，第67页。

③ 《习近平谈治国理政》，第15页。

如习近平总书记自豪地指出的那样："当今世界，要说哪个政党、哪个国家、哪个民族能够自信的话，那中国共产党、中华人民共和国、中华民族是最有理由自信的！"[①]新征程上，中国人民必将更加自尊自信，焕发出更加强烈的历史主动精神。

最后，坚持自立自强的精神追求。自立自强指的是依靠自己，奋发图强。自立自强以自主自立、自尊自信为基础，更是后者的目的和落脚点。新时代是中华民族迎来由"站起来""富起来"到"强起来"的重要时期，是决胜全面建成小康社会、全面建设社会主义现代化强国的新历史阶段。"强起来"是新时代赋予的重要使命，是党和国家事业发展的基本态势。党的十八大以来，习近平总书记坚持自立自强，坚持强党、强国、强军的有机统一，强力推进党和国家各项事业。经济方面，贯彻新发展理念，建设制造强国、质量强国、航天强国、交通强国、网络强国、科技强国、数字强国；政治方面，坚持和完善中国特色社会主义制度、推进国家治理体系和治理能力现代化，以中国之治彰显制度优势；文化方面，坚定文化自信自强，建设社会主义文化强国，增强人民更为主动的精神力量；社会发展方面，打赢了脱贫攻坚战，开启迈向共同富裕的新阶段，促进人民物质生活和精神生活共同富裕；生态方面，坚持绿色发展，推动美丽中国建设，生态文明建设卓有成效；党的建设方面，坚持全面从严治党和自我革命，确保党始终成为坚强的领导核心；等等。正因为我们党坚持自信自强、守正创新，才创造了新时代中国特色社会主义的伟大成就。党的二十大报告指出："中国共产党的中心任务，就是团结带领全国各族人民全面建成社会主义现代化强国、实现第二个百年奋斗目标，以中国式现代化全面推进中华民族伟大复兴。"[②]围绕这一宏伟目标所作出的一系列战略部署和战略安排，必将指引中国日益走向强大。

三、必须坚持守正创新的思想原则

党的思想路线是中国共产党认识和改造世界所遵循的总的指导原则和根本思想基础。习近平总书记立足党和国家事业发展新的阶段性特征，在解放思想、实事求是的基础上，提出了守正创新的思想原则。他指出，要"坚持解放思想、实事求是、守正创新，更好把坚持马克思主义和发展马克思主义统一起来，坚持用马克思主义之'矢'去射新时代中国之'的'"[③]。守正创新与解放思想、实

---

① 习近平：《在党史学习教育动员大会上的讲话》，北京：人民出版社，2021年，第9页。

② 习近平：《高举中国特色社会主义伟大旗帜　为全面建设社会主义现代化国家而团结奋斗——在中国共产党第二十次全国代表大会上的报告》，《人民日报》2022年10月26日。

③ 《习近平谈治国理政》第4卷，北京：外文出版社，2022年，第30页。

事求是一脉相承，坚持守正与创新的统一，是习近平新时代中国特色社会主义思想的基本原则和科学方法。

首先，坚持守正，以科学的态度对待科学，以真理的精神追求真理。“守正”，即坚守正道，是创新的前提基础和方向保障。就一般意义而言，坚守正道就是按规律办事。事物的发展规律是不以人的意志为转移的，是否遵循规律，决定着创新活动朝着何种方向、具有何种命运。只有遵循规律创造性地认识和改造事物，才能使事物在正道上实现新发展。习近平总书记指出：“要坚守正道、追求真理，立足我国国情，放眼观察世界，不妄自菲薄，不人云亦云。”①所谓“坚守正道”，就是要从客观存在的事实出发，坚持立足国情和放眼世界相统一认识事物，是一种追求真理的科学态度和方法。他还特别指出，守正不能偏离马克思主义。马克思主义是科学的理论，指明了通向真理的道路，提供了认识和改造世界的科学的世界观和方法论。习近平总书记反复强调：“背离或放弃马克思主义，我们党就会失去灵魂、迷失方向。”②具体到中国特色社会主义事业而言，守正就是坚持党的全面领导不动摇、坚持中国特色社会主义的前进方向不动摇、坚持党的初心使命不动摇、坚持人民立场不动摇，只有这样，党和国家事业的发展才能保持正确方向。

其次，坚持创新，敢于说前人没有说过的新话，敢于干前人没有干过的新事。“创新”，即发挥创造、赋予新意，是做到守正的根本动力和路径要求。只有创新，才能持续守正。创新是一个民族进步的灵魂，是赢得激烈的国际竞争的必由之路，是解决改革发展遇到的深层次矛盾的根本方法。党的十八大以来，我们党把创新理念列为新发展理念之首，紧紧牵住创新发展的“牛鼻子”，带动国家发展进步。而在整个创新体系中，理论创新是灵魂和核心，实践基础上的理论创新在社会发展和变革中具有先导性、引领性作用。当代中国正在经历着中华民族历史上乃至人类历史上最为深刻而独特的实践创新，亟待进行理论创新和理论创造，以回答重大时代课题，引领社会实践和推动伟大社会变革。而今，时代的变化及中国发展的深度和广度，早就远远超越了当年马克思主义经典作家的想象，坚持马克思主义，必须发展马克思主义。习近平总书记强调：“什么都用马克思主义经典作家的语录来说话，马克思主义经典作家没有说过的就不能说，这不是马克思主义的态度。”③要解决新情况、新问题，就必须坚持在理论上有所前进、有所创新，不断推动马克思主义中国化、时代化，不断赋予

---

① 习近平：《在知识分子、劳动模范、青年代表座谈会上的讲话》，北京：人民出版社，2016 年，第 6 页。

② 《习近平谈治国理政》第 2 卷，第 66 页。

③ 习近平：《在哲学社会科学工作座谈会上的讲话》，北京：人民出版社，2016 年，第 13～14 页。

马克思主义以新的时代内涵。以习近平同志为核心的党中央提出“全过程人民民主”“人类文明新形态”“新发展理念”“社会主义核心价值观”“伟大建党精神”“推动构建人类命运共同体”等一系列具有原创性、时代性、指导性的新理念新思想新战略，以新的理论指导新的实践，指引党和国家各项工作开创了前所未有的新局面。

最后，守正与创新辩证统一，实现坚持马克思主义与发展马克思主义的有机统一。守正与创新是同一过程的两个方面，相辅相成、不可分割。离开守正，创新就会变成无源之水、无根之木；离开创新，守正就会走向封闭僵化、停滞不前。习近平总书记强调：“要坚持守正和创新相统一。”[①]守正创新是党和国家事业发展的根本遵循。经济发展要守正创新、开拓创新，党的自我革命要坚持守正和创新相统一，繁荣发展哲学社会科学要正本清源、守正创新，等等。守正创新在党和国家各项事业改革发展中具有普遍性的指导意义。习近平总书记说：“我们要根据时代变化和实践发展，不断深化认识，不断总结经验，不断进行理论创新，坚持理论指导和实践探索辩证统一，实现理论创新和实践创新良性互动，在这种统一和互动中发展二十一世纪中国的马克思主义。”[②]归根结底，守正创新就是坚持和发展马克思主义的有机统一。习近平新时代中国特色社会主义思想坚持守正创新，既坚持辩证唯物主义和历史唯物主义的世界观和方法论，坚持其与时俱进的理论品质，又以一系列新理念新思想新战略丰富了马克思主义的理论宝库，为马克思主义发展作出了新贡献。这一科学思想在坚持和发展马克思主义中做到了既不忘“老祖宗”，又不断“讲新话”，开拓了对共产党执政规律、社会主义建设规律、人类社会发展规律的认识新境界，成为 21 世纪马克思主义、当代中国马克思主义的光辉篇章。

四、必须坚持问题导向的基本方法

问题是时代的声音。回答并指导解决问题是理论的根本任务，是理论把握时代、引领时代的现实着眼点。党的十八大以来，以习近平同志为核心的党中央着眼于新的客观形势和实践发展，将坚持问题导向贯穿于理论创新的全过程，以敢于正视问题的政治清醒、善于分析问题的理论智慧和勇于解决问题的实践能力，科学回答了事关党和国家发展一系列战略性、全局性、方向性的重大问题。坚持问题导向，是习近平新时代中国特色社会主义思想的基本方法。

---

① 《习近平谈治国理政》第 3 卷，北京：外文出版社，2020 年，第 535 页。

② 《习近平关于社会主义文化建设论述摘编》，北京：中央文献出版社，2017 年，第 65 页。

首先，要增强问题意识。坚持问题导向，是通过各种途径发现问题，在分析问题的基础上不断加深对问题的认识，并以解决问题为最终目标的方法，“问题”贯穿于这一过程之始终，因此，必须增强问题意识。马克思曾指出：“问题就是公开的、无畏的、左右一切个人的时代声音。问题就是时代的口号，是它表现自己精神状态的最实际的呼声。”①一切现实问题都与时代相关，带有时代烙印与时代属性。一定时代的任务、主题、主流总是通过问题表现出来。习近平同志指出：“每个时代总有属于它自己的问题，只要科学地认识、准确地把握、正确地解决这些问题，就能够把我们的社会不断推向前进。”②从表面看，问题是阻碍时代发展的“绊脚石”“拦路虎”，但是只要作为历史主体的人善于发现问题、解决问题，问题就会变成时代进步的“垫脚石”“开山虎”。因此，从这个意义上来说，认识世界、改造世界，就是一个发现问题、分析问题、解决问题的过程。习近平总书记强调：“一定要以我国改革开放和现代化建设的实际问题、以我们正在做的事情为中心，着眼于马克思主义理论的运用，着眼于对实际问题的理论思考，着眼于新的实践和新的发展。”③鲜明的问题意识，贯穿于以习近平同志为核心的党中央治国理政的全过程。全党始终把问题作为制定政策的现实依据、进行理论创新的起点，把工作的着力点放在解决党和国家事业发展的矛盾和问题上，将化解矛盾、纾解难题作为固本培元、开拓新局的突破口。

其次，强化问题聚焦。毛泽东曾站在唯物辩证法的高度指出：“问题就是事物的矛盾。”④矛盾的普遍性，说明问题也是普遍存在的，我们不可能穷尽所有问题来把握时代。物有本末，问题有主次。事物的性质是由主要矛盾的主要方面决定的。最能体现时代本质和特征的，往往是那些重大而突出的社会问题，抓住了这些问题，就把握住了时代脉搏。因此，坚持问题导向，既不能被问题牵着走，也不能眉毛胡子一把抓，而是要科学对待问题，强化问题聚焦，把握重大时代课题，盯紧突出社会问题，抓住关键问题。党的十八大以来，以习近平同志为核心的党中央紧扣实现中华民族伟大复兴的历史主题，围绕新时代坚持和发展什么样的中国特色社会主义、怎样坚持和发展中国特色社会主义，建设什么样的社会主义现代化强国、怎样建设社会主义现代化强国，建设什么样的长期执政的马克思主义政党、怎样建设长期执政的马克思主义政党的时代课题，“聚焦实践遇到的新问题、改革发展稳定存在的深层次问题、人民群众急难愁盼问题、

---

① 《马克思恩格斯全集》第40卷，北京：人民出版社，1982年，第289～290页。

② 习近平：《之江新语》，杭州：浙江人民出版社，2007年，第235页。

③ 《习近平谈治国理政》，第9页。

④ 《毛泽东选集》第3卷，第839页。

国际变局中的重大问题、党的建设方面面临的突出问题”[1]展开深邃思考和科学谋划。可以说，以习近平同志为核心的党中央所提出的重要思想、重要观点、重大判断、重大举措，都是紧密围绕党所面临的重大时代课题而展开的，都是针对性地破解政治、经济、社会、文化、生态、外交、军事、国防等领域深层次矛盾和问题的重大理论创新和战略思想。

最后，注重解决问题。解决问题是坚持问题导向的目标和落脚点，统领着发现问题、分析问题的方向。历史总是在不断解决问题的过程中前进的，解决问题是改造世界的基本途径。增强问题意识、分析问题，只有在问题的彻底解决中才有现实意义。习近平总书记指出：“我们中国共产党人干革命、搞建设、抓改革，从来都是为了解决中国的现实问题。”[2]各级领导干部特别是青年干部要提高解决实际问题的能力，加强学习、增强本领，运用马克思主义世界观、方法论研究、解决现实问题，做到解决真问题、真解决问题。党的十八大以来，党中央把握国情，从实际出发，着眼于党和国家事业发展的重大问题提出了一系列解决思路，突出表现在：以自我革命解决党自身存在的问题，通过自我净化、自我完善、自我革新、自我提高，不断淬炼作为马克思主义政党的先进性，为解决客观问题提供坚强的主体条件；以全面深化改革解决社会深层次结构性问题，完善中国特色社会主义制度、推进国家治理体系和治理能力现代化；以创新、协调、绿色、开放、共享的新发展理念引领破解发展难题，增强发展动力，推动我国社会经济高质量发展；等等。正是坚持问题导向的基本方法，中国才能在不断解决问题中实现新发展。

五、必须坚持系统观念的思维方略

系统观念是马克思主义认识论、方法论的重要范畴。唯物辩证法认为，事物是普遍联系的，整个世界表现为一个相互联系的系统，系统观念是把握世界的基本方式。当前，我国正处于经济社会发展转型的关键时期，新老问题缠绕叠加，深层次矛盾错综复杂，许多领域往往牵一发而动全身。以习近平同志为核心的党中央坚持系统观念，系统谋划、统筹推进党和国家各项事业，形成一系列新布局和新方略，许多领域实现了历史性变革、系统性重塑、整体性重构。系统观念是习近平新时代中国特色社会主义思想基础性的思想方法和工作方法，坚持系统观念的思维方略，要注重前瞻性思考、全局性谋划、整体性推进。

---

① 习近平：《高举中国特色社会主义伟大旗帜　为全面建设社会主义现代化国家而团结奋斗——在中国共产党第二十次全国代表大会上的报告》，《人民日报》2022 年 10 月 26 日。

② 《习近平关于全面深化改革论述摘编》，第 8 页。

首先，要加强前瞻性思考。系统一方面具有相对的稳定性和静止性，另一方面具有绝对的变动性和演化性。系统内部的要素组成、时空位置不断发展变化，系统与外部环境之间的关系也是动态变化的，这些因素影响着整个系统的功能及其发展。以系统观念把握事物，必须加强前瞻性思考。时间上，要透过历史看现实，正确处理当前和长远的关系，把握系统的发展趋势。要善于运用大历史观和历史思维，将历史、现实、未来贯通起来，将短期、中期、长期结合起来，把握发展的"时"与"势"。要加强对中国共产党历史、新中国史、改革开放史、社会主义发展史的学习，总结历史经验，把握历史规律，增强历史自觉，要将中华民族伟大复兴事业放在历史长河、时代大潮、全球风云中加以审视和谋划，增强工作的系统性、预见性和创造性。空间上，要跳出局部看全局，正确处理全局与局部的关系，把握系统发展的全局。要树立全局观、大局观，国家的全局是大系统，各个领域、各个行业和各个地方仅是这个大系统的一个个子系统，局部必须服从全局，小局必须服从大局，增强工作的整体性、全局性。内部要素上，要透过现象看本质，把握主要矛盾和次要矛盾的关系，把握系统的发展规律。运用辩证思维，分析面临的机遇和挑战、有利因素和不利因素，运用底线思维，准确识变、科学应变、主动求变，把握可能带来系统性风险的重点领域和重点对象，发现风险早处置、早化解。外部环境上，要跳出事物自身的视野看事物，处理好与外部世界的关系。这就要求把将事物置于更为宽广的外部环境中审视，在比较分析中找准事物发展的目标定位。我们站在全球视野中认识和看待中国自身的发展，坚定走中国式现代化道路、开创人类文明新形态的决心和信心，必将为世界文明发展作出新贡献。

其次，要注重全局性谋划。系统是一个由相互联系、相互作用的要素构成的有层次的整体，并处在与外部环境不断交互的运动中，要推动系统向前发展，必须立足系统的内外部环境，进行全局性的战略谋划，加强顶层设计和全局谋划。要在认识和实践活动中着眼于党和国家事业全局，心怀国之大者，统筹国内国际两个大局、中央与地方的关系，制定科学的路线、方针、政策，加强其中的关联性、系统性、可行性研究。既要对牵一发而动全身的改革任务扭住不放，同时又要统筹兼顾，把握各项改革任务的关联性和耦合性。对于那些事关全局的关键领域和关键环节，要运用战略思维，进行战略性布局。习近平总书记指出："战略问题是一个政党、一个国家的根本性问题。战略上判断得准确，战略上谋划得科学，战略上赢得主动，党和人民事业就大有希望。"[①]战略是从全局、长远、

① 《习近平谈治国理政》第4卷，第31页。

大势上作出的判断和决策，是事关党和国家工作大局的根本性、全局性、长远性问题，必须加强战略性、系统性、前瞻性研究谋划，提出战略目标、作出战略部署、制定战略举措，不断增强战略定力。党中央提出的中国梦战略构想，以及“四个全面”战略布局、“五位一体”总体布局，就是坚持系统观念、全局性谋划布局的光辉典范。

最后，要实现整体性推进。系统是由若干相互联系、相互作用的要素构成的统一整体，整体性是系统的本质特征。坚持系统观念，就必须发挥系统各组成要素的功能效果，实现整体性推进。中国改革的整体性特征，决定了各项工作都要统一部署，坚持全国上下一盘棋，更加注重改革措施的相互促进、良性互动、协同配合。习近平总书记指出：“改革开放是一个系统工程，必须坚持全面改革，在各项改革协同配合中推进。”[①]每一项改革既会对其他改革产生影响，又需要其他领域的配合，因此要注重各项改革的相互促进、良性互动。同时，整体推进又不是平均用力，不能眉毛胡子一把抓，而必须善于抓住全局中的主要矛盾和矛盾的主要方面。全局中的主要矛盾和矛盾的主要方面决定着全局的性质和走向，抓住了主要矛盾和矛盾的主要方面就明确了全局的方向，因此，要抓住关键领域和关键环节进行重点突破，以带动整体推进。此外，实现整体性推进时，还要讲究过程性和时序性，把握好力度和节拍。还要正确处理改革发展稳定的关系，胆子要大，步子要稳，把改革的力度、发展的速度和社会可承受的程度统一起来，积极稳妥、循序渐进，实现发展质量、结构、规模、速度、效益、安全相统一。正如习近平总书记所指出的：“必须在把情况搞清楚的基础上，统筹兼顾、综合平衡，突出重点、带动全局，有的时候要抓大放小、以大兼小，有的时候又要以小带大、小中见大，形象地说，就是要十个指头弹钢琴。”[②]

六、必须坚持胸怀天下的世界情怀

在全球化时代，任何国家都不能孤立于世界之外，如何处理与外部世界的关系，反映着其世界观、时代观、发展观。中国共产党不仅是为中国人民谋幸福、为中华民族谋复兴的党，也是为人类谋进步、为世界谋大同的党。新时代我国日益走近世界舞台中央，以习近平同志为核心的党中央坚持胸怀天下的世界情怀，关注人类前途命运，从人类发展大潮流、世界变化大格局、中国发展大历史正确认识和处理同世界的关系，将中华民族千秋伟业与人类和平发展崇高事

① 《习近平谈治国理政》，第 68 页。
② 《习近平谈治国理政》，第 102 页。

业紧密相联，在发展自身的同时，为世界发展作出巨大贡献。

首先，始终关注人类前途命运，胸怀两个大局。站在世界历史的高度审视人类社会发展历史，秉承世界眼光关注人类前途命运，是马克思主义的科学视野和基本观点。当今世界之变、时代之变正以前所未有的形式深刻展开。习近平总书记在接见2017年度驻外使节工作会议与会使节时发表重要讲话，作出了“放眼世界，我们面对的是百年未有之大变局”①的重大判断。这是运用马克思主义把握世界形势的科学预判。当前世界，百年变局和世纪疫情叠加，逆全球化思潮抬头，保护主义、单边主义上升，世界进入新的动荡变革期。习近平总书记将中国前途同世界发展紧密联系在一起，指出：“要胸怀两个大局，一个是中华民族伟大复兴的战略全局，一个是世界百年未有之大变局，这是我们谋划工作的基本出发点。”②两个大局相互交织、彼此联动，在21世纪历史性交汇，影响着当今世界发展格局和整体走势。进一步看，中华民族伟大复兴的战略全局正是在世界变局下发生和展开的，是影响这一大变局前途和人类走向的深刻动因；而世界百年未有之大变局改变了我国发展的外部条件和环境，既有前所未有的战略机遇，也是极具不确定性、不稳定性的严峻挑战。统筹两个大局，既要利用和争取世界百年未有之大变局的积极因素和有利条件，全力推进中华民族伟大复兴战略全局，又要以中华民族伟大复兴推动世界变局正向发展，为人类发展作出更大的贡献，在为中国人民谋幸福的同时，造福世界各国人民。

其次，秉持践行共商共建共享的全球治理观，推动全球治理体系变革。在世界百年未有之大变局下，全球治理赤字、信任赤字、和平赤字、发展赤字问题十分突出，现存全球治理体系与世界各国特别是广大发展中国家的要求和愿望不相适应。全球治理体系的变革，必须跳出以往那种主从之分、阵营之别、零和博弈、赢者通吃的思想窠臼，以一种融合各国价值共识的科学理念为指导。党的十九大报告明确提出“中国秉持共商共建共享的全球治理观”③。这是中国积极顺应时代潮流，参与全球治理体系变革发展的基本理念。“共商”即各国相互沟通，以协商谈判的方式解决国际矛盾；“共建”即各国共同参与、合作协力，创造发展红利；“共享”即全球治理的成果要为世界各国公平享有。共商共建共享的全球治理观以平等为基础，要求的是世界命运应由各国共同掌握，坚持国家不分大小、强弱、贫富一律平等，充分凸显主权国家在国际体系中的平等性；以

① 《习近平谈治国理政》第3卷，第421页。

② 《习近平谈治国理政》第3卷，第77页。

③ 习近平：《决胜全面建成小康社会　夺取新时代中国特色社会主义伟大胜利——在中国共产党第十九次全国代表大会上的报告》，第60页。

“共同”为核心，体现的是国际社会诸多领域的事务和问题需要由诸多主体共同参与，国际决策共同协商，治理成果共同分享；以“公平”为方向，着眼的是推动全球治理体系向公平合理方向迈进。共商共建共享的全球治理观凝聚了国际社会促进和平与发展的内在价值诉求，为处理国际社会行为主体之间关系、构建新型全球治理体系贡献了中国理念。

最后，坚持弘扬全人类共同价值，推动构建人类命运共同体。不稳定性、不确定性是世界百年未有之大变局的本质特征，人类社会再次站在了何去何从的历史当口上。党的十八大以来，习近平总书记以深邃的历史眼光和博大的天下情怀，提出了构建人类命运共同体的理念。这一理念，主张坚持对话协商、共建共享、合作共赢、交流互鉴、绿色低碳，旨在建设一个持久和平、普遍安全、共同繁荣、开放包容、清洁美丽的世界，已被多次写入联合国文件。当前，世界百年未有之大变局加速演进，亟待熔铸起构建人类命运共同体的价值共识，形成对人类命运共同体的充分认同和集体行动。2015 年，习近平主席在联合国大会上首次明确提出：“和平、发展、公平、正义、民主、自由，是全人类的共同价值，也是联合国的崇高目标。”[①]此后，在一系列重大场合，他进一步阐扬全人类共同价值，强调和平发展是世界人民的共同事业，公平正义是世界人民的共同理想，民主自由是世界人民的共同追求。与西方国家所谓的“普世价值”不同，全人类共同价值超越了意识形态、社会制度和发展水平的分别，符合世界各国人民对人类社会发展的共同期待。有了这样以价值共识为基础的价值引领，各国作为人类命运共同体构建的主体，在处理自身与外部世界关系的重大问题面前，才能作出正确的价值认知和价值选择，坚持文明交流、互鉴、共存，走开放共赢的发展道路。在人类命运共同体理念的指导下，我国通过“自由贸易区”“进口博览会”等全方位的对外开放，开展“一带一路”等多边区域合作，积极参与和引领经济全球化健康发展。在抗击全球新冠疫情过程中，我国倡导团结合作，以中国新冠疫苗助力全球弥合“免疫鸿沟”，为全球抗疫作出了巨大贡献。中国推动构建人类命运共同体的系列实践，充分彰显了共建美好世界的真诚愿望和大国担当，赢得了国际社会的普遍赞誉。

以上“六个必须坚持”不是彼此独立的，而是具有内在的逻辑性。从整体上看，“六个必须坚持”相互交织、互相支撑，是一个逻辑缜密的有机整体，共同构成习近平新时代中国特色社会主义思想的立场、观点、方法。在“六个必须坚持”体系结构中，坚持人民至上是命脉，坚持自信自立是根基，坚持守正创新是

① 《习近平谈治国理政》第 2 卷，第 522 页。

方向，坚持问题导向是动力，坚持系统观念是格局，坚持胸怀天下是情怀，集中揭示了党的创新理论的根本立场、基本观点、科学方法及精神品格，共同构成了习近平新时代中国特色社会主义思想的世界观与方法论。从部分上看，每一个“必须坚持”虽在立场、观点、方法上各有侧重，但都兼具立场、观点、方法的三重意蕴，是涵盖立场、观点、方法的有机统一体，体现了习近平新时代中国特色社会主义思想是立场、观点、方法的辩证统一。譬如，坚持人民至上，直接表达的是“为什么人”的立场问题，也体现着相信人民、依靠人民的基本观点，同时还有“从群众中来，到群众中去”的方法意蕴。其他五个“必须坚持”亦是如此，它们既是立场，也是观点，还是方法，在此不一一赘述。这“六个必须坚持”，是习近平新时代中国特色社会主义思想的活的灵魂，是对马克思主义立场、观点、方法的根脉传承和创新发展。

[原载于《山东大学学报(哲学社会科学版)》2023 年第 1 期]

深刻把握习近平总书记关于共同富裕重要论述的原创性贡献

李 冉 陈海若

实现共同富裕，是中国共产党人一以贯之的奋斗目标，也是我们党的使命所在。新时代以来，习近平总书记围绕扎实推动共同富裕作出了一系列重要论述，回应了“什么是共同富裕”“为什么要实现共同富裕”“怎么实现共同富裕”等基本问题，具有重大原创性贡献，推动党对共同富裕的认识达到全新高度。党的二十大进一步将实现全体人民共同富裕作为中国式现代化的本质要求，并明确把“全体人民共同富裕取得更为明显的实质性进展”[①]纳入2035年我国发展总体目标，从而彰显出共同富裕在全面建设社会主义现代化国家新征程中的重要战略地位。深刻把握习近平总书记关于共同富裕重要论述的原创性贡献，对新发展阶段扎实推动共同富裕、促进人的全面发展、推进和拓展中国式现代化具有深刻的理论意义和实践意义。

一、在关于“什么是共同富裕”的认识上开辟了新境界

习近平总书记在继承发展马克思、恩格斯共同富裕思想的基础上，系统总结中国共产党追求共同富裕的百年成果，结合新时代中国经济社会发展实际，对共同富裕的内涵作出科学化、时代化阐释，在关于“什么是共同富裕”的认识上开辟了新的境界。

1.明确共同富裕的战略步骤与衡量指标，完成从理论蓝图到战略目标的历史性跨越

共同富裕是马克思主义的基本理想，也是中国共产党矢志不渝的奋斗目标。马克思指出，未来社会“社会生产力的发展将如此迅速……生产将以所有

① 习近平：《高举中国特色社会主义伟大旗帜 为全面建设社会主义现代化国家而团结奋斗——在中国共产党第二十次全国代表大会上的报告》，北京：人民出版社，2022年，第24页。

的人富裕为目的"[①]，描绘了共同富裕的理想图景。纵观百年党史，在将共同富裕作为党和国家事业发展重要目标的认识上，经历了从愿景到理论的发展过程。邓小平准确把握生产力与生产关系的辩证关系，从社会主义本质的高度揭示了共同富裕的科学内涵，提出共同富裕的理论蓝图，并指出："什么时候突出地提出和解决这个问题，在什么基础上提出和解决这个问题，要研究。"[②]

新时代是"不断创造美好生活、逐步实现全体人民共同富裕的时代"[③]，全面建成小康社会为促进共同富裕创造了良好条件。在这一背景下，以习近平同志为核心的党中央将共同富裕摆在突出位置，结合全面建成社会主义现代化强国的战略安排对共同富裕作出具体部署。由此，共同富裕从社会主义本质论中的理论蓝图逐步成为社会主义现代化强国建设中分阶段、有规划推动的战略目标，内涵更为具体，更加明确。这标志着中国共产党对共同富裕作为事业发展目标的认识进入新阶段。

共同富裕从理论蓝图到战略目标的历史性跨越表现在战略步骤和衡量指标的明确上。党的十八大以前，共同富裕基本上被视为社会主义事业发展的宏观性目标。尽管我们党也规划了让一部分人先富起来和先富带动后富两个基本阶段，但是这两个阶段的具体衡量指标、时间安排却始终未能得到进一步的明确。进入新时代，习近平总书记结合"十四五"规划和 2035 年远景目标的安排，对新发展阶段扎实推动共同富裕作出了清晰部署："到'十四五'末，全体人民共同富裕迈出坚实步伐"；"到 2035 年，全体人民共同富裕取得更为明显的实质性进展"；"到本世纪中叶，全体人民共同富裕基本实现"[④]。作为战略目标，共同富裕包含居民收入差距、实际消费水平差距、基本公共服务均等化等具体指标。对此，习近平总书记明确提出了要加快制定"科学可行、符合国情的指标体系和考核评估办法"[⑤]的要求。这些论述使共同富裕的内涵更加清晰具体，得以在社会主义现代化强国建设中有步骤、有计划地逐步实现。

2.揭示共同富裕与人的全面发展的统一性，丰富和发展了共同富裕的内涵

人的全面发展是共同富裕的根本价值指向。在马克思主义经典作家的视野中，共同富裕归根到底指向的是在生产资料由社会占有的前提下全体社会成

---

① 《马克思恩格斯文集》第 8 卷，北京：人民出版社，2009 年，第 200 页。
② 《邓小平文选》第 3 卷，北京：人民出版社，1993 年，第 374 页。
③ 《习近平谈治国理政》第 3 卷，北京：外文出版社，2020 年，第 9 页。
④ 《习近平谈治国理政》第 4 卷，北京：外文出版社，2022 年，第 142 页。
⑤ 《习近平谈治国理政》第 4 卷，第 142 页。

员自由而全面的发展，保证一切社会成员“有富足的和一天比一天充裕的物质生活”[①]，体力和智力充分自由地发展和运用。随着党对共同富裕的认识维度不断拓展，共同富裕与人的全面发展的内在联系也逐步被揭示出来，形成如“我们建设有中国特色社会主义的各项事业……也就是要努力促进人的全面发展”[②]和“中国特色社会主义道路，就是……促进人的全面发展，逐步实现全体人民共同富裕”[③]等观点。新时代以来，社会主要矛盾的转化推动人的全面发展与共同富裕进入新的历史阶段。一方面，较之于物质文化需要，人民美好生活需要所涵盖的维度、质量都有了明显提升。美好生活需要内在蕴含着人民对分享改革发展成果的诉求，特别是全面建成小康社会的任务完成后，获得感、幸福感、安全感等更高层次的目标取代传统意义上满足基本生活需要、消除绝对贫困等底线问题，成为人民对共享社会发展成果的主要愿景。另一方面，不平衡和不充分的发展也指向经济发展过程中的民生短板和城乡、区域经济发展不协调等问题。在这一背景下，习近平总书记指出，“促进共同富裕与促进人的全面发展是高度统一的”[④]，揭示了共同富裕与促进人的全面发展之间的关系，并在此基础上以人的全面发展为导向丰富和发展了共同富裕的内涵。

首先，习近平总书记将共同富裕嵌入中国特色社会主义“五位一体”总体布局中，指出：“让人民共享经济、政治、文化、社会、生态等各方面发展成果……不断促进人的全面发展、全体人民共同富裕。”[⑤]这就拓宽了共同富裕所涵盖的领域，使之更加全面丰富。其次，习近平总书记强调精神生活共同富裕的重要性，指出共同富裕不仅要求经济高质量发展所带来的物质层面的丰富，更要“不断满足人民群众多样化、多层次、多方面的精神文化需求”[⑥]。共同富裕是人民群众物质生活和精神生活都富裕，物质生活与精神生活的富裕相互统一，互为条件。最后，共同富裕不仅为人的全面发展奠定基础，更为人的全面发展提供机会和环境。习近平总书记指出，共同富裕是奋斗出来的，必须提高人民就业创业能力，为增强人的发展能力创造公平普惠的条件，在广大劳动者的共同参与、共同奋斗中逐步实现共同富裕。总之，扎实推动共同富裕的根本目的是满足人的需要、实现人的全面发展；人也在共同参与、共同奋斗的过程中为共同富裕贡

① 《马克思恩格斯文集》第 3 卷，北京：人民出版社，2009 年，第 563 页。
② 《江泽民文选》第 3 卷，北京：人民出版社，2006 年，第 294 页。
③ 《胡锦涛文选》第 3 卷，北京：人民出版社，2016 年，第 621 页。
④ 《习近平谈治国理政》第 4 卷，第 146 页。
⑤ 《习近平谈治国理政》第 3 卷，第 183 页。
⑥ 《习近平谈治国理政》第 4 卷，第 146 页。

献力量。

3.对共同富裕的主要认识误区作出深入辨析，使党内外对共同富裕的认识更加完整准确

在对共同富裕的认识上，习近平总书记既回答了“是什么”的问题，也回应了“不是什么”的问题，尤其是澄清了人们在认识上的一些误区，从而更加完整准确地揭示了“什么是共同富裕”这一重大理论问题。

第一，共同富裕不是少数人的富裕，也不是整齐划一的平均主义。针对社会上出现的“共同富裕就是平均主义，就是要搞劫富济贫”“共同富裕仅是个别发达地区内部的事情，不同地区各有指标”等论调，习近平总书记进行了全面澄清。首先，“共同富裕”是一个整体概念，包含各阶层、各区域、各行业、各族人民的共同富裕。不要将城市、农村分开，或是东部、中部、西部分开，各提各的指标。其次，共同富裕要坚决避免两极分化，“绝不能出现‘富者累巨万，而贫者食糟糠’的现象”[①]。最后，共同富裕不是整齐划一的结果平等，而是要求形成中间大、两头小的橄榄型分配结构，扩大中等收入群体规模。后富者不能凭借“等”“靠”“要”坐享其成，而是通过诚实劳动与合法经营，在畅通的社会流动渠道和公平竞争环境中通过个人奋斗改善自己的生活品质。

第二，共同富裕不是“福利主义”。习近平总书记指出，扎实推动共同富裕要坚持尽力而为、量力而行，“坚决防止落入‘福利主义’养懒汉的陷阱”[②]。有的学者将共同富裕视为纯粹的分配问题，认为其主要依靠再分配和第三次分配实现；有的学者片面强调社会福利对于共同富裕实现的意义。以北欧为代表的福利国家由于社会福利过度，政府不堪重负、经济活力降低，这就是福利主义陷阱的典型体现。西方福利主义所标榜的运用税收和社会福利等手段调节贫富差距的做法只能暂时缓和社会矛盾，不可能从根本上遏制资本主义生产体系中的两极分化趋势。对此，习近平总书记强调，要“统筹需要和可能，把保障和改善民生建立在经济发展和财力可持续的基础之上”，“加强基础性、普惠性、兜底性民生保障建设”[③]，避免超出经济发展水平的过高福利承诺。习近平总书记强调国有企业、新型集体经济在促进共同富裕和保障人民共同利益上的重要作用，并明确指出，要注重“初次分配的公平性”[④]。这就在理论与实践上破除了片面强调再分配和第三次分配、忽视初次分配和共同富裕的所有制基础的取向，澄

① 《习近平谈治国理政》第 2 卷，北京：外文出版社，2017 年，第 200 页。

② 《习近平谈治国理政》第 4 卷，第 143 页。

③ 《习近平谈治国理政》第 4 卷，第 143 页。

④ 《习近平谈治国理政》第 4 卷，第 220 页。

清了共同富裕与福利主义的根本区别。

第三，共同富裕不是同时富裕、同步富裕。针对将全体人民共同富裕的整体性理解为就是要“整齐划一齐步走”的认识误区，习近平总书记指出，共同富裕“不是所有人都同时富裕，也不是所有地区同时达到一个富裕水准，不同人群不仅实现富裕的程度有高有低，时间上也会有先有后，不同地区富裕程度还会存在一定差异，不可能齐头并进”①。从时间上看，目前中国仍处于社会主义初级阶段，实现共同富裕的物质基础还不成熟；从空间上看，当前中国面临生产力发展不平衡、不充分问题，东西部、城乡区域间发展存在差距。这就决定了共同富裕是一个长期的历史过程，需要立足当前、着眼长远，遵循经济发展规律，从个别区域到整体区域，从部分试点到全面推行，让共同富裕在渐进量变中逐渐实现整体质变。

二、在关于“为什么要实现共同富裕”的认识上达到新高度

共同富裕始终是中国共产党的不懈追求。百年来，围绕“为什么要实现共同富裕”，已经形成了一系列科学认识。其中包括共同富裕是社会主义的“根本原则”②和“最大的优越性”③、共同富裕是鸦片战争以来中华民族面对的“两大历史任务”④之一、共同富裕有助于巩固“社会主义民族关系”⑤、共同富裕“和为人民服务在根本上是一致的”⑥等观点。在此基础上，习近平总书记结合中国特色社会主义的理论探索和实践过程，站在治国理政全局高度，以广阔的视野揭示了新时代扎实推动共同富裕的重大意义，推动对“为什么要实现共同富裕”的认识达到全新高度。

1.从共同富裕与现代化的关系来看，共同富裕是中国式现代化的重要特征和本质要求

从社会主义初级阶段的基本国情出发，就需要准确定位共同富裕在社会主义现代化建设中的地位。对生产力整体发展水平相对落后的中国而言，共同富裕必须在解放和发展生产力、迈向现代化的过程中逐步实现。共同富裕的实现路径在很大程度上被现代化和生产力发展的特定进程所规定。共同富裕也深刻塑造了我国现代化的路径选择和历史进程。邓小平同志结合人民生活水平

---

① 《习近平谈治国理政》第4卷，第147页。

② 《邓小平文选》第3卷，第111页。

③ 《邓小平文选》第3卷，第364页。

④ 《江泽民文选》第2卷，北京：人民出版社，2006年，第2页。

⑤ 《江泽民文选》第2卷，第344页。

⑥ 《胡锦涛文选》第1卷，北京：人民出版社，2016年，第57页。

指标对“现代化”概念予以丰富发展，即“我们的四个现代化的概念，不是像你们那样的现代化的概念，而是‘小康之家’”[①]，并在此基础上提出了“中国式的现代化”这一重要概念。党的十三大将人民生活富裕纳入基本实现现代化的目标内容，提出到21世纪中叶，我国“人均国民生产总值达到中等发达国家水平，人民生活比较富裕，基本实现现代化”[②]。

党的十八大以来，中国式现代化建设取得新的历史性成就，如何实现现代化发展成果由全体人民共享成为其中的关键问题。对此，习近平总书记深刻指出，共同富裕是中国式现代化的“重要特征”[③]，“是社会主义现代化的一个重要目标”[④]，并在党的二十大报告中进一步强调，“中国式现代化是全体人民共同富裕的现代化”，实现全体人民共同富裕是中国式现代化的“本质要求”[⑤]。这些论断深刻揭示了中国式现代化与共同富裕的关系，将共同富裕的定位提升至全新高度。贫富分化问题是世界现代化进程中的共同难题，事实证明，西方现代化的丰富物质成果没有带来国民生活的普遍改善和共同富裕，反而加剧了国内财富和收入的两极分化。与资本的增殖和全球扩张主导下的西方现代化不同，中国式现代化的进程不是建立在人的异化基础之上，其发展成果既是人民共同奋斗的结果，也由全体人民共同享有。人民对美好生活的向往始终是我国现代化建设的出发点和落脚点。在世界贫富分化日益严峻并日益成为阻碍世界现代化进程重要因素的大背景下，中国式现代化的共同富裕特征，不仅充分彰显了社会主义制度的优越性，更有助于打破西方话语垄断，增强中国的国际影响力。

2.从共同富裕与社会主义的关系来看，共同富裕彰显社会主义的本质要求

社会主义本质理论是中国共产党人在长期探索中的伟大创造。列宁指出，社会主义也即马克思、恩格斯提出的共产主义第一阶段，还不能完全摆脱资本主义的痕迹，它并非“僵死的、凝固的、一成不变的东西”[⑥]，始终处于不断前进发展的过程中。然而，在现实中长期存在把社会主义当作教条，忽视社会主义社

① 《邓小平文选》第2卷，北京：人民出版社，1994年，第237页。

② 中共中央文献研究室编：《改革开放三十年重要文献选编》(上)，北京：中央文献出版社，2008年，第478页。

③ 《习近平谈治国理政》第4卷，第142页。

④ 习近平：《论把握新发展阶段、贯彻新发展理念、构建新发展格局》，北京：中央文献出版社，2021年，第503页。

⑤ 习近平：《高举中国特色社会主义伟大旗帜 为全面建设社会主义现代化国家而团结奋斗——在中国共产党第二十次全国代表大会上的报告》，第22～24页。

⑥ 《列宁选集》第3卷，北京：人民出版社，2012年，第201页。

会中的矛盾运动，将计划经济、公有制等特征片面、教条地等同于社会主义本质的认识和实践。对此，以邓小平同志为主要代表的中国共产党人旗帜鲜明地指出，社会主义的本质是“解放生产力，发展生产力，消灭剥削，消除两极分化，最终达到共同富裕”①。这就为社会主义市场经济体制的建立破除了思想障碍，从而开辟了中国特色社会主义的伟大道路。

在此基础上，习近平总书记进一步指出，“逐步实现全体人民共同富裕，是社会主义的本质要求”②，“贫穷不是社会主义，贫穷的平均主义不是社会主义，富裕但是不均衡、两极分化也不是社会主义。共同富裕才是社会主义”③。“贫穷不是社会主义”的论断是对社会主义本质理论中生产力维度的进一步发展。“不均衡、两极分化的富裕不是社会主义”的论断则进一步对社会主义本质理论中的生产关系维度进行再阐释。“共同富裕才是社会主义”的论断则深刻揭示了社会主义本质理论中生产力、生产关系与价值目标三个维度的内在联系。解放和发展生产力是为了奠定共同富裕的物质基础，消灭剥削和两极分化是实现共同富裕的手段，二者归根结底服务于共同富裕的价值目标。这些论述是以人民为中心的发展思想的鲜明体现，也是对社会主义本质认识的进一步深化。此外，习近平总书记关于“共同富裕是中国特色社会主义的本质要求”④、“中国特色社会主义就是要建设社会主义市场经济、民主政治、先进文化、和谐社会、生态文明，促进人的全面发展，促进社会公平正义，逐步实现全体人民共同富裕”⑤的论述揭示了共同富裕作为中国特色社会主义本质要求和发展方向的重要地位。由此可见，共同富裕不仅是中国特色社会主义事业发展所孜孜以求的目标，更是检验中国特色社会主义道路和马克思主义政党性质的一把标尺，必须在各项工作中予以重视。

3.从共同富裕与经济发展的关系来看，共同富裕是经济发展的出发点和落脚点

共同富裕与经济发展有着密切的关系。随着中国经济由高速增长转向高质量发展，共同富裕的重要性越加凸显。习近平总书记指出，“朝着共同富裕方

---

① 《邓小平文选》第 3 卷，第 373 页。

② 《习近平在首个“扶贫日”之际作出重要批示强调　全党全社会继续共同努力　形成扶贫开发工作强大合力》，《人民日报》2014 年 10 月 18 日。

③ 杜尚泽：《微镜头 · 习近平总书记两会“下团组”》，《人民日报》2022 年 3 月 7 日。

④ 《习近平谈治国理政》第 4 卷，第 123 页。

⑤ 习近平：《共倡开放包容　共促和平发展——在伦敦金融城市长晚宴上的演讲》，北京：人民出版社，2015 年，第 6 页。

向稳步前进作为经济发展的出发点和落脚点”[1],“发展才是社会主义,发展必须致力于共同富裕”[2]。在新时代,共同富裕在引领经济改革方向、保证经济改革稳定、激发社会参与合力、扩大内需潜力、畅通经济循环上具有重要意义。“只有促进共同富裕,提高城乡居民收入,提升人力资本,才能提高全要素生产率,夯实高质量发展的动力基础”[3]的论断,深刻揭示了共同富裕在新时代经济社会发展中的作用。将共同富裕作为经济发展的出发点和落脚点,不仅是以人民为中心的发展思想的具体体现,更是基于马克思主义立场对资本主义经济发展目的的反思。在资本主义社会,以资本增殖为目的的经济发展客观上增加了社会产品的总量,但这并没有带来普遍富裕和人的全面发展。与之相反,人与自然都被吸纳进资本主义生产的过程中,成了资本自我增殖的一个环节。资本积累规律决定了资本主义社会的富裕是两极分化的,这既表现为生产数量过剩、有效需求不足造成的浪费与大多数人民生活的相对贫困,又表现为物质产品、私人产品的过剩与精神产品、公共产品的不足。中国经济社会发展的最终目的是实现人的全面发展,向共同富裕稳步迈进。经济发展的成果并非建立在对劳动的剥削、人与人之间的对立和压迫基础之上,而是由全民共享。

4.从共同富裕与党的领导的关系来看,共同富裕是夯实党执政根基的重大政治问题

共同富裕不仅是对社会生产力水平和贫富差距的总体规定,更关乎社会稳定。在中国共产党的探索实践中,共同富裕与党和国家发展稳定性的关系逐步清晰。毛泽东同志早就指出:“任何政党的政策如果不顾到这些阶级的利益……要想把国事弄好是不可能的。”[4]江泽民同志继而提出:“全体人民共同富裕了,任何国外敌对势力也颠覆不了我们,任何国内破坏势力也动摇不了我们,党和国家就会稳如泰山、长治久安。”[5]对此,习近平总书记进一步指出:“实现共同富裕不仅是经济问题,而且是关系党的执政基础的重大政治问题。”[6]这一论断将共同富裕的定位提升至全新层次。一方面,改革开放以来,短时间内城乡、区域、社会各阶层间财富、收入、生活水平的差距拉大,引发社会心理失衡;医疗、教育、社会保障等重点民生资源还面临发展不平衡不充分的问题;随着市场

---

① 习近平:《论把握新发展阶段、贯彻新发展理念、构建新发展格局》,第 62 页。

② 《习近平在重庆考察并主持召开解决“两不愁三保障”突出问题座谈会时强调 统一思想一鼓作气顽强作战越战越勇 着力解决“两不愁三保障”突出问题》,《人民日报》2019 年 4 月 18 日。

③ 《习近平谈治国理政》第 4 卷,第 141 页。

④ 《毛泽东选集》第 3 卷,北京:人民出版社,1991 年,第 808 页。

⑤ 《江泽民文选》第 2 卷,第 184 页。

⑥ 《习近平谈治国理政》第 4 卷,第 171 页。

机制的成熟，出现利益主体分化、社会利益多元化的趋向。共同富裕目标的适时提出，有助于弥合争议，凝聚共识，缓和贫富差距扩大所带来的一系列社会问题，进而巩固党的执政基础。另一方面，“中国执政者的首要使命就是集中力量提高人民生活水平，逐步实现共同富裕”[①]。共同富裕承载着广大人民对美好生活的殷切期盼，是人民至上价值观的充分彰显，更是党践行宗旨和使命的应有之义。

三、在关于“怎么实现共同富裕”的认识上迈入新阶段

共同富裕是个理论问题，更是个实践问题。“现在，已经到了扎实推动共同富裕的历史阶段。”[②]习近平总书记结合新的发展阶段与时代背景，直面实践中面临的新问题、新挑战，指出新发展阶段“首先要通过全国人民共同奋斗把‘蛋糕’做大做好，然后通过合理的制度安排正确处理增长和分配关系，把‘蛋糕’切好分好”[③]，系统解决了在新发展阶段扎实推动共同富裕这一重大现实问题，使中国共产党对“怎么实现共同富裕”的认识迈入新阶段。

1.在高质量发展中促进共同富裕，解决做大做好蛋糕的问题

共同富裕的实现需要社会整体生产力的解放和发展。在做大做好蛋糕的问题上，习近平总书记指出：“坚持以人民为中心的发展思想，在高质量发展中促进共同富裕。”[④]这就明确了扎实推动共同富裕所需的生产力基础。

第一，以新发展理念引领经济高质量发展，提高发展的平衡性、协调性、包容性。创新发展理念为共同富裕提供动力，协调发展理念解决共同富裕中的发展不平衡问题，绿色发展理念指向共同富裕的可持续性问题，开放发展理念为共同富裕提供开放环境和外部动力，共享发展理念直接关涉共同富裕所关注的民生问题。具体来看，在发展的平衡性上，习近平总书记提出“坚持城乡融合发展，畅通城乡要素流动”“深入实施区域协调发展战略、区域重大战略、主体功能区战略、新型城镇化战略，优化重大生产力布局”[⑤]等具体部署，旨在提高城乡、区域发展的平衡性，逐步缩小城乡、区域在发展上的差距。在发展的协调性上，习近平总书记高度重视行业发展的协调，尤其是金融、房地产行业与实体经济的协调，提出要将发展经济的着力点放在实体经济上，实现不同经济部门的协

---

① 《习近平谈治国理政》第 2 卷，第 30 页。

② 《习近平谈治国理政》第 4 卷，第 141 页。

③ 《习近平谈治国理政》第 4 卷，第 210 页。

④ 《习近平谈治国理政》第 4 卷，第 144 页。

⑤ 习近平：《高举中国特色社会主义伟大旗帜　为全面建设社会主义现代化国家而团结奋斗——在中国共产党第二十次全国代表大会上的报告》，第 31 页。

调发展。针对企业之间的协调性问题，习近平总书记强调，不仅要看到大企业、国有企业对国民经济的作用，也要鼓励中小企业成长，构建大、中、小企业相互依存、相互促进的发展生态。在发展的包容性上，习近平总书记提出以人民为中心的发展思想，强调必须把增进人民福祉作为发展的出发点和落脚点。在经济发展中，要推动公共资源向基层延伸、向农村覆盖、向困难群体倾斜，保障妇女、儿童、残疾人的合法权益，使更多群体共享经济发展成果。同时，将扩大内需与深化供给侧结构性改革有机结合起来，促进公共文化产业发展，满足广大人民日益增长、不断升级和个性化的美好生活需要。

第二，鼓励勤劳创新致富，形成人人参与的发展环境。“幸福生活都是奋斗出来的，共同富裕要靠勤劳智慧来创造。”[①]实现共同富裕需要构建充满活力的发展环境，使人人都能通过诚实劳动和合法经营实现自身发展。一方面，要增强人民发展能力。对此，习近平总书记强调，要提升全社会人力资本和专业技能，提高人民受教育程度和就业创业能力，增强致富本领，这就为共同致富奠定了主体基础。另一方面，要为人人参与提供公平机会。对此，习近平总书记强调要促进机会公平，指出要促进高质量就业，给更多人创造致富机会。此外，适当的社会流动性有助于人力资源的高效配置，激发经济活力，更是人的全面发展的应有之义。习近平总书记指出，要防止社会阶层固化，畅通向上流动通道。通过促进劳动力、人才合理有序流动，释放和增强社会活力，为实现共同富裕创造有利的发展环境。

第三，以乡村振兴为抓手，解决农民农村共同富裕问题。习近平总书记指出：“促进共同富裕，最艰巨最繁重的任务仍然在农村。”[②]对此，习近平总书记围绕如何推动农民农村共同富裕作出具体论述。首先，做好脱贫攻坚与乡村振兴的有效衔接。对易返贫致贫的人口和区域要进行监测，及时干预，避免其再次返贫致贫，并在此基础上扎实推动产业、人才、文化、生态、组织“五位一体”的乡村振兴。其次，加强农村基础设施和公共服务建设。习近平总书记指出，要统筹乡村基础设施和公共服务布局，促进城乡基本公共服务均等化，从农民关心的医疗、教育、卫生、人居环境等重点民生领域入手，加大公共资源投入，切实改善农民生活。最后，拓宽农民致富渠道。在党的二十大报告中，习近平总书记明确提出“拓宽农民增收致富渠道”[③]的要求。在全面推进乡村振兴的过程中，

---

① 《习近平谈治国理政》第4卷，第142页。

② 《习近平谈治国理政》第4卷，第146页。

③ 习近平：《高举中国特色社会主义伟大旗帜 为全面建设社会主义现代化国家而团结奋斗——在中国共产党第二十次全国代表大会上的报告》，第31页。

通过农业产业化、制度创新等各种手段盘活农村资产,保障农民财产权益,增加农民财产性收入,这有助于鼓励引领广大农民勤劳致富,为农民农村共同富裕提供强大内生动力。

2.正确处理效率与公平的关系,解决切好分好蛋糕的问题

公平和效率是人类经济活动追求的重要目标,也是经济思想史上经久不衰的论题。长期以来,在关于公平与效率关系问题的认识上存在效率优先、公平优先的不同观点,其实质是将公平与效率对立,忽视了二者的内在统一性。扎实推动共同富裕,必须在提升资源配置效率、解放和发展生产力的同时逐步缩小社会整体财富和收入分配的差距,重点在于通过合理的制度安排实现公平与效率的同向互促。对此,习近平总书记指出:“公有制为主体、多种所有制经济共同发展,按劳分配为主体、多种分配方式并存,社会主义市场经济体制等社会主义基本经济制度,既有利于激发各类市场主体活力、解放和发展社会生产力,又有利于促进效率和公平有机统一、不断实现共同富裕。”①在此基础上,习近平总书记对扎实推动共同富裕的制度安排进行了系统论述。

第一,夯实共同富裕的所有制基础。习近平总书记明确指出:“要坚持公有制为主体、多种所有制经济共同发展,大力发挥公有制经济在促进共同富裕中的重要作用,同时要促进非公有制经济健康发展、非公有制经济人士健康成长。”②一方面,坚持公有制经济主体地位。马克思、恩格斯认为,生产资料公有制是共同富裕的制度基础。在资本主义私有制条件下,资本循环和积累的过程会导致两极分化,这一过程在一极是“财富的积累”,在另一极是“贫困、劳动折磨、受奴役、无知、粗野和道德堕落的积累”③。只有在社会共同占有生产资料的条件下,劳动者真正和生产资料结合,消灭了剩余价值及其背后的剥削关系,共同富裕才得以实现。在新时代,公有制经济在促进共同富裕中具有重要作用。具体来看,“国有企业是推进国家现代化、保障人民共同利益的重要力量”④。在扎实推动共同富裕的进程中,国有企业服务于社会主义生产目的,支撑国民经济发展,在利润上缴财政、劳动者权益保护等方面发挥了重要作用,更是按劳分配的重要载体,有助于改善收入分配格局。集体经济在缩小城乡差距、促进乡村振兴中起到基础性作用,要“坚持农村土地集体所有制性质,发展新型集体经

---

① 《习近平谈治国理政》第4卷,第184页。

② 《习近平谈治国理政》第4卷,第143页。

③ 《马克思恩格斯选集》第2卷,北京:人民出版社,2012年,第289~290页。

④ 《习近平谈治国理政》第1卷,北京:外文出版社,2018年,第78~79页。

济，走共同富裕道路”[①]。另一方面，目前中国仍处于社会主义初级阶段，非公有制经济仍发挥着解放和发展生产力、推进现代化事业进程、为共同富裕奠定物质基础的重要作用。非公有制经济创造了大量的就业岗位，为勤劳创新致富提供了机会和平台。要在以公有制为主体的基础上，优化民营企业发展环境，发挥非公有制经济在财富生产、提供就业以及创新活力等方面积极作用的同时，通过法律和制度创新引导其积极承担社会责任。

第二，完善共同富裕的分配制度。分配制度是实现效率与公平同向互促的制度载体，是促进共同富裕的基础性制度。中国共产党在长期探索中形成了“初次分配和再分配都要处理好效率和公平的关系，再分配更加注重公平”[②]的观点。在此基础上，习近平总书记高度强调三次分配之间的配套和协调，提出要构建“初次分配、再分配、三次分配协调配套的基础性制度安排”[③]。首先，在初次分配上，维护按劳分配的主体地位，坚持多劳多得，提高劳动报酬在初次分配中的比重，使广大劳动者共享改革发展成果。党的二十大进一步将实现“劳动报酬提高与劳动生产率提高基本同步”[④]纳入未来五年的目标任务。同时，完善按要素分配制度，健全生产要素由市场评价贡献、按贡献决定报酬的机制，并探索多种渠道增加中低收入群众要素收入和城乡居民财产性收入。其次，在再分配中，应始终坚持共同富裕、人民至上的原则。对此，要加大税收、社会保障、转移支付等措施的调节力度，健全多层次社会保障体系和兜底救助体系、完善个人所得税制度、推进房地产税立法和改革、加快建立住房保障制度等，通过有力的再分配举措调节分配差距，切实解决好人民群众最关心的利益问题。最后，在第三次分配上，发展社会公益事业，探索社会参与共同富裕的体制机制和政策体系。要加强公益慈善事业规范管理，发挥慈善、捐赠等行为的分配功能，并引导、支持有意愿有能力的企业、社会组织和个人积极参与慈善事业。

习近平总书记还特别强调规范收入分配秩序和财富积累机制的重要性。在宏观上，分配制度要以在全社会形成中间大、两头小的橄榄型分配结构为目标，保护合法收入，调节过高收入，取缔非法收入，防止两极分化、消除分配不

---

① 《习近平谈治国理政》第 3 卷，第 261 页。

② 中共中央文献研究室编：《十七大以来重要文献选编》(上)，北京：中央文献出版社，2009 年，第 30 页。

③ 《习近平谈治国理政》第 4 卷，第 144 页。

④ 习近平：《高举中国特色社会主义伟大旗帜　为全面建设社会主义现代化国家而团结奋斗——在中国共产党第二十次全国代表大会上的报告》，第 25 页。

公。在微观上，习近平总书记针对高校毕业生、技术工人、中小企业主和个体工商户、进城农民工、公务员特别是基层一线公务员及国有企事业单位基层职工等群体作出具体论述，指出要“抓住重点、精准施策，推动更多低收入人群迈入中等收入行列”[①]。促进共同富裕不仅要求调节收入差距，更要求解决财富不平等问题。在党的二十大报告中，习近平总书记首次提出“规范财富积累机制”[②]的要求，从而将财富分配问题明确纳入扎实推动共同富裕的制度安排之中。

第三，加快完善社会主义市场经济体制。共同富裕的实现需要以社会主义性质规定市场经济，使之服务于社会主义建设和人的全面发展。习近平总书记指出，“要加快完善社会主义市场经济体制”[③]。其中，有效市场和有为政府的结合发挥着重要作用。一方面，建设高标准市场体系，完善产权保护、市场准入、公平竞争、社会信用等市场经济基础制度，逐步消除要素流动壁垒，激发各类市场主体活力，从而提升经济效率，使现代化成果惠及大多数人；另一方面，切实发挥政府在调节城乡、区域、社会各阶层收入和财富差距以及提供教育、医疗、养老、住房等基本公共服务的功能，健全基本公共服务体系，提高公共服务水平，改善社会分配格局。

此外，作为新发展阶段稳步推进的重要任务，共同富裕的实现需要坚持和加强中国共产党的领导。一方面，要发挥党领导全局、协调各方的优势，以党的领导保障社会主义现代化建设坚持共同富裕正确方向。另一方面，以党的建设引领扎实推动共同富裕的实践进程。“要紧盯党中央惠民富民、促进共同富裕政策落实，持续纠治教育医疗、养老社保、扶贫环保等领域腐败和不正之风”[④]，保证共同富裕各项部署落到实处。

四、结语

从全面建成小康社会到全体人民共同富裕的基本实现是一个历史性的飞跃，也是一个充满艰辛的过程。习近平总书记关于共同富裕的重要论述不仅使中国共产党对共同富裕的认识达到全新层次，更为新发展阶段扎实推动

---

① 《习近平谈治国理政》第 4 卷，第 144 页。

② 习近平：《高举中国特色社会主义伟大旗帜　为全面建设社会主义现代化国家而团结奋斗——在中国共产党第二十次全国代表大会上的报告》，第 47 页。

③ 《习近平谈治国理政》第 4 卷，第 144 页。

④ 《习近平在十九届中央纪委五次全会上发表重要讲话强调　充分发挥全面从严治党引领保障作用　确保“十四五”时期目标任务落到实处》，《人民日报》2021 年 1 月 23 日。

共同富裕提供了根本立场、政治引领和行动方案。习近平总书记关于共同富裕的重要论述是一个发展着的理论体系，其在与实践相结合的过程中取得新的发展，不断回应着实践中出现的问题，并将在未来引领共同富裕取得新的突破。

［原载于《山东大学学报（哲学社会科学版）》2023年第2期］

论习近平生态文明思想的哲学基础及其逻辑

周向军　童成帅

党的二十大报告指出："继续推进实践基础上的理论创新，首先要把握好新时代中国特色社会主义思想的世界观和方法论，坚持好、运用好贯穿其中的立场观点方法。"[①]依此，继续推进实践基础上的生态文明理论创新，首先要把握好习近平生态文明思想的世界观和方法论，阐释清、领悟透贯穿其中的立场、观点、方法。从原理维度上讲，哲学是世界观和方法论的统一，即哲学作为关于世界的根本观点，是世界观；运用这个根本观点去体认、剖析、改造世界，就是方法论。[②] 在新的时代条件下，系统深入地阐释习近平生态文明思想的哲学基础，有助于深化对其思想精髓和真谛要义的学理认知，进而更好地进行生态文明社会实践。

一、生命共同体论：习近平生态文明思想的哲学立论基石

习近平"生命共同体"理念的逻辑生成有着深厚的理论根基和文化底蕴，它承续了马克思主义生态本体论思想的内核精要，汲取了中国传统生态哲学的文化智慧，是习近平生态文明思想的哲学立论基石。

（一）生命共同体论的理论渊源

1.理论基石：马克思主义生态本体论思想

马克思主义生态本体论是关于人与自然本质、本性、本源关系论述的思想体系，它强调的是有机界和无机界共生共存、紧密联结又相互区分的存在性状态。从本质内涵来说，包括：第一，自然界是彼此存在着内外联动的各要素组成的物质统一体，存在着外化形态上的联动性和内生价值上的耦合性；第二，人与

---

① 习近平：《高举中国特色社会主义伟大旗帜　为全面建设社会主义现代化国家而团结奋斗——在中国共产党第二十次全国代表大会上的报告》，北京：人民出版社，2022年，第18～19页。

② 参见《马克思主义哲学》编写组：《马克思主义哲学》（第2版），北京：高等教育出版社、人民出版社，2020年，第4～5页。

自然就其本质而言是一个有机生命集合，二者应协同进化、共谋长存；第三，在自在世界演化过程中，以劳动为逻辑前提，以科技为逻辑中介，人与自然逐步衍生出一种共生、共存、共荣的价值基因，进而促使其成为一个须臾不可分离的生命有机躯体，即"生存共同体"。习近平在承续上述精神的基础上，以开放的价值视野和博大的人文情怀系统分析了人与自然的关联属性，创造性地提出了"人与自然是生命共同体"①的哲学论断。总的来看，习近平生态文明思想的内在逻辑是通过"生命共同体"概念来表达其生态本体论的哲学意旨。

"生命共同体"是习近平生态文明思想的原创性概念，这一理念是对马克思主义生态本体论的继承和发展。马克思曾在《1844 年经济学哲学手稿》中切中肯綮地谈道："没有自然界，没有感性的外部世界，工人什么也不能创造。……自然界一方面在这样的意义上给劳动提供生活资料，即没有劳动加工的对象，劳动就不能存在，另一方面，也在更狭隘的意义上提供生活资料，即维持工人本身的肉体生存的手段。"②其深刻阐释了自然界作为"人的无机身体"价值属性的哲理意涵。1873 年，恩格斯在《自然辩证法》中深刻指出："我们连同我们的肉、血和头脑都是属于自然界和存在于自然界之中的。"③作为自然客观存在物，人是"主观能动"和"客观受动"的辩证统一体。对此，马克思进一步强调："人不仅仅是自然存在物，而且是人的自然存在物，就是说，是自为地存在着的存在物，因而是类存在物。"④因此，作为类存在物的人必须把握好自为实践活动的价值标尺，要依托自身的价值属性同自然界构创"生命共同体"的生存范式，以此来维系千秋万代的和谐共生、欣欣向荣。

习近平提出的生命共同体思想，承续了马克思主义生态本体论内核精要，即赋予了生态系统以"生命"的有机属性，诠释了自然界与人类发展的共生同在关系，概括了二者在生存道义上所具有的耦合性和涌现性特质，是对生态系统本体开放性的确证。

2.文化滋养：中国传统生态哲学的文化智慧

中国传统文化思想宝库中蕴含着丰厚而精湛的生态哲学思想，为"生命共同体"理念的生成提供了重要的文化源脉和精神涵养。

"天人合一"论是儒家学说对人类文明的重大贡献，其中蕴含深刻的生态哲学智慧，即天人关系就是自然本体与人类主体的关系。儒学认为，"天"就是万

---

① 《习近平谈治国理政》第 4 卷，北京：外文出版社，2022 年，第 355 页。
② 《马克思恩格斯全集》第 3 卷，北京：人民出版社，2002 年，第 269 页。
③ 《马克思恩格斯全集》第 26 卷，北京：人民出版社，2014 年，第 769 页。
④ 《马克思恩格斯文集》第 1 卷，北京：人民出版社，2009 年，第 211 页。

物之源，即自然界。孔子曰："天何言哉？四时行焉，百物生焉，天何言哉？"（《论语·阳货》）同时，《序卦传》强调："有天地然后有万物，有万物然后有男女。"质言之，天之道在于"始万物"，地之道在于"生万物"，人之道在于"成万物"。天、地、人三维要素辩证统一、不可分割，共同构成生生不息、无限循环的有机整体，此乃"天人合一"的真谛。道家提倡的"道法自然"思想实际上与儒学的"天人合一"理论有着高度契合性，即认为人和万物本是天地生成的自然产物，天、地、人和万物彼此联结、相互促进，倡导人与自然协同共生、天人和谐。道家哲学以老子、庄子哲学为典型代表，老子认为"道"是万物的本根，它有机创生了天、地、人，继而天、地、人都必须效法"道"，即"人法地，地法天，天法道，道法自然"（《道德经》第二十五章），强调人与万物在生存道义上具有逻辑规统性。同时，"道"也是万物运行的基本规律，正所谓"道者，万物之奥"（《道德经》第六十二章）。这要求我们在具象实践中必须尊重自然意志、遵循自然规律，即"道法自然"。综上，"天人合一""道法自然"以人的自我潜修为价值体认，追求的是人与自然和谐统一、鱼水交融的实践状态。

习近平提出的"生命共同体"论断，承续了"天人合一""道法自然"哲理思想的精神意旨，即强调人应主动顺从和适应生态环境，要在理解和尊重自然规律的基础上科学合理地保护、利用和改造自然，着力实现可持续发展、人与自然和谐共生的美好愿景。可以说，"生命共同体"理念是对中国传统生态哲学理念创造性转化和创新性发展的思想成果。

（二）生命共同体论的内涵探释

"生命共同体"理念意涵深邃、思想精湛，内在蕴含"自然人化"与"人化自然"、"生态资本"与"经济资本"、"绿水青山"与"金山银山"有机统一的精神意旨和价值意涵。

1."自然人化"与"人化自然"的辩证统一

马克思主义生态本体论认为，人与自然关系生成和发展的逻辑过程，就是自然人化和人化自然的历史过程。一方面，人类在遵循自然规律的基础上利用自然，在把握自然属性前提下赋予自然以社会历史性；另一方面，自然界为人提供的"广域活动"的"空间条件"是在人之外的自然存在，并且在人的"活动行迹"中转化为"人化自然"。习近平提出的"生命共同体"理念，内蕴"自然人化"和"人化自然"辩证统一的思维机理，强调自然环境在被人类重塑时，人类亦逐渐趋于自然化。在这种交互活动中，人与自然逐步实现了主体客体化和客体主体化双向转化的逻辑功效，确证了自在体与本位体之间的海量线性关系，打破了人类中心主义和自然中心主义价值对立的思想桎梏，促成了人与自然"生命共同体”理念的构创。

2.“生态资本”与“经济资本”的同生共长

“人与自然是生命共同体”的价值论断内蕴着“生态资本”与“经济资本”同生共长的哲学智慧。这种哲学智慧旨在阐明:“自然资源”是一种物质化的社会生产力,能促成“经济资本”的升值转型;而“经济资本”叠加所发明的科学技术,能在一定程度上修复“生态系统”异己增生的病症。习近平指出:“在生态环境保护上,一定要树立大局观、长远观、整体观,不能因小失大、顾此失彼、寅吃卯粮、急功近利。”①生命共同体理念注重“生态资本”与“经济资本”的同生共长,强调决不为眼前的经济利益而损耗有限的生态资本,倡导构建以绿色发展理念为内核的生态经济发展模式,着力推进“生态+经济”资本的可持续性延展。

3.“绿水青山”与“金山银山”的共存共荣

“绿水青山”意指环境本体自然演化形成的生命系统,“金山银山”意指人类实践活动创造的物质财富。从字面语义来说,“绿水青山”与“金山银山”二者看似相互对立,实则兼容统一,“绿水青山”是人类从事生产生活并创造“金山银山”的物质源脉,“金山银山”则是人类汲取“绿水青山”的自然能量进行财富创造的实践表征,二者合铸形成的物质生产力犹如推动社会经济发展的鸟之双翼、车之双轮。习近平指出:“我多次说过,绿水青山就是金山银山,保护环境就是保护生产力,改善环境就是发展生产力。”②可以说,对“绿水青山”的维护就是对自然资本的捍卫,就是对经济社会发展原动力的一种维系;而“金山银山”的财富缔造亦能促成绿色高新科技的发展,进而使“绿水青山”换上新的装扮,催生新一轮的“生态蝶变”。

二、哲学方法论:习近平生态文明思想的内在理论依循

在论述“人与自然是生命共同体”的哲学理念基础上,习近平对马克思主义哲学方法论的指导意义予以了强调,他指出:“新形势下,坚持马克思主义,最重要的是坚持马克思主义基本原理和贯穿其中的立场、观点、方法。这是马克思主义的精髓和活的灵魂。”③纵观习近平生态文明思想的发展及完善历程,贯穿其中的马克思主义哲学方法论主要有:

---

① 《习近平关于社会主义生态文明建设论述摘编》,北京:中央文献出版社,2017年,第12页。

② 习近平:《论把握新发展阶段、贯彻新发展理念、构建新发展格局》,北京:中央文献出版社,2021年,第126页。

③ 习近平:《在哲学社会科学工作座谈会上的讲话》,北京:人民出版社,2016年,第13页。

（一）生态辩证法

马克思主义生态辩证法立足自然环境的本体属性及人与自然的本源关系，深刻揭示了自然、人类及社会之间辩证运动的一般规律，为我们科学理解和把握人与自然、人与社会、社会与环境的关系问题提供了思维向导。其真谛要义旨在阐明：一是重视自然的先天地位。马克思认为在现实境遇中，“自然界是人为了不致死亡而必须与之处于持续不断的交互作用过程的、人的身体”①，人隶属于自然的肢体范畴，人类应该对其给予关爱和保护，将自然环境视为我们的毛发和体肤。二是坚持主客体相统一的思维范式。作为内在具有能动创造性的实践主体，人类在改造自然的过程中要合理把握主体能力与自然阈值之间的价值尺度，坚持主体客体化与客体主体化相统一、主观目的性与客观规律性相统一，着力促进有机体与无机界的协同发展。三是坚持人与自然联袂“祛异”的道义原则。从生存论维度上讲，人与自然的逻辑关联就本质上来说是纯粹的物质变换关系，即人既有主动索取自然物化资源的根本权益，又身肩自然“返魅”和“祛异”的基本义务。

习近平提出的“绿色发展理念”，继承了马克思主义生态辩证法的真谛要义，即绿色发展理念中“‘绿色’是对具体发展方式的规定，‘发展’则是践行绿色理念时必须要达到的目标”②，二者不可割裂，离开发展谈绿色就会变成无源之水，而离开绿色谈发展就会陷入社会混乱的泥沼。同时，习近平提出的“两山”理论，亦承续了马克思主义生态辩证法关于人道主义与自然主义相统一的理论精髓。习近平指出：“我们既要绿水青山，也要金山银山。宁要绿水青山，不要金山银山，而且绿水青山就是金山银山。”③质言之，“生态环境保护和经济发展不是矛盾对立的关系，而是辩证统一的关系”④。这告诉我们，在生态文明具体实践中，既要为谋求经济发展探索新的增长点，又要为自然“返魅”留有一定伸展空间，由此延展社会永续发展的基本阈值。在此需说明的是，倘若一旦发现二者出现失衡趋向，我们务必要借助“生态辩证法”这一思辨工具，认真反思自己的实践行迹和价值动机，以“经济资本少一点，环境资本多一点”的发展心态去扭转资本逻辑统摄下生态环境恶化的异端趋向。

（二）生存矛盾分析法

所谓“生存矛盾分析法”，意指通过分析自在事物与自为事物的矛盾本性，

---

① 《马克思恩格斯全集》第3卷，第272页。

② 庄友刚：《准确把握绿色发展理念的科学规定性》，《中国特色社会主义研究》2016年第1期。

③ 《习近平关于社会主义生态文明建设论述摘编》，第21页。

④ 中共中央党史和文献研究院编：《十九大以来重要文献选编》（上），北京：中央文献出版社，2019年，第406页。

掌握其特殊本质及发展规律，以便有效地认知和改造事物的哲学方法。习近平立足于此类方法，深入探究了“人与自然、人与人”矛盾增生的根源，并提出了矛盾消解的“价值良方”。

1.人与自然矛盾消融的“蝶变之魅”

辩证唯物论认为，自人类社会缔始以来，自然界就历史地、逻辑地演化为自在自然与人化自然的矛盾统一体。一方面，作为具有生命属性的大自然，以其特有的规律性自在地更替其物化表象与生存模样，其运转轨迹是不以人的意志为转移的。另一方面，由于科技和生产方式的革新，人类对大自然的价值体认也由最初的敬仰、盲从逐步衍变为谋利、损害；部分个人或团体会因各自既得的物质利益弃自然的基本法则于不顾，对自然存在物进行主观改造。针对此等行径，恩格斯明确指出：“我们不要过分陶醉于我们人类对自然界的胜利。对于每一次这样的胜利，自然界都对我们进行报复。……我们决不像征服者统治异族人那样支配自然界，决不像站在自然界之外的人似的去支配自然界——相反，我们连同我们的肉、血和头脑都是属于自然界和存在于自然界之中的。”[①]这告诉我们，人类必须尊重自然、顺应其内部运行的基本法则，要主动祛除人与自然异化关系之魅。

回溯本源，马克思主义生态哲学思想的一个核心观点，就是将人与自然视为共生共荣的生命共同体，在本体维度消融自然中心主义和人类中心主义的二元对立，在实践层面真正实现自然主义与人道主义的有机融合。党的十八大以来，习近平依据时代环境新变化，以敏锐的洞察力和决断力，提出了“山水林田湖是一个生命共同体”[②]的价值理念，指出“人与自然是生命共同体，人类必须尊重自然、顺应自然、保护自然”[③]，如若不然，必将遭到大自然的反噬。习近平强调，从国家发展层面来说，务必要“推进生态保护和修复工作，要坚持新发展理念，统筹山水林田湖草一体化保护和修复，科学布局全国重要生态系统保护和修复重大工程，从自然生态系统演替规律和内在机理出发，统筹兼顾、整体实施，着力提高生态系统自我修复能力，增强生态系统稳定性”[④]，以此缓解人与自然的隔阂，促成生存矛盾的化解。

---

① 《马克思恩格斯全集》第 26 卷，第 769 页。

② 《习近平关于社会主义生态文明建设论述摘编》，第 55 页。

③ 《习近平谈治国理政》第 4 卷，第 355 页。

④ 《习近平主持召开中央全面深化改革委员会第十三次会议强调　深化改革健全制度完善治理体系　善于运用制度优势应对风险挑战冲击》，《人民日报》2020 年 4 月 28 日。

2.人与人矛盾消解的“价值良方”

资本主义生产方式是全球生态危机频发的罪恶元凶，追求剩余价值是催生自然黑化病症的罪魁祸首。在资本主义利己机制下，资本家为获取剩余价值对工人阶级进行了疯狂的压榨和剥夺，并在金钱的鼓诱下，只关心“他们的行为的最直接的有益效果”[①]。对此，马克思和恩格斯指出：“如果不炸毁构成官方社会的整个上层，就不能抬起头来，挺起胸来”[②]，即只有消灭资本主义私有制，实现和谐文明的共产主义，才能实现人与人、人与自然关系的复归，促成人类自身矛盾的“真正和解”。

新时代以来，面对西方国家的利益博弈及由此带来的生态危机、自然破坏等资本逻辑问题，习近平辩证运用矛盾分析法对怎样去消解“人与人、人与国家、国家与国家”之间矛盾进行多维深入的思考，“人类命运共同体”的构建，是他思索和探索人与人矛盾消解路径的结果。人类命运共同体侧重于人的“类”属性之间的关系表述，是人类自身矛盾消解的价值良方。理解关于“人类命运共同体”的本质意涵，就要认识到人类与自然、人类自身之间须臾不可分离的共生关系，世界和平与发展、文明交流与互鉴、环境和谐与稳定的实现，靠的是世界各国人民团结协作的道义逻辑而不是零和博弈的斗争逻辑。事实上，纵观世界发展史可以明晰，随着生态前途与价值命运的日益联结，各国逐渐从零和的生存竞争关系迈入正和的共生性关系，客观上已然成为某种“自在”的生存共同体。

（三）哲学思维剖析法

所谓“哲学思维方式”，是指认识主体运用哲理要素体认剖析客体对象时思维活动所呈现出的逻辑程式和思维模式。任何一种体系化、学理化的思想理论，都会呈现出一定特色的哲学思维方式。具体来说，习近平生态文明思想鲜明蕴含如下几种哲学思维：

1.系统思维

系统思维以创设最佳规划、要素优化排组和整体统筹为要旨，强调战略性谋划聚力推进整体工作高质量发展。习近平生态文明思想显示出强烈的系统思维特质。首先，习近平将生态系统视为有机体与无机体相统一的价值范畴。他指出：“要用系统论的思想方法看问题，生态系统是一个有机生命躯体，应该统筹治水和治山、治水和治林、治水和治田、治山和治林等。”[③]再者，习近平强调

---

① 《马克思恩格斯全集》第 20 卷，北京：人民出版社，1971 年，第 521 页。

② 《马克思恩格斯选集》第 1 卷，北京：人民出版社，2012 年，第 411～412 页。

③ 《习近平关于社会主义生态文明建设论述摘编》，第 56 页。

要“把生态文明建设融入经济建设、政治建设、文化建设、社会建设各方面和全过程”①。基于经济之维，要着力革新经济建设的固有生产方式，健全绿色循环的经济发展体系，推动建立资源统筹和多级利用的经济产业链条；基于政治之维，要切实将生态文明建设融入政治建设中，以此构筑生态和谐的绿色政绩观、生态文明建设行稳有序的制度屏障；基于文化之维，要大力培育生态文化，力图做到“以文化人、以文培元”，以此构筑形成“社会主义生态文明观”的思想共识和价值规范。

2.创新思维

创新思维意指事物主体敢于突破原有思维模式的界限，以新的理念、视角和方法去体认剖析问题，继而提出新颖独到且符合实际的思维成果的逻辑方法。习近平生态文明思想体现了强烈的创新意识和创新思维。如在理论创新方面，从本体论维度来看，在深刻把握人与自然共生关系基础上创新提出“生命共同体论”理念；从历史观维度来看，在科学把握“人类史”和“自然史”统一关系基础上创新提出“生态兴则文明兴”的思想；从方法论维度来看，在全面把握唯物辩证法原理要旨基础上创新提出“坚持山水林田湖草沙冰系统治理”观念。在制度创新方面，新时代以来，我国将生态文明制度建设放在重要地位，通过顶层设计和全面深化改革，“相继出台《关于加快推进生态文明建设的意见》、《生态文明体制改革总体方案》，制定了四十多项涉及生态文明建设的改革方案”②，从制度框架、属性效能、发展理念、思想原则、实践要旨等维度对我国生态文明制度建设进行了系统部署。

3.底线思维

所谓“底线思维”，就是立足事物发展最低基点，在实际工作中做好相应战略规划和思想准备，努力争取最好结果和最优态势的逻辑思维和方法。依据生态文明建设的底线思维，习近平首先强调了“空间底线守护”的重要问题。地球作为人类生存发展的唯一家园，其承载力、涵容量都具有一定阈值。面对我国日益减少的耕地面积，习近平强调，要“整体谋划国土空间开发，统筹人口分布、经济布局、国土利用、生态环境保护，科学布局生产空间、生活空间、生态空间，给自然留下更多修复空间，给农业留下更多良田”③。习近平还从经济层面阐明了“维护发展底线”的本质意涵。他指出：“经济发展不单纯是速度的发展，经济

---

① 《习近平关于社会主义生态文明建设论述摘编》，第19页。

② 习近平：《论坚持人与自然和谐共生》，北京：中央文献出版社，2022年，第4页。

③ 《习近平关于社会主义生态文明建设论述摘编》，第44页。

的发展不代表着全面的发展，更不能以牺牲生态环境为代价。”[①]应该积极探索生态产业化、产业生态化的科学路径，不断培育资源消耗低、生态污染少、品质含量高的新兴产业，推进传统产业绿色转型升级。

三、“两山”理论：习近平生态文明思想与实践的重要内核

基于马克思主义哲学方法论的逻辑指导，习近平对我国生态文明建设的基本理念、价值原则、实践理路、目标要旨等方面作出了系列重要论断，其中最为突出的是“两山”理论。如果说生命共同体论是习近平生态文明思想的哲学立论支柱，那么“两山”理论的理念原则则构成其指导实践、推动工作的思想内核，而哲学方法论则为其提供了思辨理论层面的逻辑指导。

任何理论的提出和实践的探索都不能脱离一定的发展阶段，“两山”理论的思想缔造亦是如此。

首先，从理论缔造的实践主体分析。“两山”理论源自如下几个阶段的生态实践。其一，陕北时期：基于恶劣自然生态，反思乡村发展路向。在这一时期，习近平深刻体悟到，恶劣的生态环境是制约经济社会发展的“顽瘴痼疾”，是降低人民群众生活水平的“罪魁祸首”。如何在此等空间内提高社会民众的生活质量，是习近平关注的重点问题。对此，习近平主动抓住发展机遇，积极学习相关应用技术，带领梁家河大队乡民修建了沼气池。沼气池的修建，既解决了人民生活（煮饭、废物循环）等基本问题，又使自然环境得到了整治，催生了乡村环境蝶变。其二，河北时期：依傍绿水青山，激发经济活力。在这一时期，习近平在理性分析当地自然环境实况后，主张利用正定县的历史文化底蕴，依托当地现有的名胜古迹遗址，开启“中国正定旅游模式”，力求在保证生态环境不受破坏的前提下激发经济发展内生动力，实施旅游兴县，以此实现绿色减贫、绿色兴县的发展图景。可见，习近平当时已经认识到自然资源保护的重要性，即对自然资源不能只讲索取不讲建设，要懂得合理筹建、共促共赢。其三，福建时期：发展生态效益型经济，绘好福建“山水图”。在厦门工作期间（1985～1988年），针对当地筼筜湖污染严重问题，习近平充分发挥特区立法优势，率先在全国制定《厦门市筼筜湖区管理办法》的生态法规，打响了厦门污染防控的第一枪。1988年，习近平调任福建宁德工作。为改变当时闽东地区贫困落后的面貌，习近平提出了“靠山吃山唱山歌，靠海吃海念海经”的“山海经”发展理念。1990年4月，习近平主政省会福州。针对当时福州经济滞后、环境恶化等社会问题，

---

① 习近平：《之江新语》，杭州：浙江人民出版社，2007年，第44页。

习近平主持编订了《福州市20年经济社会发展战略设想》[①]（简称“3820”工程）。值得一提的是，习近平不仅在该文稿中首次提出了“生态环境”这一概念，而且还依此提出了“城市生态建设”理论。其四，浙江时期：因地制宜，努力探赜“生态经济省”建设的发展路径。在此期间，习近平提出了“绿色浙江，建设生态省”的战略目标。2003年，习近平担任浙江生态省建设工作领导小组组长，并下发了指导浙江生态省建设的指导性文件——《浙江生态省建设规划纲要》。习近平明确提出：建设生态省，“在考核中，既看经济指标，又看社会指标、人文指标和环境指标”[②]。此时，习近平已经认识到经济资本与生态资本的内在联动性，可谓是初步展露出“两山”理论的思想触角。

其次，从理论成形的时空渊源分析。其一，理念论断提出。2005年8月，习近平在浙江余村调研时首次提出了“绿水青山就是金山银山”的价值论断。此后，他在《浙江日报》专栏“之江新语”发表文章谈道：“我们追求人与自然的和谐，经济与社会的和谐，通俗地讲，就是既要绿水青山，又要金山银山。……绿水青山可带来金山银山，但金山银山却买不到绿水青山。绿水青山与金山银山既会产生矛盾，又可辩证统一。”[③]其二，辩证关系澄明。2006年3月，习近平提出了辩证认识“两山”理论关系的三个阶段。他说：“第一个阶段是用绿水青山去换金山银山，不考虑或者很少考虑环境的承载能力，一味索取资源。第二个阶段是既要金山银山，但是也要保住绿水青山，这时候经济发展和资源匮乏、环境恶化之间的矛盾开始凸显出来，人们意识到环境是我们生存发展的根本，要留得青山在，才能有柴烧。第三个阶段是认识到绿水青山可以源源不断地带来金山银山，绿水青山本身就是金山银山。”[④]新时代以来，习近平多次在不同场合阐述“绿水青山就是金山银山”的价值理念，并从学理高度与实践向度深刻回答了绿水青山何以成为金山银山、“两山”理论何以统筹经济发展与环境保护之间关系的科学命题。2015年3月，“坚持绿水青山就是金山银山”的基本原则正式写入《关于加快推进生态文明建设的意见》[⑤]。2017年10月，习近平在党的十九大报告中提出：“必须树立和践行绿水青山就是金山银山的理念”[⑥]；同时将“增强绿水青山就是金山银山的意识”写入党章。2022年10月，习近平在党的

---

① 习近平：《福州市20年经济社会发展战略设想》，福州：福建美术出版社，1993年，第5页。

② 习近平：《之江新语》，第73页。

③ 习近平：《之江新语》，第153页。

④ 习近平：《干在实处 走在前列——推进浙江新发展的思考与实践》，北京：中共中央党校出版社，2006年，第198页。

⑤ 参见《中共中央、国务院关于加快推进生态文明建设的意见》，《人民日报》2015年5月6日。

⑥ 《党的十九大报告辅导读本》，北京：人民出版社，2017年，第23页。

二十大报告中明确强调：新时代条件下，“必须牢固树立和践行绿水青山就是金山银山的理念，站在人与自然和谐共生的高度谋划发展”[①]。“两山”理论作为我国生态文明建设的“思想旗帜”，将引领和指导我们更加笃定建设美丽中国的意志和决心，着力构建人与自然和谐共生的中国式现代化。

“两山”理论内蕴着对“生态资本与经济资本”共增的目标设定、矛盾主次分明的价值权衡、绿色发展模式升级的实践智慧以及克服为己私欲的辩证把握，是习近平生态文明思想理论付诸实践的价值彰显，是当代中国生态文明建设的理念遵循和科学指南，基于哲学层面我们需重点把握如下思想内涵。

一是本体论维度：“绿水青山”的物化存在是构筑“金山银山”的根本物质前提。唯物本体论认为，自然界是标志客观实在的物质范畴，对人具有天然母体性和客观先在性。人的物质存在根源于自然母体的孕育滋养，自然界是人类赖以生存的基本条件，是人类社会存在的根本基础，为人类社会发展提供物质保障。马克思指出：“没有自然界，没有感性的外部世界，工人什么也不能创造。”[②]这告诉我们，“绿水青山”的本质属性自然地囊括了“金山银山”的物质产出，是“金山银山”“资本缔造”的母体，是人实现“感性解放”的重要前提，即实现人道主义的基本条件。同样，“金山银山”的物质产出亦是“绿水青山”“人化”后的物质表象。

二是认识论维度：“绿水青山”的自然形态可以转化成物质的“金山银山”。马克思主义认识论认为，自然界始终处在普遍联系和运动发展之中，其外部形态和内部结构会随着人的实践拓展呈现历时性变化。具体说，“绿水青山”本是天然存在物，但由于人的实践活动会使天然自然打上人的烙印，成为创造“金山银山”的物质生产力。一方面，在人与自然的交互发展中，人取之于自然，又创造着自然，自然界成为人类生存发展的本原空间和内容主题。另一方面，人通过具象能动实践，将“绿水青山”中的物质元素提炼为经济建设所必备的原材料，譬如煤炭加工、地貌勘探、绿化科技、“山水林”观光产业等都是人作为实践活动的主体从“绿水青山”的“资源库”中就地取材，将“绿水青山”转化为“金山银山”的实践表征。

三是辩证法维度：“绿水青山”就是“金山银山”。唯物辩证法认为，事物之间及事物内部各要素之间具有对立统一的辩证关系，发展的动力就是事物矛盾双方的对立统一，发展的结果标识就是一事物变为另一事物。“绿水青山就是

---

① 习近平：《高举中国特色社会主义伟大旗帜　为全面建设社会主义现代化国家而团结奋斗——在中国共产党第二十次全国代表大会上的报告》，第 50 页。

② 《马克思恩格斯全集》第 3 卷，第 269 页。

金山银山”[1]，这是基于唯物辩证法所揭示出的关于“发展经济与环境保护”对立统一的价值定理，强调我们既要追求推动经济增长的“金山银山”，也要维护好作为资源母体的“绿水青山”，要在保护好“绿水青山”的前提基础上实现经济可持续发展。习近平指出：“我说过，既要绿水青山，也要金山银山；绿水青山就是金山银山。绿水青山和金山银山决不是对立的，关键在人，关键在思路。”[2]这要求在具象实践中，对于“开发资源一定要注意惠及当地、保护生态，决不能一挖了之，决不能为一时发展而牺牲生态环境。要把眼光放长远些，坚持加强生态保护和环境整治、加快建立生态补偿机制、严格执行节能减排考核‘三管齐下’，做到既要金山银山、更要绿水青山，保护好中华民族永续发展的本钱”[3]。

四是价值论维度：“绿水青山”的内蕴价值跃居于“金山银山”之上。通俗来讲，金银只是作为货币的一般等价物，喻指经济收益；而“绿水青山”则兼具多重价值内涵。譬如，有现实价值——经济价值、政治价值、文化源脉、生态效益，有潜在价值——科技革新价值、历史勘探价值、生物考古价值、未来预判价值等等。同时，绿水青山是人们最朴质的幸福发源地，是物质的金钱所不能替代的。当前，随着新时代社会主要矛盾的转变，人们除了对于基本生活有物质需求外，还内生地对优美环境、自然风光产生了精神期待。因此，只有科学维护好“绿水青山”的物质形态，才能为实现人的物质富裕和精神富裕提供必要的价值源脉。

四、环境民生论：习近平生态文明思想与实践的价值旨归

在系统阐发了生态文明建设的思想主旨及理念原则后，习近平对其理论与实践的价值旨归予以了思考，经由指导生态文明建设的具象实践，依据生态文明的本质属性和中国共产党人的初心使命，提出了环境民生论的价值论断。

1.环境民生论是对马克思和恩格斯生态民生观的继承和发展

马克思和恩格斯非常重视生态环境对于民生建设的意义。诚然，在马克思主义经典著作中，环境和民生术语难寻其踪，但并不意味着理念意涵的缺失。马克思在《1844 年经济学哲学手稿》中深刻指出：“人在肉体上只有靠这些自然产品才能生活，不管这些产品是以食物、燃料、衣着的形式还是以住房等等的形式表现出来。……自然界，就它自身不是人的身体而言，是人的无机的身体。”[4]在此，马克思阐明了“自然界是民生发展的前提，自然产品是民生建设的根基”

---

① 《习近平谈治国理政》第 4 卷，第 435 页。

② 《习近平关于社会主义生态文明建设论述摘编》，第 23 页。

③ 《习近平关于社会主义生态文明建设论述摘编》，第 24 页。

④ 《马克思恩格斯文集》第 1 卷，第 161 页。

的价值意涵。恩格斯也具有隐含式的生态民生思想，他在对资本主义社会现实的批判理路中表露了自己对环境恶化致使民生疾苦的同情和体认。1839 年 3 月，恩格斯在《伍珀河谷来信》一文中描述了家乡伍珀河被严重污染的情况，即“这条狭窄的河流泛着红色波浪，时而急速时而缓慢地流过烟雾弥漫的工厂厂房和堆满棉纱的漂白工厂”[①]，并明确剑指“是工厂劳动大大助长了这种现象”[②]。在该文中，恩格斯深刻揭示了资本主义生产方式对自然环境和民众生活的负面影响，强调在资本主义制度下，所有底层民众不仅饱受普遍且恒定的贫困状态，并始终“在低矮的房子里劳动，吸进的煤烟和灰尘多于氧气，而且大部分人从 6 岁起就在这样的环境下生活，这就剥夺了他们的全部精力和生活乐趣”[③]。要想真正解决此等顽瘴痼疾，“单是依靠认识是不够的。这还需要对我们现有的生产方式”[④]和生活方式实行根本变革，即消灭资本主义制度、建立社会主义制度，以此将沉沦的生态世界进行“返魅”，继而实现人与自然、人与人的幸福复归。

习近平科学承续马克思和恩格斯生态民生观的内核精要，并依据国际发展大势和国内发展实际，富有创见性地提出“环境就是民生，青山就是美丽，蓝天也是幸福”[⑤]的价值论断，深刻回答了何为环境民生、为何说“环境就是民生”、如何推进环境民生等重大理论与实践命题，为新时代中国生态文明建设指明了发展理路。

2.环境民生论是在科学洞悉生态文明时代发展大势基础上的理论创新

“大自然是人类赖以生存发展的基本条件。”[⑥]随着社会主要矛盾的转变，人民群众不仅对物质生活水准提出了更高要求，而且内生地对优美生态环境产生了新需求、新期待。为此，习近平指出：“我们要积极回应人民群众所想、所盼、所急，大力推进生态文明建设，提供更多优质生态产品，不断满足人民日益增长的优美生态环境需要。”[⑦]同时强调，“生态环境是关系党的使命宗旨的重大政治问题，也是关系民生的重大社会问题”[⑧]，必须深入转变发展方式，摒弃传统的以要素投入为主的粗放型发展方式，建立以绿色低能、科技创新为主导的生态文

① 《马克思恩格斯全集》第 2 卷，北京：人民出版社，2005 年，第 39 页。

② 《马克思恩格斯全集》第 2 卷，第 44 页。

③ 《马克思恩格斯全集》第 2 卷，第 44 页。

④ 《马克思恩格斯全集》第 20 卷，第 521 页。

⑤ 《习近平关于社会主义生态文明建设论述摘编》，第 12 页。

⑥ 习近平：《高举中国特色社会主义伟大旗帜　为全面建设社会主义现代化国家而团结奋斗——在中国共产党第二十次全国代表大会上的报告》，第 49 页。

⑦ 习近平：《论坚持人与自然和谐共生》，第 8 页。

⑧ 习近平：《论坚持人与自然和谐共生》，第 8 页。

明型发展方式，促进经济社会持续健康发展。

回溯历史，虽然传统粗放型发展模式在促进经济增长和推动中国现代化进程方面起到了重要作用，但实质上是一种"单向度"不可持续的发展模式，增强了经济脉搏，同时付出了环境恶化的代价。在这种发展模式下，生存空间和人居环境逐步显露出系列突出病症：能源资源日趋枯竭、森林覆盖面积锐减、土地荒漠化加剧、湿地面积逐步消失、空气质量日渐恶化、水源水质受污染严重等，全社会范围内生态环境问题呈现多维度、深层次、复杂化的典型特征，旧疾未拔新疾又起，不断扰乱着人民群众的基本生活。在对传统粗放型发展模式进行反思和"解构"过程中，习近平对于环境治理和生态文明建设的认识达到了一个新的高度，用他的话来说："多年快速发展积累的生态环境问题已经十分突出，老百姓意见大、怨言多，生态环境破坏和污染不仅影响经济社会可持续发展，而且对人民群众健康的影响已经成为一个突出的民生问题，必须下大气力解决好。"[①]对此，习近平要求各级领导干部要以高度负责的政治态度和使命担当，坚持以人民为中心的发展思想，在现实场域中重点解决损害群众身体健康的突出环境问题，适时转变现有不太适宜的发展观念，践行绿色发展理念和发展方式，努力实现经济发展与环境保护的并驾齐驱、交互共赢。

环境问题和民生建设不可分割，在生态文明建设具象实践中我们既要防治环境恶化问题，又要重视民生发展需求。习近平环境民生论既是一种彰显时代大势的整体判断，又内在蕴含多重理论意涵，是对"自然环境与民生福祉"共联属性的多元分解和逻辑阐释，这一判断呈现出了其理论的哲理性、政治性及价值性特质。

一是环境民生的哲理维度。习近平指出："环境就是民生，青山就是美丽，蓝天也是幸福。要像保护眼睛一样保护生态环境，像对待生命一样对待生态环境。"[②]民生需求的初级保障来源于大自然的供给，民生建设的质量升级依赖于大自然的馈赠。"环境就是民生"的科学论断将生态问题人格化，将人类问题自然化，把环境与民生问题从思辨哲学云端拉入具体实际，彰显了二者之间彼此联动的内生性和耦合性，是对马克思主义生态民生观的时代阐释，同时亦延拓了中国共产党人执政为民的价值范畴。再者，"就是"一词既毋庸赘言地表明良好的生态环境是最普惠的民生福祉，也旗帜鲜明地表达了保护生态环境的心志、斗志和决心，强调解决民生桎梏必须建立在良好生态环境基础之上。

---

① 《习近平谈治国理政》第2卷，北京：外文出版社，2017年，第392页。

② 习近平：《论坚持人与自然和谐共生》，第87～88页。

二是环境民生的政治维度。习近平“环境民生论”不仅强调环境就是民生、实现人与自然协调发展，而且高度重视人与人之间环境权利与环境义务协调统一的公平正义问题。人置身于生态环境中既均等地享有生态产品使用的基本权利，又兼具承担相应环境保护的责任义务，任何企图扩大侵占或肆意毁坏生态资源的行为都是对全人类共同价值的挑衅和侵犯。事实上，当下因物化资源争夺而引发的社会矛盾时有发生。要真正解决此类恶性冲突和矛盾，就必须借助于行政手段，运用法律机制来予以管制。习近平指出，各级政府“要加大环境督查工作力度，严肃查处违纪违法行为，着力解决生态环境方面突出问题，让人民群众不断感受到生态环境的改善”①。

三是环境民生的价值维度。人民是执政的底气，人心是最大的政治。习近平深刻指出：“生态环境是关系党的使命宗旨的重大政治问题，也是关系民生的重大社会问题。……我们要积极回应人民群众所想、所盼、所急，大力推进生态文明建设，提供更多优质生态产品，不断满足人民日益增长的优美生态环境需要。”②环境民生论的价值理念，不仅肯定了人民群众在发展中的主体地位，而且规定了评价标准的价值元素，即是否能实现经济社会的可持续发展，是否做到发展的最终目的是满足人民群众对优美生态环境的向往③，是否真正增强了人民群众现实境遇中的生态获得感和幸福感，凸显了习近平生态文明思想的理论旨趣和价值属性。

习近平提出的环境民生论，开辟了马克思主义生态哲学研究的新视域，适应了新时代社会主要矛盾的新变化，拓展了中国共产党人践行初心使命的新路径，满足了人民群众日益增长的美好生活新需求，丰富了习近平生态文明思想哲学基础的内容范畴，成为其哲学基础逻辑体系建构的重要元素。

［原载于《山东大学学报（哲学社会科学版）》2023 年第 5 期］

① 《习近平谈治国理政》第 2 卷，第 393 页。

② 习近平：《论坚持人与自然和谐共生》，第 8 页。

③ 习近平：《论坚持人与自然和谐共生》，第 8 页。

第二章 党的领导是中国式现代化的本质要求

伟大建党精神与中国式现代化

王炳林　马雪梅

党的二十大报告将“弘扬伟大建党精神”写入大会主题，这既是重大的理论创新，也是鲜明的实践要求，充分展现了我们党在新征程上昂扬向上的精神状态。当前，中国共产党的中心任务是“团结带领全国各族人民全面建成社会主义现代化强国、实现第二个百年奋斗目标，以中国式现代化全面推进中华民族伟大复兴”①。深入探究伟大建党精神与中国式现代化的关系，对于科学总结中国式现代化的探索历程、深刻把握中国式现代化的科学内涵、增强推进中国式现代化的精神动力，都具有重要的理论价值和实践意义。

一、伟大建党精神使中国对现代化的追求由被动转入主动

近代中国对现代化道路的探索，是在学习和效仿外国经验的过程中被动开启的。鸦片战争结束后，面对严重的民族危机和深刻的社会危机，为了救亡图存，中国社会各阶级纷纷寻找出路，向外国学习一度成为主导观念。毛泽东曾生动地描述了19世纪40年代至20世纪初期中国人学习外国的情形：“自从一八四〇年鸦片战争失败那时起，先进的中国人，经过千辛万苦，向西方国家寻找真理。……要救国，只有维新，要维新，只有学外国。”②这种学习探索的过程，实际上是中国追求现代化的过程，其中有引进西方先进技术、“师夷长技以制夷”的洋务运动，有以学习西方先进制度为宗旨、推行君主立宪制的戊戌变法，还有以革命为手段、推行民主共和制的辛亥革命等。但是，这些探索和追求均以失

---

① 习近平：《高举中国特色社会主义伟大旗帜　为全面建设社会主义现代化国家而团结奋斗——在中国共产党第二十次全国代表大会上的报告》，北京：人民出版社，2022年，第21页。

② 《毛泽东选集》第4卷，北京：人民出版社，1991年，第1469～1470页。

败告终，其根本原因就在于没有科学理论指引正确方向，没有先进政党把人民群众团结凝聚起来。所以，这些学习和探索在思想上是盲目的，在精神上是被动的。

马克思主义传入中国，为中国人民指明了实现民族独立、人民解放和国家富强、人民富裕的正确方向，“自从中国人学会了马克思列宁主义以后，中国人在精神上就由被动转入主动”①。随着马克思主义在中国的广泛传播，中国共产党应运而生，中国人民从此有了主心骨，形成了“坚持真理、坚守理想，践行初心、担当使命，不怕牺牲、英勇斗争，对党忠诚、不负人民的伟大建党精神”②。一百多年来，中国共产党弘扬伟大建党精神，构筑起了中国共产党人的精神谱系，为中国的现代化建设提供了科学理论指引和强大精神支撑，推动中国式现代化建设取得重大成就。

1.伟大建党精神激励中国共产党人以革命手段为现代化开辟道路

中国共产党成立伊始，面对内忧外患的严峻形势，逐步认识到实现现代化的首要前提是争取民族独立、人民解放，因为“没有一个独立、自由、民主和统一的中国，不可能发展工业”③。因此，中国共产党高举反帝反封建的革命旗帜，为中国实现现代化扫清障碍。

新民主主义革命的壮阔历程，既是弘扬伟大建党精神、构建中国共产党人精神谱系的历程，也是不断探索现代化道路的历程。中国共产党将伟大建党精神转化为争取民族独立、人民解放的实践力量，在井冈山点燃了中国革命的星星之火，开辟了农村包围城市、武装夺取政权的革命道路，形成了井冈山精神。在长征途中，红军冲破了国民党反动武装的围追堵截，召开了具有历史转折意义的遵义会议，开启了党独立自主解决中国革命实际问题新阶段，形成了长征精神、遵义会议精神。抗战时期，面对日本帝国主义的侵略，中华民族同心御侮、英勇抗战，形成了伟大的抗战精神。在抗战过程中，中国共产党人逐渐认识到，中国落后的主要原因是没有强大的工业。毛泽东指出：“要打倒日本帝国主义，必需有工业；要中国的民族独立有巩固的保障，就必需工业化。”④此后，中国共产党在一系列论述中都强调在中国实现“工业化”，这为新中国成立后国家工业化的推进奠定了重要的理论和实践基础。

新民主主义革命时期形成的伟大精神还有苏区精神、延安精神、红岩精神、西

① 《毛泽东选集》第4卷，第1516页。

② 习近平：《在庆祝中国共产党成立100周年大会上的讲话》，北京：人民出版社，2021年，第8页。

③ 《毛泽东选集》第3卷，北京：人民出版社，1991年，第1080页。

④ 《毛泽东文集》第3卷，北京：人民出版社，1996年，第146页。

柏坡精神、照金精神、东北抗联精神、南泥湾精神、太行精神(吕梁精神)、大别山精神、沂蒙精神、老区精神、张思德精神等,它们都是在特定历史阶段传承和弘扬伟大建党精神的理论升华,是中国共产党人探索中国式现代化的重要精神力量。

2.伟大建党精神为“四个现代化”建设提供精神动力

新中国成立后,中国共产党成为执政党,能够从思想上、组织上更为主动地推进现代化。为尽快摆脱工业落后的状况,我国开启了以工业化为核心的现代化建设新阶段。伟大建党精神在各行各业得到传承和弘扬,凝聚起团结奋斗的磅礴伟力。例如,面对我国石油工业基础十分薄弱的情况,石油工人王进喜喊出了“宁可少活二十年,拼命也要拿下大油田”的豪迈誓言,大庆油田建设的伟大实践形成了大庆精神(铁人精神)。再如,为解决缺水问题,河南林县人民逢山凿洞、遇水架桥,在太行山的悬崖峭壁上修成了“人工天河”红旗渠,铸就了伟大的红旗渠精神。

随着现代化实践的不断推进,中国共产党逐渐认识到苏联工业化模式的弊端,毛泽东明确提出了“以苏为鉴”的要求:“他们走过的弯路,你还想走?过去我们就是鉴于他们的经验教训,少走了一些弯路,现在当然更要引以为戒。”[①]吸取历史教训,中国共产党初步走出了一条不同于苏联的中国工业化道路,确立了“四个现代化”的战略目标,即“要在不太长的历史时期内,把我国建设成为一个具有现代农业、现代工业、现代国防和现代科学技术的社会主义强国,赶上和超过世界先进水平”[②]。

经过实施几个五年计划,我国建立起了独立的比较完整的工业体系和国民经济体系,农业生产条件得到显著改善,科学技术特别是“两弹一星”等国防尖端科技也取得重大突破,孕育形成了“两弹一星”精神,极大地增强了我国的国防实力。社会主义革命和建设时期还形成了抗美援朝精神、雷锋精神、焦裕禄精神、北大荒精神、塞罕坝精神、“两路”精神、老西藏精神(孔繁森精神)、西迁精神、王杰精神等,它们都是对伟大建党精神的弘扬,在推进国家现代化的过程中发挥了不可替代的精神激励作用。

3.伟大建党精神为改革开放和社会主义现代化建设提供科学指引

在改革开放和社会主义现代化建设新时期,中国共产党坚持从中国国情出发,提出要“走出一条中国式的现代化道路”[③]。在党的十二大上,邓小平明确指出:“我们的现代化建设,必须从中国的实际出发。……走自己的道路,建设有

---

① 《毛泽东文集》第7卷,北京:人民出版社,1999年,第23页。

② 《周恩来选集》下卷,北京:人民出版社,1984年,第439页。

③ 《邓小平文选》第2卷,北京:人民出版社,1994年,第163页。

中国特色的社会主义，这就是我们总结长期历史经验得出的基本结论。”[①]1984年3月，邓小平明确指出：“到本世纪末在中国建立一个小康社会。这个小康社会，叫做中国式的现代化。”[②]“中国式的现代化”是基于中国国情、符合中国具体实际的社会主义现代化，它以“小康”作为“中国式的现代化”衡量标准，并在实践中不断丰富和完善小康社会的内涵。以江泽民同志、胡锦涛同志为主要代表的中国共产党人，在中国式现代化道路上接续奋斗，进一步丰富了中国式现代化的战略规划和实践举措，有力推动了中国式现代化的发展。

伟大建党精神在改革开放和社会主义现代化建设中弘扬光大，形成了改革开放精神、特区精神、抗洪精神、抗击“非典”精神、抗震救灾精神、载人航天精神、劳模精神（劳动精神、工匠精神）、青藏铁路精神、女排精神等，成为激发全党全国各族人民团结奋斗的强大精神力量。在这一时期，我国实现了从生产力相对落后的状况到经济总量跃居世界第二的历史性突破，人民生活实现了从温饱不足到总体小康的历史性跨越，为中国式现代化提供了充满新的活力的体制保证和快速发展的物质条件。

4.伟大建党精神引领开辟中国式现代化的新境界

党的十八大以来，以习近平同志为核心的党中央，大力弘扬伟大建党精神，不断实现理论和实践上的创新突破，为中国式现代化提供了更为完善的制度保证、更为坚实的物质基础、更为主动的精神力量。新时代形成的脱贫攻坚精神、抗疫精神、“三牛”精神、科学家精神、企业家精神、探月精神、新时代北斗精神、丝路精神等，都是对伟大建党精神的传承和弘扬，是推进和拓展中国式现代化的精神动力。

全面建成小康社会是推进中国式现代化的阶段性成果，在我国社会主义现代化建设进程中具有里程碑意义。党的十八大明确提出在中国共产党成立一百周年时全面建成小康社会，党的十九大发出“决胜全面建成小康社会，开启全面建设社会主义现代化国家新征程”[③]的号召。为此，中国共产党领导人民实施了人类历史上规模空前、力度最大、惠及人口最多的脱贫攻坚战，并取得全面胜利，创造了彪炳史册的人间奇迹。在庆祝中国共产党成立100周年大会上，习近平总书记庄严宣告“在中华大地上全面建成了小康社会”[④]，这不仅为全体

① 《邓小平文选》第3卷，北京：人民出版社，1993年，第2～3页。

② 《邓小平文选》第3卷，第54页。

③ 习近平：《决胜全面建成小康社会 夺取新时代中国特色社会主义伟大胜利——在中国共产党第十九次全国代表大会上的报告》，北京：人民出版社，2017年，第27页。

④ 习近平：《在庆祝中国共产党成立100周年大会上的讲话》，第2页。

人民共同富裕的现代化打下了坚实基础，也为世界减贫事业作出了重大贡献。

事实证明，中国式现代化道路“不仅走得对、走得通，而且也一定能够走得稳、走得好”[①]。新时代新征程，在伟大建党精神的引领下，我们将继续开辟中国式现代化的新境界，为全人类进步事业作出更大贡献。

二、伟大建党精神是贯穿中国式现代化科学内涵的一条红线

党的二十大报告明确概括了中国式现代化的中国特色，即人口规模巨大的现代化、全体人民共同富裕的现代化、物质文明和精神文明相协调的现代化、人与自然和谐共生的现代化、走和平发展道路的现代化，并首次提出了中国式现代化的本质要求，即“坚持中国共产党领导，坚持中国特色社会主义，实现高质量发展，发展全过程人民民主，丰富人民精神世界，实现全体人民共同富裕，促进人与自然和谐共生，推动构建人类命运共同体，创造人类文明新形态”[②]。“中国特色”和“本质要求”是中国式现代化科学内涵的核心内容，既是理论概括，也是实践要求，为全面建成社会主义现代化强国、实现中华民族伟大复兴提供了科学指南。其中，伟大建党精神犹如一条红线贯穿其中，彰显了党在新时代新征程推进中国式现代化的历史自信和精神主动。

1.伟大建党精神在中国式现代化的中国特色中发挥着精神标识作用

伟大建党精神集中体现了党的理想信念、根本宗旨和优良作风，凝结着中国式现代化建设取得重大成就的精神密码，是中国式现代化区别于西方国家现代化的精神标识，在中国式现代化的中国特色中发挥着精神指引作用。

第一，弘扬伟大建党精神是推进“人口规模巨大的现代化”的精神力量。人口规模巨大是我国的基本国情，是推进中国式现代化最鲜明的特征。党的二十大报告深刻指出：“我国十四亿多人口整体迈进现代化社会，规模超过现有发达国家人口的总和，艰巨性和复杂性前所未有。”[③]巨大的人口规模既能为中国式现代化注入蓬勃动力，又是推进中国式现代化艰巨性的集中体现。实现这一艰巨任务，需要从伟大建党精神中汲取力量，形成同心共圆中国梦的强大合力。

习近平总书记指出：“我们的现代化既是最难的，也是最伟大的。”[④]新时代

---

① 习近平：《在纪念辛亥革命110周年大会上的讲话》，北京：人民出版社，2021年，第7页。

② 习近平：《高举中国特色社会主义伟大旗帜　为全面建设社会主义现代化国家而团结奋斗——在中国共产党第二十次全国代表大会上的报告》，第23～24页。

③ 习近平：《高举中国特色社会主义伟大旗帜　为全面建设社会主义现代化国家而团结奋斗——在中国共产党第二十次全国代表大会上的报告》，第22页。

④ 杜尚泽：《“既是最难的，也是最伟大的”（微镜头·习近平总书记参加党的二十大广西代表团讨论）》，《人民日报》2022年10月18日。

以来的十年，我国实现了第一个百年奋斗目标，完成了全面建成小康社会的历史任务，14 亿多人民迈上了全面建设社会主义现代化国家新征程。中国实现现代化将彻底改写现代化的世界版图，“意味着比现在所有发达国家人口总和还要多的中国人民将进入现代化行列，其影响将是世界性的”①。在中国这样具有巨大人口规模的国家推进现代化，其发展任务之重、改革难度之大是前所未有的。广大人民群众的衷心支持和真心拥护，必将凝聚起全面建设社会主义现代化国家的强大合力。“现代化的本质是人的现代化”②，现代化归根到底是人的现代化，人的精神面貌和素养关乎现代化的兴衰成败。伟大建党精神中所蕴含的理想信念、顽强意志、崇高情怀等内容，能够充分激发亿万人民群众建设中国式现代化的磅礴伟力。

第二，弘扬伟大建党精神是推进“全体人民共同富裕的现代化”的精神指南。全体人民共同富裕的现代化作为中国式现代化的中国特色之一，与社会主义的本质要求是一脉相承的。人是中国式现代化的主体，实现全体人民共同富裕是人的现代化的具体体现。党的二十大报告将“人的全面发展、全体人民共同富裕取得更为明显的实质性进展”③作为到 2035 年我国发展的总体目标之一，揭示了人的现代化在推进中国式现代化进程中的重要地位。

实现人的思想观念的现代化，既是人的现代化的重要内容，也是全体人民共同富裕的现代化的目标追求。伟大建党精神凝结着中国共产党人最鲜明的政治品格，能够发挥其对人的理想信念、道德情操等方面的引领作用，推动实现人民群众在精神层面的共同富裕。

中国共产党促进全体人民共同富裕的历史进程，也是弘扬伟大建党精神的历史进程。一百多年来，从“使人人有衣穿，有饭吃，有书读，有事做”④，到“贫穷不是社会主义，社会主义要消灭贫穷”⑤，再到新时代“把促进全体人民共同富裕摆在更加重要的位置”⑥，中国实现了从“一穷二白”到世界第二大经济体、从温饱不足到“全面小康”的跨越式发展，其制胜密码就是中国共产党始终坚守初

---

① 中共中央宣传部：《习近平新时代中国特色社会主义思想学习纲要》，北京：学习出版社、人民出版社，2019 年，第 60 页。

② 中共中央文献研究室编：《十八大以来重要文献选编》(上)，北京：中央文献出版社，2014 年，第 594 页。

③ 习近平：《高举中国特色社会主义伟大旗帜 为全面建设社会主义现代化国家而团结奋斗——在中国共产党第二十次全国代表大会上的报告》，第 24 页。

④ 中共中央文献研究室、中央档案馆编：《建党以来重要文献选编(1921～1949)》第 15 册，北京：中央文献出版社，2011 年，第 633 页。

⑤ 《邓小平文选》第 3 卷，第 116 页。

⑥ 习近平：《在全国脱贫攻坚总结表彰大会上的讲话》，北京：人民出版社，2021 年，第 21 页。

心、担当使命，这与伟大建党精神具有内在统一性。

第三，弘扬伟大建党精神是推进“物质文明和精神文明相协调的现代化”的内在要求。“物质富足、精神富有是社会主义现代化的根本要求。”①以中国式现代化全面推进中华民族伟大复兴，既要不断厚植实现民族复兴的物质基础，又要增强实现中华民族伟大复兴的精神力量，用伟大建党精神凝聚人、激励人、感召人，推动中国式现代化行稳致远。

在实现现代化的过程中，人的现代化与工业化、信息化、城镇化、农业现代化是相互促进的。只有充分认识到思想观念在社会发展中的能动作用，才能更好地实现人的现代化与社会现代化的协调发展。人民精神世界丰富与否，不仅影响个人进步，更能够影响整个社会的发展。文化是涵养人民精神世界的重要源泉，能够为塑造人民的精神品格提供丰厚的滋养。党的二十大报告中强调了文化建设的重要性，提出了推进文化自信自强、大力发展社会主义先进文化、广泛践行社会主义核心价值观、弘扬以伟大建党精神为源头的中国共产党人精神谱系等要求。铸就社会主义文化新辉煌，伟大建党精神是灵魂和指引。在中国革命、建设和改革实践中涌现出的一大批革命烈士、英雄人物、先进模范的感人事迹和优秀品质，发挥着榜样的精神引领和典型示范作用，能够推动全社会见贤思齐、崇尚英雄、争做先锋，从而激励人们以更加高昂的姿态投身中国式现代化建设，为全国各族人民团结奋斗提供强大的精神力量和坚强的思想保证。

第四，弘扬伟大建党精神是推进“人与自然和谐共生的现代化”的精神动力。大自然是人类赖以生存发展的基础。建设人与自然和谐共生的现代化，“既要创造更多物质财富和精神财富以满足人民日益增长的美好生活需要，也要提供更多优质生态产品以满足人民日益增长的优美生态环境需要”②。当前，我国在污染防治和绿色、循环、低碳发展等方面取得了历史性成就，但与广大人民群众对优美生态环境的需要相比还存在较大差距。

党的二十大报告指出：“人与自然是生命共同体，无止境地向自然索取甚至破坏自然必然会遭到大自然的报复。”③抓生态文明建设，既要靠物质，也要靠精神。推进人与自然和谐共生的现代化，需要人们思想观念的转换，需要伟大建党精神的引领。塞罕坝精神就是伟大建党精神在生态文明领域的生动体现。

---

① 习近平：《高举中国特色社会主义伟大旗帜　为全面建设社会主义现代化国家而团结奋斗——在中国共产党第二十次全国代表大会上的报告》，第 22 页。

② 习近平：《决胜全面建成小康社会　夺取新时代中国特色社会主义伟大胜利——在中国共产党第十九次全国代表大会上的报告》，第 50 页。

③ 习近平：《高举中国特色社会主义伟大旗帜　为全面建设社会主义现代化国家而团结奋斗——在中国共产党第二十次全国代表大会上的报告》，第 23 页。

为响应党的号召，一代代塞罕坝人牢记使命、艰苦创业，创造了荒原变林海的“人间奇迹”，用实际行动诠释了“绿水青山就是金山银山”的理念，对全国生态文明建设具有重要示范意义。

中国共产党推进生态文明建设的过程，是党为民造福、不负人民的体现，伟大建党精神是贯穿其中的精神力量。党的十八大以来，以习近平同志为核心的党中央，站在人与自然和谐共生的高度谋划发展，坚持生态惠民、生态利民、生态为民，充分彰显了人民至上的深厚情怀，实现了对伟大建党精神的弘扬，能够引导群众积极投入共建美丽中国的全民行动，推动实现中华民族伟大复兴、永续发展。

第五，弘扬伟大建党精神是“走和平发展道路的现代化”的精神密码。当前，世界之变、时代之变、历史之变正在以前所未有的方式展开，“建设一个什么样的世界、如何建设这个世界”是关乎人类前途命运的重大课题。党的二十大报告强调，中国式现代化是走和平发展道路的现代化，我们“高举和平、发展、合作、共赢旗帜，在坚定维护世界和平与发展中谋求自身发展，又以自身发展更好维护世界和平与发展”①，这彰显了我们党致力于人类和平与发展事业的光荣使命和强大意志。

走和平发展道路，是中国人民从近代以后苦难遭遇中得出的结论。习近平总书记指出：“战争是一面镜子，能够让人更好认识和平的珍贵。”②伟大建党精神孕育于伟大建党实践，形成于西方列强入侵使中国沦为半殖民地半封建社会的历史背景下，是中国共产党带领人民抵御外敌侵略的强大精神力量。伟大建党精神所承载的，是无数革命先烈用生命和鲜血书写的真实历史，也是中华民族永远不能忘却的珍贵记忆，能够激励广大人民珍惜和平、维护和平，推动中国坚定不移地走和平发展道路的现代化。伟大建党精神蕴含着追求和平发展的红色基因，正如习近平总书记所说：“让 14 亿多中国人民过上更加美好的生活，促进人类和平与发展的崇高事业，这是中国共产党矢志不渝的奋斗目标。”③

2.伟大建党精神在中国式现代化的本质要求中发挥着精神引领作用

中国式现代化的本质要求反映了中国式现代化的内在逻辑，与伟大建党精神具有高度契合性。一方面，中国式现代化的本质要求作为一个整体，其核心

① 习近平：《高举中国特色社会主义伟大旗帜　为全面建设社会主义现代化国家而团结奋斗——在中国共产党第二十次全国代表大会上的报告》，第 23 页。

② 《习近平在纪念中国人民抗日战争暨世界反法西斯战争胜利 70 周年系列活动上的讲话》，北京：人民出版社，2015 年，第 4 页。

③ 习近平：《加强政党合作　共谋人民幸福——在中国共产党与世界政党领导人峰会上的主旨讲话》，北京：人民出版社，2021 年，第 7 页。

和灵魂就是弘扬伟大建党精神。它展现了推进中国式现代化的昂扬向上的精神状态，是激励全体人民砥砺奋进的强大动力。另一方面，伟大建党精神分别贯穿于中国式现代化的各个本质要求之中，在其中发挥着重要的精神引领作用。

第一，弘扬伟大建党精神是“坚持中国共产党领导，坚持中国特色社会主义”的内在要求。中国式现代化是不同于资本主义现代化的社会主义现代化，中国共产党的领导直接关系中国式现代化的根本方向、前途命运、最终成败，坚持中国共产党的领导、坚持中国特色社会主义能够为中国式现代化注入不竭动力，确保中国式现代化锚定目标行稳致远。

中国式现代化是以马克思主义的科学理论为指导的现代化，马克思主义是中国式现代化的理论武器和行动指南。中国共产党领导推进中国式现代化的过程，就是一个推进马克思主义中国化时代化的过程，就是一个追求真理、揭示真理、笃行真理，不断回答时代和实践提出的重大问题的过程，就是一个弘扬伟大建党精神、赓续共产党人精神血脉的过程。中国共产党领导社会主义现代化的艰辛探索，彰显了中国共产党的初心与使命，体现了对伟大建党精神的传承与弘扬。实现人民的幸福与民族的复兴，其重要路径和实践就是中国式现代化。我们党坚持把实现人民对美好生活的向往作为现代化建设的出发点和落脚点，扎实推进全体人民共同富裕，努力实现中华民族伟大复兴。这与伟大建党精神中“践行初心、担当使命”的内涵是高度统一的。以中国式现代化全面推进中华民族伟大复兴，内在地要求发扬斗争精神，锤炼不怕牺牲、英勇斗争的顽强意志。全面建设社会主义现代化国家，必须有一支政治过硬、堪当民族复兴重任的干部队伍。选拔忠诚干净担当的党员干部，就是对党忠诚、不负人民的鲜明体现，就是要保证我们党始终成为中国特色社会主义事业的坚强领导核心。

第二，弘扬伟大建党精神是“实现高质量发展，发展全过程人民民主，丰富人民精神世界，实现全体人民共同富裕，促进人与自然和谐共生”①的必然选择。伟大建党精神是贯穿其中的精神引领，能够为推动全面建成社会主义现代化强国注入精神动力。

高质量发展作为全面建设社会主义现代化国家的首要任务，最终目的是满足人民对美好生活的向往，实现人民幸福安康，这与伟大建党精神中所蕴含的

① 习近平：《高举中国特色社会主义伟大旗帜　为全面建设社会主义现代化国家而团结奋斗——在中国共产党第二十次全国代表大会上的报告》，第 23～24 页。

党的初心使命和为民情怀是一致的。高质量发展必须贯彻创新、协调、绿色、开放、共享的新发展理念，培养高素质人才，伟大建党精神是重要的精神指南。大力弘扬伟大建党精神，能够发挥其推动改革创新、凝聚奋斗力量的精神优势，更好地统筹发展方面质的有效提升和量的合理增长。

全过程人民民主是“最广泛、最真实、最管用的民主”①。它既坚持党的领导，又将人民当家作主贯穿于民主实践全过程，保证了人民有序政治参与和依法行使民主权利。伟大建党精神作为中国共产党人矢志践行初心使命的精神高地，能够进一步激发群众有序政治参与的积极性、主动性和创造性，广泛汇聚社会各方的智慧和力量。

丰富人民精神世界承载着人民对美好生活的期盼。精神世界的核心是理想信念，坚定的理想信念来自正确的理论指导。马克思主义是伟大建党精神的理论源泉，是中国人民精神世界的定盘星和指南针。中国共产党不断满足人民群众的精神文化需求，为人民提供更多更好的精神食粮，也是对伟大建党精神的传承与弘扬。

全体人民共同富裕是人民群众物质生活和精神生活都富裕。要想实现物质富足和精神富有的现代化，需要用伟大建党精神中蕴含的信仰之力、担当之魂、斗争之志、为民之心，为推动共同富裕的实践提供精神引领和价值导向，从而凝聚起共同富裕的广泛共识，形成推动共同富裕的磅礴力量。

促进人与自然和谐共生需要伟大建党精神的科学指引。如前所述，弘扬伟大建党精神是推进“人与自然和谐共生的现代化”的精神动力。人与自然和谐共生的理念，实现了对马克思主义生态思想和中国传统文化“天人合一”等生态智慧的继承和发展。它与伟大建党精神具有内在一致性，都内蕴着马克思主义的科学真理，体现了我们党一心为民、不负人民的高尚情怀。

第三，弘扬伟大建党精神为“推动构建人类命运共同体，创造人类文明新形态”提供真理和道义的制高点。我国作为世界上最大的发展中国家，现实国情决定了我们必须坚持走自己的路，把国家和民族的发展放在自己力量的基点上，我们由此走出了一条中国式现代化道路，打破了“现代化＝西方化”的迷思，创造了人类文明新形态。人类文明新形态是在坚持把马克思主义基本原理同中国具体实际相结合、同中华优秀传统文化相结合的基础上产生的文明成果，涵括了构建人类命运共同体所倡导的价值理念，代表着人类文明进步的发展方

---

① 习近平：《高举中国特色社会主义伟大旗帜　为全面建设社会主义现代化国家而团结奋斗——在中国共产党第二十次全国代表大会上的报告》，第 37 页。

向，为解决人类问题贡献了中国智慧和中国方案。

党的十八大以来，习近平总书记在多种场合倡导“和平、发展、公平、正义、民主、自由”的全人类共同价值。这一倡导站在马克思主义的价值立场上，着眼于人类文明和文化价值的道义制高点，为促进世界共同发展和进步提供了价值支撑。全人类共同价值与伟大建党精神具有内在一致性。中国共产党坚持马克思主义科学真理，深深植根于中华优秀传统文化，在“两个结合”中不断推进马克思主义中国化时代化，为人类文明新形态的形成提供了强大文化根基。伟大建党精神对推动构建人类命运共同体、创造人类文明新形态具有强大的精神引领作用。党的二十大报告发出真诚呼吁：“世界各国弘扬和平、发展、公平、正义、民主、自由的全人类共同价值，促进各国人民相知相亲，尊重世界文明多样性，以文明交流超越文明隔阂、文明互鉴超越文明冲突、文明共存超越文明优越，共同应对各种全球性挑战。”[①]越是民族的，就越是世界的。我们弘扬伟大建党精神，能够更好地与各种文明加强交流互鉴，促进人类文明进步繁荣。

三、伟大建党精神是推进中国式现代化的强大精神动力

精神的价值在于为实践提供动力源泉。伟大建党精神贯穿于中国式现代化的中国特色和本质要求之中，自然能够为推进中国式现代化提供强大的精神动力。党的二十大报告提出了“三个务必”，即“务必不忘初心、牢记使命，务必谦虚谨慎、艰苦奋斗，务必敢于斗争、善于斗争”[②]，同时阐明了中国式现代化的重大原则，即坚持和加强党的全面领导，坚持中国特色社会主义道路，坚持以人民为中心的发展思想，坚持深化改革开放，坚持发扬斗争精神。“三个务必”和五条重大原则都是对伟大建党精神的传承和弘扬。伟大建党精神作为中国共产党的精神之源，是党的坚定信念、根本宗旨、政治品格、优良作风的集中体现，是党和人民自信自强、团结奋斗的不竭动力。新时代新征程上，伟大建党精神是推进中国式现代化的强大精神动力。

1.弘扬伟大建党精神能够为立党兴党强党提供丰厚滋养

党的领导直接关系中国式现代化的根本方向和前途命运。加强党的建设是加强党的全面领导的基础和前提。伟大建党精神来源于建党的伟大实践，其中所蕴含的党的理想信念、初心使命，是激励我们党永葆先进性、纯洁性的关键

① 习近平：《高举中国特色社会主义伟大旗帜 为全面建设社会主义现代化国家而团结奋斗——在中国共产党第二十次全国代表大会上的报告》，第 63 页。

② 习近平：《高举中国特色社会主义伟大旗帜 为全面建设社会主义现代化国家而团结奋斗——在中国共产党第二十次全国代表大会上的报告》，第 1 页。

所在，是加强党的建设的精神源泉，能够为立党兴党强党提供丰厚滋养。新时代全面推进党的自我净化、自我完善、自我革新、自我提高，需要从伟大建党精神中汲取智慧和力量，为推进新时代党的建设新的伟大工程提供不竭的精神动力。

伟大的政党铸就伟大的精神，伟大的精神引领党的建设。一百多年来，在伟大建党精神的滋养下，中国共产党历经沧桑而风华正茂，饱经磨难而生生不息，一代又一代共产党人始终坚守初心使命、坚定人民立场，依靠坚定的理想信念和英勇无畏的斗争精神，创造了气吞山河的人间奇迹，成为风雨来袭时全体人民最可靠的主心骨。新征程上，党的使命任务更加重大艰巨、面对的风险挑战更加严峻复杂，面临着“四大考验”“四种危险”等各种挑战。如何永葆党的先进性、实现长期执政是党必须要回答好的重大课题。继续推进新时代党的建设新的伟大工程，需要以伟大建党精神滋养党性修养，从伟大建党精神中汲取理想信念和初心使命的力量。大力弘扬伟大建党精神，将其外化于行，内化于心，筑牢共产党人的信仰之基和党性之魂，有助于培育积极健康的政治文化，营造风清气正的政治生态，永葆共产党人的政治本色，确保党永远不变质、不变色、不变味。质言之，伟大建党精神是推动中国式现代化向前发展的基因密码，其所秉承的价值理念和理想追求，能够为坚定的理想信念提供支撑，并随着实践的深化为立党兴党强党提供丰厚滋养。

2.弘扬伟大建党精神能够激发中国人民的斗争精神

纵观中国式现代化的发展历程，正是由于中国共产党敢于斗争、善于斗争，才能战胜各类风险挑战，取得彪炳史册的巨大成就。斗争精神作为中华优秀传统文化的重要内容，是党和人民不可战胜的强大精神力量源泉。党的二十大报告中多次提及“斗争精神”，不仅将“敢于斗争、善于斗争”纳入“三个务必”之中，还将“坚持发扬斗争精神”作为中国式现代化的重大原则之一，深刻地体现出发扬斗争精神对于推进中国式现代化的时代价值和战略意义。伟大建党精神中蕴含着中国共产党人敢于斗争、敢于胜利的鲜明品格，能够激发中国人民的斗争精神，为夺取新时代中国特色社会主义伟大胜利提供力量支撑。

中国共产党的历史就是一部敢于斗争、敢于胜利的历史。无论是在复杂的斗争环境中还是在严峻的自然灾害面前，一代又一代中国共产党人在伟大建党精神的激励下，始终保持“不怕牺牲、英勇斗争”的风骨和品质，为争取民族独立、人民解放和国家富强、人民幸福而不懈奋斗。中国人民展现出的敢于斗争精神，是战胜一切风险挑战的重要法宝，是中国共产党取得举世瞩目伟大成就的动力支撑。推进中国式现代化，是一项前无古人的开创性事业，必然会遇到各种可以预料和难以预料的风险挑战、艰难险阻甚至惊涛骇浪，必须要进行具有许多新的历史特点的伟大斗争。不断赢得伟大斗争的胜利，必须以伟大建党精神为支撑，增强斗争的底气，以坚忍不拔的顽强意志和英勇无畏的斗争精神，战胜前进道路上的艰难险阻和风险考验，在复杂严峻的斗争中经风雨、见世面、壮筋骨、长才干，依靠顽强斗争赢得未来。总之，伟大建党精神蕴含的斗争意志和智慧，能够转化为强大的精神力量，成为党和人民应对并战胜各种艰难险阻和风险挑战的强大精神动力。

3.弘扬伟大建党精神能够汇聚起中华民族团结奋斗的磅礴伟力

党的二十大报告指出："团结奋斗是中国人民创造历史伟业的必由之路。"[①]这是党总结长期历史经验得出的基本结论，揭示了团结奋斗是推进中国式现代化的重要法宝。弘扬伟大建党精神，是对全党保持什么样的精神状态继续前进的郑重宣示。汇聚中华民族团结奋斗的磅礴伟力，必须发挥伟大建党精神的引领作用，把团结奋斗的精神品格熔铸于心、落实于行，这是我们党凝聚人心、汇聚共识的政治保证。

伟大建党精神具有深厚的历史文化渊源，能够巩固全党全国各族人民团结奋斗的共同思想基础，是中国共产党人坚持统一战线的精神之源。在百余年奋斗历程中，我们党弘扬伟大建党精神，始终坚持大团结大联合，引领统一战线的建立、巩固和发展壮大，最大限度地凝聚起共同奋斗的磅礴力量。历史和现实证明，统一战线是凝聚人心、汇聚力量的强大法宝。新征程上，巩固发展爱国统一战线，形成海内外全体中华儿女心往一处想、劲往一处使的生动局面，同样离不开伟大建党精神的精神支撑和引领。只有大力弘扬伟大建党精神，努力团结一切可以团结的力量、调动一切可以调动的积极因素，促进政党关系、民族关系、宗教关系、阶层关系、海内外同胞关系的和谐发展，才能推动中华民族成为认同度更高、凝聚力更强的命运共同体，形成共同致力于民族复兴的强大力量，以中国式现代化全面推进中华民族伟大复兴。

伟大建党精神与中国式现代化，既是内在统一的，又是相互促进的。一方面，伟大建党精神能够汇聚起推进中国式现代化的强大奋进力量；另一方面，推进中国式现代化则为伟大建党精神的传承和弘扬提供了坚实基础。在推进中国式现代化的过程中，国家物质力量和精神力量日益增强，人民精神文化生活更加丰富，广大党员、干部的理想信念更加坚定、政治品格更加纯粹、斗争精神

① 习近平：《高举中国特色社会主义伟大旗帜 为全面建设社会主义现代化国家而团结奋斗——在中国共产党第二十次全国代表大会上的报告》，第70页。

更加昂扬、奋斗激情更加饱满，能够为更好地传承和弘扬伟大建党精神奠定坚实的基础。深刻把握伟大建党精神与中国式现代化的内在一致性，能够把伟大建党精神转化为奋进新征程的强大动力，有力地推动中国式现代化的发展，为实现中华民族伟大复兴提供强大的精神动力。

［原载于《山东大学学报（哲学社会科学版）》2023 年第 3 期］

中国共产党领导国家建设的历史变革、政治效能与基本经验

方　雷　黄硕明　周　昊

国家建设是国家现代化发展的重要组成部分，任何迈向现代化的社会，“都面临着建设和发展现代国家、使现代国家在现代化过程中得以有效成长的历史任务”[①]。与此同时，尽管现代化是各国发展所追求的共同目标，但是各国国家建设的历程、模式、机制却不尽相同。因此，国家建设本质上体现着各国现代化发展的内在逻辑及其独特性。就中国式现代化而言，中国共产党作为国家建设的领导主体，党的领导贯穿于国家建设始终，既决定着中国现代国家成长的实践进路，又塑造着以政党领导为特征的现代化发展新范式。“中国式现代化，是中国共产党领导的社会主义现代化，既有各国现代化的共同特征，更有基于自己国情的中国特色。”[②]在此意义上，要系统理解中国式现代化，就应从学理上把握政党领导与国家建设的内在关联，总结分析中国共产党领导国家建设的历史变革、政治效能和基本经验，从而推进中国式现代化的理论发展，并为后发国家的现代化探索提供参考。

一、政党领导与国家建设

长期以来，社会中心主义和国家中心主义是西方现代国家建设的两条主流路径，“二者分别侧重社会和国家作为主导性力量来推动整体性现代化进程”[③]。然而，这两条路径虽然为西方先发国家的现代化作出了历史性贡献，并长期主导其政治发展研究，但二者却忽略了政党“作为一种跨越了国家与社会的整合

---

① 林尚立：《国家建设：中国共产党的探索与实践》，《毛泽东邓小平理论研究》2008 年第 1 期。

② 习近平：《高举中国特色社会主义伟大旗帜　为全面建设社会主义现代化国家而团结奋斗——在中国共产党第二十次全国代表大会上的报告》，《人民日报》2022 年 10 月 26 日。

③ 张伟：《作为主导现代化进程新范式的“政党中心主义”》，《社会主义研究》2021 年第 1 期。

性力量的重要作用”[①]，更未能对政党在国家建设中的主体地位具有充分认知。因此，当一些效仿西方道路的亚非拉国家遭遇现代化转型失败，而另外一些以中国为代表的依靠政党领导的后发国家成功实现现代化转型后，人们开始重新审视并反思政党在国家建设中的地位与功能。

首先，从政党在国家建设中的地位来看，后发国家的政党并不仅仅是“社会”与“国家”之外的制度补充力量，而是贯穿于国家建构与国家建设这一长期历史过程的关键领导主体。当代政治发展研究表明，“国家建构（state making, state construction）优先于国家建设（state building）：前者解决国家基本结构的搭建，后者优化国家诸要素的匹配方式”[②]。这意味着，研究现代国家建设须将研究视野扩延至国家建构这一前提阶段。在此基础上，比较各国现代化历史可以发现，先发、后发国家的政党在国家建设中实际上具有完全不同的地位和作用。一般而言，西方政党产生于民族国家诞生之后，作为联系国家与社会的中介组织，西方政党主要是在西方民主制度中代表、表达公民的利益要求以及组织政治参与。显然，这种国家建构中的“主体缺位”或民主框架下的“辅助性质”，都决定了西方政党无法获得与“国家”或“社会”相平行的结构性地位。相比之下，在诸多后发国家，政党的建立早于现代国家的形成。并且由于传统的国家与软弱的社会力量难以承担国家建构的任务[③]，后发国家的政党反而成为组织社会、重建国家的主导主体。即使在完成国家建构以后，后发国家的政党也继续担负领导国家建设、推进国家改革与发展的长期职责。由此可见，在后发国家的现代化进程中，政党往往是领导国家建设的关键主体。

其次，从政党在国家建设中的功能来看，区别于西方先发国家强调政党的代议、表达或选举功能，后发国家更侧重于政党在“启动、管理和巩固动态的政治变化和发展方面的潜在作用”[④]。对于后发国家而言，无论是传统政治秩序的变革重建（国家建构），还是现代政治秩序的改革调适（国家建设），剧烈的秩序变动必然伴随着矛盾和社会震荡。这无疑对领导国家建设的政党提出了极高要求：一方面，在现代政治秩序的建构阶段，政党需要在外部斗争中为国家争得独立的主权地位，在内部统治中建立稳定的政治秩序；另一方面，在政治秩序的

① 郭定平：《政党中心的国家治理：中国的经验》，《政治学研究》2019 年第 3 期。

② 任剑涛：《国家建构、国家建设与行政国家》，《暨南学报（哲学社会科学版）》2019 年第 7 期。

③ 参见赵娟娟：《我国新型政党制度的理论导源、历史形成和现实意义》，《云南行政学院学报》2021 年第 2 期。

④ J. La Palombara, M. Weiner, *Political Parties and Political Development* (SPD-6), Princeton: Princeton University Press, 1969, p.5.

调适和稳定阶段，政党则要担负起领导国家建设的长期职责，确保政治稳定与经济发展的动态平衡。前者规定了政党必须具备严密的组织性、强大的动员力和彻底的革命性，后者规定了政党必须具备超强的使命感和与时俱进的适应性。因此，根据一些后发国家的成功经验，一个强大的领导型政党实际上应具备价值凝聚、权威塑造和组织动员等功能。这些功能赋予政党以更高的权威性、适应性、内聚力和动员力，从而使其能够在创建政权、整合社会、组织政治参与等国家建设活动中始终具有维持政治稳定、促进政治发展的领导能力。

综上所述，政党领导与国家建设之间存在深刻、复杂而紧密的理论和现实关联。相对于西方先发国家强调“国家”与“社会”对国家建设的主导推动作用，政党领导国家建设的现代化路径实际上更符合后发国家的现代化需求。只是仍需指出，任何国家的政治制度都有其特定的意义结构和发展变迁的适当性逻辑。各国“发展道路的选择和历史运动的轨迹取决于不同的历史—文化—社会生态条件的结构性制约”①，即使是相似的发展路径或发展模式也往往具有不同的前途命运。例如，从法国和中国的现代化历史来看，二者均是政党领导国家建设的典型代表，然而其发展结果截然不同。法国模式在发挥短暂的作用之后，雅各宾派就因“热月政变”被推翻，在“雾月政变”中回归到传统的专制主义。② 与之相对照，中国共产党领导国家建设的实践道路，成功实现了国家的现代化转型。可见，规范而有效的现代化理论范式固然重要，但成功践行相应理论的现实经验更加难能可贵。基于此，本文以下部分将考察分析中国共产党领导国家建设的历史变革、政治效能，并总结其基本经验。

二、中国共产党领导国家建设的历史变革

近代以后，面对传统帝制的崩解和列强环伺的威胁，中国在整体性民族危机的形势下被迫开启现代化进程，试图以现代国家要素改造传统政治秩序，进而推动中国的现代国家建设，实现民族复兴。中国共产党领导人民历经革命、建设和改革发展各阶段，有力地推动国家建设实现了发展前途转换、发展道路转变、发展体制转轨和发展方式转变，呈现出一幅党领导国家建设的中国式现代化图景。

---

① 唐皇凤：《政党主导型现代国家建设：基于中国式现代化理论和历史逻辑的阐释》，《四川大学学报（哲学社会科学版）》2022 年第 6 期。

② 参见张翔：《在自由民主主义与专制主义之间：政党中心主义的起源分析》，《社会主义研究》2015 年第 1 期。

1.在新民主主义革命时期，党领导国家实现发展前途转换

辛亥革命推翻了统治中国几千年的君主专制制度，开启了以民主共和为取向的现代国家建设进程。然而，孙中山先生“以民族主义、民权主义和民生主义为核心的国家建设方略……并没能把中国带入现代国家”[①]。面对争取民族独立、人民解放、国家统一的历史任务，中国共产党应运而生。党通过领导人民取得新民主主义革命胜利、成立新中国，实现了中国现代国家建设的发展前途转换。

中国共产党自建党之日起，就将“建设一个中华民族的新社会和新国家”[②]作为自身的历史使命，致力于挽救民族危亡、解放劳苦大众、实现国家独立和民族复兴。为此，以毛泽东同志为主要代表的中国共产党人，在一系列艰难、残酷的革命斗争实践中，不断探索符合中国国情的革命理论与道路。基于对中国社会现实、各阶级状况和革命斗争形势的分析，党开创了农村包围城市、武装夺取政权的正确革命道路，创立了毛泽东思想，形成了统一战线、武装斗争和党的建设“三大法宝”。与此同时，党高度重视政党品质和政党组织体系建设。依托思想建党、群众路线、党内整风教育、自我批评等手段，保持了党的先进性和纯洁性；通过在党内实施民主集中制，有力强化了党组织的严密性和凝聚力。借助这一严密的组织体系，中国共产党将分散的国家建设力量迅速聚集起来，改变了旧中国一盘散沙的局面。中国人民最终取得了新民主主义革命的伟大胜利，“实现了中国从几千年封建专制政治向人民民主的伟大飞跃”[③]。按照毛泽东的论述，新民主主义革命“虽然按其社会性质，基本上依然还是资产阶级民主主义的，它的客观要求，是为资本主义的发展扫清道路”，但“这种革命又恰是为社会主义的发展扫清更广大的道路”[④]。在此意义上，新民主主义革命既在革命逻辑上为中国国家建设保持了社会主义指向，又在现代化逻辑上为其指明了社会主义现代化的发展前途。

2.在社会主义革命和建设时期，党领导国家实现发展道路转变

新中国成立后，在新民主主义革命胜利的基础上，中国共产党领导人民进行社会主义革命，推进社会主义建设。面对新中国成立初期复杂严峻的社会政治形势以及百废待兴的经济生产形势，党通过对政治秩序的创设构建、社会秩序的整合再造、经济生产的恢复发展，为现代国家建设奠定了根本政治前提和

① 张浩：《国家构建与政党转型：中国政治发展的行动逻辑》，《甘肃社会科学》2014 年第 4 期。

② 《毛泽东选集》第 2 卷，北京：人民出版社，1991 年，第 663 页。

③ 《中共中央关于党的百年奋斗重大成就和历史经验的决议》，《人民日报》2021 年 11 月 17 日。

④ 《毛泽东选集》第 2 卷，第 668 页。

基本制度基础，实现了国家发展道路由新民主主义向社会主义的转变。

首先，在政治秩序创设方面，党建立和巩固了工人阶级领导的、以工农联盟为基础的人民民主专政的国家政权，以单一制国家结构形式为党和国家的统一治理确立了正式的国家制度框架。在此框架基础上，党领导确立了人民代表大会制度、中国共产党领导的多党合作和政治协商制度、民族区域自治制度，进一步完善了社会主义政治制度体系。其次，在社会秩序重建方面，中国共产党从党内建设与党外建设两个层面出发：一方面，党着重提出执政条件下党的建设的重大课题，锻造提升全体党员干部的执政领导能力；另一方面，党不断拓展、延伸各级党组织网络，发动持续、广泛的社会政治动员，密切党同人民群众的联系，从而既有效“摧毁了社会各领域残存的同国家意志相抵触的各种旧的社会力量”①，又实现了社会秩序的整合、重建和再造。最后，在经济生产的恢复发展方面，党按照过渡时期的总路线，通过对农业、手工业和资本主义工商业进行社会主义改造，基本实现了生产资料公有制和按劳分配，建立起社会主义经济制度。党的八大在充分肯定社会主义改造成果的基础上，正确判断国内的主要矛盾不再是阶级矛盾，“而是人民对于经济文化迅速发展的需要同当前经济文化不能满足人民需要的状况之间的矛盾”②。基于此，建设一个具有现代农业、现代工业、现代国防和现代科学技术的社会主义强国，就成为党领导人民开展大规模社会主义建设的新目标。最终，在党的领导下，中国人民“完成社会主义革命，消灭一切剥削制度，实现了中华民族有史以来最为广泛而深刻的社会变革”③，中国的现代国家建设进而在社会主义发展道路上大步迈进。

3.在改革开放和社会主义现代化建设新时期，党领导国家实现发展体制转轨

1978年，党的十一届三中全会作出把党和国家的工作中心转移到经济建设上来、实行改革开放的历史性决策。中国从此告别频繁的阶级斗争和政治运动时代，开启了改革开放和社会主义现代化建设新时期。党领导国家建设继续向社会主义现代化迈进，在解放和发展生产力、实现共同富裕的目标指引下，逐步实现了发展体制转轨。

在这一时期，党总结过去的经验与教训，正确评价了毛泽东思想，将马克思主义基本原理同新时期的中国实际相结合，创立了邓小平理论，形成了“三个代

① 何显明：《中国现代国家制度的建构及其治理效能——基于国家意志聚合与实现的视角》，《中国社会科学》2022年第9期。

② 《中共中央关于党的百年奋斗重大成就和历史经验的决议》，《人民日报》2021年11月17日。

③ 《中共中央关于党的百年奋斗重大成就和历史经验的决议》，《人民日报》2021年11月17日。

表”重要思想和科学发展观。这一系列重大理论成果深刻揭示了社会主义的本质，科学回答了“什么是社会主义、怎样建设社会主义”“建设什么样的党、怎样建设党”“实现什么样的发展、怎样发展”等一系列重大问题。这不仅有效破除了“社会主义与市场经济是不相容的”这一错误看法，而且为建立和发展社会主义市场经济体制提供了明确的理论指导。在实践中，中国共产党不断加深对“计划”与“市场”关系的认识，探索符合中国国情的、二者相互结合的经济发展体制。党的十二大提出“关于正确贯彻计划经济为主、市场调节为辅原则的问题”[①]；党的十二届三中全会通过的《中共中央关于经济体制改革的决定》明确了社会主义经济是“在公有制基础上的有计划的商品经济”[②]；党的十三大高度评价“公有制基础上的有计划的商品经济”是“我们党对社会主义经济作出的科学概括”，“是我国经济体制改革的基本理论依据”[③]；党的十四大明确将建立社会主义市场经济体制作为我国经济体制改革的目标，并在党的十四届三中全会上针对该目标的具体实现作出了全面战略部署，勾画了社会主义市场经济体制的基本框架；至党的十六大，社会主义市场经济体制初步建立。随后党领导人民继续锐意进取，充分发挥社会主义市场经济的制度优势，推动中国经济快速发展，最终实现了国家发展体制“从高度集中的计划经济体制到充满活力的社会主义市场经济体制、从封闭半封闭到全方位开放的历史性转变”[④]。

4.中国特色社会主义进入新时代，党领导国家实现发展方式转变

党的十八大以来，中国特色社会主义进入新时代。以习近平同志为主要代表的中国共产党人，正确判断在新时代“我国社会主要矛盾已经转化为人民日益增长的美好生活需要和不平衡不充分的发展之间的矛盾”，明确提出要“把我国建成富强民主文明和谐美丽的社会主义现代化强国”[⑤]，并强调“以中国式现代化全面推进中华民族伟大复兴”[⑥]。在此背景下，中国共产党作为中国式现代化的领导核心，应当以何种发展方式引领新时代的国家建设就成为一个内在议题。从历史来看，中国作为后发展国家，长期依靠大规模要素投入推动经济增

① 胡耀邦：《全面开创社会主义现代化建设的新局面——在中国共产党第十二次全国代表大会上的报告》，《人民日报》1982 年 9 月 8 日。

② 《中共中央关于经济体制改革的决定》，《人民日报》1984 年 10 月 21 日。

③ 中共中央文献研究室编：《十一届三中全会以来党的历次全国代表大会中央全会重要文件选编》（上），北京：中央文献出版社，1997 年，第 461 页。

④ 《中共中央关于党的百年奋斗重大成就和历史经验的决议》，《人民日报》2021 年 11 月 17 日。

⑤ 习近平：《决胜全面建成小康社会　夺取新时代中国特色社会主义伟大胜利——在中国共产党第十九次全国代表大会上的报告》，《人民日报》2017 年 10 月 28 日。

⑥ 习近平：《高举中国特色社会主义伟大旗帜　为全面建设社会主义现代化国家而团结奋斗——在中国共产党第二十次全国代表大会上的报告》，《人民日报》2022 年 10 月 26 日。

长。这种粗放型的发展方式虽有其特定历史阶段的合理性，但随着现代化建设的持续推进，发展不平衡、不协调、不充分的问题日渐凸显，这迫切要求国家发展方式向更加注重全面性、系统性和协调性转变。

为此，进入新时代以来，中国共产党以加强党的全面领导和党的建设为先导，以发展理念创新为指引，以完善党和国家领导制度体系为保障，着力推动国家发展方式转变。首先，在党的领导和党的建设方面采取了一系列重大战略举措，坚持和加强党的全面领导，以全面从严治党推进党的全方位建设，有力确保了党中央权威和集中统一领导，强化了党对国家建设的领导权威和领导能力。其次，在发展理念创新方面，习近平总书记在党的十八届五中全会上提出了“创新、协调、绿色、开放、共享”①的新发展理念，致力于系统推进发展动力的创新、发展关系的协调、发展模式的绿色、发展空间的开放和发展成果的共享，为新时代国家建设架构起规范的价值理念体系。最后，在党和国家领导制度体系建设方面，党的十九届四中全会对实现国家治理体系和治理能力现代化作出了科学的规划部署，着力“构建系统完备、科学规范、运行有效的制度体系”②，为国家发展方式转变提供了坚实的制度保障。党的二十大报告指出，“高质量发展是全面建设社会主义现代化国家的首要任务”③，随着党领导国家建设向实现高质量发展转化，社会主义现代化强国建设拥有了更加坚实的物质技术基础。

三、中国共产党领导国家建设的政治效能

回顾中国共产党领导国家建设的变革历程，党能够从边缘性政治力量成长为国家建设的领导主体，并成功领导中国实现现代化转型，究其原因，一方面，作为马克思主义政党，中国共产党自诞生起就“承载着凝聚社会、组织秩序、建设国家的历史使命”④，使命型政党的性质使其领导能力和领导功能远超西方政党；另一方面，更为重要的是，中国共产党能够将自身的领导能力和领导功能有效转化为价值凝聚效能、权威塑造效能和组织动员效能，从而满足了国家建设对权威、秩序和广泛支持力量的需求。

---

① 《中共中央关于制定国民经济和社会发展第十三个五年规划的建议》，《人民日报》2015 年 11 月 4 日。

② 《中共中央关于坚持和完善中国特色社会主义制度　推进国家治理体系和治理能力现代化若干重大问题的决定》，《人民日报》2019 年 11 月 6 日。

③ 习近平：《高举中国特色社会主义伟大旗帜　为全面建设社会主义现代化国家而团结奋斗——在中国共产党第二十次全国代表大会上的报告》，《人民日报》2022 年 10 月 26 日。

④ 曾毅：《党领导国家建设：中国特色政党理论的元命题》，《中国社会科学报》2022 年 4 月 27 日。

1.党领导国家建设的价值凝聚效能

价值凝聚是政党作为政治实践的组织者和行动者所具有的基本功能。但在现代国家建设过程中，政党的价值凝聚功能只有转化为价值凝聚效能，才能为国家现代化建设凝聚集体力量、组织集体行动。因此，这一效能转化过程内在地要求政党确立和宣扬具有高度共识性的价值理念。一方面，政党价值理念的确立能够加强政党的组织内聚力，团结党内成员，塑造严密的政党组织体系；另一方面，政党依靠价值理念的宣扬可以将分散的社会成员整合起来，形成民族、国家层面的共识认同。在此基础上，由政党扩散至阶级、民族和国家范围内的价值凝聚效能才得以最终形成。中国共产党作为国家建设的领导核心，在建党之初就高度重视党的价值理念的建构与宣扬。就价值理念的建构而言，中国共产党明确以马克思列宁主义为指导，以全心全意为人民服务为宗旨，把为中华民族谋复兴作为初心使命。这种“以人民为中心”的价值立场和“以民族复兴为使命”的价值指向，决定了党的价值理念体系具有远高于其他政党的共识凝聚力。就价值理念的宣扬而言，中国共产党注重将自身的价值纲领内化于党员内心之中，外化于各级党组织、党员个人的行动之上；强调以实际行动彰显、传递党的价值理念，进而获得了广大人民群众的衷心认同和拥护。在革命斗争中，中国共产党即是通过高扬争取民族独立和人民解放的政治共识，团结一切可以团结的力量，取得了新民主主义革命的伟大胜利；新中国成立以后，党在领导国家建设的各个阶段始终如一地坚持党的价值理念、宗旨原则，将党的根基立于广大人民群众的价值认同之中，充分展现了我们党强大的价值凝聚效能。

2.党领导国家建设的权威塑造效能

当代政治发展理论与实践表明，权威与秩序是现代国家建设的基本前提，政党则是塑造权威与秩序的关键政治力量。“处于现代化之中的政治体系，其稳定取决于其政党的力量”，“那些在实际上已经达到或者可以被认为达到政治高度稳定的处于现代化之中的国家，至少拥有一个强大的政党”[①]。这意味着，在以政党为主导的现代国家建设进程中，国家公共权威与秩序的塑造应以政党自身权威的塑造为起点：第一步是组建强大的政党，塑造政党权威；第二步是由该政党主持构建代表公共权威的合法政权。而这一双重权威（政党权威与国家公共权威）的塑造过程，则体现着政党领导国家建设的权威塑造效能。在中国的现代国家建设进程中，中国共产党自觉地将组建党的组织、树立党的权威摆在优先地位。通过建立严密的党组织体系、明确党的政策纲领、建立党的制度

① ［美］塞缪尔·亨廷顿：《变化社会中的政治秩序》，王冠华等译，上海：上海人民出版社，2015 年，第 341 页。

规则,中国共产党将自身打造成一个纪律严明、目标明确、具有强大权威的使命型政党。在革命斗争中,党正是凭借自身强大的政党权威,将广大人民群众和各方力量团结在党的周围,形成万众一心、同仇敌忾的革命集体力量。随着领导革命斗争不断取得胜利,党的权威也在人民群众的认同和支持下不断巩固和强化。特别是新中国成立后,中国共产党领导人民建立了人民民主专政的现代国家政权,不仅为新国家塑造了合法的公共权威系统,而且也使党从革命领导党转变成为执政党。在党的领导下,新中国的现代化发展始终拥有坚强的权威领导主体和稳定的政治发展秩序,这充分展现了党领导国家建设的权威塑造效能。

3.党领导国家建设的组织动员效能

组织动员是政党的基本功能之一。不同的政党体制具有不同的组织动员能力,这进而决定了不同的政党在国家建设中会显示出差异极大的组织动员效能。一般而言,相较于组织松散、支持力量较弱的政党,一个拥有广泛支持力量和严密组织体系的政党,往往具有更为显著的组织动员效能。中国共产党在领导国家建设的百余年历程中,就充分展现了强大的组织动员效能。自建党之日起,中国共产党就高度重视党的组织动员工作,善于整合党的组织力量,发挥党的组织凝聚力。“每一位党员都是一位战士,每一个支部都是一个坚强的战斗堡垒。以党员和党支部为中心向外辐射,动员更多的人加入其中,逐渐形成了一股巨大的合力”①,为国家建设提供支持力量。在革命斗争时期,党的组织动员功能与群众路线相互促进,通过以土地改革为内容的经济动员、以政治参与为手段的政治动员和以宣扬无产阶级革命思想为内容的文化动员,我们党成功发动起广大人民群众参与争取民族独立、构建现代国家的革命斗争。新中国成立后,中国共产党继承并延续组织动员传统,通过在全国范围内迅速组建党的组织体系,将党组织体系的覆盖范围扩展到全国,不仅实现了国家与社会的坚固连接,而且使广大人民群众对党的组织动员能力形成了高度认同和支持。进入新时代以来,中国共产党将党的建设工作继续深入推进,不断健全党的各级组织体系,以提升组织力为重点,推动党的组织更加广泛地嵌入现代国家与社会的治理结构之中,塑造出更为系统、庞大的党组织动员网络。依靠这一网络,中国共产党不仅极大提升了自身的组织动员能力,而且重塑了基层治理体系,将党的组织动员效能进一步释放。

---

① 陈松友:《百年来中国共产党组织动员能力建设的主要经验》,《国家治理》2022 年第 21 期。

四、中国共产党领导国家建设的基本经验

基于对中国共产党领导国家建设的历史变革和政治效能的分析，党领导国家建设的基本经验主要包括：坚持党的全面领导、坚持党的自觉组织变革、坚持党的自主理论创新和坚持党的政策创新试验。这些经过实践检验的宝贵经验，对于中国而言，应是新时代中国现代国家建设的基本遵循；对于世界而言，则是广大发展中国家迈向现代化的有益参考。

1.坚持党的全面领导，为国家建设维持稳定秩序

中国共产党是中国现代国家建设的领导核心，是中华人民共和国的缔造者，这一经验事实从根本上决定了党在国家建设中的领导主体地位。与此同时，在党领导国家建设的过程中，中国人民见证了党的建立与发展的伟大历程，见证了党为人民利益而奋斗的现实行动，切实感受到党与自身命运、党与国家命运的息息相关。这种由深厚的历史体验所塑造的认同感和信任感，使坚持党的领导成为一种深植于人民内心的自觉原则。历史与现实均表明，坚持党的全面领导，是中国式现代化能够维持政治稳定、促进有序政治参与的根本原因。首先，党始终代表和维护着最广大人民群众的根本利益。无论是党的组织还是党员干部，从来不代表任何利益集团的特殊利益，而是始终将维护最广大人民群众的根本利益作为全体党员干部必须遵循的根本宗旨和原则。在现代化进程中，中国共产党这种利益代表的广泛性和无私性，无疑能够有效疏导诸多团体的利益矛盾，避免政治参与无序化造成的混乱，从而维持政治稳定。其次，坚持党中央权威和集中统一领导，是我国政治体制具有高度韧性的关键因素。在该体制中，党员干部基本嵌入政府体制之内并直接掌握国家权力；党的组织和党员遍及社会各行各业，形成了庞大而系统的组织网络，整个社会被凝聚在党的周围。这种"政党—国家—社会"三位一体的协同治理结构，能够有效维持国家现代化发展的基本秩序。就此而言，在新时代坚持党中央权威和集中统一领导，既是中国式现代化的内在要求，也是党领导国家建设必须遵循的基本原则。只有全党和全国人民坚决维护党中央权威，才能充分发挥党的领导的政治优势，为中国式现代化建设和中华民族伟大复兴提供秩序保障。

2.坚持党的自觉组织变革，为国家建设巩固领导权威

在现代国家建设过程中，作为领导主体的政党往往面临政治、经济、社会发展所带来的权威弱化挑战。特别是对于使命型政党而言，一旦政党的先进性和纯洁性受到侵蚀，政党的权威就会受到严重影响。中国共产党应对这一挑战的基本经验是：在坚持党的全面领导的根本原则基础上，通过党的自觉组织变革进行自我革命，保持和发展党的先进性和纯洁性，推动党自身的现代化转型，进

而有效巩固党的领导权威。从中国共产党领导国家建设的整个历史过程来看，中国的现代化建设离不开党和国家这两个关键主体。国家发展是党领导人民致力追求的现代化目标，而对这一目标的追求也内在地要求党能够与时俱进，能够适应国家不同发展阶段的现实要求。在此意义上，中国共产党领导国家建设实际上内含着两个主体的现代化任务，即政党现代化和国家现代化。党的自觉组织变革正是党保持自身先进性、纯洁性，实现自身现代化并进而领导国家现代化的重要方式和手段。中国共产党作为马克思主义政党，自建党之日起就高度重视党的建设，始终将先进性和纯洁性要求贯穿于党的性质、宗旨和组织建设之中，体现在各级党员干部的教育学习和实际行动上。这不仅有效巩固了党的领导权威，还使党的组织体系更具开放性和适应性，赋予党持久的生命力。随着中国式现代化的持续推进，党的自觉组织变革显得越来越重要。持续的自觉组织变革在赋予党自我革命勇气的同时，也以开放性和适应性的政党特质推动了党自身的现代化转型，使其能够面向世界，汲取任何一个国家或政党的有益经验，针对国家建设的现实要求作出灵活性调整与应对。因此，在社会主义现代化强国建设的进程中，党必须坚持自觉组织变革，永葆党的生命力，永固党的领导权威。

3.坚持党的自主理论创新，为国家建设提供思想指引

中国共产党在中国式现代化探索进程中从未放弃独立自主的理论创新精神，始终坚持“以我为主、会通中西、兼收并蓄”的基本立场，在尊重本国传统的基础上，借鉴他国的有益经验，创建符合中国国情的现代化发展理论。事实上，一个国家应当选择什么样的政治制度和国家治理体系，往往与该国的历史文化、国家规模、社会性质和生活方式等因素密切相关。各国的现代国家建设道路并没有一个完美的模板可以复制，这就要求领导国家建设的主体力量必须具备理论创新能力。中国共产党领导国家建设之所以取得成功，与党始终坚持独立自主的理论创新精神密切相关。作为马克思主义政党，中国共产党特别注重把马克思主义基本原理同中国具体实际相结合，同中华优秀传统文化相结合，从而实现马克思主义的中国化时代化。由此，党在百余年发展历程中形成的一系列创新理论，具有鲜明的中国特色和独立自主的理论创新特质。进入新时代，以习近平同志为主要代表的中国共产党人继往开来，创立了习近平新时代中国特色社会主义思想，为中国式现代化的深入推进擘画了发展蓝图。这是我们党独立自主进行理论创新的又一成果证明，它体现了党在新时代对自主理论创新精神的传承与弘扬。

4.坚持党的政策创新试验，为国家建设探索可行方案

新中国成立以后，中国的现代国家建设转向发展建设阶段，在经济、政治、

社会、文化诸领域取得了重大成就，这不仅显示了党领导国家建设的理论创新和制度创新的供给能力，同时也展现了我们党强大的政策供给能力。政策供给能力的基础是党的政策创新试验，这是党领导国家和治理国家所采用的一种独特的政策试点、创新与优化机制，该机制的历史根源可以追溯到党在革命时期进行的土地改革实践。有研究指出，“1949 年以前，在共产党革命根据地土改试验的背景下形成了一种在中央指导下经过精心设计的地方政策试验的方法”[①]。这种方法主要采取由点及面的试验主义路径，首先在局部地区进行政策试点、总结经验，然后再在全国层面推广。该机制的优点在于，可以充分适应中国的具体国情，为现代国家建设提供科学可行的政策实践方案。目前，在党的领导下，政策创新试验已经形成了以地方政府为主导的“自主探索”、以中央政府为主导的“设计试验”和介于二者之间的“请示授权”三种途径。[②] 这三种途径既兼顾了中央顶层设计的宏观优势，又发挥了地方自主探索的政策创新优势，将党的思想理论与国家具体实际有机结合。在新时代，应继续坚持党的政策创新试验方法，为国家建设探索可行的政策方案。

五、结语

综合而言，中国共产党领导国家建设的百余年变革之路，是以政党为中心、为主导的现代化发展新范式在现实中的成功实现。它既超越了西方“国家中心主义”和“社会中心主义”对政党功能的“狭隘理解”，让人们重新审视和反思“政党”在国家建设中的主体地位和功能作用，同时也揭示了现代化的目标普遍性、道路多样性以及各国国情的特殊性。西方先发国家基于自身经验而总结、抽象出的现代化发展范式，并不是一个放之四海而皆准的标准化模板。在此意义上，我们党领导国家建设的历史变革过程和政治效能转化机理，实际上代表着一个后发大国成功实现现代化的普遍性与特殊性相统一的一次经典示范。未来，随着党领导的中国式现代化的持续推进，中国式现代化理论将会不断发展，中国人民将倍加珍惜经过长期实践检验和积累的宝贵经验，始终坚持党的领导，在不输出现代化“标准模式”的前提下，为世界现代化的实践推进和理论发展贡献中国智慧和中国经验。

［原载于《山东大学学报（哲学社会科学版）》2023 年第 3 期］

① 韩博天：《通过试验制定政策：中国独具特色的经验》，《当代中国史研究》2010 年第 3 期。

② 参见郁建兴、黄飚：《当代中国地方政府创新的新进展——兼论纵向政府间关系的重构》，《政治学研究》2017 年第 5 期。

文以载道:中国共产党文艺观的文化逻辑

郝书翠　姜　逸

中国传统文艺观历来重视文艺的社会功能,中国共产党文艺观也是如此。"文以载道"①这一讲求道德内涵的中国传统文艺观始终贯穿于中国共产党领导文艺事业的核心理念中,成为中国共产党文艺观的重要方面。中国共产党在领导中国特色社会主义文艺事业繁荣发展的光辉历程中始终坚持继承并发展"文以载道"这一中国传统文艺观,不断赋予"文以载道"全新的时代内涵。深入理解这一点,有助于把握文艺领域"两个结合"②的理论推进,促进中国特色社会主义文艺事业的繁荣发展。

一、中国共产党文艺观对"文以载道"传统文艺观基本立场的肯认

在文化传承发展座谈会上,习近平总书记指出,党的十八大以来,党中央不断深化对文化建设的规律性认识,提出一系列新思想新观点新论断。"这些重要观点是新时代党领导文化建设实践经验的理论总结,是做好宣传思想文化工作的根本遵循,必须长期坚持贯彻、不断丰富发展。"③中国传统文艺观强调"文须有益于天下"④。在中国古代文论史上,"文"与"道"的关系问题始终被历代文论家关注和阐释。唐宋古文运动领袖韩愈不满当时骈文的晦涩难懂和空洞浮华,主张为文必须言之有物。其学生李汉在为韩愈文集作序时,总结概括出"文者贯道之器也"⑤的观点,认为"文"是贯通"道"的工具,进一步阐释了韩愈的文

---

① 冯学成:《〈通书〉九讲》,北京:东方出版社,2018年,第121页。

② 参见习近平:《在庆祝中国共产党成立100周年大会上的讲话》,北京:人民出版社,2021年,第13页。

③ 《习近平在文化传承发展座谈会上强调　担负起新的文化使命　努力建设中华民族现代文明》,《人民日报》2023年6月3日。

④ 顾炎武撰,黄汝成集释:《日知录集释》中册,栾保群校点,北京:中华书局,2020年,第966页。

⑤ 李汉:《昌黎先生集序》,载韩愈著,马其昶校注:《韩昌黎文集校注》上册,马茂元整理,上海:上海古籍出版社,2021年,第2页。

学思想。与韩愈并称“韩柳”的柳宗元对文道关系的理解亦如此，明确提出了“文者以明道”[①]的观点。自此，中国古代文论史上出现了“文以贯道”“文以明道”的文道关系论。在此基础上，北宋理学家周敦颐又发明出“文以载道”之说，进一步完善了唐宋古文运动中人们对文道关系的阐发。

“文以载道”作为中国古代的一种文艺观，无论是“文”还是“道”，都有其特定的思想内涵。就“道”的内涵而言，它与儒家思想中的“仁”具有高度的契合性。韩愈所倡导的古文运动是以其《原道》一文为纲领的。关于“道”的思想内涵，韩愈明确说：“博爱之谓仁，行而宜之谓义；由是而之焉之谓道，足乎己无待于外之谓德。”[②]此外，他还提出：“斯吾所谓道也，非向所谓老与佛之道也”[③]，强调自己所言之道与佛老之道不同，将儒家思想作为“道”的唯一释义。关于“文”所载之“道”，自先秦以来普遍被理解成圣人之道，荀子称圣人掌握并揭示天下之道，故而所作经典亦皆归宗于“道”。汉代扬雄也认为，不研读“五经”就不能够领会天地之道。《文心雕龙·原道》开篇便强调：“道沿圣以垂文，圣因文而明道。”[④]可见，“文以载道”之“道”乃是圣人之“道”。对于圣人之道而言，“仁”是孔子学说的核心。孔子提倡“礼治”与“德治”，其仁学思想作为一种伦理本位的理论体系，后演变为官方的政治学。在“道”与“政治”的关系方面，曾让孔子“韦编三绝”的《周易》不仅解析了“道”的存在形态，更蕴含着丰富的儒家思想内涵。从卦画至卦爻辞至《易经》再至《易传》的发展脉络，展现了《周易》所蕴含的从“天道”到“神道”到“人道”再到“义理”的思想内涵，“究天人之际”的使命使《周易》常被用于教化人心，成为一种治国安邦的政治哲学。因此，“文以载道”的“道”本质上是一种对社会伦理和政教体制的关注。关于“载道”之“文”，韩愈认为，“沉浸浓郁，含英咀华，作为文章，其书满家。上规姚姒，浑浑无涯，周诰殷盘，佶屈聱牙，春秋谨严，左氏浮夸，易奇而法，诗正而葩，下逮庄骚，太史所录；子云、相如，同工（声）异曲。先生之于文，可谓闳（宏）其中而肆其外矣”[⑤]。在《原道》中，韩愈还曾明确说过，“其文诗书易春秋”[⑥]。可见，能够满足“载道”功能要求的“文”主要是以“五经”为代表的儒家经典，韩愈所说的“文”也和儒家的思想观念具有高度的契合性。另外，在中国古代，“文”的含义较当代释义则更

---

① 柳宗元：《答韦中立论师道书》，载柳宗元著，冯直康、汤化注评：《柳宗元小品》，郑州：中州古籍出版社，2020 年，第 105 页。

② 韩愈著，马其昶校注：《韩昌黎文集校注》上册，第 19 页。

③ 韩愈著，马其昶校注：《韩昌黎文集校注》上册，第 26 页。

④ 王志彬译注：《文心雕龙·原道》，北京：中华书局，2012 年，第 10 页。

⑤ 雷雨编著：《陋室铭·进学解》，重庆：重庆出版社，2009 年，第 55～59 页。

⑥ 韩愈著，马其昶校注：《韩昌黎文集校注》上册，第 25 页。

为宽泛，它由自然之文引申而来，代指一切事物的交错之纹理。《易经·系辞》云：“古者包牺氏之王天下也，仰则观象于天，俯则观法于地，观鸟兽之文，与地之宜，近取诸身，远取诸物，于是始作八卦，以通神明之德，以类万物之情。”[①]并称：“道有变动，故曰爻；爻有等，故曰物；物相杂，故曰文；文不当，故吉凶生焉。”[②]鸟兽皮毛的纹理正是卦爻之文的直接来源。东汉经学家、文学家许慎《说文解字》曰：“文，错画也。象交文。”[③]刘勰《文心雕龙》也以“动植皆文”[④]来论“人文”。在古人心中，诗词歌赋、书法绘画、政论典籍、礼乐制度等均是人文化成的产物，都属于“载道”之“文”。正如刘成纪所说：“中国古典美学，其关注的对象绝不仅仅是文学艺术，而是有着关于天下国家的广远视野。中国文学艺术，其价值也不仅仅在于愉悦性情，而是具有为政治注入诗意又在理想层面引领政治的双重功能。”[⑤]儒家思想中的“文”绝非一个超功利性的概念，从未获得自律或独立，而是与主流政治紧密合作的制度产物，这也正是“文”能载“道”的内在条件。因此，“文以载道”的基本立场是讲求“君子处世，树德建言”[⑥]，即强调文艺的社会价值和政治导向，最终达成审美与道德的合一。故周敦颐言：“文，所以载道也。轮辕饰而人弗庸，徒饰也，况虚车乎？文辞，艺也；道德，实也。笃其实，而艺者书之，美则爱，爱则传焉。”[⑦]一方面，周敦颐将没有道德内涵的“文”比作尚未装载货物的“虚车”，旨在表明“道”的必要性，突出强调“文”的道德内涵和社会功能；另一方面，如同货物需要车子来装载一般，“道”也要依靠“文”来承载，正是在“文”的审美感召之下，“道”才能够为人自觉遵循、传承不断。这种重视文艺社会价值的美学思想正是中国思想史中经久不衰的“道统”的重要组成部分。孔子认为“仁”是“美”的前提，赋予了文艺鲜明的政治意义。《文心雕龙》“文之枢纽”部分以《原道》《征圣》《宗经》三位一体为写作的总原则，强调了“道之文”对世人的启发和教育作用。《序志》篇中，刘勰提出了“‘五礼’资之以成，‘六典’因之致用，君臣所以炳焕，军国所以昭明，详其本源，莫非经典”[⑧]的观点，“经典”意谓经典著作，与“文以载道”中“文”的思想内涵相吻合。而依靠文章来完成的各种礼仪，依靠文章来实施的各项政务，依靠文章来阐发

---

① 杨天才、张善文译注：《周易·系辞下》，北京：中华书局，2011年，第607页。
② 杨天才、张善文译注：《周易·系辞下》，第638页。
③ 汤可敬译注：《说文解字》第3册，北京：中华书局，2018年，第1824页。
④ 王志彬译注：《文心雕龙·原道》，第3页。
⑤ 刘成纪：《中国美学与传统国家政治》，《文学遗产》2016年第5期。
⑥ 王志彬译注：《文心雕龙·序志》，第572页。
⑦ 周敦颐：《通书·文辞》，冯学成：《〈通书〉九讲》，第121页。
⑧ 王志彬译注：《文心雕龙·序志》，第573页。

的君臣之业、军国大事，无不体现着经世致用的基本立场。此外，对文艺社会功能的宣扬也体现在思想家们对待乐舞的态度上。《礼记·乐记》集中反映了儒家对于乐舞的审美态度。《乐记》篇探究音乐的本源，指出“声音之道，与政通矣”[①]，认为圣人制礼作乐的初衷是“非以极口腹耳目之欲也，将以教民平好恶而反人道之正也”[②]，这种观点可谓是“文以载道”基本立场在乐舞领域的体现。孔子提出“成于乐”[③]的观点，将“仁”内化为人们心中自觉的价值追求，使人们自发地进行道德实践。他在评价用以表现为政以德的《韶》乐和表现征伐取天下的《武》乐时指出：“子谓《韶》，‘尽美矣，又尽善也’。谓《武》，‘尽美矣，未尽善也’。”[④]这里所提到的“善”即指音乐要符合“仁政”的思想观念。徐复观曾指出：“乐的艺术，首先是有助于政治上的教化。更进一步，则认为可以作为人格的修养、向上，乃至也可以作为达到仁的人格完成的一种功夫。”[⑤]儒家对乐舞的认识集中体现了政治与审美相互渗透的文艺主张，其关注重点在于文艺的政治导向而非纯粹的审美愉悦。“志于道，据于德，依于仁，游于艺”[⑥]是孔子所提倡的化育过程。“‘游于艺’既是前三者的补足，又是前三者的完成……有了最后一项，便成为实现了的、物态化了的、现实的人格了。”[⑦]由此可见，儒家重视“乐”与“艺”，其实质就在于强调文艺的社会教化功能，借此实现从“自然人”向“社会人”的过渡，体现出文艺的作用即一种促使政治导向内化于心的人格完成。

马克思主义文艺理论同样非常重视文艺的社会功能。马克思、恩格斯曾多次提及文艺作品倾向的表达，体现了他们对文艺社会功能的高度重视。列宁的文学党性原则实现了对马克思、恩格斯文艺思想的继承和发展，使马克思主义文艺理论首次在一个国家中成为占据指导地位的文艺理论。列宁在《党的组织和党的出版物》一文中明确指出，写作事业根本不能是与无产阶级总的事业无关的个人事业，而应成为党的工作中有组织的、有计划的重要组成部分[⑧]，这与“文以载道”这一中国传统文艺观的基本立场具有高度的契合性。“从本质而言，古代‘政治’一词是与‘道’‘正’等正向价值联系在一起的，其揭示的是一种

① 胡平生、张萌译注：《礼记》下册《乐记》，北京：中华书局，2017年，第714页。
② 胡平生、张萌译注：《礼记》下册《乐记》，第717页。
③ 陈晓芬、徐儒宗译注：《论语·大学·中庸》，北京：中华书局，2015年，第92页。
④ 陈晓芬、徐儒宗译注：《论语·大学·中庸》，第38页。
⑤ 徐复观：《中国艺术精神》，北京：商务印书馆，2010年，第31页。
⑥ 陈晓芬、徐儒宗译注：《论语·大学·中庸》，第76页。
⑦ 李泽厚：《华夏美学》，武汉：长江文艺出版社，2019年，第61页。
⑧ 参见《列宁专题文集·论无产阶级政党》，北京：人民出版社，2009年，第167页。

理想的制度治理方式。”[①]伴随着以马克思主义作为指导思想的中国共产党登上历史舞台，中国传统文艺观在其文艺实践中与马克思主义文艺理论结合起来，被赋予了更为鲜明的时代价值。尽管在不同历史时期中国共产党的中心任务有所不同，但其重视文艺社会功能的立场和态度始终没有改变。“文以载道”这一追求和旨趣得以在唯物史观的立场上进行阐扬，其生命力在马克思主义中国化时代化进程中被日新月异的时代精神不断激活。

中国共产党始终高度重视文艺的社会作用。百余年来，中国共产党始终坚持“文艺事业是党和人民的重要事业，文艺战线是党和人民的重要战线”[②]，形成了鲜明的文艺观。在对文艺社会功能的理解与运用上，中国共产党始终高度重视文艺对人民的化育作用，强调政治导向的审美化表达，确保文艺能够为建设高度发展的社会主义精神文明提供有效助益。党的早期重要领导人瞿秋白在解释文艺的作用时就赋予其宏大主旨。在他看来，文艺不是单纯的个人精神慰藉，而是为中国民族文化再生而担负责任的义举——所谓“‘出世间’的功德”“以文化救中国的功夫”[③]。郭沫若则直言：“艺术本来是支配阶级的宣传工具。这是千古如出一辙。谁个是甚么‘为艺术而艺术’的艺术家？谁个的艺术是‘为艺术而艺术’的艺术？”[④]言辞可谓尖锐激烈。这不能不说是一种对“为艺术而艺术”“唯美主义”非常直接和强烈的反对。透过其中的情绪表达能够看出，这种观念不失为一种对“文能载道”基本立场的笃信。文艺作为与物质生产不可分割的精神生产，其实用性是生产过程中出于人的本能而具有的固有属性，即所谓“政治美学是政治学与美学的交叉学科，其基本要义是从美学角度对政治理论与实践进行学理性观照，核心问题是对‘政治何以是审美的，以及审美如何参与政治问题’进行彻底的反思和追问”[⑤]。中国共产党一直努力在“审美”与“政治”间不断建构起逐渐完善的话语体系，力求党的文艺事业能够有效发挥其社会作用。毛泽东《在延安文艺座谈会上的讲话》开篇即明确指出，座谈会的目的是“研究文艺工作和一般革命工作的关系……求得革命文艺对其他革命工作的

---

① 余开亮：《中国古典政治美学的理论契机、基本原则及美学史限度》，《文艺争鸣》2017年第4期。

② 习近平：《在文艺工作座谈会上的讲话》，北京：人民出版社，2015年，第1页。

③ 瞿秋白：《饿乡纪程——新俄国游记》，载《瞿秋白文集 文学编》第1卷，北京：人民文学出版社，1985年，第25页。

④ 郭沫若：《〈周易〉时代的社会生活》，载《郭沫若全集 历史编》第1卷，北京：人民出版社，1982年，第63～64页。

⑤ 张科晓：《新时代政治美学的三重意蕴》，《重庆大学学报(社会科学版)》2021年第6期。

更好的协助”[①]，并提出了“政治标准”与“艺术标准”[②]的概念。毛泽东既强调“任何阶级社会中的任何阶级，总是以政治标准放在第一位，以艺术标准放在第二位的”，又强调“缺乏艺术性的艺术品，无论政治上怎样进步，也是没有力量的”[③]。他提出的这种“政治标准”居于首位同时又要与“艺术标准”相统一的主张，是对传统儒家文艺观中“成于乐”“游于艺”的回应。胡锦涛在谈及文艺的社会功能时曾直接引用“文以载道”的概念，强调要把社会效益放在首位，提倡文艺要做到“文以载道、以文化人”[④]。习近平总书记高度重视政治导向的审美化表达，多次强调文艺在培育和弘扬社会主义核心价值观方面具有独特作用。他通过引用王充的“为世用者，百篇无害；不为用者，一章无补”[⑤]来强调文艺社会功能的重要性，还多次阐释自己对“文以载道”的深刻理解。在谈及孔子时，他强调要“文以载道，文以化人”[⑥]；在谈及韩愈时，他称赞韩愈的文章可谓“文起八代之衰，而道济天下之溺”，而韩愈的文章之所以能够如此，凭的就是“道”，就是“文以载道”[⑦]；在谈及雨果时，他说：“我看《悲惨世界》，读到卞福汝主教感化冉阿让那一刻，确实感到震撼。伟大的作品，就是有这样一种爆发性的震撼力量，这就是文以载道。”[⑧]在几代领导人的传承下，中国共产党文艺观在文艺的政治导向与审美导向间建立起双向互动，构建起独特的话语体系，充分发挥了文艺的社会功能，以更为“有温度”的方式实现政治导向对人民思想的引领，体现了中国共产党文艺观对“文以载道”传统文艺观基本立场的肯认。

二、中国共产党文艺观对“文以载道”传统文艺观的创造性转化与创新性发展

中国共产党在肯认了“文以载道”传统文艺观的基本立场之后，首先需要思考的问题就是“文”如何“载道”，即怎样实现审美和政治的双向互动。“文以载道”作为一种基于“仁学”基础上的文艺观，展现了鲜明的中华文化特质。有学

---

① 《毛泽东选集》第3卷，北京：人民出版社，1991年，第847页。

② 《毛泽东选集》第3卷，第868页。

③ 《毛泽东选集》第3卷，第869～870页。

④ 胡锦涛：《在中国文联第九次全国代表大会　中国作协第八次全国代表大会上的讲话》，北京：人民出版社，2011年，第6页。

⑤ 黄晖：《论衡校释》下册，北京：中华书局，2018年，第1049页。

⑥ 习近平：《在纪念孔子诞辰2565周年国际学术研讨会暨国际儒学联合会第五届会员大会开幕会上的讲话》，北京：人民出版社，2014年，第12页。

⑦ 习近平：《在文艺工作座谈会上的讲话》，第24～25页。

⑧ 《习近平自述：我的文学情缘》，http://news.cctv.com/2016/10/14/ARTImaaMpdfn9W1zPSexBPu9161014.shtml。

者指出:“中国先秦的‘礼乐教化’观念,就认为艺术是一种教育制度,乃是一种最彻底的政治美学,但它的理论结构过于简单和笼统,理论问题也不够清晰和完整。”[①]这种看似简单、笼统的理论结构和不够清晰、完整的理论问题,本质上是源于中华文化中独特的“关联性思维”,而美学思维与各领域的关联是有着不同意趣所在的。马克思主义文艺理论使“文以载道”发生了深刻的变革,指导着中国文艺事业的发展。恩格斯曾在致斐迪南·拉萨尔的信中提到文艺作品的最高评价标准是“美学观点”和“史学观点”[②],为完善“文以载道”的理论结构提供了科学的指导。在此基础上,习近平总书记提出“运用历史的、人民的、艺术的、美学的观点评判和鉴赏作品”[③],进一步实现了“文以载道”传统文艺观的创造性转化与创新性发展。“历史的”即考察作品是否具备运用历史思维思考文艺问题的理论视野;“人民的”即考察作品是否站稳人民立场,展现人民主体地位;“艺术的”即考察作品是否具备符合人民情感需求的艺术特质;“美学的”即考察作品能否展现“立象以尽意”[④]的审美价值。“历史的、人民的、艺术的、美学的”评价标准分别代表着“文以载道”这种关联性美学思维中的历史意识、现实主义精神、浪漫主义情怀和价值观导向的重要旨趣,其间存在着种种复杂的关联。每一种标准在以自身为核心范畴的同时,还要兼顾自身与其他范畴之间的关联性,才能完美展现自身内涵。“文艺是给人以价值引导、精神引领、审美启迪的”[⑤],“历史的、人民的、艺术的、美学的”评价标准与“志于道,据于德,依于仁,游于艺”的传统儒家文艺观具有相似的精神气质。尽管“游于艺”在操作上更具先行性,但在本质上与道、德、仁浑然一体,换言之,审美境界的提升和道德修养的完善是相辅相成的。因此,我们可以说,“历史的、人民的、艺术的、美学的”评价标准所展现的审美价值导向体现了一种文艺创作中的政治美学意蕴,亦即一种“游于艺”境界上的政治教化。可以说,中国共产党以马克思主义文艺理论与中国传统文艺观为双重依据,厘清了中国传统文艺观关联性思维的具体内涵,以全新的表述方式赋予了“文以载道”鲜明的马克思主义气质和蓬勃旺盛的时代活力。

第一,秉持历史唯物主义,拓展了“文以载道”的历史向度。在中国传统文艺观中,不乏对历史意识的强调。近代学者王国维在《宋元戏曲考》中提出:“凡一代有一代之文学:楚之骚,汉之赋,六代之骈语,唐之诗,宋之词,元之曲,皆所

① 张盾:《马克思与政治美学》,《中国社会科学》2017 年第 2 期。

② 参见《马克思恩格斯文集》第 10 卷,北京:人民出版社,2009 年,第 177 页。

③ 习近平:《在文艺工作座谈会上的讲话》,第 30 页。

④ 杨天才、张善文译注:《周易·系辞上》,第 599 页。

⑤ 习近平:《在文艺工作座谈会上的讲话》,第 11 页。

谓一代之文学，而后世莫能继焉者也。”[①]不同的社会历史实践孕育了不同的文艺作品，刘勰就认为“文变染乎世情，兴废系乎时序”[②]，诗文发展是与时代演变紧密联系的。并且，这种历史意识不仅在儒家文艺观上有所体现，道家学派创始人老子也曾提出了“道生之，德畜之，物形之，势成之”[③]的观点。从文艺的角度来看，“物”是用来表达“道”和“德”的载体，这与“文以载道”极具相通之处，“势成之”更是体现了一种契合历史发展大势的历史唯物主义气质。同时，就道家思想而言，“道”的概念本身即是一种规律、真理和原则的总称，较之“文以载道”中“道”的原初意蕴更为宽泛。“道”这一道家思想的核心又超越了儒家对社会伦理和政教体制的关注，具有一种展现万物运行规律的神韵，成就了一种涵盖万有的深邃智慧。

中国共产党文艺观在历史唯物主义之上打通了儒道对社会政治和自然规律的偏重，对“文以载道”的历史思维进行了创造性转化与创新性发展，进一步拓宽了“文”“道”的历史向度。这既是马克思主义的必然要求，也是传统文化变易观的具体体现。毛泽东强调，文艺工作者要学习马克思主义，运用历史唯物主义的观点进行创作[④]；邓小平强调，社会主义文艺要表现历史发展的趋势[⑤]；江泽民指出，民族精神体现在人民的奋斗历程中[⑥]；胡锦涛强调，文艺工作者要牢固树立历史唯物主义观点，不朽的文艺经典往往渗透着历史积淀的体验和哲理[⑦]。习近平总书记则明确指出：“文学家、艺术家不可能完全还原历史的真实，但有责任告诉人们真实的历史，告诉人们历史中最有价值的东西。”[⑧]能够构成一个民族心灵深处自我认知的，往往是对历史的回望和解读。中华民族在数千年历史中历经从繁盛到衰落，再从抗争到复兴，或为当代留下经久不衰的道德与智慧，或为当代提供引以为戒的警示与反思，或为当代鼓舞不畏强权的意志与勇气，或为当代赋予民族复兴的使命与担当。历史中凝结着无穷的智慧，积聚着无限的力量，每一段历史都在以不同的视角向当代传递着它所具有的独特意义，它们经过文艺的描摹，凝结为时代的标识。文艺创作中的历史意识需要通过作者的思想倾向是否契合历史发展趋势来考察，典型环境所展现出的特质

---

① 王国维：《宋元戏曲考》，北京：朝华出版社，2018 年，第 5 页。

② 王志彬译注：《文心雕龙·时序》，第 511 页。

③ 张景、张松辉译注：《道德经·五十一章》，北京：中华书局，2021 年，第 210 页。

④ 参见《毛泽东选集》第 3 卷，第 874 页。

⑤ 参见《邓小平文选》第 2 卷，北京：人民出版社，1994 年，第 210 页。

⑥ 参见《江泽民文选》第 3 卷，北京：人民出版社，2006 年，第 401 页。

⑦ 参见《胡锦涛文选》第 2 卷，北京：人民出版社，2016 年，第 542 页。

⑧ 习近平：《在中国文联十大、中国作协九大开幕式上的讲话》，北京：人民出版社，2016 年，第 9 页。

和趋势是需要通过典型人物的命运来展现的。恩格斯曾指出:“主要的出场人物是一定的阶级和倾向的代表,因而也是他们时代的一定思想的代表,他们的动机不是来自琐碎的个人欲望,而正是来自他们所处的历史潮流。”[①]历史趋势内在地规定了人物命运的合法性,亦即内在地规定了作者思想倾向的合法性,倾向性在符合历史趋势的时候就会展现出极大的美学价值。不论一个时代当下的环境与历史的前进方向是否一致,都不影响伟大作品的诞生。当人物命运既符合历史发展趋势又符合当下社会环境时,倾向性会使作品成为史诗级的鸿篇巨制;当人物命运符合历史趋势但不符合当下社会环境时,倾向性会使作品展现出悲剧的强烈震撼。对历史的认知、解读和运用构成了文艺形象赖以生存的社会历史条件,不论是马克思主义文艺理论还是中国传统文艺观,均展现出了强烈的历史意识。秉持历史唯物主义的创作视野是对人物命运和历史发展规律的深刻揭示,体现了中国共产党对“文以载道”社会历史本质的科学阐释。

第二,坚守现实主义立场,升华了“文以载道”的现实主义精神。《论语·阳货》:“诗,可以兴,可以观,可以群,可以怨。”[②]汉儒郑玄《周礼注》曰:“比者,比方于物也;兴者,托事于物。”[③]由此可知,创作诗歌的主要原因是以文学的方式反映社会现实。“《诗经》开创了‘饥者歌其食,劳者歌其事’的现实主义的为人生的文学传统”[④],本质上就是一部反映当时人民群众生活面貌的史诗。“积学以储宝,酌理以富才,研阅以穷照,驯致以绎辞”[⑤],充分体现了一种深厚学识和丰富阅历基础上的理解生活的能力,将“道”以一种更易为人民所理解、接受并产生共鸣的方式加以表达,以避免“道”的神秘性和虚幻性。相较于“道”而言,“诗言志”[⑥]的要求及其整体中更为鲜明的“人化”特征在现实层面为“道”的表达构建起实现路径。闻一多认为:“志与诗原来是一个字。志有三个意义:一记忆,二记录,三怀抱,这三个意义正代表诗的发展途径上三个主要阶段。”[⑦]“记忆”“记录”均体现着古代韵文对事实的还原,随着散文的出现,“志”出现了“怀抱”即志向的含义。在先秦,“诗言志”主要指用诗歌表达作者志向,往往与政治教

---

① 《马克思恩格斯文集》第10卷,第174页。

② 陈晓芬、徐儒宗译注:《论语·大学·中庸》,第211页。

③ 郑玄注,贾公彦疏:《周礼注疏·卷二三·大师》,载《十三经注疏》上册,上海:上海古籍出版社,1997年,第796页。

④ 岳斌:《中国春秋战国文学史》,载王宇信、杨生民、岳斌主编:《新编中国春秋战国史》下册,北京:人民出版社,1995年,第47页。

⑤ 王志彬译注:《文心雕龙·神思》,第320页。

⑥ 王世舜、王翠叶译注:《尚书·尧典》,北京:中华书局,2012年,第28页。

⑦ 闻一多:《歌与诗》,载《闻一多全集》第1卷,北京:生活·读书·新知三联书店,1982年,第185页。

化有着紧密联系。这种紧随诗的发展自然而然地生发于事实中的志向与从场面和情节中流露出的立场极具相似性。直至唐代，经学家孔颖达在原有基础上重新阐释了“诗言志”命题，他于《春秋左传正义》中提出“在己为情，情动为志，情、志一也”[①]，将“情”与“志”统一起来，在中国美学史上产生了重大影响。“居于道和情中间的‘志’让本来趋于两极的情和道有了沟通的可能。情志相连让个人之情化为理性之志，志道相通又让理性之志通向教化之道。”[②]这里，所谓“理性之志”即体现出“志”对“情”的影响，使“情”的表达更加具备理性的光辉和现实的力量。以此为基础，文艺创作的现实主义精神与浪漫主义情怀之间的矛盾就得到了解决，现实主义精神成为浪漫主义情怀赖以生存的土壤，赋予了浪漫主义情怀更为深刻的情感张力。

中国共产党坚持以人民为中心，代表着最广大人民群众的根本利益，其文艺观将“文以载道”中的现实诉求明确为人民群众的现实生活，进一步凝练了“文以载道”的现实主义精神。毛泽东指出：“人民生活中本来存在着文学艺术原料的矿藏，这是自然形态的东西，是粗糙的东西，但也是最生动、最丰富、最基本的东西……它们是一切文学艺术的取之不尽、用之不竭的唯一的源泉。”[③]习近平总书记指出：“人民不是抽象的符号，而是一个一个具体的人，有血有肉，有情感，有爱恨，有梦想，也有内心的冲突和挣扎。”[④]这些人民的情感、爱恨、梦想和矛盾恰恰是使人物具备典型性并展现出其鲜明特征的重要演绎素材，创作这样的典型人物首先就需要“走入生活、贴近人民”的基本态度。人民千姿百态的生活记录着无数感人肺腑的故事，人民向上向善的本能定格了无数震撼心灵的瞬间，它们从不同的视角展现了“道”最为丰富的表现形式。“文以载道”的现实向度主要需要通过作者的思想倾向是否体现人民主体地位来考察，典型人物的人民性是需要通过反映人民的真实生活来展现的。现实主义精神构成了“人民文艺”性质的决定性因素，人民对作品的喜爱和接纳程度直接取决于作品反映人民生活的真实程度，只有使人民在真切的情节和动人的形象中反观和反思自身，才能发挥文艺“行不言之教”[⑤]的神圣职责。在通过真实性表达倾向性的问题上，马克思主义文艺理论具有显著的优势。恩格斯就在致明娜·考茨基的信中指出，文艺作品的倾向应从场面和情节中自然地流露，通过描写现实关系而

① 叶朗：《中国美学史大纲》，上海：上海人民出版社，1985 年，第 257 页。

② 江守义：《马克思主义文论的现实性品格与当前机遇》，《学习与探索》2021 年第 12 期。

③ 《毛泽东选集》第 3 卷，第 860 页。

④ 习近平：《在文艺工作座谈会上的讲话》，第 17 页。

⑤ 张景、张松辉译注：《道德经·二章》，第 10 页。

间接表明自己的立场。[①] 他还进一步强调："作者的见解越隐蔽，对艺术作品来说就越好。我所指的现实主义甚至可以不顾作者的见解而表露出来。"[②]在恩格斯的观点中能够看出，作者立场应是场面和情节的弦外之音、言外之意。因此，通过反映人民真实生活来推进场面和情节的发展，进而表达作品的倾向构成了现实主义精神的主要方面。

第三，弘扬浪漫主义情怀，阐发了"文以载道"的情感维度。"情"在中国传统文艺观中占据着重要地位。《毛诗序》有"诗者，志之所之也。在心为志，发言为诗。情动于中而形于言，言之不足，故嗟叹之；嗟叹之不足，故永歌之"[③]的说法。自魏晋起，中国传统文艺实践逐渐突破了政治教化意义的束缚而日益富有浪漫主义特质。在"诗言志"的基础上，陆机进一步提出了"诗缘情而绮靡"[④]的观点，强调了诗歌的抒情性，为孔颖达对"诗言志"的重新阐释奠定了情感基础。《文心雕龙》在其"剖情析采"部分详尽论述了写作构思时的浪漫主义情怀，是情感向度的集中体现。"文之思也，其神远矣"，"思理为妙，神与物游"[⑤]，意谓写作构思时作者的精神活动是极其高远而无边无际的，写作构思之所以如此奇妙，就在于作者精神活动与客观外物的相互作用。刘勰的这一观点强调了奇妙的联想是物我交融境界的完成，充分体现出中国传统文艺观中柔美的浪漫特质。对此，李泽厚曾说，华夏艺术和美学"以直接塑造、陶冶、建造人化的情感为基础和目标"[⑥]。"文以载道"的情感向度构成了物我交融境界中的重要层面。

中国共产党文艺观所讲的情感并不局限于创作者的"小己"自身，而是与人民群众乃至全人类紧密相连的"大我"情怀，富有革命浪漫主义气息，激励着人民投身于社会主义伟大实践之中，进一步阐扬了"文以载道"的情感维度。中国共产党领导人认为，一切艺术创作都是人按照美的规律追求自身本质力量的重要形式，"文艺作品中反映出来的生活却可以而且应该比普通的实际生活更高，更强烈，更有集中性，更典型，更理想"[⑦]，从而体现"人的主观世界和客观世界的互动"[⑧]，而"艺术性是决定人民性程度或水平高低的一个重要方面"[⑨]。"文以

---

① 参见《马克思恩格斯文集》第10卷，第545页。

② 《马克思恩格斯文集》第10卷，第570页。

③ 王秀梅译注：《诗经》上册《毛诗序》，北京：中华书局，2015年，第2页。

④ 陆机、钟嵘著，杨明译注：《文赋诗品译注》，上海：上海古籍出版社，2019年，第10页。

⑤ 王志彬译注：《文心雕龙·神思》，第320页。

⑥ 李泽厚：《华夏美学》，第34页。

⑦ 《毛泽东选集》第3卷，第861页。

⑧ 习近平：《在中国文联十大、中国作协九大开幕式上的讲话》，第17页。

⑨ 刘永明：《马克思主义与艺术人民性：一种艺术共同体的想象与建构》，北京：中国文联出版社，2018年，第469页。

载道”的情感向度需要通过作者的思想倾向是否符合人民情感需求来考察，人民的真实生活是需要通过富有艺术特质的能动反映来展现的。因此，在文艺创作的过程中，既需要源于生活的创作态度，也需要高于生活的创作能力。“我的劳动是自由的生命表现，因此是生活的乐趣。”①马克思主义文艺理论虽然以现实主义为创作原则，但它讲求的是对现实的能动反映。马克思主义不仅不反对个人情感，而且还认为在理想的社会形态中，个人情感一定是要得到充分保护、尊重并能够自由表达的。唯其如此，才能实现人的自由而全面的发展。马克思指出：“激情、热情是人强烈追求自己的对象的本质力量。”②从二者的词义来看，“激情”是一种强烈的情绪状态，“热情”是一种对待事物的基本态度，二者共同构成了促使人追求自身本质力量的情感动力。“艺术的原初意蕴是‘可见之美’对‘不可见之美’的象征，即借助艺术品的可见性帮助人们寻求具有超越性的‘不可见之美’，通向更高层级的美与和谐之域，最终到达自由王国。”③浪漫主义情怀搭建了“可见之美”通向“不可见之美”的桥梁，赋予了客观世界与主观世界之间的互动以现实的可能性。文艺只有紧扣人民的喜怒哀乐，才能拥有深沉的力量和隽永的魅力。文艺的情感向度以中华民族文化基因中深厚的“浪漫主义情怀”涵养着艺术原初意蕴中的“不可见之美”，通过艺术性实现对社会现实的超越和对人类本性的启迪，引导人民以一种高远的心境和姿态投身于现实生活的伟大实践。

三、新时代文艺理论对“文以载道”传统文艺观的推进

党的十八大以来，中华民族伟大复兴进入关键时期。与此同时，世界百年未有之大变局加速演进。习近平总书记着眼“两个大局”的战略机遇，高度重视党的文艺工作，在事关新时代文艺工作方向性、基础性、战略性等重大问题上作出了重要阐释，基于新时代文艺事业的历史方位提出了明确要求。新时代，在“两个结合”中不断推进的文艺理论始终坚持以人民为中心的创作导向，致力于增强人民的精神力量，着力建构具有标志性的中华文艺符号体系，将“文以载道”这一中国传统文艺观推进到全新的历史高度。

第一，坚持以人民为中心的创作导向。以人民为中心的创作导向体现了马克思主义鲜明的人民性理论品格与中华优秀传统文化中的民本思想特质。“文

---

① 《马克思恩格斯全集》第 42 卷，北京：人民出版社，1979 年，第 38 页。

② 《马克思恩格斯文集》第 1 卷，北京：人民出版社，2009 年，第 211 页。

③ 崔健、穆佳滢：《审美与资本的纠缠：审美资本主义的运作逻辑及批判》，《江苏社会科学》2022 年第 2 期。

以载道”作为一种讲求“君子处世，树德建言”的传统文艺观，其历史、现实和情感的内涵向度在新时代都将汇聚到“人民”这一核心上，分别展现出贯彻人民史观、源于人民生活和高于人民生活的实践指向。在中国共产党历代领导人关于文艺工作的重要论述中，“人民”作为一个核心关键词，始终占据着重要地位。党的十八大以来，习近平总书记多次就文艺与人民的关系问题进行了深刻阐释，“人民性”始终是党领导的文艺工作最为鲜明的特性。

文艺问题在马克思主义理论中始终被置于历史唯物主义的视野下进行理解和阐释。文艺的人民性，主要体现为文艺如何表达人民的历史生活、感情思想、意志和利益。坚持马克思主义在文艺领域的指导地位，就要在文艺领域坚持人民史观。人民史观的创作视角体现了文艺领域为人民书写历史的创作态度，亦体现了贯彻人民至上这一根本立场的实现方式。习近平总书记在关于文艺的重要论述中多次强调历史观的重要性，指出文艺工作者要树立正确的历史观，当代文艺要引导人民树立并坚持正确的历史观。[①] 社会主义文艺的本质是人民的文艺，社会主义文艺的根本方向是为人民服务。文艺不能在为什么人的问题上发生偏差，否则文艺就没有生命力。“人民史观是判断一个历史叙述是不是虚无主义的试金石。面对一个历史叙述，首先要考察叙述者对待人民的态度，看其是否站在人民史观立场上选择和评析史实，看其所述坚持还是抛弃、巩固还是动摇人民主体地位。”[②]历史的发展始终遵循着人民的意愿，文艺作品中历史感的塑造有赖于对人民的描摹，为人民书写历史的首要条件即坚持“以人民为中心”的历史观。历史唯物主义的科学性要求以尊重历史为前提，文艺的特殊性又要求呈现艺术化的历史。这就要求人民史观视角下的文艺创作不仅需要在尊重历史的基础上呈现艺术化的历史，还需要通过对艺术化历史的书写引导人民在对话历史的过程中汲取智慧，进而通过历史对现实的观照引导人民在创造历史的伟大实践中迸发无穷的力量。换言之，人民史观的立场要求艺术创作要坚持源于生活与高于生活的统一。习近平总书记指出：“一切有追求、有本领的文艺工作者要提高阅读生活的能力，不断发掘更多代表时代精神的新现象新人物，以源于生活又高于生活的艺术创造，以现实主义和浪漫主义相结合的美学风格，塑造更多吸引人、感染人、打动人的艺术形象，为时代留下令人难忘的艺术经典。”[③]正如马克思所强调的“莎士比亚化”[④]的文艺创作需要将现实

① 参见习近平：《在中国文联十大、中国作协九大开幕式上的讲话》，第 8～9 页。

② 马建辉：《人民：文艺的尺度》，北京：中国文联出版社，2018 年，第 6 页。

③ 《习近平谈治国理政》第 4 卷，北京：外文出版社，2022 年，第 323 页。

④ 《马克思恩格斯文集》第 10 卷，第 171 页。

描写得生动、丰富，实现源于生活与高于生活的统一才能将人民的真实生活和伟大实践进行艺术化的提炼和表达，进而通过“典型人物”的命运牵动人民的悲喜。文艺的特殊性使表达“不可见之美”的“艺术性”始终是现实主义文艺的重要特征之一。人民文艺既是对当下社会大众精神面貌的反映，同时也发挥着引领大众向真向善向美的作用。文艺作品在社会层面形成的广泛影响，能够引导人民强化对主流价值观的认同感。创作导向正确的文艺作品有助于引导人民树立正确的价值观，关乎国家意识形态安全，关乎国家未来发展趋势。优秀的文艺作品中蕴含着深厚的历史意识，体现着鲜明的人民史观。人民作为推动历史发展的决定性力量，其命运展现着历史最为原始的样态。文艺创作在尊重史实的基础上发掘历史事件的社会本质，使历史的叙述倾向与时代的前进方向同频共振，体现了历史服务于现实的核心要义。

第二，以满足人民文化需求为根本价值，致力于增强人民精神力量。人民的生活和实践是文艺创作的源泉，而文艺创作的目的则是要满足人民群众日益增长的审美需求，激发其向善崇美、追求美好生活的信念和勇气。当前，世界正处于大发展大变革大调整时期，中国也正在发生广泛而深刻的社会变革。在此背景下，文艺如何发挥作用、文艺工作者如何积极作为，成为新时代文艺实践必须回应的时代课题。

社会主义核心价值观作为社会主义核心价值体系的高度凝练和集中表达，体现和反映了社会主义核心价值体系的根本性质和基本特征。中华优秀传统文化中蕴含的“天下为公、民为邦本、为政以德、革故鼎新、任人唯贤、天人合一、自强不息、厚德载物、讲信修睦、亲仁善邻等，是中国人民在长期生产生活中积累的宇宙观、天下观、社会观、道德观的重要体现，同科学社会主义价值观主张具有高度契合性”[①]。社会主义核心价值观体现了马克思主义指导地位的基本立场，反映了中华民族千百年来日用而不觉的行为准则，既具备满足人民文化需求的历史合法性，又具备增强人民精神力量的实践科学性。可以说，“不论何种人民性，最后都要体现在作品的客观效果和客观意义上”[②]。“客观效果”和“客观意义”均能够以社会效益的方式进行考察，社会效益是评价一部作品是否具有人民性以及人民性程度的重要标准。增强人民精神力量既满足了人民向往美好生活的现实需求，也满足了中华民族伟大复兴进程中凝心聚力的战略需要。文艺具有极强的示范效应，其积极的社会影响能够在国家意识形态建设方

① 习近平：《高举中国特色社会主义伟大旗帜　为全面建设社会主义现代化国家而团结奋斗——在中国共产党第二十次全国代表大会上的报告》，北京：人民出版社，2022年，第18页。

② 刘永明：《马克思主义与艺术人民性：一种艺术共同体的想象与建构》，第466页。

面发挥极为关键的作用。同时，这种现实需求并非意味着否定文艺本身的审美价值标准，所谓“知之者不如好之者，好之者不如乐之者”[①]。从审美角度来看，“知之者”体现了人民对植根于社会实践和生活经验的文艺作品的接受和理解，“好之者”反映出人民对能够满足自己精神文化需求的作品的喜爱，“乐之者”则表现了人民在审美鉴赏过程中体验到极大的审美愉悦，从而在寓教于乐中自觉提升自身的审美境界。符合人民实践经验，得到人民真心喜爱并引以为乐是人民文艺需要满足的重要条件，也是文能载道，即文艺作品能够承载人民的美好期望并增强人民的精神力量的基础。党领导下的文艺实践在明确致力于以文弘业、以文培元、以文立心、以文铸魂的行动自觉的引领下，把崇高的追求及宏大的叙事与人民生活结合起来，给人民以震撼、启迪和鼓舞。换言之，“人民文艺，呈现着人民的精神面貌、现实品格和指向人民未来的可能性”[②]。优秀的文艺作品将人民的真实生活进行艺术化的升华，有效引导人民把审美理想内化为自觉引导实践的精神追求，引导人民在对自我的观览和反思中形成向上向善的价值观。优秀作品良好的化育作用在满足人民文化需求的同时潜移默化地增强人民精神力量，进而在人民中形成具有强大凝聚力和引领力的社会主义意识形态，为中华民族伟大复兴提供强大的价值引导力、文化凝聚力和精神推动力。

第三，建构具有标志性的中华文艺符号体系。文艺的民族特性乃是一个民族文化辨识度的重要标识。新时代的文艺创作不仅要有当代生活底蕴，充分展现伟大的时代发展和变革，还要传承好中华优秀传统文化的血脉。中华优秀传统文化是中华民族最为深厚的文化软实力，积淀着中华民族最深沉的精神追求，是中华民族生生不息、发展壮大的精神滋养。习近平总书记特别指出：“在五千多年中华文明深厚基础上开辟和发展中国特色社会主义，把马克思主义基本原理同中国具体实际、同中华优秀传统文化相结合是必由之路。”[③]绵延5000多年的中华民族文化土壤滋养着中国文艺的根脉，也是新时代文艺创新的重要源泉。正因如此，习近平总书记特别强调：“中华优秀传统文化……是我们在世界文化激荡中站稳脚跟的坚实根基。增强文化自觉和文化自信，是坚定道路自信、理论自信、制度自信的题中应有之义”[④]，文艺领域应创作更多“传播当代中

① 陈晓芬、徐儒宗译注：《论语·大学·中庸》，第69页。

② 马建辉：《人民：文艺的尺度》，第8页。

③ 《习近平在文化传承发展座谈会上强调　担负起新的文化使命　努力建设中华民族现代文明》，《人民日报》2023年6月3日。

④ 习近平：《在文艺工作座谈会上的讲话》，第25页。

国价值观念、体现中华文化精神、反映中国人审美追求”[①]的优秀作品。

习近平总书记在庆祝中国共产党成立100周年大会上的重要讲话中提出了“两个结合”的原创性重大论断，充分彰显了中华优秀传统文化是中国共产党团结带领中国人民不懈奋斗的文化密码。党的二十大报告强调，要“坚守中华文化立场，提炼展示中华文明的精神标识和文化精髓，加快构建中国话语和中国叙事体系，讲好中国故事、传播好中国声音，展现可信、可爱、可敬的中国形象”[②]。构建中国话语和中国叙事体系使新时代文艺肩负着提升国际政治传播能力、增强国际政治话语权的时代使命。讲好中国故事、传播中国声音、展现中国形象无不要求新时代文艺创作继续站稳“文以载道”的基本立场，以“文须有益于天下”的使命感和责任感，弘扬和平、发展、公平、正义、民主、自由的全人类共同价值，向世界人民宣传“万物并育而不相害，道并行而不相悖”[③]的共同体理念。中华民族历来讲求天下一家，主张协和万邦、天下大同，憧憬大道之行、天下为公，打造具有标志性文化气质的中华文艺符号是增强中华文明传播力和影响力的重要方式，对中国共产党统筹“两个大局”的战略部署具有重要意义。在新时代，党领导下的文艺实践始终坚持守正创新，深刻领悟中国精神，将中华优秀传统文化价值融通于文艺创造之中，以中华民族独特的审美观念呈现中国人民心灵史，激活中华文化生命力，提升了文艺的文化辨识度，开拓了中国文艺新境界，为提升中国国际话语权、营造有利的外部舆论环境、铸就社会主义文化的新辉煌贡献了力量。

四、结语

百余年来，中国共产党始终高度重视党和人民的文艺事业，强调文艺要教育人民，为建设社会主义精神文明提供助益。党的二十大报告强调要“推出更多增强人民精神力量的优秀作品”[④]，彰显了中国共产党对文艺社会功能的理解和运用。“两个结合”作为一种双向互动和彼此促进的过程，是马克思主义文艺理论与中国传统文艺观的相互成就。马克思主义文艺理论使中国传统文艺观发生了深刻变革，形成了具有独特文化气质的中国共产党文艺观；这一变革又

---

① 习近平：《在文艺工作座谈会上的讲话》，第7页。

② 习近平：《高举中国特色社会主义伟大旗帜　为全面建设社会主义现代化国家而团结奋斗——在中国共产党第二十次全国代表大会上的报告》，第45～46页。

③ 陈晓芬、徐儒宗译注：《论语·大学·中庸》，第352页。

④ 习近平：《高举中国特色社会主义伟大旗帜　为全面建设社会主义现代化国家而团结奋斗——在中国共产党第二十次全国代表大会上的报告》，第45页。

丰富并发展了马克思主义文艺理论，赋予其具体化和民族化的鲜明特色。“两个结合”既发展了马克思主义文艺理论，形成了马克思主义文艺理论的中国形态，又指导中国艺术事业的发展，开辟了新境界，使古老的中华文明焕发青春，并随着中国特色社会主义文艺事业的发展不断赋予其新的时代内涵。

[原载于《山东大学学报(哲学社会科学版)》2023 年第 4 期]

第三章 中国式现代化的理论体系与实践指向

中国式现代化话语体系建构的三重维度

艾四林　陈钿莹

经过长期努力，中国正在向全面建设社会主义现代化国家迈进。“中国式现代化”的提出顺应了历史发展趋势，“创造了人类文明新形态”①，指明了中国现代化发展的道路与方向，破解了“现代化等于西方现代化”的唯一性幻觉。无论是作为国家发展的战略理念，还是作为人民群众团结奋斗的价值引领，中国式现代化的接受和传播都需要经历话语体系建构的过程。如此才能对外亮明旗帜，回应西方国家对中国式现代化的质疑；对内团结奋斗力量，全面推进中华民族伟大复兴。中国式现代化话语体系建构既需要在理论上具有深厚的可能性，更需要能在实践传播中转化为现实，“加快构建中国话语和中国叙事体系，讲好中国故事、传播好中国声音，展现可信、可爱、可敬的中国形象”②。

一、中国式现代化话语体系建构的必要性

中国式现代化话语体系建构，有利于深刻认识中国特色社会主义伟大实践成果，凸显百年党史奋斗成就，为实现全面建成社会主义现代化强国伟大目标凝聚团结奋斗力量，增强中国式现代化在国际舆论场上的说服力、影响力，拓宽中国式现代化的国际传播广度。

1.深刻认识中国特色社会主义伟大实践成果的话语保障需要

任何话语体系的形成与发展都离不开物质世界的实践。中国式现代化话语体系生成于中国特色社会主义伟大实践之中，是实践在思想理论层面上的外

① 习近平：《在庆祝中国共产党成立100周年大会上的讲话》，北京：人民出版社，2021年，第14页。

② 习近平：《高举中国特色社会主义伟大旗帜　为全面建设社会主义现代化国家而团结奋斗——在中国共产党第二十次全国代表大会上的报告》，北京：人民出版社，2022年，第46页。

化表征形式。中国式现代化话语体系建构，能以中国的叙事形式解答伟大实践的成功之道，为深刻认识中国特色社会主义伟大实践成果提供有力保障。

中国式现代化话语体系生成于社会实践之中。马克思指出："思想、观念、意识的生产最初是直接与人们的物质活动，与人们的物质交往，与现实生活的语言交织在一起的。"[①]思想来源于实践，话语是思想的表达形式，从物质实践过程中生成的话语组合形成话语群，无数组话语群的交织联系构成了话语体系。中国式现代化就是基于现实道路而生发的话语体系，它萌芽、发展、成熟于中国特色社会主义伟大实践之中，是在进行伟大斗争、建设伟大工程、推进伟大事业、实现伟大梦想过程中构建起来的话语体系，具有鲜明的实践性和独特性。中国式现代化话语体系与中国特色社会主义伟大实践紧密联系、无法分割，是实践过程结出的认识之果，两者相互关联、相互形塑。话语体系脱胎于实践过程，实践成果借助话语体系展现。中国式现代化话语体系的建构，既是立足实践深化经验，也是为了更好地将伟大实践成果进行外化表达，以自觉自信的话语群组推动伟大实践的进一步发展。中国特色社会主义伟大实践赋予中国式现代化话语体系独特的理论特色、实践特色、民族特色、时代特色，讲清楚中国特色社会主义取得伟大成就的实践过程，也就成了建构话语体系的必然要求和重要使命。

中国式现代化话语体系为实践提供理论保障。话语体系是特定主体对相关思想观念或知识理论进行概括凝练的外在表征形式，是物质世界与精神世界的沟通桥梁。中国共产党是一个善于总结历史经验的政党。中国式现代化话语体系是中国特色社会主义伟大实践在理论层面的阐释总结，有助于从理论建构的视角分析中国式现代化的历史实践过程，它能为21世纪社会主义发展的当代诠释提供理论保障。事实证明，话语体系的建构，必须随着社会历史实践的发展不断进行提炼和丰富，根据实践主体对客观物质世界的新认知进行创新总结，在理论层面提供话语叙事框架的维护路径，才能有效地巩固实践成果，激发实践内生动力。中国式现代化是人类发展史上伟大而独特的实践创新，中国仅用几十年的时间就走过了西方发达国家几百年走过的现代化历程，开创了一条使中华民族"站起来""富起来""强起来"的适合中国国情的现代化道路，是"把人民利益放在首位的道路""改革创新的道路""在开放中谋求共同发展的道路"[②]。"以理服人"方能"行之有效"，实践成果需要理论建构阐释，从"做得好"

① 《马克思恩格斯选集》第1卷，北京：人民出版社，2012年，第151页。

② 《习近平谈治国理政》第2卷，北京：外文出版社，2017年，第483页。

到“讲得通”“说得好”，以系统化、理论化、科学化的话语阐释伟大实践取得的成就、遇到的问题、未来的发展，将其外化呈现在大众日常生活中，从而为深刻认识中国特色社会主义伟大实践成果提供理论层面的话语保障。

2.实现社会主义现代化强国伟大奋斗目标的话语凝聚需要

回顾历史，现代化建设贯穿了百年党史，中国式现代化话语体系建构有利于凸显党的百年奋斗成就，更有助于为实现第二个百年奋斗目标提供凝聚共识的力量。

中国式现代化话语体系建构有利于凸显党的百年奋斗成就。“中国式现代化”凝结着中国共产党百年奋斗历史的实践经验和价值内涵，高度体现着党的历史主动精神和实践原创性精神。从党的百年奋斗历史来看，“中国式现代化”话语体系是党团结带领全国人民进行革命、建设、改革等实践过程的外化体现，是正面、积极、进步的话语信息总和，它始终与党的奋斗进程同向同行、同频共振。在旧民主主义革命时期，中国的现代化在“器物”、制度和观念方面“以西为师”，然而戊戌变法和辛亥革命的结果都证明了这一探索的失败。直到马克思主义通过新文化运动和五四运动与工人力量相结合，中华民族才从精神上的被动转为主动，在党的领导下，现代化探索开始有了明确方向。到了社会主义建设探索阶段，中国的现代化建设实现了从“以苏为师”到“以苏为鉴”“走自己的路”的转变。历史证明，只有“把马克思主义的普遍真理同我国的具体实际结合起来，走自己的道路，建设有中国特色的社会主义”[①]，才能实现属于中国的现代化目标。进入新时代，党带领人民全面建成小康社会，实现第一个百年奋斗目标是中国式现代化在当代的实践表现和自信表达，体现了“走自己的路”的重要性和正确性。话语体系不仅能体现百年党史的演进历程，还能彰显百年党史的理想信念、政治价值和行动要求。在新的历史方位上，中国式现代化话语体系建构，有利于凸显中国共产党百年历史奋斗成就，是百年党史在新征程上的表现形式之一，能为实现第二个百年奋斗目标增强信心、凝聚力量。

中国式现代化话语体系建构有助于凝聚社会奋斗共识。社会成员不会天然对某个政治思想具有认同感和信任感，共识合法性的建构必须在成员中进行话语的输出和沟通，只有“社会成员基于某种价值信仰而对政治统治正当性所表示的认可”[②]，才能动员起最广泛的群众力量。社会主义现代化国家的建设，必须通过中国式现代化话语体系汇聚全社会的共识，形成高度自觉的价值认

① 《邓小平文选》第3卷，北京：人民出版社，1993年，第3页。

② 张凤阳等：《政治哲学关键词》，南京：江苏人民出版社，2006年，第325页。

可，借助话语体系与群众进行互动沟通，引导个体认知建设奋斗目标。如果社会个体无法对中国式现代化的实践形成清晰而全面的认知，就很容易被各类错误的思潮分离，对伟大奋斗目标产生怀疑甚至持否定态度。“百年奋斗历史告诉我们，围绕明确奋斗目标形成的团结才是最牢固的团结。”[①]建构话语体系，则能将无形的共识整体化投射在人脑中，将模糊的共识具象化并凝聚起来，从而提高社会成员对全面建成社会主义现代化强国的向心力、自信力。譬如，党的二十大报告从性质、基本特征、本质要求、重大原则、重大战略等多维度对中国式现代化进行了系统阐发，提出了各项与人们生活切身相关的发展目标，这能消除社会个体“漠不关心”的心态，形成“与我有关”的认同，凝聚起奋斗共识，从而助力社会主义现代化强国目标的实现。

3.展现可信可爱可敬中国形象的话语支撑需要

话语是人与人之间沟通的工具，基于国家层面的话语体系也是主权国家间互相对话了解的载体。中国式现代化话语体系有助于展现可信可爱可敬的中国形象，打造与“中国体量”相匹配的“中国音量”，在对话中消除国际社会对中国现代化发展的误解、误读，为增强中国的国际影响力提供话语支撑。

为展现真实立体全面的中国式现代化提供话语辩护。作为意识形态表达形式的话语体系，其实质不过是“占统治地位的物质关系在观念上的表现”[②]。意识形态以话语为外化载体，以多组话语群为反映意识观念的话语体系，最终达成在实践中影响并渗透其他意识形态的目的。长期以来，西方发达国家凭借在物质生产资料方面的支配权，控制着国际舆论传播的主导权，话语体系的传播对话呈现“西强我弱”的国际舆论局势。改革开放之后，我们在物质上取得了巨大的成就，国际话语权也得到了一定的提升，但“西强我弱”的话语态势仍未改变，我国在国际舆论场上仍呈现“失声”“失语”的态势。“中国式现代化新道路已经在世界范围内产生了实质性影响，但在话语权意识、话语体系建构上并未取得可与现代化建设成就等量齐观的成果和地位。”[③]如果国际社会无法全面客观理性地了解中国的现代化建设，抹黑、歪曲中国现代化发展的片面甚至失实的论调就极易得到传播。国际舆论斗争变得越来越复杂，习近平总书记强调：“讲好中国故事，传播好中国声音，展示真实、立体、全面的中国，是加强我国国际传播能力建设的重要任务。”[④]因此，必须加快构建中国式现代化话语体系

① 艾四林：《团结奋斗是中国人民创造历史伟业的必由之路》，《红旗文稿》2022年第21期。
② 《马克思恩格斯选集》第1卷，第178页。
③ 刘同舫：《中国式现代化新道路塑造大国新形象》，《中国社会科学报》2021年10月21日。
④ 《习近平谈治国理政》第4卷，北京：外文出版社，2022年，第316页。

并加以传播，以中国式现代化话语体系扭转“失声”局势，抵御虚无主义侵蚀，为证明现代化不是只有西方现代化一条实践道路提供话语辩护。

为拓宽中国式现代化的传播广度提供话语助力。习近平总书记指出：“中国在世界上的形象很大程度上仍是‘他塑’而非‘自塑’，我们在国际上有时还处于有理说不出、说了传不开的境地。”①由于长期受到“西强我弱”意识形态格局的影响，中国式现代化的国际传播遭遇着虚假舆论和话语陷阱的歪曲挑战。例如，西方国家在“中国威胁论”基础上升级炮制的“中国新殖民主义论”“中国新帝国主义论”等话语体系，在新疆棉花事件上炒作“种族灭绝”“强迫劳动”等话题，不过是他们受自身现代化发展中“殖民主义”和“帝国主义”思想影响的产物，他们不相信“中国式现代化”是一条不靠掠夺与战争的和平发展道路。因此，为了避免国际社会对中国式现代化的误解，回应西方对中国式现代化建设的质疑，话语体系的建构就具有了迫切必要性。中国式现代化话语体系不是自说自话，而是用中国实践建构中国话语，要“善于提炼标识性概念，打造易于为国际社会所理解和接受的新概念、新范畴、新表述”②，为增强中国式现代化的国际说服力、影响力提供话语支撑。

二、中国式现代化话语体系建构的可能性

中国式现代化话语体系建构，能够在推进全面建成社会主义现代化强国的过程中发挥积极作用，然而建构具有时代性和价值性的话语体系并不是随心所欲地张口就来，而是需要建构在坚固的基础之上。中国式现代化话语体系建构需要根植于中国现实，聚焦于原创性话语，搭建出话语体系的独特核心，指向于人类发展的世界意义，筑牢话语体系的价值基础。

1.根植于中国现实是建构话语体系的内容源泉

习近平总书记指出：“我们的任务是全面建设社会主义现代化国家，当然我们建设的现代化必须是具有中国特色、符合中国实际的。”③中国式现代化话语体系的建构不是无根之木、无源之水。历史的积淀铸造了丰厚的建构根基，动态发展的现实实践又为话语体系的长期建构提供了内生动力。

历史的积淀铸造了中国式现代化话语体系的根基。中国式现代化不是从西方历史与现实中寻求答案的现代化，而是由党团结带领中国人民在实践中奋斗出来的现代化。鸦片战争后，国家蒙辱、人民蒙难、文明蒙尘，精神上处处被

---

① 《习近平关于社会主义文化建设论述摘编》，北京：中央文献出版社，2017 年，第 212 页。

② 习近平：《在哲学社会科学工作座谈会上的讲话》，北京：人民出版社，2016 年，第 24 页。

③ 习近平：《把握新发展阶段，贯彻新发展理念，构建新发展格局》，《求是》2021 年第 9 期。

动、实践上时时挨打。中国共产党把马克思主义基本原理同中国具体实际相结合、同中华优秀传统文化相结合，在历史实践中遵循唯物史观的内在要求，主动认识和驾驭历史规律，以历史主动精神突破了落后的精神羁绊，形成了中国特色社会主义理论，实现了中华文明的接续发展。话语体系是理论价值、观念知识等的外在表现，正是由于拥有丰富的理论渊源和厚重的实践积淀，中国式现代化话语体系的铸造才具备了可能性。譬如，中国式现代化始终坚持以人民为中心的发展思想，既继承了马克思主义从实践中得出的“人民群众创造历史”的结论，也融合了中华优秀传统文化中民本思想的精髓。中国式现代化不是从天而降的话语体系，而是根基于历史、理论、实践经验发展起来的具有说服力、引领力的话语体系。“无论我们走得多远，都不能忘记来时的路。……不忘历史、不忘初心。”[①]中国式现代化话语体系是历史实践发展的必然产物，是展现厚重历史理论的外化载体。它以马克思主义为魂、以千年文明为根、以社会主义初级阶段为基、以各国现代化为鉴。换言之，深厚的历史文化底蕴、丰富的实践经验为建构中国式现代化话语体系铺就强有力的基石。

现实实践的发展构筑了中国式现代化话语体系的内生动力。“独特的文化传统，独特的历史命运，独特的基本国情，注定了我们必然要走适合自己特点的发展道路。”[②]由此而言，中国式现代化话语体系建构必须立足中国现实，以中国式现代化实践建构相对应的话语体系。中国式现代化话语体系的建构处于不断推进的状态，它根植于历史又着眼于现实，能够根据现实实践的发展变化进行补充完善，以富有生命力的话语回答中国之问、世界之问、人民之问、时代之问。“物质生活的生产方式制约着整个社会生活、政治生活和精神生活的过程。”[③]物质世界的不断发展是构筑话语体系的内生动力。中国正在为全面建成社会主义现代化强国而团结奋斗，在此征程中的实践发展、理论创新等，都为中国式现代化话语体系注入生机活力，能实现历史与现实、传统与现代、中国与世界的贯通，使“中国实践”上升为“中国理论”，外化为“中国话语”。具有科学性、生命力的理论既能适应现实，又能发挥价值引领作用，为建构话语体系提供不竭动力。中国式现代化实践正在进行，这为话语体系的建构、发展带来永不枯竭的内生力量，能使话语体系的建构得到创新性发展、实践性积淀的支持。

2.聚焦于原创话语是建构话语体系的关键核心

中国式现代化话语体系的建构需要聚焦于中国特色，这是我们与其他现代

---

① 习近平：《论中国共产党历史》，北京：中央文献出版社，2021 年，第 12 页。

② 《习近平谈治国理政》第 1 卷，北京：外文出版社，2018 年，第 156 页。

③ 《马克思恩格斯选集》第 2 卷，北京：人民出版社，2012 年，第 2 页。

化话语体系的重要区分。中国式现代化，“既有各国现代化的共同特征，更有基于自己国情的中国特色”[①]。中国式现代化话语体系的独特性在于，建构过程的关键特征和核心要求是在现代化实践中形成的原创性话语。话语的再生产机制又保障了原创性话语的不竭供给，在话语多维延伸生产中实现话语体系的动态建构。

中国式现代化话语体系建构有赖于原创性话语的供给。话语体系是由各类话语内容整合而成的话语系统，话语内容是系统运作中的关键一环，具有说服力的话语体系必须以原创性话语为内核，方能凸显话语的独特性优势。“中国式现代化”最鲜明的主语是“中国”，这要求建构话语体系要体现中国特色，不能将西方话语移植到我们的话语体系中，而是要聚焦中国式现代化实践形成的具有创新性的理念内容，整合成具有鲜明中国特征的话语体系，“否则，由植入的话语来描绘中国，描绘得越多，中国图景的滤镜就越厚，国际社会对中国的误解也就越深”[②]。当然，原创性话语并不意味着排斥其他话语，而是要破解对西方话语体系的迷信，保持理性客观的态度，“不能完全脱离西方主导的‘流行话语’，又必须坚持自身的独特话语”[③]。党领导人民群众全面建设社会主义现代化国家进程中的实践创新、理论创新和制度创新，维系了中国式现代化话语体系的独特性和原创性。以富有开创性实践成果转化而成的原创性话语，是中国式现代化话语体系的底气和自信。如“五位一体”“四个自信”“新发展理念”“人类命运共同体”等原创性话语，能将中国式现代化的实践优势转化为话语优势。

中国式现代化话语体系建构借助话语再生产得以实现。话语体系的建构，是以现实实践为基础，聚焦原创话语生产并将理论观念整合外化的过程。然而，建构话语体系，绝不是单向性的生产过程，而是通过话语再生产机制实现话语体系的能动发展。话语体系的形成是一个动态建构的过程，在实践内生动力的推动下根据需要进行调整反馈，“语言是一种实践的、既为别人存在因而也为我自身而存在的、现实的意识。语言也和意识一样，只是由于需要，由于和他人交往的迫切需要才产生的”[④]。科学的话语体系是符合现实又超越现实的，在与实践主体的交往互动中再生产出新的话语，诠释出话语体系的时代生命力，对实践发展起着引领作用。中国式现代化不是简单的一维建构，而是环环相扣、

---

① 习近平：《高举中国特色社会主义伟大旗帜　为全面建设社会主义现代化国家而团结奋斗——在中国共产党第二十次全国代表大会上的报告》，第 22 页。

② 李江静：《中国话语说服力及其生成逻辑》，《教学与研究》2022 年第 7 期。

③ 侯惠勤：《意识形态的变革与话语权：再论马克思主义在当代的话语权》，《马克思主义研究》2006 年第 1 期。

④ 《马克思恩格斯选集》第 1 卷，第 161 页。

逻辑紧密的多维延伸。例如，“创新、协调、绿色、开放、共享”，在整体之下都指涉不同方面，“绿色”话语延展到“绿水青山就是金山银山”的人与自然和谐共生的现代化，“共享”话语表达着全体人民共同富裕的现代化，等等。这些由现代化实践生产出的原创性话语，指向了中国式现代化实践的要求任务，并在引导现代化实践中再生产出新的话语。中国式现代化话语体系的原创性得以实现，动态建构的过程也能保持生机活力，进而不断适应现代化实践的新需要、新状况、新形势。

3.指向于人类发展是建构话语体系的价值内蕴

话语体系的建构必然要遵循正确的、科学的、合理的价值规律才能成功完成，才能赢得最广大群众的认同。中国式现代化话语体系，既遵循着人类社会现代化发展的一般规律，又着眼于全人类共同价值，与世界文明交流互鉴，指向于人类发展。

中国式现代化话语体系遵循着人类社会现代化发展的一般规律。有生命力、影响力、引领力的话语体系势必坚持科学正确的原则，蕴含具有真理性的价值内容。对规律的遵循是实践得以成功的重要前提，是理论得以发挥作用的必然要求。“现代化有个性、特殊性的方面，但也有共性、普遍性的方面，中国式现代化遵循着人类社会现代化发展的一般规律。”①中国的现代化不仅以中国人民为发展主体，更是指向了全人类的发展。面对世界现代化发展过程中出现的生态危机、贫富差距扩大、资源枯竭等普遍性问题，中国将东方文明、中国智慧和人类理想融为一体，“为人类实现现代化提供了新的选择，中国共产党和中国人民为解决人类面临的共同问题提供更多更好的中国智慧、中国方案、中国力量，为人类和平与发展崇高事业作出新的更大的贡献”②。中国式现代化消除了西方现代化无法克服的原生矛盾。坚持以人民为中心的价值立场，满足人自由而全面发展的价值追求，实现共性与个性的价值统一，是中国式现代化话语体系能跨越国别并为全人类提供有益经验的基础。中国式现代化话语体系建构，是对现有现代化模式的扬弃与超越，既把握住了人类发展的共性规律，又遵循了自身民族发展的特殊规律。唯有这种合乎规律性的话语体系，才能为人类社会特别是后发展国家带来全新的实践经验和话语选择。

中国式现代化话语体系着眼于全人类共同价值以及文明交流互鉴的价值理念。中国共产党在为中国人民谋幸福、为中华民族谋复兴的同时，始终着眼

---

① 艾四林：《坚定中国式现代化道路自信》，《中国社会科学报》2022 年 11 月 25 日。

② 习近平：《高举中国特色社会主义伟大旗帜　为全面建设社会主义现代化国家而团结奋斗——在中国共产党第二十次全国代表大会上的报告》，第 16 页。

于全人类共同价值，推动人类命运共同体的建构。“马克思主义博大精深，归根到底就是一句话，为人类求解放。”①中国式现代化不靠资本扩张、殖民掠夺，不搞零和博弈、霸权主义和强权政治，而是坚持合作共赢，以全人类共同价值为发展实践的核心价值理念，“中国共产党将继续同一切爱好和平的国家和人民一道，弘扬和平、发展、公平、正义、民主、自由的全人类共同价值”②。资本逻辑下的西方现代化道路，基于“西方中心主义”的理念，在运行过程中表现为野蛮霸道地以“落后”和“不文明”定义其他国家，并向其他国家推行西方的发展模式。马克思和恩格斯早已指出，资产阶级总想按照自己的方式创造出一个世界，“使未开化和半开化的国家从属于文明的国家，使农民的民族从属于资产阶级的民族，使东方从属于西方”③。西方中心主义之下狭隘对抗的现代化话语体系，不符合全人类的共同价值愿景，也就不可避免地步入动力衰竭、话语僵化的弱化期。中国式现代化，坚持不同文明交流互鉴的价值理念，维护世界各国人民的共同价值利益，“作为全球共同信仰的人类文明，本质上说不应该是某种单一文明的世界化，而应该是不同国家文明的调和”④。基于此所建构的中国式现代化话语体系，也就具有了合法性、真理性、推广性，能让全人类共享现代化的福利和果实，实现现代化发展从资本对抗性向发展建设性的价值转变。

三、中国式现代化话语体系建构的实践性

中国式现代化进程为建构话语体系提供了不竭的内容源泉、丰富的原创性话语和深远的价值意义。为了保障话语在实践中的引领力，实现话语体系的再生产，加快建构中国式现代化话语体系，在实践维度上要遵循主流意识形态的主导原则，通过阐释话语内容体现理论的优越性，以多元载体、立体空间实现话语体系的多维传播，展现话语体系的思想穿透力和实践辐射力。

1.话语体系建构原则上的主流意识形态导向

话语体系是对特定价值观念、科学规律、思想认知等意识形态内容的反映集合，在实践中发挥着能动指导作用。因此，中国式现代化话语体系建构，要坚持中国共产党领导这一根本原则，以主流意识形态的主导价值为基本遵循，从而确保话语体系的正确性和真理性。

话语体系的建构必须坚持以中国共产党的领导为根本原则。“中国式现代

---

① 习近平：《在纪念马克思诞辰200周年大会上的讲话》，北京：人民出版社，2018年，第8页。

② 习近平：《在庆祝中国共产党成立100周年大会上的讲话》，北京：人民出版社，2021年，第16页。

③ 《马克思恩格斯选集》第1卷，第405页。

④ 陈曙光：《世界大变局与人类文明的重建》，《哲学研究》2022年第3期。

化,是中国共产党领导的社会主义现代化。”[①]全面建设社会主义现代化国家、全面推进中华民族伟大复兴,关键在党。没有中国共产党、没有社会主义就没有中国式现代化的伟大实践。建构中国式现代化话语体系,必须坚持以中国共产党的领导为根本原则,始终发挥党在话语体系建构中作为领导者、开创者、推动者的关键作用。只有坚持党在话语体系中的领导地位,才能有效地建构起具有中国特色、中国风格的话语逻辑和叙事方式,才能实现党的领导与中国式现代化实践道路的内在统一。方向决定道路,道路决定命运。建构话语体系,必须围绕并体现出党的领导这一根本原则,展现党在现代化建设实践中的领导制度、方针、政策、主张等核心内容,服务于现代化建设的实践需要,将系统化、有序化、科学化的话语体系优势转化成实践发展效能,从话语层面体现党领导现代化实践的正确性、合法性、真理性,确保中国式现代化始终沿着正确方向前进。

话语体系的建构必须遵循主流意识形态的价值主导原则。话语体系表面上指涉“怎么说”“如何说”的表达形式和技巧,但其本质是实践过程与意识形态交互的外化载体,内含着言说主体的思维方式、价值立场和民族观念等意识形态内容,会直接影响到话语体系的说服力、吸引力。不同国家和民族话语体系交锋的背后是意识形态话语权的争夺和输出,如果话语体系内蕴的意识形态合乎话语受众的价值诉求,就容易具有说服力,无法满足受众价值要求的话语体系只会引起反感和抵制。这便要求我们在建构中国式现代化话语体系时,“要按照立足中国、借鉴国外,挖掘历史、把握当代,关怀人类、面向未来的思路”[②],遵循主流意识形态的价值主导原则,在话语诠释中彰显主流意识形态的时代性、真理性。中国式现代化是科学社会主义基本原则同中国实际相结合的社会主义现代化,这是中国现代化话语体系与西方现代化话语体系得以区别的关键。因此,要把握住社会主义的价值本质不动摇,从以人民为中心的价值旨归中凸显全人类共同价值,建构起具有世界适切性的话语体系,展现出从以物为本的资本逻辑到以人为本的社会逻辑的转变。比如,在现代化实践中坚持精准扶贫、精准脱贫,如期实现了近 1 亿人脱贫的目标,对此以“实现全体人民共同富裕”话语进行表达,既高度凝练了我国现代化的实践过程和本质要求,又体现了社会主义本质、人民立场的价值原则,能够有效赢得人民群众和世界各国的认同,提升话语感召力。

---

① 习近平:《高举中国特色社会主义伟大旗帜 为全面建设社会主义现代化国家而团结奋斗——在中国共产党第二十次全国代表大会上的报告》,第 22 页。

② 习近平:《在哲学社会科学工作座谈会上的讲话》,北京:人民出版社,2016 年,第 15 页。

2.话语体系内容阐释上的理论创新自觉

是否信任某话语取决于该话语体系能否成功指导实践，话语引领力是否具有现实性。中国式现代化话语体系，主动自觉地将实践成就转化为话语表达，在阐释伟大实践中实现原创性话语的再生。

话语体系的内容阐释要归纳实践成就，突出理论优越性。中国式现代化话语体系要取得受众的信任，就需要在内容阐释中贴近现实、归纳成就、总结经验，以强有力的事实成果证明理论的优越性、话语的合法性。中国式现代化话语体系，是党领导全国人民在进行现代化实践的过程中形成的以中国化时代化马克思主义为核心的理论总结。中国式现代化是不断发展变化的历史实践进程，因此，中国式现代化的概念和理论，要“讲清”中国式现代化不同阶段的成就特点，要“讲好”中国式现代化成就对中华民族和个人的发展意义，要“讲透”实践成果所蕴含的不同于其他现代化模式的中国特点。此外，话语体系的内容阐释，也应当及时归纳好“国内—国际”两个层面的成就，用生动有效的话语内容表达伟大成就，增强话语体系的优势性。在国内层面，必须扎根中国实践，认真总结中国成就，以正在做的事情为中心，不断发展和完善中国式现代化话语体系，突出理论优越性，从而杜绝“削中国实践之足，适西方话语之履”现象的发生。如我们在脱贫攻坚等实践中取得的成就，既体现了“集中力量办大事”的制度优越性，又突出了“以人民为中心”理论指导实践的优势性。在国际层面，要阐释好“一带一路”倡议、全球生态文明建设等立足国际的主张所创造的经济社会效益，概括好中国式现代化的世界历史意义，以国际成就让世界人民看到一个热爱和平、尊重发展、不靠奴役掠夺的现代化模式，突出马克思主义追求全人类解放理论的优越性。

话语体系的内容阐释要形成话语自觉，体现理论创新性。党的二十大报告指出：“实践没有止境，理论创新也没有止境。不断谱写马克思主义中国化时代化新篇章，是当代中国共产党人的庄严历史责任。”[①]中国式现代化话语体系的内容阐释，也必须坚持相关话语的创新表达，以理论自觉摆脱西方构造的“指数陷阱”“学理渗透”“价值教导”等。首先，话语体系的内容阐释要形成自觉的话语意识。自觉的话语意识是话语创新表达的重要前提。只有先形成主动建构的自觉意识才能推动话语的创新，从而在根本上改变依靠西方概念、判断、话语等分析中国问题的意识，体现理论的自觉性。话语体系的建构要以高度自觉的

---

① 习近平：《高举中国特色社会主义伟大旗帜　为全面建设社会主义现代化国家而团结奋斗——在中国共产党第二十次全国代表大会上的报告》，第18页。

主体意识，主动及时地将先进的中国式现代化理念和实践转化为具有核心竞争力的原创性话语，丰富和发展话语的阐释内容。话语自觉意识要求我们在面对西方现代化话语霸权时要敢于亮剑、善于亮剑，用原创性话语主动表达、自觉发声，讲清中国式现代化发展道路。其次，话语体系要以内容自觉体现理论创新。话语自觉意识的形成是为了保障话语内容的自觉，“中国式现代化”话语体系的内容必须自觉体现中国特色、自觉回应中国话题、自觉推动中国实践，方能形成“意识自觉—内容自觉—表达自觉”的话语自觉建构逻辑链，表征出中国式现代化的理论创新。例如，我们用“大道之行也，天下为公”体现人类命运共同体理论的渊源性，用“小康不小康，关键看老乡”表达“共同富裕”理论的独特性等，这些话语内容的本土化高度展现出我们的理论创新和文化自信，从而维系中国式现代化话语体系的原创性、独特性。

3.话语体系传播载体的多元立体

只建构不传播的话语无法发挥引领作用。话语体系需要利用好新兴技术手段打造立体化传播空间，因此，中国式现代化话语体系需要借助具象化载体在日常生活之中输出意识形态价值，在多维载体的融合体验中增强个体对话语体系的认同感，提升话语信任度。

话语体系的传播要借助具象化载体展现共享价值。话语体系虽然是理论的外在表达，但在一定程度上仍属于抽象概念的集合，系统建构的话语体系需要借助具象化的载体外显于大众日常生活之中。任何话语体系在合法性夺取与维护的过程中都需将“模糊的”“未名的”的话语价值显现出来，在话语受众中形成“认知→信任→认同”的共享价值链。中国式现代化话语体系要通过多元媒介的传播达成理论“飞入寻常百姓家”的目标。首先，利用直观可感的具象载体传播话语内容。“看不见”“摸不着”的话语体系需要利用图像、音乐、文字、视频等具象媒介显现出来，让话语受众感知到话语内容不是高高在上的宏大理念，而是关注到每一个体全面发展的价值要求。话语受众只有对话语内容有清晰的价值认知才能催生出对话语的认同感，从而自觉地维护话语体系，为现代化建设奉献力量。其次，要运用多元交互载体展现共享价值。话语体系的传播要迎合多媒介时代的发展，多维度地汇合介质力量才能充分展现话语体系的魅力。譬如，新华社的微纪录片《战贫之路》通过“学习强国”App 首屏大图展示、微信与腾讯新闻插件首条推送、新浪微博热搜榜置顶等方式，实现大屏小屏、移动端 PC 端、国内国外全链条传播，在多元互动中全景式展现了党的十八大以来全党全国人民打赢脱贫攻坚战的奋斗历程，有效展现了蕴含其中的主流意识形态价值，加深了个体对“中国式现代化”实践进程的理解，有助于形塑个体的话语认同。

话语体系的传播要增强立体空间在场感和共情认同。话语受众（主体）与传播话语（客体）之间要产生共情，才能有效进行话语体系的建构与传播，实现从话语中讲得通、内容上记得住、行动上做得好的良性互动。因为情感认同是更深层次的认同，话语受众只有从情感上完全接纳话语体系，才能自觉接受话语体系，形成自觉话语意识，在实践中将话语体系蕴含的共享价值作为个体的行为准则和价值规范。那么，话语体系要实现高共鸣的情感认同，就需要增强话语受众的在场体验感，在立体的传播空间中勾勒出话语体系阐释的内容画面，让话语不再是单纯的静态口号，而是能引导我们前进的动态力量。中国式现代化话语体系也要打造立体化的传播空间，在走进生活、贴近现实的嵌入空间中提升在场体验感，完成塑造个体认知、提高情感认同的话语目标。如利用博物馆展览、社区宣讲、电视电影、仪式操演等立体空间，全方位展现中国式现代化的进程，引导个体进入充满话语体系的在场空间，实现从“他者”观看到“本体”沉浸的情感体验，从中明晰中国式现代化话语体系的优势性、必要性、未来性。立体空间的传播导引能使话语受众从具象真实到具身真实地嵌入，业已形成的实践成果重现了共享的现代化建设记忆，凸显了身体在场的具身性力量。此外，信息化发展的时代，大众传播的碎片化极易影响个体的选择判断，使他们在群体中随大流。因此，中国式现代化话语体系的传播要善用有影响力的话语推广者增大话语的传播密度，实现以一对多的最优目标，因为拥有庞大群众基础的推广者能第一时间快速进行话语输出。唯有使话语受众对话语内容嵌入真情实感，激发出个体对话语体系的深层次认同，中国式现代化话语体系才有了建构效应和实践价值。

［原载于《山东大学学报（哲学社会科学版）》2023 年第 2 期］

中国式现代化的历史由来与发展进程

商志晓　梁　举

中国式现代化在中华大地上的孕育、累积和生长，既深受世界现代化潮流的波及和影响，更因于自身从萌芽到成长、从孱弱到强盛的奋争和追求。党的二十大报告指出："在新中国成立特别是改革开放以来长期探索和实践基础上，经过十八大以来在理论和实践上的创新突破，我们党成功推进和拓展了中国式现代化。"[①]这告诉我们，中国式现代化走过了依序衔接的若干时间节点，经历了一脉相承的不同发展阶段，直至今天，已然创造崭新道路、取得丰硕成就、形成鲜明特色、标注历史高度。把握中国式现代化的历史进程，我们不仅要看到从新中国成立到改革开放再到党的十八大以来的时序延展，也要回望中华民族从近代以后到新中国成立期间的现代化走向，唯其如此，才能够全景式、全链条地审视中国式现代化的表现和演进，厘清并深入探究由"中国现代化"[②]（亦称"中国近代化"）提升至"中国式现代化"的内在必然和发展路径。

一、中国式现代化源出于近代以来中华民族为摆脱半殖民地半封建社会而进行的艰苦抗争和曲折历程

中国现代化在19世纪中叶因西方列强的入侵而被动启程，中华民族由此被裹挟进世界现代化潮流之中并开始了对现代化方向和道路的探索追求。从鸦片战争到新中国成立一百多年间，近代中国的主要任务是救亡图存，实现国家独立、民族解放，为独立自主推进现代化建设创造必要前提和基本条件。历史证明，不从根本上摆脱作为西方列强现代化"附庸"的地位，不改变半殖民地

---

① 习近平：《高举中国特色社会主义伟大旗帜　为全面建设社会主义现代化国家而团结奋斗——在中国共产党第二十次全国代表大会上的报告》，北京：人民出版社，2022年，第22页。

② "中国现代化"是对中华民族追求和践行现代化整个过程的一个统称，亦特指新中国成立之前中国人民对现代化的期待和探索，以区别于新中国成立之后启程的"中国式现代化"。本文中的"中国现代化"一语，多在此特指意义上使用。

半封建的社会性质，任何现代化的努力都将无所作为。为了完成清除现代化路障、求得民族独立自主发展的历史任务，中华民族上下求索、艰苦抗争，最终由中国共产党团结带领全国人民推翻“三座大山”、建立新中国，为中华民族在真正意义上推进现代化建设创造了根本社会条件。

1.中华民族不自主地被裹挟进世界现代化发展潮流之中

现代化是指从传统到现代的一种进步状态和发展进程，一般指工业革命以来人类社会所发生的深刻变化。现代化关联着工业化、资本化、市场化、城市化等诸多方面，其中工业化是其本质与核心。现代化意味着“全世界不同的地域、不同的民族和不同的国家从农业文明或游牧文明逐渐过渡到工业文明”[①]，既是人类社会谋求发展进步的必由之路，又是世界各国文明演进的基本方向。从人类历史发展情况看，现代化具有“世界性的弥散和扩张性质”[②]，与以往各民族在彼此孤立和隔绝状态下进行的变革不同。而从世界现代化进程看，现代化由西欧资本主义强国开始，通过海外扩张和殖民掠夺渐次扩展到其他地区。根据起步时间、启动方式和发展程度的不同，现代化国家和地区大致可划分为“先发内生型”和“后发外生型”两种类型。前者因内在因素的生长积累而自我推进，后者则由外部力量的激发拖拽而被动开启。如此看来，近代以后的中国现代化无疑属于后者，而且从一开始就被资本主义列强视为现代化的附庸和殖民地目标。

中华民族曾经创造了无比灿烂的农业文明和影响深远的文化成就。1840年，中国被列强用坚船利炮打开国门，从此开始了国家蒙辱、人民蒙难、文明蒙尘的屈辱历程。彼时，中国依然延续传统的农业生产，而西方由科技革命引发的工业革命正如火如荼进行，机器生产逐步代替工场手工业成为占主导地位的生产方式；中国自给自足的小农经济依然占支配地位，而西方的商品经济依靠殖民扩张已经远播世界各地。随着历史向世界历史的转变，中国被西方列强裹挟进资本主义体系和世界市场，在完全被动状态下踏入世界现代化潮流之中。

与西方国家自主独立开启现代化的模式不同，中国从与世界现代化接触伊始便伴随着全面深重的民族危机。战败之后被迫割地赔款、开放通商口岸，严重损害了国家主权与领土完整；西方资本和商品经济模式的强行输入，使古老中国自给自足的小农经济逐步瓦解；传统社会中中华民族赖以安身立命的儒家文化也在西方文化的冲击下陷入严重危机，中国半殖民地半封建社会性质逐步

① ［美］C.E.布莱克：《现代化的动力：一个比较史的研究》，景跃进、张静译，杭州：浙江人民出版社，1989年，第1～4页。

② 许纪霖、陈达凯主编：《中国现代化史》第1卷（1800～1949），上海：学林出版社，2006年，第2页。

加深。由于西方列强的入侵和封建统治的腐败，从近代开始，中国陷入了落后挨打的境地，挣扎在半殖民地半封建社会的黑暗深渊中。

2.中国人民为摆脱现代化附庸和殖民地状态而顽强抗争

现代化对中华民族来说是全新事物。强行输入的现代化，给中华民族带来了前所未有的巨大冲击。面对西方列强的坚船利炮和强抢豪夺，中国人民从短暂的茫然中醒来，痛彻感悟到，唯有敢于抗争方可保国保种。中华民族需要现代化，但绝不是作为帝国主义附庸的现代化；中华民族需要融入世界，但决不能以殖民地身份出现在世人面前。为摆脱现代化附庸和殖民地状态，中国人民在饱受欺压和凌辱的同时，始终不间断地进行着艰苦的斗争和顽强的反抗。一部中国近代史，就是一部中华民族反抗外来侵略、争取国家独立和民族解放的历史。

中华民族早期的现代化追求，始终与救亡图存和谋取独立自主相互交织。鸦片战争的失败，让中华民族不得不打破迷梦，睁眼看世界，在对西方与自我的双向审视中寻找定位，在面对失败与保持尊严的双重抉择中艰难前行。代表农民阶级利益的太平天国运动，因处于新的历史方位而具有了反抗帝国主义压迫的性质；本已成为历史发展阻力的地主阶级，却因其主导洋务运动谋求民族自强而开启了中国追求现代化的先河。随后，资产阶级的变法与革命，无论是短期就流产的君主立宪还是被挖掉实质内核的民主共和，均探及制度层面以求挽救民族危亡。这一切的努力，虽没能完成救亡图存和民族独立的使命，但也阻抑了中华民族滑向殖民地深渊的脚步；虽没有根本改变“被客体化”的民族命运，却也在中国早期现代化的历史进程中被鲜明标注。

中国人民摆脱现代化附庸和殖民地状态的顽强抗争过程，在另一种意义上也标示着中华民族对现代化的追求经历了一个由盲从盲目到逐渐自觉的过程。对现代化或现代性的认识是现代化实践的内在环节，而人类认识的规律总是遵循着从现象到本质、从个别到一般、从特殊到普遍的思维路径。中华民族在挽救民族危亡的主旋律之下开展的现代化实践，一方面反映出我们对现代化的认识在不断深化，另一方面也促进了我们对现代化追求及其阶段性作为的循序渐进把握。中华民族从“器物”到制度再到文化的现代化认识和现代化追求，每一步都凝聚着顽强抗争精神，同时也伴随着血与火、生与死、进与退、顺与逆的严酷考验。

3.中国现代化在近代历史进程中的悲苦姿态和艰难境遇

“后发外生型”现代化的历史境遇，决定了中国现代化不可能像“先发内生型”国家那样，经过现代化因素的历史积累而从容展开。外部逐渐加深的殖民压迫与内部日益腐朽的封建统治的叠加，成为中国现代化前行的最大障碍。“世界上没有任何一个国家在现代化启动的前夕面临过如此严峻的形势。”[①]中国并不是被设定为与西方资本主义国家具有同等地位的独立国家，而是从一开始就被当作原料产地和商品市场。另外，封建势力的异常强大，自给自足的小农经济基础的根深蒂固，加上系统完备的制度支撑和儒家意识形态的文化支持，使中国的传统社会结构极为稳定，即使遇有外部力量冲击，其自身转变也需要一个漫长而艰难的历史过程。因此，一方面是对深重的封建性因素的固守，另一方面是现代化因素的骤然激发，构成中国现代化伊始的矛盾对立和任务交叉，即“师夷”与“制夷”相互交织、救亡与启蒙一并推进。

在如此艰难境地中启程的中国现代化，注定是酸辛的。从洋务运动到戊戌变法，一次次失败带来的是自尊心的挫伤和自信心的丧失。孙中山以毕生精力带领资产阶级革命派推翻帝制、缔造共和、改造政党、联俄联共，为追求民主共和与民族独立呕心沥血，最终仍是抱憾而去，留下“革命尚未成功，同志仍须努力”的遗愿。孙中山曾描绘过他心目中“发奋为雄”的中国现代化，不仅是船坚炮利的工业现代化，还是“以我五千年文明优秀之民族，应世界之潮流，而建设一政治最修明、人民最安乐之国家，为民所有、为民所治、为民所享者也”[②]。遗憾的是，孙中山没能在有生之年见到他设想的中国的模样。

从鸦片战争到五四运动的80年间，中华民族对于现代化的追求是真诚的、努力的，同时也是悲苦的、艰难的。无论是地主阶级洋务派，还是资产阶级维新派、资产阶级革命派，他们在其能够发挥作用的一定历史阶段自主探索中国现代化方向和路径的努力是积极的、可贵的，但受历史和阶级的局限，终究未能也难以履行那个时代赋予他们的使命，不得不带着屈辱和不甘依序黯然退出历史舞台。这意味着必须有一种新的政治力量担当历史重任。中国现代化在近代历史进程中的悲苦姿态和艰难境遇表明，只有彻底改变中国半殖民地半封建社会性质，完成民族独立、人民解放的历史任务，中国现代化才能真正获得独立姿态和自主地位，才能摆脱悲苦形象和艰难处境。这是历史的呼唤，也是中华民族历经磨难之后的唯一出路。

4.中国共产党以革命斗争谋取独立自主现代化的根本社会条件

后发国家要成功地启动和推进现代化就必须形成启动和推进现代化的独特条件，其中至为关键的是必须拥有坚强有力且有强大动员能力的政治团体。

---

① 罗荣渠：《现代化新论：中国的现代化之路》，上海：华东师范大学出版社，2013年，第211页。

② 孙中山：《建国方略》，沈阳：辽宁人民出版社，1994年，第4页。

以马克思主义科学理论为指导的中国共产党的诞生，是中国现代化发展历程中的重要转折点。党的二大制定的“打倒军阀除列强”的最低革命纲领，直指中国现代化前行的障碍，为中国共产党团结带领中国人民推进新民主主义革命提供了科学指南。经过土地革命、抗日战争、解放战争，党领导人民浴血奋战、百折不挠，取得了新民主主义革命的伟大胜利，成立中华人民共和国，实现民族独立、人民解放，彻底结束了旧中国半殖民地半封建社会的历史，为中华民族独立自主推进中国现代化创造了根本社会条件。

新民主主义革命不仅锻造出一个强大的领导核心——中国共产党，为中国现代化跃上新的平台、真正开启中国式现代化道路的探索准备了主体力量，而且，在几十年革命斗争实践中，亿万人民群众向往新生活的热情被充分激发，形成了推进现代化发展提升的社会力量。中国共产党早在革命战争年代及局部执政时期就认识到工业化的重要性，如1934年苏维埃政府提出要实行“国家工业化”的政策要求。毛泽东认为，工业是“最有发展前途、最富于生命力、足以引起一切变化的力量”[①]，在党的七大和七届二中全会上，他明确提出要把中国从农业国变为工业国。这样一些与现代化发展密切相关的认识和主张，在一定程度上为新中国成立之后的社会主义现代化建设的起步奠定了思想基础。

历史是连续性和阶段性的统一。自鸦片战争起始到新民主主义革命任务完成，中国现代化（亦称“中国近代化”）在艰难曲折中走过百余年历程。中华民族在此时期的现代化追求，可谓是“现代化在中国”，而尚未进入“中国在现代化”的实质性推进阶段。这是中国现代化的一个非常特殊的时期。在这一时期，为抗拒被纳入资本主义现代化体系，摆脱被殖民的命运，各种政治力量以诸多方案和诸种努力轮番登场，但却始终未能让中华民族踏上现代化发展的正道坦途。这一阶段呈现的基本特征是：中国进入现代化潮流之中，同时又被抛在这一进程的主流之外；中国身处世界现代化背景之中，自身却仍远离现代化，更未获得现代化的实惠利益。

二、中国式现代化肇始于新中国的诞生，在社会主义革命和建设过程中朝向“四个现代化”目标探索前进

一个艰难的淬炼过程，铸就了中华民族遇强仍坚、遇危仍韧的奋争精神。中华民族是不幸的，中华民族又是幸运的。马克思主义科学理论的传播，先进

---

① 中共中央文献研究室编：《毛泽东年谱（1893～1949）（修订本）》中卷，北京：中央文献出版社，2013年，第514～515页。

政党的创建，终让中华民族在世界面前站了起来。中国现代化获得了独立自主的根本社会条件，中国式现代化破土萌芽，以全新姿态出发。

1.中国式现代化在新中国社会主义基地上拉开历史帷幕

新中国成立前，中国现代化求独立而不得、欲自主而不能。中国共产党团结带领中国人民顽强奋斗，建立新中国，对外取得国家主权独立和领土完整，对内按照民主集中制原则建立从中央到基层的组织体系。新中国采用单一制国家结构形式，形成人民当家作主的民主政体，实现了民族团结和社会稳定。中华民族终于可以不受外界强迫，而是按照自己的意愿追求现代化，自主选择现代化方向和道路。中国式现代化由此拉开历史帷幕。

没有国家和民族的独立自主，就没有中国式现代化；而没有崭新的社会主义制度的建立，中国式现代化就缺乏根本政治保证，甚至难逃资本主义现代化"附庸"的命运。中国也曾尝试走"全盘西化"之路，但却被历史无情否定。中国共产党以马克思主义科学理论为指导，以为中国人民谋幸福、为中华民族谋复兴为初心使命，党的性质宗旨和社会主义前途方向，决定了中国式现代化必然走一条与西方资本主义现代化不同的道路。新中国成立后，我们对农业、手工业、资本主义工商业进行社会主义改造，推进中华民族有史以来最广泛而深刻的社会变革，确立起崭新的社会主义制度，踏上了探索中国式现代化道路的新的征程。

中国式现代化的启程是创造性的，同时又是十分艰难的。长年战乱导致民不聊生，新中国千疮百孔、百废待兴。但中国人民一旦找到了正确方向，看到了未来的曙光，必将焕发出极大热情和冲天干劲。在党中央集中统一领导下，中国式现代化在"一五"计划期间取得良好开局。在整个社会主义革命和建设时期，我国经济取得较快发展，"国内生产总值年均增长5.9%，其中工业年均增长11.1%"[①]。我们从"能造桌子椅子"[②]，到"不仅已经能够自行设计和批量生产汽车、飞机、坦克、拖拉机等，而且成功地爆炸了原子弹、氢弹，试制并成功发射了中远程导弹和人造卫星"[③]。一系列前所未有的成就的取得，包括许多重大核心技术的历史性突破，展现出中国式现代化的崭新面貌。

2.中国式现代化朝向"四个现代化"目标探索前进

中国式现代化朝向什么目标前进，关乎其能否健康发展。新中国成立后，

---

① 中共中央党史研究室：《中国共产党的九十年》，北京：中共党史出版社、党建读物出版社，2016年，第638页。

② 《毛泽东文集》第6卷，北京：人民出版社，1999年，第329页。

③ 中共中央党史研究室：《中国共产党的九十年》，第637页。

我们在过渡时期就将“工业化”作为总路线的主体内容和重要任务加以明确。1954年，周恩来在一届全国人大一次会议上首提“四个现代化”，指出中国要想摆脱贫困落后，就必须发展“现代化的工业、现代化的农业、现代化的交通运输业和现代化的国防”[①]。从“工业化”到“四个现代化”，反映了我们党对现代化目标认识的不断深化。

随着工业化进程的推进，在总结经验教训的基础上，我们党根据现实需要对“四个现代化”的内涵作出必要调整。毛泽东认真思考研究“四个现代化”的内容表述(他曾提“三个现代化”[②])并提出建议。1964年，周恩来根据毛泽东的建议，在三届全国人大一次会议上指出：“要在不太长的历史时期内，把我国建设成为一个具有现代农业、现代工业、现代国防和现代科学技术的社会主义强国，赶上和超过世界先进水平。”[③]这里将“现代工业”与“现代农业”位置进行了对调，用“现代科学技术”替代“现代交通运输业”。在经过“文化大革命”严重影响、现代化建设遭遇曲折困难之后，1975年在四届全国人大一次会议上，周恩来再次重申了“四个现代化”目标。

在社会主义革命和建设时期的近30年间，由于我们的现代化建设是在崭新的社会主义基地上开启的，没有太多的经验可资借鉴，加之在探索过程中又犯了主观主义等错误，这一时期的现代化之路行进艰难、曲折坎坷。但即便如此，我们党始终在朝着既定目标努力探索，当政治运动严重影响现代化建设进程时，不时纠正航向，调整策略，以减轻损失。中国式现代化在“四个现代化”目标引领下，在艰难探索过程中坚守住了社会主义方向，基本保持了延续发展的前进态势。

社会主义革命和建设时期的中国式现代化，其发展历程呈现出两大特征。一是能动性与曲折性并存。主动还是被动不仅取决于主观意愿，更受客观因素的制约。新中国成立之后的现代化一改之前的被动局面，中华民族的主观能动性得到极大发挥。我们努力克服发展基础薄弱的困难，成功破解技术落后难题，有效化解各种社会矛盾，取得历史性的进展；但因经验不足，加上外部环境的影响，现代化建设也出现波折，致使我国经济发展出现“高速突进与减速调整相间进行”[④]。二是独立性与依赖性同在。一方面，新中国结束了半殖民地半封建社会的历史，中华民族从西方列强的压迫奴役下解放出来，得以独立自主探

① 《周恩来选集》下卷，北京：人民出版社，1984年，第132页。

② 参见《毛泽东文集》第8卷，北京：人民出版社，1999年，第116页。

③ 《周恩来选集》下卷，第439页。

④ 罗荣渠：《现代化新论：中国的现代化之路》，第398页。

索现代化道路。毛泽东曾强调要进行马克思主义同中国实际的“第二次结合”，要探索适合自己的建设道路。另一方面，中国式现代化有别于西方现代化的制度基础，当时唯有苏联经验可供参考，因而呈现出对苏联模式在一定程度上的依赖。尽管苏联模式已暴露出多方面缺点，我们也提出“以苏为鉴”，“强调从中国的国情出发，强调开动脑筋，强调创造性，在结合上下功夫”[①]，但从客观上讲，这一时期的现代化建设并未从根本上突破高度集中的计划经济体制这一典型的苏联模式。

这一时期的现代化建设虽历经曲折，但毕竟承接了一百余年的现代化进程，同时是在一条全新道路上为全新的现代化开辟路径，为现代化建设提供了根本政治前提、宝贵经验、理论准备、物质基础，其历史地位是毋庸置疑的。这一时期，我们在“一穷二白”的基础上建立起来的独立的工业体系和国民经济体系，为改革开放后的现代化建设提供了重要支撑，国家财富的积累也为现代化日后的腾飞提供了必要条件。与此同时，以毛泽东同志为主要代表的中国共产党人对于社会主义建设的一系列认识成果，为我们走上改革开放道路、实现党和国家工作中心转移，起到了重要的思想镜鉴和方向引领作用。

三、中国式现代化崛起于改革开放以来中国特色社会主义事业的长足发展

“一九七八年十二月，党召开十一届三中全会，果断结束‘以阶级斗争为纲’，实现党和国家工作中心战略转移，开启了改革开放和社会主义现代化建设新时期，实现了新中国成立以来党的历史上具有深远意义的伟大转折。”[②]进入改革开放和社会主义现代化建设新时期，中国式现代化实现长足发展、取得辉煌成就，中国人民意气风发走在中国特色社会主义道路上，中华民族从落后于时代大踏步赶上了时代。

1.改革开放使中国式现代化走上中国特色社会主义康庄大道

我们党从社会发展和实践探索过程中深刻认识到，必须“把马克思主义的普遍真理同我国的具体实际结合起来，走自己的道路，建设有中国特色的社会主义”[③]。以邓小平同志为主要代表的中国共产党人，深刻总结我国社会主义建设正反两方面经验，作出把党和国家工作中心转移到经济建设上来、实行改革开放的历史性决策，深刻揭示了社会主义本质，确立了社会主义初级阶段基本路线，成功开创了中国特色社会主义。

---

① 吴冷西：《十年论战：1956～1966 中苏关系回忆录》，北京：中央文献出版社，2014 年，第 15 页。

② 《中国共产党第十九届中央委员会第六次全体会议文件汇编》，北京：人民出版社，2021 年，第 35 页。

③ 中共中央文献研究室编：《十二大以来重要文献选编》（上），北京：中央文献出版社，2011 年，第 2 页。

中国特色社会主义道路是一条康庄大道，为中国式现代化的飞速发展插上了翅膀。“道路关乎党的命脉，关乎国家前途、民族命运、人民幸福。”[①]中国特色社会主义道路既不同于资本主义道路，也与苏联的社会主义道路有重大区别；既吸收资本主义创造的文明成果，更锚定社会主义发展方向，是发展方式、发展路径、发展动力的综合性超越。我们通过改革开放，大力推进实践基础上的理论创新、制度创新、文化创新以及其他各方面创新，实行社会主义市场经济体制，为中国式现代化提供了充满新的活力的体制保证和快速发展的物质条件。我们大力推进科教兴国战略、人才强国战略、依法治国战略、创新驱动发展战略、西部大开发战略、区域协调发展战略、新型城镇化战略、乡村振兴战略等，为中国式现代化的全面协调发展提供了长远而稳定的战略支撑。像改革开放之初的“三步走”战略，就为20世纪最后20年的发展提供了根本遵循。进入21世纪之后的“全面小康社会建设”规划，则为21世纪头20年的发展予以强有力的引领。

改革开放为中国式现代化的飞速发展提供了强大动力。改革是第二次革命，“不改革就没有出路”[②]。我国改革以推行农村家庭联产承包责任制为起点，随后扩展到以国企改革为重点的城市改革；从社会主义市场经济体制改革，扩展到政治体制、文化体制、社会体制等各领域改革，持续推进，步步深入。与改革相伴而生的对外开放则由点到面，从沿海到内地，开放格局不断优化，开放领域不断拓展，开放体制不断完善，让中国式现代化真正走向了世界。全方位改革着力破除阻碍生产力发展的各种体制机制，为解放和发展生产力扫除了障碍；高水平对外开放充分利用国外资源和世界市场，为经济社会发展创造了必要的环境和条件。“开放所引起的全球化交流给中国社会造成了震动，带来了压力，激发了活力，也给中国社会内部的改革提供了持续的推动力。”[③]对内改革与对外开放相辅相成、互为促进，中国式现代化从中获得了前所未有的发展动能和腾飞空间。

2.中国式现代化突飞猛进发展并取得举世瞩目的显著成就

改革开放的强大动能，促进中国式现代化取得突飞猛进发展。

一方面，我们创造了经济快速发展的奇迹。我国经济发展实现大跨越，综合国力和国际影响力实现由弱到强的历史性转变，国内生产总值由1978年的3645亿元迅速跃升至2012年的518942亿元；从1979年至2012年间，我国经

① 中共中央文献研究室编：《十八大以来重要文献选编》(上)，北京：中央文献出版社，2014年，第8页。

② 《邓小平文选》第3卷，北京：人民出版社，1993年，第237页。

③ 周雪光：《从大历史角度看中国改革四十年》，《二十一世纪》2018年第12期。

济保持快速增长，年均经济增速高达 9.8%，同期世界经济年均增速只有 2.8%；我国经济总量居世界位次稳步提升，由 1978 年的第十位升至 2010 年的第二位，成为世界第二大经济体；我国人均国内生产总值在 1978 年仅有 381 元，而在 2012 年达到 38420 元，成功实现从低收入国家向中等偏上收入国家的跨越。对于我国这样一个经济发展起点低、人口基数庞大的国家，取得这样的进步难能可贵。①

另一方面，我们创造了社会长期稳定的奇迹。我们党带领全国人民有效应对苏联解体、东欧剧变和世界社会主义低潮遭遇，有效化解亚洲金融危机和全球金融危机，战胜洪水、地震等重大自然灾害。面对无数天灾人祸和种种挑战，中国共产党和中国人民沉着应对、顽强克服，中国式现代化稳步推进、破浪前行。这不仅与西方现代化进程中始终伴随经济危机的周期性爆发以及接连不断的社会冲突有本质差别，也与新兴经济体创造的“拉美奇迹”终陷长期低迷“陷阱”有着显著不同。

伴随着经济社会的迅速发展，中国式现代化的文化支撑也在不断加强。作为思想上层建筑，文化对经济社会发展的作用日益明显和重要。改革开放以来，中国式现代化以马克思主义为指导，以党的创新理论为指南，以中华优秀传统文化为滋养，以社会主义核心价值观为引领，以社会主义先进文化为动力，充分发挥中华文化的向心力、凝聚力、引领力，使“全民族理想信念和文化自信不断增强，国家文化软实力和中华文化影响力大幅提升”②。

3.内蕴于中国式现代化本质规定中的一系列优势渐次彰显

中国式现代化突飞猛进、取得显著成就，与内蕴其中的一系列本质规定及其优势紧密相连，如中国共产党领导、中国特色社会主义制度支撑、以人民为中心的价值基础、全面深化改革动能等。这一系列本质规定，从根本上决定着中国式现代化的基本性质、鲜明特征和价值追求，是中国式现代化能够长足发展的奠基性要素和根本性保障。

“中国式现代化，是中国共产党领导的社会主义现代化。”③中国共产党的领导是中国特色社会主义的最本质特征，也是中国特色社会主义制度的最大优势。党的性质宗旨、初心使命、信仰信念、政策主张，决定了中国式现代化是社

---

① 参见《改革开放 35 年·经济发展成果述评①：35 年，中国经济“一路向上”》，http://cpc.people.com.cn/n/2013/1121/c83083-23609913.html。

② 中共中央党史和文献研究院编：《十九大以来重要文献选编》（上），北京：中央文献出版社，2019 年，第 726 页。

③ 习近平：《高举中国特色社会主义伟大旗帜　为全面建设社会主义现代化国家而团结奋斗——在中国共产党第二十次全国代表大会上的报告》，第 22 页。

会主义现代化，而不是别的什么现代化。我们党始终高举中国特色社会主义伟大旗帜，既坚持科学社会主义基本原则，又不断赋予其鲜明的中国特色和时代内涵，确保中国式现代化在正确轨道上推进。我们党坚持把马克思主义作为指导思想，不断深化对共产党执政规律、社会主义建设规律、人类社会发展规律的认识，不断开辟马克思主义中国化时代化新境界，为中国式现代化提供了科学指引和强大精神力量。党的领导凝聚起建设中国式现代化的磅礴力量，确保中国式现代化锚定奋斗目标行稳致远。

中国式现代化包含制度体系建设的内容，同时又依赖中国特色社会主义制度予以支撑。党和人民在长期实践探索过程中形成的具有显著优势的中国特色社会主义制度和国家治理体系，是在经济、政治、文化、社会等各个领域形成的一整套相互衔接、相互联系的制度体系，体现了中国特色社会主义的巨大优越性和强大生命力，其中的根本制度、基本制度、重要制度起着“四梁八柱”的作用，为中国式现代化的持续推进提供了全方位、多层次的坚强保障。“制度优势是一个国家的最大优势，制度竞争是国家间最根本的竞争。制度稳则国家稳。”[①]中国式现代化离不开中国特色社会主义制度，坚持中国特色社会主义制度是中国式现代化的固本之策。

4.改革开放和社会主义现代化建设让中国大踏步赶上了时代

改革开放是一次伟大觉醒，中华民族在这次伟大觉醒中科学认识时代，正确把握时代主题，正视时代差距，明确时代任务，并在社会主义现代化建设的伟大实践中奋力追赶时代。邓小平强调，“我们要赶上时代，这是改革要达到的目的”[②]，“如果现在再不实行改革，我们的现代化事业和社会主义事业就会被葬送”[③]。带着追赶时代的紧迫感和根本改善人民生活的使命感，中国共产党带领全国人民踏上了中国特色社会主义崭新道路。

经过几十年埋头苦干、艰苦奋斗，我们的现代化建设全面推进。“我们用几十年时间走完了发达国家几百年走过的工业化历程”[④]，实现了从高度集中的计划经济体制到充满活力的社会主义市场经济体制、从封闭半封闭到全方位开放的历史性转变，实现了从生产力相对落后到经济总量跃居世界第二的历史性突破，实现了人民生活从温饱不足到全面小康的历史性跨越，为中国式现代化提供了充满新的活力的体制保证和快速发展的物质条件。毫无疑问，改革开放极

① 《习近平谈治国理政》第3卷，北京：外文出版社，2020年，第119页。

② 《邓小平文选》第3卷，第242页。

③ 《邓小平文选》第2卷，北京：人民出版社，1994年，第150页。

④ 中共中央党史和文献研究院编：《十九大以来重要文献选编》(上)，第728页。

大改变了中国的面貌、中华民族的面貌、中国人民的面貌，使中华民族迎来了从“站起来”“富起来”到“强起来”的伟大飞跃；改革开放迅速缩短了我们与世界发达国家的差距，使中华民族大踏步赶上了时代，并再度走在世界前列。

四、中国式现代化成熟于中国特色社会主义新时代，理论认识和推进战略清晰完备，中国特色和世界影响鲜明彰显

党的十八大以后，中国特色社会主义进入新时代，中国式现代化以理论和实践上的创新突破跃上新的高度。肇始于新中国的成立，历经改革开放 40 多年的高速发展和突飞猛进，中国式现代化在中国特色社会主义新时代承续发展、日臻成熟，理论认识和推进战略愈加清晰完备，中国特色和世界影响愈加彰显。

1.新时代我们党成功推进和拓展了中国式现代化

党的十八大以来的十多年，我们党团结带领全国人民统揽伟大斗争、伟大工程、伟大事业、伟大梦想，出台一系列重大方针政策，推出一系列重大举措，推进一系列重大工作，战胜一系列重大风险挑战，解决了许多长期想解决而没有解决的难题，办成了许多过去想办而没有办成的大事，推动党和国家事业取得历史性成就、发生历史性变革，推动我国迈上全面建设社会主义现代化国家新征程。

我们党成功推进了中国式现代化。作为后发现代化，中华民族要在尽可能短的时间内赶上世界现代化潮流，走在现代化前列，必须以只争朝夕、时不我待的精神加快自身的发展。党的十八大以来，我们党对新时代党和国家事业发展作出科学部署，明确“五位一体”总体布局和“四个全面”战略布局，确定稳中求进工作总基调，统筹发展和安全，经济发展的平衡性、协调性、可持续性明显增强，国家经济实力、科技实力、综合国力跃上新台阶，国民经济迈上更高质量、更有效率、更加公平、更可持续、更为安全的发展之路。从 2012 年到 2022 年，我国国内生产总值由 54 万亿元上升至 121 万亿元，稳居世界第二位；人均国内生产总值为 85698 元，稳居上中等收入国家行列。我们坚持精准扶贫，经过接续奋斗，打赢了人类历史上规模最大的脱贫攻坚战，近一亿农村贫困人口实现脱贫，历史性地解决了绝对贫困问题，全面实现了“小康”这个中华民族的千年梦想，我国发展站在了更高的历史起点上。①

① 参见习近平：《高举中国特色社会主义伟大旗帜　为全面建设社会主义现代化国家而团结奋斗——在中国共产党第二十次全国代表大会上的报告》，第 8 页。

我们党成功拓展了中国式现代化。从“四个现代化”到全方位现代化，从着重经济发展到全领域发展提升，中国式现代化不断拓展疆域和视界，走向更为广大的群体、更加广阔的空间。党的十八大以来，我们全面深化改革，打响改革攻坚战，加强改革顶层设计，敢于突进深水区，敢于啃硬骨头，敢于涉险滩，敢于面对新矛盾新挑战，冲破思想观念束缚，突破利益固化藩篱，坚决破除各种体制机制弊端，各领域基础性制度框架基本建立，许多领域实现历史性变革、系统性重塑、整体性重构；我们实行更加积极主动的开放战略，形成更大范围、更宽领域、更深层次的对外开放格局。中国式现代化正在实现各领域的全方位发展，在改革发展稳定、内政外交国防、治党治国治军等各方面实现量的推进与质的提升。

2.概括形成中国式现代化的中国特色、本质要求和重大原则

中国式现代化在中国特色社会主义新时代日趋走向成熟，在于我们对这一伟大事业比以往任何时候都有了更为清晰完整的认知和把握，有了更为明确可行的实践遵循。现代化建设的启程与推进是一个循序渐进的过程，对现代化建设的认识和驾驭能力也随着这一过程的推进而不断增强、不断深入。我们党不断深化对中国式现代化的内涵和本质的认识，概括形成了中国式现代化的中国特色、本质要求和重大原则，初步构建起中国式现代化的理论体系，使中国式现代化在理念上更加清晰、更加科学。

关于中国式现代化的中国特色。作为中国共产党领导的社会主义现代化，中国式现代化既有各国现代化的共同特征，更有基于自己国情的中国特色。一是人口规模巨大，14 亿多人口整体迈进现代化社会，规模超过现有发达国家人口的总和，艰巨性和复杂性前所未有；二是全体人民共同富裕，这是中国特色社会主义的本质要求，也是一个长期的历史过程；三是物质文明和精神文明相协调，既要物质富足，也要精神富有，促进物的全面丰富和人的全面发展；四是人与自然和谐共生，坚持可持续发展，坚定不移走生产发展、生活富裕、生态良好的文明发展道路；五是走和平发展道路，在坚定维护世界和平与发展中谋求自身发展，又以自身发展更好维护世界和平与发展。

关于中国式现代化的本质要求。总结历史经验，立足中国国情，中国式现代化坚持中国共产党领导，坚持中国特色社会主义，实现高质量发展，发展全过程人民民主，丰富人民精神世界，实现全体人民共同富裕，促进人与自然和谐共生，推动构建人类命运共同体，创造人类文明新形态。这样的本质要求明确了中国式现代化的领导核心，明确了中国式现代化的正确道路，揭示了经济建设、政治建设、文化建设、社会建设、生态文明建设的核心要义和根本追求，同时意

味着，中国式现代化所追求的目标不仅是自身富强民主文明和谐美丽，而且面向全人类、造福全世界。

关于中国式现代化的重大原则。党的二十大报告强调，新时代新征程推进中国式现代化建设，必须坚持和加强党的全面领导、坚持中国特色社会主义道路、坚持以人民为中心的发展思想、坚持深化改革开放、坚持发扬斗争精神。这“五个坚持”分别揭示了推进中国式现代化建设的领导力量、正确道路、价值基础、动力源泉、意志品质，五个方面都不可或缺、无可替代，都至为关键、至为重要，都关乎全局、关乎成败。全面建设社会主义现代化国家，是一项伟大而艰巨的事业，前途光明，任重道远。

3.规划部署中国式现代化的目标追求、阶段任务和发展路径

新时代，我们党科学规划部署中国式现代化的目标追求、阶段任务和发展路径，使中国式现代化有了愈加清晰明确的发展方向、愈加切实可行的实践遵循。

关于中国式现代化的目标追求。党的十九大在提出建党 100 周年、新中国成立 100 周年“两个一百年”奋斗目标的基础上，就全面建成小康社会之后的发展予以系统规划，将从 2020 年到 21 世纪中叶分为两个阶段：第一个阶段，从 2020 年到 2035 年，在全面建成小康社会的基础上，基本实现社会主义现代化；第二个阶段，从 2035 年到 21 世纪中叶，在基本实现现代化的基础上，把我国建成富强民主文明和谐美丽的社会主义现代化强国。党的二十大重申这一战略安排，使中国式现代化的目标指向愈加坚定执着。

关于中国式现代化的阶段任务。以党的二十大时间节点和战略安排为基点，我们党对未来五年、2035 年、21 世纪中叶三个重要时段的任务进行部署，形成一个依次递进的任务链条。未来五年，也就是到 2027 年党的二十一大，是全面建设社会主义现代化国家开局起步的关键时期，我们要努力实现的主要目标任务是：经济高质量发展取得新突破，科技自立自强能力显著提升，构建新发展格局和建设现代化经济体系取得重大进展；改革开放迈出新步伐，国家治理体系和治理能力现代化深入推进，社会主义市场经济体制更加完善；中国特色社会主义法治体系更加完善，人民精神文化生活更加丰富，基本公共服务均等化水平明显提升，美丽中国建设成效显著等。到 2035 年，我国发展的总体目标是：经济实力、科技实力、综合国力大幅跃升，进入创新型国家前列，建成现代化经济体系，全过程人民民主制度更加健全，建成教育强国、科技强国、人才强国、文化强国、体育强国、健康中国等。到 21 世纪中叶的奋斗目标是，把我国建设成为综合国力和国际影响力领先的社会主义现代化强国。

关于中国式现代化的发展路径。在概括提炼本质要求和重大原则、规划部署目标追求和阶段任务的过程中，我们党对中国式现代化的发展路径从宏观与微观等不同层面予以阐释。在学习贯彻党的二十大精神研讨班开班式上，习近平结合当前工作任务提出，要推进中国式现代化，务必深刻洞察世界发展大势，准确把握人民群众的共同愿望，做到远近结合、上下贯通、内容协调；务必准确把握事物发展的必然趋势，敏锐洞悉前进道路上可能出现的机遇和挑战，在实践中去大胆探索；务必着眼于解决事关党和国家事业兴衰成败、牵一发而动全身的重大问题，把战略的原则性和策略的灵活性有机结合起来，不断塑造发展新动能新优势。“推进中国式现代化是一个系统工程，需要统筹兼顾、系统谋划、整体推进，正确处理好顶层设计与实践探索、战略与策略、守正与创新、效率与公平、活力与秩序、自立自强与对外开放等一系列重大关系。”①

4.以理论和实践上的创新突破推动中国式现代化深化发展

新时代的中国式现代化，既是对此前现代化事业的一脉相承和接续发展，更是在一个新的高度和新的平台上对中国式现代化的大力提升和创新突破。这种创新突破在理论和实践两个层面都有新的建树和发展。

中国式现代化在理论上的创新突破在于，系统总结和科学概括了历史经验和实践经验，从本质和规律上深化了对中国式现代化的认知思维和逻辑把握。围绕中国式现代化的本质、特征和规律等一系列问题，我们党提出新的范畴，形成新的观点，由此构成关于中国式现代化的理论体系。作为党的创新理论的最新成果，习近平新时代中国特色社会主义思想中关于中国式现代化的理论认识，要求我们在共性与个性、普遍与特殊的联系中理解和把握现代化，充分认识到世界范围内的现代化尽管具有一般规律和共同特征，但由于历史条件和社会制度的不同，各国应当也必须选择符合本国实际、具有本国特色的现代化道路。我们党关于中国式现代化的理论创新，深刻揭示了中国式现代化的历史逻辑、理论逻辑、实践逻辑，实现了对马克思主义特别是科学社会主义的丰富和发展，以其蕴含的独特世界观、价值观、历史观、文明观、民主观、生态观等，表达了对现代化多样性、辩证性的深刻理解，为人们理解世界现代化提供了新的思维和新的视野。

中国式现代化在实践上的创新突破在于：始终坚持问题导向，遵循实践中的辩证法，把现代化建设作为一个系统工程，正确处理好顶层设计与实践探索、

① 《习近平在学习贯彻党的二十大精神研讨班开班式上发表重要讲话强调　正确理解和大力推进中国式现代化》，《人民日报》2023 年 2 月 8 日。

战略与策略、守正与创新、效率与公平、活力与秩序、自立自强与对外开放等一系列重大关系；始终坚持改革创新，把创新摆在国家发展全局的突出位置，不断塑造发展新动能新优势，充分激发全社会创造活力，既要创造更高的效率，又要有效维护社会公平，既要坚持独立自主、自立自强，又要不断扩大高水平对外开放，拓展中国式现代化的发展空间；始终把握好中国式现代化的本和源、根和魂，毫不动摇坚持中国式现代化的正确方向，增强忧患意识，坚持底线思维，不断开辟中国式现代化的新天地；更重要的是始终依靠中国共产党坚强领导，依赖社会主义制度保驾护航，依仗中国人民的伟大实践及其创造精神，坚持以人民为中心的发展思想，坚持中国特色社会主义道路。

5.以中国式现代化全面推进中华民族伟大复兴

“从现在起，中国共产党的中心任务就是团结带领全国各族人民全面建成社会主义现代化强国、实现第二个百年奋斗目标，以中国式现代化全面推进中华民族伟大复兴。”①九层之台，起于累土。中国式现代化不是从来就有的，不是从天上掉下来的，也不是照搬照抄别国的，而是在中国共产党探索实现中华民族伟大复兴正确道路的历史进程中、在新中国成立特别是改革开放以来的长期探索和实践中孕育成长的。中国式现代化发展到今天，可以说，我们比历史上任何时期都更接近、更有信心和能力实现中华民族伟大复兴，中国式现代化推动实现中华民族伟大复兴已经进入了不可逆转的历史进程。

中国式现代化打破了“现代化就是西方化”“现代化只能西方化”的固有观念和僵化思维，成功地在拥有五千年文明史的发展中大国、在与资本主义制度根本不同的社会主义制度下开辟出一条人类现代化新道路，彰显出中国式现代化相对于西方现代化的显著优势。尤为引人注目的是，中国式现代化绝不会重蹈西方现代化扩张掠夺、剥削压迫的覆辙，绝不会通过牺牲别国利益来谋求发展，而是始终尽最大努力为人类和平与发展作出贡献，推动构建人类命运共同体。中国式现代化道路的成功，打破了西方对现代化之路的垄断，宣告了“现代化等于西方化”观念的彻底破产，有力证明了后发国家可以摆脱“边缘”命运和“依附”地位，完全可以在保持自身独立性的基础上走好自己的路。习近平指出：“现代化道路并没有固定模式，适合自己的才是最好的，不能削足适履。每个国家自主探索符合本国国情的现代化道路的努力都应该受到尊重。”②中国式现代化不仅让中华文明在赓续鼎新中焕发光彩，还不断塑造人类文明新格局，

① 习近平：《高举中国特色社会主义伟大旗帜　为全面建设社会主义现代化国家而团结奋斗——在中国共产党第二十次全国代表大会上的报告》，第 21 页。

② 《习近平谈治国理政》第 4 卷，北京：外文出版社，2022 年，第 427 页。

创造人类文明新形态，推动实现文明形态的迭代升级。

中国式现代化立足中国大地、切合中国实际，是全面推进中华民族伟大复兴的必由之路。把我国建设成为现代化强国，实现中华民族伟大复兴，是近代以来中国人民的不懈追求和中华民族的伟大梦想，是中国共产党成立以来团结带领中国人民所进行的一切奋斗、一切牺牲、一切创造的主题。近代以后的艰难遭遇，注定了中国现代化道路的艰巨性和复杂性，注定了中国的现代化道路只能由中国人自己去探寻。中国式现代化是实现中华民族伟大复兴的光明大道，是一项伟大而艰巨的事业。历史和实践已经证明，中国式现代化道路契合我国实际，这条道路不仅走得对、走得通，而且越走越宽广。在全面建设社会主义现代化国家新征程上，我们坚持以中国式现代化全面推进中华民族伟大复兴，一定能够不断创造新的发展奇迹，为发展自身和造福世界作出新的更大贡献。

五、结语：从回顾和展望的长视域看，我国现代化正历经两个一百年并已呈现出一系列规律性特征

我们用“中国现代化”和“中国式现代化”分别表征新中国成立之前和成立之后的现代化历史发展，以到 21 世纪中叶全面建成社会主义现代化强国为总体目标，可以发现，中华民族追求现代化、实现现代化的整个历程，有着两个一百年的依次衔接、一脉相承。第一个一百年，从 19 世纪中叶到 20 世纪中叶，即从鸦片战争（或洋务运动）至新中国成立，可视为我国现代化前期（亦为中国近代化），是我国现代化的前一场，本质上是我国现代化的预演、条件创造时期；第二个一百年，从 20 世纪中叶到 21 世纪中叶，即从新中国成立至新中国成立一百年，可视为我国现代化历程的后一场，是中国式现代化的实质性推进时期，是我国现代化历程中最根本、最核心、最关键时期。从新中国成立至今的中国式现代化，已经创造了彪炳历史、影响世界的现代化成就，可谓创造了新道路，开辟了新境界。

如此来看，纵贯两个一百年的我国现代化历程，蕴含着一系列规律性线索和内在运行逻辑：一是从盲从到自主，由不知道现代化为何物到自主开展现代化建设；二是从被动到主动，由被世界现代化潮流裹挟入轨到主动设定目标探索前进；三是从后发到引领，由“后发外生型”的现代化发展到引领世界现代化新的方向；四是从跟进到创新，由跟在先行者后面学习到创新开拓出新的道路和方式；五是从自救到利他，由在现代化潮流中救亡图存到以自身现代化为世界作贡献。这样一些鲜明特征和规律呈现表明：中华民族从融入世界现代化潮

流到独立自主进行现代化建设，走过了多么艰难曲折的历程，遭遇过多么辛酸痛苦的体悟，唯有自强不息、顽强抗争才有自己的现代化发展，才能不断增强现代化主体性；表明中国式现代化靠的不是战争、殖民、掠夺，而是勤奋、坚忍、吃苦耐劳、共同富裕，唯其如此，我们才能解决人口规模巨大与全体人民共同富裕的现实矛盾，才能实现比所有发达国家人口总和还要多的中国人民的现代化，这是人类历史上的伟大创举；西方现代化理论和模式解决不了中国的现代化问题，中国特有的国情决定了中国无法照搬西方，中国能够走出一条不同于西方现代化的独特道路，在于正确把握和处理好了现代化发展的普遍性与特殊性、主体性与开放性、延续性与创新性等基本关系；从历史深处走来的中国式现代化，不仅极大地促进了中国的发展繁荣和文明进步，而且破除了西方对现代化话语权的垄断，打破了“全球化即西方化”“西方化即现代化”的思维定式，为人类发展进步贡献了中国智慧和中国方案；中国式现代化是从中国历史发展进程中走出来的，蕴含着中国共产党人不懈探索积累起来的宝贵经验，凝结着我们党对中国式现代化的科学总结和深刻认识，展示出中国式现代化的突出优势和巨大优越性，彰显出中国共产党和中国人民的博大胸怀和宽阔视域；中国式现代化是马克思主义中国化时代化的实践成果，是马克思主义基本原理同中国具体实际相结合、同中华优秀传统文化相结合的产物，中国走出了一条适合中国国情、符合人民意愿的现代化道路，同时也预示着中国式现代化具有无比广阔的前景和无比美好的前途。

［原载于《山东大学学报（哲学社会科学版）》2023 年第 5 期］

不确定性背景下中国式现代化的理论变革与实践转向

文　军　刘雨航

一、问题的提出：不确定性背景下的中国式现代化

现代化是一场世界性变革，但从世界现代化发展的历程看，西方国家率先走上了现代化道路，中国现代化曾长期在西方话语体系之下展开。虽然按照美国社会学家艾利克斯·英格尔斯（Alex Inkeles）提出的现代化的10条标准①，中国已经基本实现了现代化，但这种具有直线性、简单性、趋同化特征的西方现代化理论、模式以及标准，难以有效解释和应对中国式现代化的特殊性。实际上，中国共产党自执政以来便致力于开辟一条不同于西方的中国特色社会主义道路，以此打破了西方以资本为中心的现代化、两极分化的现代化、物质主义膨胀的现代化、对外扩张掠夺的现代化老路。习近平总书记在党的二十大报告中指出："中国式现代化，是中国共产党领导的社会主义现代化，既有各国现代化的共同特征，更有基于自己国情的中国特色。中国式现代化是人口规模巨大的现代化，是全体人民共同富裕的现代化，是物质文明和精神文明相协调的现代化，是人与自然和谐共生的现代化，是走和平发展道路的现代化。"②

客观而言，党的十九大以来的五年，是极不寻常、极不平凡的五年，在百年变局和世纪疫情相互叠加的局面下，中国社会发展面临严峻复杂的国际形势，

---

① 美国社会学家英格尔斯提出现代化的10条标准：(1)人均国内生产总值(GDP)达到3000美元以上；(2)农业产值在国内生产总值(GDP)中占12%～15%；(3)第三产业在国内生产总值中占45%以上；(4)非农业就业人口占总就业人口70%以上；(5)适龄青年受高等教育人数占10%～15%；(6)城市人口占总人口的50%以上；(7)平均每个医生服务人口在1000人以下；(8)平均预期寿命70岁以上；(9)人口自然增长率在1‰以下；(10)识字人口占80%以上。

② 所谓"中国式现代化"，是基于中国本土实践而形成的中国特色社会主义现代化道路。在新中国成立特别是改革开放以来长期探索和实践基础上，经过党的十八大以来在理论和实践上的创新突破，中国共产党成功推进和拓展了中国式现代化。参见习近平：《高举中国特色社会主义伟大旗帜　为全面建设社会主义现代化国家而团结奋斗——在中国共产党第二十次全国代表大会上的报告》，《人民日报》2022年10月26日。

遭遇政治、经济、意识形态、自然界等方面接踵而至的巨大风险挑战。风险挑战与发展机遇高度交织，标志着全球不确定性背景正在成为当代中国式现代化的重要底色和关键变量。尤其是2020年以来，突发的新冠疫情快速席卷全球，长期潜在却不断累积的不确定性因素开始以一种前所未有的姿态登上人类舞台。① 从最新发布的全球“不确定性指数”(world uncertainty index)来看，全球发展的不确定性水平自2012年起开始快速攀升，并于2020年新冠疫情暴发期间达到历史最高点，过去10年所观察到的不确定性水平超过了过去60年的总和。全球反复的新冠疫情作为导火索，还引发了世界制度设计、经济秩序和文化规则的连锁效应，使各国社会整体的不确定性指数倍增，全球的不确定性水平在未来10年将会以更强劲的势头继续攀升。正如2022年4月29日中共中央政治局会议上所强调的，“新冠肺炎疫情和乌克兰危机导致风险挑战增多，我国经济发展环境的复杂性、严峻性、不确定性上升”②。无论是实务部门还是理论家们都开始对全球现代化中的“不确定性”予以高度关注。

不确定性自全球现代化进程开启之日起便与流动性、个体化一同交融到现代性的宏大叙事当中，并随着现代化转型的推进而陆续延展。③ 在安东尼·吉登斯(Anthony Giddens)看来，不确定性作为现代性的后果，“其影响也存在于现代性的内部”，将作为新的社会事实影响着现代化的未来走向，是现代性脱离控制、难以驾驭的关键。④ 在当代全球现代化语境中，不确定性被赋予多重意涵，既指代本体论层面事物发展的变动状态，也在认识论层面指代主体对事物发展的一种未知或未完全知晓的状态，还在方法论层面指代一种新的思维方式、行动范式和价值理念，主张“动中取动”，在不确定性中认识和把握不确定性。这种不确定性因素与政治、经济、社会等领域中的风险呈显著的正相关关系，但却又与传统风险在存在属性、现实作用以及治理路径等方面区别开来，不仅呈现出了不同于传统风险的内生化、随机化、个体化以及全面化特征，在发展

① H. Ahir, N. Bloom, D. Furceri, *60 Years of Uncertainty*, https://www.imf.org/external/pubs/ft/fandd/2020/03/pdf/imf-launches-world-uncertainty-index-wui-furceri.pdf.

② 《中共中央政治局召开会议　分析研究当前经济形势和经济工作　审议〈国家“十四五”期间人才发展规划〉》，《人民日报》2022年4月30日。

③ 流动性、个体化以及不确定性等都可以视作现代性的一种具体表达，在已有研究中，人们习惯于用诸如从“总体性社会”(totalitarian society)向“个体化社会”(individualized society)、从“固态社会”(solid society)到“流动社会”(liquid society)等形态的转变来描述从“传统社会”到“现代社会”现代化转型的整体性特征，而随着不确定性社会的全面到来，从“确定性社会”(certain society)到“不确定性社会”(uncertain society)的转变将成为现代化转型的又一整体性表达。

④ 参见[英]安东尼·吉登斯：《现代性的后果》，田禾译，上海：译林出版社，2020年，第115～117页。

后果上也是风险与机遇并存。[①] 既需要对不确定性中的发展风险予以预测预防和纾解调控，以此维持常态的社会秩序、整合和运行，也需要积极引导不确定性向发展机遇和活力转化。

全球不确定性背景对当代中国式现代化的全面渗透已经成为一个基本事实。但从理论层面来看，传统现代化理论主要是从一种"确定性"的视角和"进化论"的观点出发，将现代化视作社会发展水平不断提高的演进过程，并从结构、主体、行为、过程、功能等视角展开解读，不确定性则被视作社会发展的"偶然因素"和"概率事件"，缺乏本体性层面的探究。从实践层面来看，人们更加关注现代化进程中的各类风险事件，并将其作为外在于人的认知客体和行动对象加以评估、防范和应对，尽可能地将风险的负面影响控制到较低水平，其结果常常是以牺牲社会活力为代价来维持常态的社会秩序和发展。然而，随着不确定性的全面增长，这种低限度的社会整合将面临越来越严峻的挑战。从当前的中国式现代化实践来看，应对不确定性的最大难度在于当人们开始普遍意识到不确定性的结构性作用时，新冠疫情、自然灾害等事件背后不确定性因素的涌现和蔓延却具有突发性，留给人们的反应时间和操作空间都极为有限，短时间难以从长期以来"确定性"思维主导的理论范式和实践模式中抽身，不仅新型不确定性应对机制的建构严重滞后，对不确定性与现代化本身的内在联结也缺乏足够认知。能否突破"确定性"桎梏，正确认识、理解和应对发展的不确定性，以在抵御社会风险的同时，抓住伴随而来的发展机遇和发展活力，是新发展阶段推进中国式现代化的关键。

随着中国式现代化转型的深化，人们对发展不确定性的关注程度不断加深，关注领域不断拓展，构建能观照"不确定性"的中国式现代化理论体系和实践机制越来越具有理论价值和现实意义。尤其是中国式现代化是不同于西方模式的新道路，既有各国现代化的共同特征，更有基于自己国情的中国特色；既面临全球不确定性的巨大冲击，中国特色的发展实践也正在催生大量内部自生

① "风险"与"不确定性"存在至少以下三方面的区分：(1)从性质来看，"风险"常常与具体的地点和事件联系在一起，它是一种可量度和可计算的不确定性，往往与概率相关。因此我们可以用"客观"概率和"主观"概率来分别指称"风险"和"不确定性"。(2)从结果来看，"风险"往往指向的是一种负面的不利结果，而"不确定性"指向的既可能是负面的不利结果，也可能是正面的有利结果，可以说不确定性发展是"风险"与"机遇"的并存。(3)一般而言，"风险"是可治理的，而"不确定性"本质上却无法治理。除非是运用特定的技术、程序以及设施将"不确定性"降维至可预期的"风险"，才可以随之展开相应的行动。实际上，随着社会发展不确定性的全面增长，社会风险开始从外部环境中的客观风险向内部自生的主观风险转变，传统风险形态也开始向新型的不确定性风险演变。参见文军、刘雨婷：《不确定性社会的"风险"及其治理困境》，《江苏行政学院学报》2022 年第 3 期。

的不确定性因素。内外部不确定性因素相互交织，使当代中国社会发展的不确定性较之全球社会更加凸显和特殊，也远比想象中更加复杂多变。各类不确定性因素将在中国社会发展过程中得以具象化，从一种普遍性的唯名式概括衍变成为中国式现代化进程中的具体社会现实，并将引发一系列复杂的连锁反应，需要在中国式现代化的本土实践和话语体系中加以分析理解。鉴于此，我们将以"不确定性"挑战为观照，在中国社会发展的本土实践中推进当代中国式现代化的理论变革和实践转向，推动中国特色话语体系建构。

二、当代中国式现代化的"不确定性"挑战

在全球不确定性背景下，应对"不确定性"挑战的前提条件是，洞悉不确定性与现代化之间的内在联系，并在中国式现代化的现实情境中对不确定性加以本体性层面的考评。实际上，不确定性正在演变成为中国式现代化的情境性问题，即不确定性已经全面渗透在中国式现代化的时空场域之中，不仅包括空间层面的静态情境，也包括时间变化的动态情境，成为中国社会在超地方时空政策、制度、文化、关系以及主体行动等因素在互动中所形成的独特性。[①] 这决定着对中国式现代化"不确定性"挑战的理解必须将共时性视角与历时性视角相结合。从共时性视角来说，不确定性因素不仅存在于现代化环境之中，同样存在于现代化主体及现代化方式本身；从历时性视角来说，不确定性既渗透在现代化过程之中，也体现在现代化结果层面。鉴于此，我们将整合上述共时性视角和历时性视角，采用"环境—主体—方式—过程—结果"的分析框架对当代中国式现代化正面临的"不确定性"挑战展开剖析。

1.中国式现代化环境的不确定性

以工业化、信息化以及数字化为特征的技术变革，推动着中国社会在短时间里经历了从农业社会到工业社会再到信息社会的形态转变。在提高人们不确定性应对能力和社会生产力的同时，技术使用后果的不确定性不仅大量存在于人化环境之中，还以法律制度、管理规范、组织机构、教育体系、科学知识生产等更加多样化的形式运转[②]，高度渗透在现代社会的生产生活之中。技术变革致使外部环境中风险与不确定性的释放达到前所未有的程度[③]，可以说，中国式

---

① 参见吕洁琼、文军：《从脱贫攻坚到乡村振兴：社区为本的情境实践及其反思——基于甘肃 K 县的考察》，《西北民族研究》2021 年第 3 期。

② J. Ellul, *The Technological Society*, New York: Alfred A. Knopf and Random House, 1964.

③ 参见[德]乌尔希里·贝克：《风险社会：新的现代性之路》，张文杰等译，南京：译林出版社，2020 年，第 2、4、24、25 页。

现代化的发展环境中充斥着人为制造的技术风险和不可预期的复杂变化，并演化成为中国社会的整体性变迁。尤其是随着信息时代、数字时代的降临，网络信息技术和数字技术天生所具有的变动性和不确定性，开始向整个社会传递和蔓延，甚至直接推动着不确定性成为新阶段社会发展的本质特征。①

不确定性风险生产与传播正在成为全球化的主导逻辑，风险全球化抑或不确定性全球化成为现代文明的真实写照。② 在全球不确定性背景下，中国式现代化早已超出传统社会地方实践的范畴，而成为一种基于脱域（disemebeding）机制的超地方性全球实践。当代中国式现代化将在全球社会的百年大变局中实现，在迎来崭新发展机遇的同时，国际局势波诡云谲，新冠疫情、俄乌冲突、核战争风险、气候灾害、网络攻击、经济危机等层出不穷的全球安全问题和新兴风险，导致中国式现代化的发展环境一开始就陷入了长期的波动性、复杂性、模糊性和不确定性状态。可以说，当代中国式现代化首要面对的便是国内外环境中的不确定性因素。

2.中国式现代化主体的不确定性

中国社会正在经历的现代化转型重新塑造着中国民众的生存状态，作为现代化主体的“人”的不确定性程度空前高涨。随着社会分工和资源分配场域的专门化加剧，人们开始从传统社会的整合性角色重叠转向现代社会的多元角色分化，活动场域开始从封闭性的地方情境走向脱域情境中的复合场域。③ 现代人需要在日益多元的身份角色和形式各样的活动场域之间开展自己的社会生活，“现代性以强制且必要的自决权取代了社会身份的确定性”，人们从传统社会的确定性范畴中获得主体性解放。④ 现代性渗透在日益多元的角色分化和社会生活之中，导致传统社会相对稳定的意义体系在消退⑤，“相对性意识成了覆

① 参见刘少杰：《不确定条件下社会信任的分化与协调》，《江苏社会科学》2020 年第 4 期。

② 参见[德]乌尔希里·贝克：《风险社会：新的现代性之路》，第 27～35 页。

③ 在传统社会，许多不同类型的角色和资源分配场域是重叠在一起的，如经济人角色、利他者角色、情感人角色的重叠或交叉，传统的家庭既是生产单位，又是消费单位，同时还是情感单位。随着现代化进程的推进，人们的社会角色开始产生分化，角色扮演方式也发生了变化，不同的角色类型被分置到不同的资源分配场域。从理想类型的角度看，人们分别在市场分配场域（市场部门）、制度性（或政策性）资源分配场域（国家公共部门）、利他性资源分配场域（第三部门）和情感性资源分配场域（关系部门）中扮演自利人（经济人）角色、公民角色、利他者（道义人）角色和情感人（或关系人）角色。参见王宁：《角色扮演、场域切换与第三次分配——兼论分享经济作为广义第三次分配》，《山东大学学报（哲学社会科学版）》2022 年第 1 期。

④ 参见[英]齐格蒙特·鲍曼：《个体化社会》，范祥涛译，上海：上海三联书店，2022 年，第 181～182 页。

⑤ P. L. Berger, *The Sacred Canopy: Elements of a Sociological Theory of Religion*, New York: Anchor, 1990, pp.25-27.

盖面宽广的事实……不确定性主宰了现代人的意识”[①]。尤其是上一阶段的中国现代化转型[②]主要以我国经济体制改革为驱动，注意力主要集中在“物质—制度—技术”等外在性因素层面，中国现代化建设在工业化、经济增长等方面获得重大进步的同时，主体的认识水平、发展能力却难以跟上社会经济发展速度，主体认知和心理情感的不确定性随之大量衍生，并将作用于主体行为之上。各种不确定性行为将在中国式现代化进程中呈现，这种“知行关系”的改变也致使人们相对确定性行动基础变得衰弱甚至丧失，将长期处于不确定性的生存境遇。[③]

在现代化转型过程中，中国社会的个体化、陌生化以及流动性趋势也在客观上改变着传统社会的社会关系和信任机制。社会关系在走向脱域的同时变得愈发不确定，难以继续为个体提供确定性的社会基础和可持久的人际交往。[④]“无意识中关于人类整体所面临的不确定性”成为一种普遍的心理感受，但人们不同程度地从共同体的庇护中脱离，需要以个体的方式面对发展环境中纷繁复杂的不确定性，丧失了长久以来的确定性基础和本体性安全，加剧了个体的不安全感、焦虑和恐惧。[⑤] 其结果是人们面对不确定性时指向自我的信心受到影响，陌生人之间由于缺乏关于彼此态度、价值观和特征的信息，而不具备建立特殊信任的基础，新型的普遍信任机制却又尚未健全。但信任作为不确定性和复杂性的简化机制，“为我们提供了行动的基础，使我们只考虑未来的部分可能性

---

① R. Brague, *The Kingdom of Man*: *Genesis and Failure of the Modern Project*, Notre Dame: University of Notre Dame Press, 2018, p.193.

② 上一阶段主要是指从改革开放到第一个百年奋斗目标完成的这段时期。这一阶段，中国的现代化进程以经济发展为主导，旨在从高度集中的计划经济体制向社会主义市场经济体制转变。社会转型和治理转型则更加侧重于为经济转型服务，旨在通过法治化、制度化等方式维持社会稳定，以为经济发展提供良好的社会环境。而随着第一个百年奋斗目标的实现，中国社会发展步入新阶段，将实现从经济单一发展指标向经济综合发展指标的转变，从经济发展目标向“五位一体”的全面发展目标转变，从发展水平、发展速度向发展质量转变。

③ 这种“知行关系”在哲学家约翰·杜威(John Dewey)看来是实现“确定性寻求”的关键，可以通过“知行合一”的方式，即通过对所处情境中不确定性因素的主观认知，为自我行动提供相对确定性的行动指南。但现代化转型打破了传统社会“自成一体”的知识体系和“知行合一”的行动逻辑，主体的认识水平和认知能力短时间内难以跟上现代化转型所带来的复杂变化，无法为自身提供相对确定性的行动基础。参见[美]约翰·杜威：《确定性的寻求：关于知行关系的研究》，傅统先译，上海：上海人民出版社，2005年，第188～190页。

④ 随着个体化社会和流动社会的到来，不仅血/亲缘、地缘关系正在从稳定走向松散，业缘关系受到数字经济繁荣、非正式就业兴起等因素的影响更是充满不确定性。

⑤ 参见[英]齐格蒙特·鲍曼：《流动的时代：生活在充满不确定性的年代》，谷蕾、武媛媛译，南京：江苏人民出版社，2012年，第112、115～117页。

而非无限可能性”[①]，广泛发生的信任危机削弱了人们的不确定性应对能力。

3.中国式现代化方式的不确定性

中国式现代化的不确定性还源自现代化方式本身，人们越来越难以驾驭“现代性的猛兽”[②]。其中，人类知识和科学技术的持续创新作为现代化的核心方式，从某种意义上来说是用以减少不确定性的工具[③]，但在现代性的条件下，各种新知识、新技术不断产生并嵌入社会中[④]，传统的真理被不断颠覆，“不确定性”几乎成为现代社会的一种普遍规律，知识和科技同样具备不确定性的属性。这种知识和科技的不确定性首先来源于知识和科技自身，人类知识和科学技术的本质生命在于更新和变化，现代化进程中的知识和科技更新速率使其处于一种不断创新的不确定性之中。此外，这种知识和科技的不确定性还根源于人类认识能力和认知水平的有限性，现代化进程的快速推进并未留给我们足够的时空条件去预测复杂情境中技术应用的实践后果。尤其是正在发生的数字变革，数字经济的蓬勃兴起、以数字劳动为核心的新就业形态迅速壮大、数字生活高度普及[⑤]，使数字技术基于其匿名性、流动性和脱域性特征而具有的高度不确定性全面渗透到现代社会的生产方式和生活方式之中[⑥]。

现代化是一个复合式的系统性进程，但随着知识生产的专门化和脱域程度的加深，专家系统贯穿社会生活的各个层面，中国式现代化的内部分化正在发生。专家系统作为现代社会重要的脱域机制以及知识生产和社会发展的重要形式，实践部门和学者都习惯于在特定领域内展开行动。这在推进社会分工专门化的同时，难以避免地造成了中国式现代化各个社会系统之间的分化。而社会治理则成为现代化进程中重要的整合机制，需要通过治理机制维持现代化进程中各个被专家系统所支配的社会系统之间的整合。强调风险控制的技术治理是当前国家治理的主导逻辑[⑦]，这种技术治理模式虽然能够通过制度刚性维

① [德]尼克拉斯·卢曼：《信任：一个社会复杂性的简化机制》，瞿铁鹏、李强译，上海：上海人民出版社，2005年，第30页。

② [英]安东尼·吉登斯：《现代性的后果》，第133页。

③ “确定性”实际上是人类用理性思维抽象出来的一种模型推演，是对真实世界的一种简化。因此，科学技术在很多情况下之所以能量化处理，就是因为它能将“不确定性”通过抽象的量化和各种演算模型来帮助我们认识世界，从而达到对事物及其演变的“确定性”寻求。

④ 参见[英]安东尼·吉登斯：《现代性的后果》，第134页。

⑤ 参见文军、刘雨婷：《新就业形态的不确定性：平台资本空间中的数字劳动及其反思》，《浙江工商大学学报》2021年第6期。

⑥ 参见刘雨婷、文军：《“数字”作为“劳动”的前缀：数字劳动研究的理论困境》，《理论与改革》2020年第1期。

⑦ 参见黄晓春、嵇欣：《技术治理的极限及其超越》，《社会科学》2016年第11期。

持着各个社会系统之间的基本整合，但无法有效应对层出不穷的不确定性，只能是将中国式现代化环境和主体不断增长的不确定性因素掩盖在制度所建构起的“安全区”之下，治理实践中暂时无法解决的不确定性因素不断累积，“二次风险”随时可能发生，寻求确定性的治理机制反而会导致更多不确定性的再生产。

4.中国式现代化过程的不确定性

中国式现代化具有“压缩饼干式”的并联性特征[①]，其时间维度上的压缩性与空间上的延展性并存，在有限的时间内难以保证中国式现代化的系统性和均衡性，必要时会采取重点突破的策略。这也造成了以往现代化历程难以避免地带有“粗放式”色彩，中国式现代化过程中的发展不均衡问题较为突出，不仅精神文明与物质文明建设不同步的情况长期存在，城乡差距[②]、区域差异[③]也仍然显著。此外，从经济产业来看，虽然改革开放后第二、三产业发展迅速，但产业结构不合理、内生能力较弱、技术水平较低等问题仍然存在。从居民收入来看，虽然人均 GDP 不断上涨，2021 年最新数据显示我国人均 GDP 已达 8.1 万元[④]，但贫富差距仍然显著。从居民受教育水平来看，虽然我国教育特别是高等教育近 20 年来实现了跨越式发展[⑤]，但也呈现出明显的城乡、区域差异。

在中国式现代化过程中，不均衡发展所引发的发展能力与发展方式、发展水平错位的情况时有发生，不仅直接导致各类不确定性因素的大量产生，还造成了中国社会内部不确定性应对能力上的分化。但不确定性的增长却具有全面性和系统性，中国式现代化过程处于一种不确定性增长的系统性与不确定性应对能力不均衡性并存的复杂境况。在不确定性的全面冲击之下，不仅现代化过程中主体所作出的实践反应难以确定，其行动后果也难以预测。不确定性既是中国式现代化过程的整体特征，又呈现出复杂分化的实践表征。不确定性始

---

① 与西方发达国家的“串联式”发展过程不同，中国式现代化是一个“并联式”的过程，工业化、信息化、城镇化、农业现代化是叠加发展的。参见尉建文：《基于中国式现代化建构中国社会学知识体系》，《人民日报》2022 年 5 月 16 日。

② 虽然经过脱贫攻坚的伟大斗争，我国农村发展迅速，但城乡发展差距仍然存在。2020 年，我国农村居民的年人均可支配收入只相当于城镇居民年可支配收入的 39.0%。参见国家统计局：《中国统计年鉴 2021》，北京：中国统计出版社，2021 年。

③ 《2021 年中国经济年报》显示，2021 年全国 GDP 总量 1143670 亿元，比 2020 年增长 8.1%，但地区差异仍显著。其中，东部地区生产总值 592202 亿元，占全国比重为 51.78%，超出中、西以及东北地区总和。

④ 参见国家统计局：《中国统计年鉴 2021》，北京：中国统计出版社，2021 年。

⑤ 2020 年，我国高等教育的毛入学率（高等教育在学人数占 18～22 岁适龄人口的比例）达 54.4%，劳动年龄人口（16～59 岁）平均受教育年限达到 10.8 年，新增劳动力平均受教育年限人均达到 13.8 年。参见教育部：《2020 年全国教育事业发展统计公报》，《中国教育报》2021 年 8 月 28 日。

终是指向未来的[①],这种主体行动的不确定性会再度通过脱域机制向其他区域、其他主体蔓延。不均衡发展所导致的任何潜在"薄弱环节"都有可能成为不确定性深入其中的突破口,继而在中国式现代化进程中引发一系列连锁反应乃至蝴蝶效应[②]。

5.中国式现代化结果的不确定性

不确定性作为事物发展的客观属性,自人类社会形成以来便始终存在,但其集中显现并演变成为一种普遍特征却是新近之事。在中国延续数千年的传统乡土社会中,社会发展的不确定性主要来源于自然界,基于自然界的规律性而形成的各种知识技术、实践经验能够为人们提供长久的支撑,足以应付发展情境中的不确定性因素。因此,人们养成了基于"传统"的思维方式和行为模式,"传统"的力量构成了维持乡土社会日常秩序的"确定性"基础,社会生活基本处于人们的掌控之中,社会发展的结果基本是可以预测到的。但全球发展的蔓延催生了全新的社会事实,各种层出不穷的不确定性现象作为中国式现代化的结果,早已超出了人们搭建的"可能性隧道"(tunnel of possibilities)。[③] 由此看来,不确定性为我们提供了理解马克思、吉登斯等社会学家笔下"现代性的断裂"(discontinuities)的独特视角。现代化的绝对速度、变迁范围以及持续发展的不确定性,使基于传统之确定性的行动模式日渐崩溃,"生活中即将走出的每一步都是对未来可能性做出的反应"[④]。在当代中国,不仅民众对自我生活的掌控力不断下降,很难再具有传统社会一眼便可望到头的"直线人生",现代社会发展以前所未有的方式脱离了延续数千年的"故事主线"(story line)。[⑤]

现代化结果的不确定性不仅意味着中国式现代化的未来走向和后果将不断超出我们的预测范围,而且其再生产属性也必将引起个体生产生活方式乃至社会发展形态的根本性变革。在现代性的断裂之中,以及"传统"与"未来"之间的当下,我们长期以来所依仗和推崇的则是"工具理性"的祛魅。但当下持续再生的不确定性显然已超出(起码是暂时超出)了韦伯所指向的以"理性化"

① T. Jansen, et al., "Understanding of the Concept of 'Uncertain Risk': A Qualitative Study among Different Societal Groups", *Journal of Risk Research*, Vol.22, No.5, 2019, pp.1-14.

② 1963年美国气象学家爱德华·洛伦兹(Edward N. Lorenz)提出了"蝴蝶效应"(the butterfly effect),是指在一个动力系统中,初始条件下微小的变化能带动整个系统长期的巨大的连锁反应。蝴蝶效应说明了任何事物发展均存在定数与变数,既有规律可循,也存在不可测的"变数",再微小的"不确定性"也有可能影响到事物整体发展。

③ 参见文军、王云龙:《新发展社会学理论构建中的不确定性发展逻辑及其启示》,《社会发展研究》2022年第1期。

④ [英]齐格蒙特·鲍曼:《流动的时代:生活在充满不确定性的年代》,第112页。

⑤ [英]安东尼·吉登斯:《现代性的后果》,第4~5页。

(rationalization)为核心的现代化范畴，强调计算能力的理性主义显然只能部分地解释而不再能够支配层出不穷的不确定性[①]，以及传统“确定性”范式和理性化趋势所主导的现代化模式正在面临的本体性危机。

三、面向不确定性的中国式现代化理论变革

当前，“不确定性”挑战也为我们提供了中国式现代化的重要镜鉴，能够以此窥探传统现代化理论体系的知识局限。从知识对象上来看，传统现代化理论虽然对不确定性现象予以了有限关注，但其理论视域主要集中在“外在风险”维度，主要探究现代化发展环境中的不确定性风险，而未辩证看待不确定性在现代化进程中的双重作用以及不确定性与现代化之间的复杂关系。从研究取向上来看，传统现代化理论体系整体上仍以“确定性”范式为主导，更加倾向于将现代化进程中的不确定性因素看作社会发展进程中需要加以克服的障碍因素，并且倾向于在特定领域、特定对象或特定事件的范畴内，探究不确定性的应对策略。从研究结果来看，相比于“风险”，传统现代化理论对不确定性缺乏正式的理论关注。[②] 从上述维度不难看出，传统现代化理论不仅预设了“西方中心”的知识体系和实践路径，而且整体上仍是以“确定性”取向为主导的。而在全球发展不确定性背景下，传统现代化理论自身的解释力以及实践意义都严重受限。对此，亟须“以中国为观照、以时代为观照”，以当代中国的“不确定性”挑战为观照，从以下方面推动中国式现代化理论变革。

一是从“西方话语”转向全球视野中的“本土经验”。随着中国式现代化的推进，产生于特定历史文化情境的西方现代化理论难以详尽解释当前中国式现代化所遭遇的诸多新现象、新问题，尤其是其中大量滋生的各类不确定性因素。充满特殊性和差异性的中国式现代化实践也提供了生动的本土经验和丰富的理论土壤，必将为中国式现代化的理论创新提供强劲动力和广阔空间。[③] 立足中国式现代化的伟大实践，提升理论自觉，自内而外地建构中国式现代化理论，而非照搬西方现代化理论由外而内地套用在中国实践之上，是新发展阶段摆脱西方话语体系掣肘和推进中国式现代化的必要保证。但“人类命运共同体”已经降临，中国式现代化无法脱离世界体系而进行，中国式现代化理论体系的建

---

① 参见[德]施路赫特：《理性化与官僚化：对韦伯之研究与诠释》，顾忠华译，桂林：广西师范大学出版社，2004年，第5页。

② 以中国知网(www.cnki.net)收录的文章为例，截至2022年11月10日，检索主题词“现代化”和“不确定性”，仅查询到论文361篇，其中60篇发表在中文社会科学引文索引(CSSCI)期刊上，如果以“现代化”和“风险”为主题词来进行检索，收录的论文有7691篇，其中CSSCI期刊论文1024篇。

③ 参见尉建文：《基于中国式现代化建构中国社会学知识体系》，《人民日报》2022年5月16日。

构既要立足本土，也要放眼世界，既要借鉴西方现代化理论，又要走出西方话语体系，更要与西方现代化理论展开对话，积极推动中国经验走向世界。一言以蔽之，我们关于中国式现代化道路的理论建构需要在开放性的全球体系和不确定性的“宏大叙事”中，正确认识和把握我国社会发展的重大理论和实践问题[①]，探求现代化的“中国经验”和“中国道路”。

二是从“结构叙事”转向“主体叙事”“关系叙事”。古典现代化理论认为现代化是巨大而深刻的社会结构转型，是经济社会结构的深层变革和根本性的转变。[②] 这种在现代化理论中长期占据主导地位的“结构叙事”，主要采取“确定性”的研究范式，是对社会发展共性特征的一种追述和概括。但随着传统社会相对确定性的社会结构加速瓦解，面对日益纷呈复杂的现代化过程，从操作性层面而言，虽然仍可以使用诸如信息化、数字化等“宏大叙事”来对中国式现代化的普遍趋势加以概括，但现实情境中的现代化实践过程不仅具有强烈的情境性特征，脱域性机制又赋予其无限的延展性，“结构叙事”背后的类型化认知方式也不利于我们察觉真实世界中的主体性。如果过度追求社会整体层面的“结构叙事”难免会过于形而上，从而陷入本质主义的陷阱。虽然对中国式现代化结构转型连续谱系的解读和叙事仍然必要，但“人”作为现代化进程中各种不确定性因素的应对主体，其自身无论是个体认知、行为的不确定性还是群体层面社会关系的不确定性也空前之高。基于人民主体性、能动性而展开的“主体叙事”和“关系叙事”将成为建构中国式现代化理论体系的关键。越是在中国式现代化的时代大潮和全球风云中，越要坚持以“人民”为中心的研究取向，通过人民的主体认知和实践行动去理解和应对“不确定性”的时代挑战。

三是从学科化的“散点叙事”转向跨学科的“整合叙事”。现代化主体以及现代化方式内部自生的不确定性，使不确定性成为铭刻在现代化上的“先天基因”。但在系统生产的不确定性面前，不仅现代化方式自身的内部分化日趋扩大，现代化理论体系中的理论张力也日益凸显。“现代化”本该是一个跨学科甚至去学科边界的议题，但在传统现代化理论中，不同学科习惯于在各自的学科边界内截取现代化的部分脉络或某个侧面加以探究。最浅显的例子是，经济学更加关注现代化中的经济转型，政治学更加关注政治转型，而社会学则更加关注其中的社会转型，但实际上经济转型、政治转型、社会转型以及其他维度的转型之间高度关联甚至本为一体。这种学科化研究范式的人为切割，在推动现代

---

① 参见习近平：《正确认识和把握我国发展重大理论和实践问题》，《求是》2022 年第 10 期。

② 参见李培林：《社会学视角下的中国现代化新征程》，《社会学研究》2021 年第 2 期。

化理论日益专门化的同时也导致了传统现代化理论体系的“散点化”，从而难以有效解释高度复杂的现代化进程和系统生成的不确定性。因此，我们特别需要就“中国式现代化”议题打破不同学科之间的边界，以中国社会发展过程中的“真问题”“真需求”为导向，搭建跨学科的交流平台，推动建构能与当前不确定性发展相匹配的中国式现代化理论体系和整合框架。

四是从发展路径的“事实取向”转向“事实取向”与“规范取向”并重。传统的现代化理论更加偏重“事实取向”，即倾向于对以往现代化历程和正在遭遇的现实问题提供理论阐述。在不确定性背景下，“事实取向”的滞后性使现代化理论研究与现代化发展实践之间的脱节愈发明显。因此，中国式现代化理论应当推动“事实取向”与“规范取向”的结合，不仅要遵循实然的逻辑对以往的实践经验和当下的社会现实展开学理分析，同样需要遵循应然的逻辑探寻中国式现代化在不确定性情境中的未来道路。更为必要的是，将实然的逻辑与应然的逻辑相结合，只有以历史为鉴、以实践为本，才能更好地在不确定性情境中探求中国式现代化的行动方向。其中，尤其需要加强中国式现代化理论体系的中层理论建构，强化事实取向与规范取向的融合以及“社会诊断”与“社会行动”的联结，并通过对社会科学介入方法（method of social science intervention）的探寻来实现社会科学研究与政治行动之间的贯通，来回应“中国式现代化”的议题①。回到“不确定性”议题，“行动取向”的中国式现代化理论体系并非要完全预测不确定性的未来结果，而是希望中层理论的建构以及理论与实践的对话为中国式现代化进程中的个体行为、集体行动乃至社会发展提供可参考的行动指南，以此简化不确定性情境中的复杂性。

五是从研究范式的“确定性取向”转向“不确定性取向”。随着现代化转型的深入，流动将取代固定，轻灵将取代沉重，不确定性将取代确定性，演变成为现代社会发展的整体性特征。以确定性范式为主导的传统现代化理论体系对不确定性发展的解释力不断下降，人们对学者所提出的“社会诊断”和相关政策日渐感到厌倦和失望。② 当前，亟须打破“确定性”的桎梏，树立新型的“不确定性”思维和价值关怀，要勇敢且主动地迎接中国式现代化的“不确定性”挑战。此外，还需要加强不确定性研究方法的整合与创新，在整合定量与定性两大研究体系的基础上，推进社会学、经济学、管理学等社会科学乃至自然科学研究方

---

① 参见吴越菲、文军：《回到“好社会”：重建“需要为本”的规范社会学传统》，《学术月刊》2022 年第 2 期。

② S. Crook, “Change, Uncertainty and the Future of Sociology”, *Journal of Sociology*, Vol.39, No.1, 2003, pp.7-14.

法层面的交流、借鉴与合作，例如将经济学的概率论与社会学模型相结合。[①] 其中最为关键的是，需要加强网络研究方法在不确定性研究中的创新应用。总体而言，需要推动传统的“确定性”研究范式向“不确定性”研究范式转变，建构以“不确定性”为导向的中国式现代化理论体系，以此为中国式现代化中全面增长的不确定性提供理论解释，践行“在不确定性中认识和把握不确定性”的时代使命。

四、不确定性时代中国式现代化的实践转向

中国式现代化正在遭遇全方位的“不确定性”挑战，但传统的“确定性思维”和“风险思维”仍然长期主导着中国式现代化的实践道路。例如中国社会发展的内生发展能力稍显不足，“人”的现代化并不足以与“物”的现代化相匹配，刚性治理体制的治理效能有待提升以及现代化进程的不均衡性仍然显著等。对此，亟须以“不确定性”为导向推动中国式现代化的实践转型。

一是在全球化中开辟中国式现代化的内生道路。全球化与本土化的关系命题是“一个硬币的正反两面”[②]，不确定性超出传统社会的地方范畴成为全球社会发展的世界性问题，全球环境中的不确定性因素又会渗透到中国式现代化动态的时空情境中。但毋庸置疑的是，中国本土社会始终是不确定性的应对主体，增强中国社会在开放性全球社会中的内生发展能力，是应对当代中国式现代化所面临“不确定性”挑战的根本所在。就此而言，需要在坚持供给侧结构性改革和推动新发展格局建构的同时不断加强技术创新和产业升级，在美丽中国建设中加快发展方式绿色转型，突破发展中国家产业升级的普遍规则。[③] 通过加强培育技术主导型产业，优化中国在全球产业链中的分工定位，增强中国社会经济发展的可持续性，打破西方长期以来的技术封锁和技术垄断，以高水平开放反制逆全球化。但技术创新也势必带来一系列新的不确定性连锁反应，这是对不确定性情境中的中国本土社会内生发展能力的深层考验。这需要以中国的制度优势为保障，以技术创新为动力，同时向经济、政治、文化、社会、生态等领域辐射，推动中国式现代化迈向更具整合性的内生发展道路[④]，以内部的相

---

① M. L. Small and D. Pager, “Sociological Perspectives on Racial Discrimination”, *Journal of Economic Perspectives*, Vol.34, No.2, 2020, pp.49-67.

② R. Robertson and K. E. White, “What is Globalization?”, in G. Ritzer (ed.), *The Blackwell Companion to Globalization*, Oxford: Basil Blackwell Press, 2007, p.62.

③ 参见李培林:《中国式现代化和新发展社会学》,《中国社会科学》2021 年第 12 期。

④ 参见文军、刘雨航:《迈向不确定性时代:乡村振兴中的内生发展困境及其应对》,《贵州社会科学》2022 年第 5 期。

对确定性应对外部环境中的不确定性[①]。

二是转向以“人”为中心的现代化。“人”的现代化是现代化建设的价值追求和最终归宿，在物质文明比较繁荣的新发展阶段，“人”的主体性地位反而弥足珍贵。推进中国式现代化，需要在巩固拓展脱贫攻坚成果的同时，加强教育、就业、住房、医疗、养老、社会福利与社会保障以及收入分配等方面的投入，健全基本公共服务体系，提高公共服务的均衡性和可及性，扎实推进共同富裕，并推动民众价值理念、心理情感、行为模式、生活方式、交往方式、关系模式等系列转变。此外，不确定性应对能力也成为“人”的现代化的重要范畴和衡量标准，不仅需要行动层面、心理层面的主体赋能，提升人们在“被围困的不确定性社会”中生存的各类技能，还需要从群体层面创造数字时代的新型联结，通过集体行动共同应对不确定性。简言之，需要通过主体性的挖掘和培育，推动现代社会不确定性情境中“行动者的归来”。在此意义上，“人”的现代化注定是充满个性和差异性的过程，其要义在于行动主体不仅具有在普遍性制度、文化和社会生活中寻求确定性的生存能力，也具有在高流动性和不确定性情境中再生产自身社会生活和自我实现的能力，成为社会情境的生产者、行动者而非消费者。[②] 总体而言，中国式现代化需要推动社会建设和社会治理回归“人之本真”，以此实现与“物”的现代化相匹配的“人”的现代化。

三是推进国家治理体系与治理能力现代化。中国式现代化的关键在于将中国特色社会主义的制度优势转化为治理效能，发挥国家治理体系的统筹协调作用。就当前刚性治理模式的实践限度而言，亟须在建立健全风险监测预警体系和国家应急管理体系的基础上，将韧性视角引入治理领域[③]，以韧性治理方式应对前所未有的复杂性和不确定性。[④] 而韧性治理方式的建构，则要从制度层面入手，调和制度刚性与主观能动性之间的内在张力，促进常态治理体制与应急治理体制之间的衔接。面对伴随中国社会发展而客观发生的一系列主体利益分化，以及由此所导致的心理情感和实践行动反应，当代中国的社会团结和整合难以通过制度刚性实现。还应当树立“需求为本”的现代国家治理导向，形

---

① 参见习近平：《坚持把解决好“三农”问题作为全党工作重中之重　举全党全社会之力推动乡村振兴》，《求是》2022 年第 7 期。

② 参见[法]阿兰·图海纳：《行动者的归来》，苏国勋译，北京：商务印书馆，2008 年，第 22～23 页。

③ 参见刘志敏、叶超：《社会—生态韧性视角下城乡治理的逻辑框架》，《地理科学进展》2021 年第 1 期。

④ L. Chelleri, J. J. Waters, M. Olazabal, et al., “Resilience Trade-offs: Addressing Multiple Scales and Temporal Aspects of Urban Resilience”, *Environment & Urbanization*, Vol.27, No.1, 2015, pp.181-198.

塑自下而上的治理逻辑和民众参与①，通过“需求”导向②的韧性治理，畅通和规范群众诉求表达、利益协调、权益保障通道，建设人人有责、人人尽责、人人享有的社会治理共同体。韧性治理方式的优势还在于能够通过制度刚性和治理韧性的嵌合，在为个体行动和社会发展提供制度保障的同时留有足够的能动空间；通过制度优势为主体、社会赋能，并以此实现从治理韧性到主体韧性、社会韧性的拓展。一个高韧性的社会，是适应现代性不断深化过程中的高不确定性并保持活力与秩序统一的关键。③

四是提升中国式现代化的均衡性、系统性。中国式现代化中的不确定性并不会顾及社会发展的不均衡性，但这种不均衡发展将直接影响到特定地区、特定领域或特定群体的不确定性应对能力。在努力实现第一个百年奋斗目标期间，中国社会发展和现代化水平相对落后，为了追赶西方国家发展水平，主要以发展速度为主，例如在经济发展上便主张“先富带后富”。随着新发展阶段的到来，中国整体发展水平已经位居世界前列，应当坚持“五位一体”的全面发展目标，从发展水平向发展质量转变，以此提升中国式现代化的系统性和均衡性。虽然现代化进程不可能齐步走，但却可以在重点突破与全面发展、非均衡与均衡的持续转换中实现中国式现代化的循环上升，但也需要重点兼顾客观存在的地区差距、城乡差距、群体差距等，补齐中国式现代化的短板。这也是新发展阶段中国式现代化的应有之义。更为重要的是，在系统生成的不确定性面前，需要考虑到在中国式现代化过程中不同区域、不同领域、不同主体在不确定性应对能力上的均衡性，提高中国社会在不确定性情境中的整体生存和发展能力。

五是树立能应对不确定性的现代化理念。不确定性正在演化成为中国式现代化的整体特征和存在属性，只有承认这个基本事实，并树立新型的不确定性理念，才能在动态的不确定性情境中高质量推进中国式现代化。具体而言，不确定性理念的树立首先需要以一种更具包容性的态度认识、理解和接纳中国式现代化外部环境中的不确定性因素以及内部自生的不确定性属性。在此基础上，辩证看待不确定性在中国式现代化进程中的双重作用，不仅需要对其中潜在的风险因子保持警惕，更关键的是需要发掘长期以来被“风险思维”所掩盖

---

① 参见吴越菲、文军：《回到“好社会”：重建“需要为本”的规范社会学传统》，《学术月刊》2022 年第 2 期。

② “需求”在社会治理过程中具体表现为“主体利益”，韧性治理的核心任务之一就是建构利益主体的联结通道，在调和个体利益二重性以及化解利益主体之间竞争冲突的基础上，促成现代公民的主体参与和行动整合，以此奠定中国式现代化的社会基础。参见刘拥华：《社会治理与通道建构》，《天津社会科学》2022 年第 2 期。

③ 参见任远：《后疫情时代的社会韧性建设》，《南京社会科学》2021 年第 1 期。

的不确定性中的发展机遇和发展活力，在抵御中国式现代化所面临社会风险的同时激发社会活力。最为深层的是，当不确定性成为中国式现代化进程中的社会发展新常态，那么对单一确定性的追求则成为一种需要克服的天性，充满不确定性的未来将成为影响主体行动选择的关键变量，如何与之共生，将成为中国式现代化的重要行动逻辑。当然，这并不意味着要完全放弃确定性的寻求，社会发展行动逻辑所具有的相对确定性始终有迹可循，但需要改变固守单一"确定性"的传统做法和执着，以一种不确定性的价值理念、思维方式和行为模式，在中国式现代化的不确定性情境中寻求甚至创造新的确定性。

五、总结与讨论：中国式现代化的"确定性寻求"

新冠疫情的全球反复标志着不确定性作为一种结构性力量登场，但客观而言，当前的现代化模式在不确定性的理论阐释和实践应对上还相对薄弱，亟待以当代中国的"不确定性"挑战为观照，推动中国式现代化的理论变革和实践转向。就理论层面而言，需要从"西方话语"转向全球视野中的"中国经验"，从"结构叙事"转向"主体叙事"和"关系叙事"，从学科化的"散点叙事"转向跨学科的"整合叙事"，从发展路径的"事实取向"转向"事实取向"与"规范取向"并重，从研究范式的"确定性取向"转向"不确定性取向"，推动建构中国式现代化理论体系。就实践层面而言，同样需要以不确定性为导向，在全球化背景中提升中国式现代化的内生性、均衡性和系统性，并积极推动"人"的现代化和国家治理体系与治理能力现代化。犹如英国社会学家鲍曼所说，原本对现代性议题进行定位、规避的"确定性"观念不仅被一系列全球风险事实所否定，同时也传达出了"世界事务的不确定、中心的缺失以及控制台的缺失"[①]。简而言之，面对各种不确定性的增长，我们需要通过中国式现代化的理论革新和实践转向，提升中国社会发展的不确定性应对能力，以在全球不确定性情境中推进中国社会的高质量发展，推动构建人类命运共同体，创造人类文明新形态。

如今，一个在鲍曼眼中"充满不确定性和不可控的年代"业已降临，但"确定性的寻求"[②]仍然是人类社会的发展动力。人类社会发展在某种意义上可以看作是在寻求确定性和产生新的不确定性之间循环往复的螺旋上升过程。伴随

① [英]齐格蒙特·鲍曼：《流动的现代性》，欧阳景根译，北京：中国人民大学出版社，2018 年，第 23～43 页。

② 德国哲学家约翰·杜威打破了古典哲学中绝对确定性的形而上学幻想，承认了不确定性的永恒存在，但也为"确定性的寻求"留有了空间。他认为虽然绝对的确定性只存在于思辨的精神世界，但可以通过从不确定性情境到确定性情境的转换来寻求相对的确定性。参见[德]约翰·杜威：《确定性的寻求：关于知行关系的研究》，第 1～18 页。

我国发展进入战略机遇和风险挑战并存、不确定难预料因素增多的时期，我们必须增强忧患意识，坚持底线思维，做到居安思危、未雨绸缪[①]，不仅要防止各类“黑天鹅”“灰犀牛”事件[②]的发生，也要抓住不确定性中伴随风险而来的发展活力和发展机遇。甚至风险与机遇之间天然便是同一的，风险的应对过程同样也是实现发展的过程，而谋求发展的同时也必将承担潜在的风险，完全躲避或者控制风险的行为实际上也是在错失发展机遇和压制发展活力。在一定程度上，正是这种发展的风险和机遇共生关系，共同构成或者说共同体现了中国式现代化必须面对的“不确定性”挑战。不确定性的全面增长与现代化之间的内在联系还体现在，现代化转型推动人类社会发展步入“加速时代”，不仅社会生活、社会流动、社会发展速度不断加快，“确定性—不确定性”的更替速率同样如此。并且两者之间还呈现出高度相关性，不断加速的社会转型和社会发展过程，一方面导致了不确定性因素的持续产生，另一方面也正是在应对层出不穷的不确定性和寻求新的确定性中实现。这种社会转型发展速度以及“确定性—不确定性”更替速率的加快，实际上也构成了传统社会与现代社会的重要分野。

可预期的是，即使身处不确定性社会，确定性的寻求仍将是社会发展的主旋律，新发展阶段的中国式现代化仍将是不断遭遇新的不确定性并不断寻求新的确定性的过程。但“确定性—不确定性”的更替速率的不断加快，也导致“确定性”和“不确定性”的存在形态发生改变。现代社会所寻求的确定性不再似传统社会那么轻易和恒定，确定性本身也变得愈发不确定和多变，我们对确定性及其寻求方式都需要进行再理解和再建构。如果说传统社会中的“确定性”指代一种固定的、恒久的“最终解决”，那么现代社会中的“确定性”只是一种“暂时的安排”[③]，其本身也具有“不确定性”的属性，只是处于变化节奏较为缓和的“相对确定”状态。形象地说，现代化转型中“确定性的寻求”不再指向伫立在深海岿然不动的“定海神针”，而是悬挂在摩天大楼之中的“阻尼器”，需要通过自身的适度振动化解整幢大楼所面临的风险和不确定性，进而维持着楼宇的安稳和社会的正常运行。如何从“定海神针”向“阻尼器”转变，进而更好地迎接不确定性社会的到来，正是新发展阶段深入推进中国式现代化的关键。这注定是一段布满荆棘的漫长前路，因此，我们更要坚定对中国共产党领导、对中国特色社会

① 参见习近平：《高举中国特色社会主义伟大旗帜　为全面建设社会主义现代化国家而团结奋斗——在中国共产党第二十次全国代表大会上的报告》，《人民日报》2022 年 10 月 26 日。

② “黑天鹅”一般指那些出乎意料发生的小概率风险事件，“灰犀牛”指那些经常被提示却没有得到充分重视的大概率风险事件。

③ [英]齐格蒙特・鲍曼：《流动的现代性》，第 6、12 页。

主义制度以及对自身行动的信心。中国共产党将继续团结带领全国各族人民全面建成社会主义现代化强国、实现第二个百年奋斗目标，在面向未来的“不确定性”挑战中共同开启中国式现代化的新征程，以中国式现代化全面推进中华民族伟大复兴。

［原载于《山东大学学报（哲学社会科学版）》2023 年第 1 期］

基于共同富裕的新型城镇化之路：重要性、障碍及实现路径

文丰安

一、问题提出

习近平总书记在党的二十大报告中提出“中国式现代化是全体人民共同富裕的现代化”的战略部署，强调“我们要坚持把实现人民对美好生活的向往作为现代化建设任务的出发点和落脚点，坚持在发展中保障和改善民生，着力维护和促进社会公平正义，着力促进全体人民共同富裕，坚决防止两极分化”①。共同富裕是社会主义的本质要求，也是中国式现代化的重要特征。共同富裕思想在中国由来已久。从孔子的“大同社会”、老子的“天之道，损有余而补不足”到韩非子的“论其赋税以均贫富”，再到近代以来孙中山“天下为公”的大同理想等，无不反映了广大人民为实现共同富裕美好愿望的不懈努力和追求。十月革命送来了马克思主义，也送来了马克思主义共同富裕思想。马克思和恩格斯的共同富裕思想主要包括三个方面：第一，高生产力发展水平是实现共同富裕的物质基础；第二，消灭私有制、建立公有制是实现共同富裕的制度条件；第三，过程的长期性和全体人民的共享性是共同富裕的基本特性。中国共产党的百年历史是一部不懈奋斗的思想探索史、自身建设史，更是一部为实现全体人民共同富裕的历史。关于富强，毛泽东同志指出：“这个富，是共同的富，这个强，是共同的强，大家都有份。”②关于共同富裕的特性，邓小平同志指出，“社会主义的本质……最终实现共同富裕”③，并提出先富带后富的发展路径。江泽民同志强调注重东中西部之间、经济和社会全面发展之间的协调性。胡锦涛同志提出将

---

① 习近平：《高举中国特色社会主义伟大旗帜　为全面建设社会主义现代化国家而团结奋斗——在中国共产党第二十次全国代表大会上的报告》，《人民日报》2022年10月26日。

② 《毛泽东文集》第6卷，北京：人民出版社，1999年，第495页。

③ 《邓小平文选》第3卷，北京：人民出版社，1993年，第373页。

效率与公平、区域协调发展放在社会主义建设中更加突出的位置。习近平同志强调要坚持走共同富裕道路，坚持以人民为中心的发展思想，在高质量发展中扎实推进共同富裕。总之，共同富裕思想在传承中发展，并不断展现其鲜明的时代特征和时代价值。

改革开放四十余年，我国经历了世界上规模最大、速度最快的城镇化进程。通过优化城乡资本、管理、劳动力等资源配置，为我国实现共同富裕奠定了更强大的物质基础。就我国现状来看，实现共同富裕，首先要解决好我国区域之间、城乡之间发展不协调不充分的问题。党的二十大报告提出，实现共同富裕，“最艰巨最繁重的任务仍然在农村，坚持农业农村优先发展，坚持城乡融合发展，畅通城乡要素流动”[①]，深入推进以人为核心、以高质量发展为导向的新型城镇化建设。国家统计局数据显示，2021 年末我国常住人口城镇化率为 64.72%，比 2020 年末提高 0.83 个百分点，城镇化水平建设成效显著。[②] 城镇化的快速发展，特别是以人为核心的新型城镇化建设目标的提出，是中国共产党站在我国现代化建设的历史新高度上，为解决好我国城乡之间发展水平不一致问题作出的新要求和新判断。这不仅仅为我国现代化建设提供了一条可实现的途径，为我国现代化发展奠定更坚实的基础，也为我国现代化发展提供了潜在的内需经济动力，为我国现代化建设注入新活力。脱贫攻坚任务的完成为共同富裕目标的实现打下了坚实基础。进入新发展阶段，推进新型城镇化建设既是巩固脱贫攻坚成果，推进城乡一体化发展必然要求，也是继续推进乡村振兴战略实施的必然选择。因此，深刻理解和准确把握新型城镇化与共同富裕的内在逻辑关系，寻找我国城乡之间发展不协调不充分相关问题以及解决方法，探寻新型城镇化建设的现实路径等，都是我们要深入探讨的问题。

二、学界相关问题研究进展

实现共同富裕是新时代新征程中国共产党的使命任务，是社会主义的本质要求，是人民群众的共同期盼，以人为核心的新型城镇化建设则是实现全体人民共同富裕的必经之路。在新型城镇化建设中扎实推进共同富裕，是全面建设社会主义现代化国家所面对的核心问题，也是学界研究的热点话题。

1.关于共同富裕的研究

学界对共同富裕的研究主要从理论和实践两个层面展开。

---

① 习近平：《高举中国特色社会主义伟大旗帜　为全面建设社会主义现代化国家而团结奋斗——在中国共产党第二十次全国代表大会上的报告》，《人民日报》2022 年 10 月 26 日。

② 参见国家统计局编：《中国统计摘要 2022》，北京：中国统计出版社，2022 年，第 22 页。

理论层面，学者着眼于从共同富裕的内涵、意义等方面阐明其“是什么”和“为什么”的问题。邱海平从阶段性角度认为，“社会主义初级阶段‘共同富裕’的基本含义，是指逐步缩小社会成员之间的贫富差距的程度”[①]。高煦照和郭智惠从目的角度认为，“共同富裕是一种有差距的共同富裕观，是社会发展的目的所在”[②]。胡承槐则认为，“共同富裕是与普遍富裕方式并存的反贫困实现方式和后果，不是最终目标”[③]。王传荣和楚建英认为，“农民农村共同富裕是服务于国内国际双循环新发展格局的需要”[④]。谢伏瞻认为，“共同富裕也是高质量发展的题中应有之义。只有让人民群众共享发展成果，才能更广泛地激发全社会推动发展的动力和活力”[⑤]。梅晓宇认为，“促进共同富裕是解决我国发展中存在问题的必要举措”[⑥]。

实践层面，学者们主要针对现实问题或在历史中总结经验，探究共同富裕的实现路径。付文军和姚莉提出，消除绝对贫困后要以发展生产为基础、以人民为中心、以完善分配为抓手和以解决相对贫困为重点扎实推进共同富裕。[⑦]陈友华和孙永健从“做大蛋糕”和“分好蛋糕”以及“分享蛋糕”出发，探索实现共同富裕的多种途径。[⑧]毛勒堂认为，共同富裕的实现是一个循序渐进的社会实践过程，需要有高质量的经济发展、高水平的社会供给、高品质的文化创造、高自觉的绿色生产生活。[⑨]

2.关于新型城镇化的研究

当前学界关于新型城镇化的研究主要集中在新型城镇化的内涵、作用、影响因素、路径选择、发展质量等方面。就新型城镇化的内涵而言，杨佩卿认为，新型城镇化体现新发展理念，以共享、开放、创新、绿色、协调为核心内涵的城镇化，是以人的全面发展为终极目标。[⑩]钟万玲认为，“新型城镇化强调实现人的城镇化，其核心在于满足城市居民各类生产生活需要，提升居民生活质量，为乡

---

① 邱海平：《共同富裕的科学内涵与实现途径》，《政治经济学评论》2016年第7期。

② 高煦照、郭智惠：《论共同富裕的实现》，《经济研究导刊》2018年第20期。

③ 胡承槐：《从人类社会历史发展规律看共同富裕的底层逻辑——兼论人民性建设的基础性地位和作用》，《治理研究》2022年第1期。

④ 王传荣、楚建英：《促进农民农村共同富裕的重要意义及路径研究》，《乡村论丛》2021年第6期。

⑤ 谢伏瞻：《如何理解促进共同富裕的重大意义》，《人民日报》2021年10月8日。

⑥ 梅晓宇：《扎实推动共同富裕的伟大意义和实现道路》，《思想理论教育导刊》2022年第1期。

⑦ 参见付文军、姚莉：《新时代共同富裕的学理阐释与实践路径》，《内蒙古社会科学》2021年第5期。

⑧ 参见陈友华、孙永健：《共同富裕：现实问题与路径选择》，《东南大学学报（哲学社会科学版）》2022年第1期。

⑨ 参见毛勒堂：《作为总体性的共同富裕及其实现路径》，《思想理论教育》2022年第3期。

⑩ 参见杨佩卿：《新发展理念下新型城镇化发展水平评价——以西部地区为例》，《当代经济科学》2019年第3期。

村振兴提供必要的经济基础”[①]。就新型城镇化的作用而言，刘依杭认为，“新型城镇化战略是以促进人的城镇化为核心、以高质量发展为导向、以城乡统筹为基本原则，要推进人口城镇化与土地城镇化协调发展”[②]。就新型城镇化的实现途径而言，秦德智等认为，对新型城镇化相关支撑政策进行协调性分析，能够更好地发挥政策合力，加快推进新型城镇化建设。[③] 辛宝英认为，“新型城镇化战略解决中国问题，探索中国道路，要发挥社会主义基本经济制度的优势，让市场在资源配置中起决定性作用和更好发挥政府作用，用新发展理念推动城镇化发展”[④]。黄群慧认为，“以人为核心的新型城镇化战略，要加快步伐和加大力度推进农业转移人口市民化”[⑤]。也有学者从微观层面研究某一地区新型城镇化建设，如杨佩卿研究西部新型城镇化发展水平和动力机制的相关性认为，西部地区新型城镇化发展水平普遍低于东部，故西部地区应不断提升自身发展水平，优化动力机制，在内外力量的共同驱动下，加快产业集聚、人口集聚、公共服务集聚，以新型城镇化带动实现高质量发展。[⑥]

3.关于共同富裕目标下新型城镇化的研究

周益敏和宋世清认为，“推进城镇化、缩小城乡差距是实现共同富裕的必经之路。在破除城乡二元结构的进程中，以人为本、生态文明、文化传承等是推进城镇化的重要原则，乡村旅游对农村生态建设、乡土文化传承及基础设施改善有着极其明显的推动作用”[⑦]。鲍家伟认为，“立足新发展阶段，要以新型城镇化为重要支撑，推动山区县域高质量发展，以此提升社会主义现代化国家建设的质量和成色”[⑧]。孙学涛等人采用 SARAR 模型分析得出，新型城镇化和共同富裕存在空间相关性，新型城镇化对共同富裕及其各维度产生显著的促进作用。[⑨] 总之，就共同富裕下新型城镇化建设的意义来说，新型城镇化建设是我国现代

---

① 钟万玲：《新型城镇化、多元化就业与扩大消费的关系》，《商业经济研究》2022 年第 5 期。

② 刘依杭：《新时代乡村振兴和新型城镇化协同发展研究》，《区域经济评论》2021 年第 3 期。

③ 参见秦德智、陈军、何梦丹：《云南新型城镇化建设政策协调分析》，《西南民族大学学报（人文社科版）》2020 年第 10 期。

④ 辛宝英：《城乡融合的新型城镇化战略：实现路径与推进策略》，《山东社会科学》2020 年第 5 期。

⑤ 黄群慧：《协调发展是实现共同富裕的必由之路》，《金融理论探索》2022 年第 1 期。

⑥ 参见杨佩卿：《西部地区新型城镇化发展目标与动力机制的相关性分析》，《西北大学学报（哲学社会科学版）》2020 年第 2 期。

⑦ 周益敏、宋世清：《发展乡村旅游助推共同富裕的思考与对策建议》，《农村经济与科技》2021 年第 23 期。

⑧ 鲍家伟：《加快新型城镇化步伐　推动山区县域高质量发展》，《中国经贸导刊》2021 年第 21 期。

⑨ 参见孙学涛、于婷、于法稳：《新型城镇化对共同富裕的影响及其作用机制——基于中国 281 个城市的分析》，《广东财经大学学报》2022 年第 2 期。

化建设的必由之路和必然选择，助力推动大中小城市建设，缩小城乡发展差距，朝着共同富裕这一目标坚实迈进。

综上，通过梳理相关文献发现，学界围绕共同富裕、新型城镇化建设已有广泛研究，特别是对共同富裕和城镇化建设各自的科学内涵、重大意义、践行路径研究已经形成了较为丰富的理论成果。但对基于共同富裕目标下关于新型城镇化建设的研究成果相对较少，对该问题的深入研究有助于缩小城乡差距，发掘乡村建设优势，促进乡村地区快速发展，实现共同富裕。

三、共同富裕基础上城镇化建设的相关概念及其重要性

随着社会发展和历史演进，共同富裕理论得到进一步深化和发展。在新的发展阶段，全面推进新型城镇化建设也被赋予了新的含义，并不断展现其鲜明的时代特征和时代价值。

（一）相关理论、概念及其内涵

1.共同富裕

党的十八大以来，习近平总书记针对“共同富裕”多次作出重要论述，指出“共同富裕是全体人民共同富裕，是人民群众物质生活和精神生活都富裕，不是少数人的富裕，也不是整齐划一的平均主义”[①]，赋予共同富裕新的内涵。首先，共同富裕是全体人民共同富裕，绝不是所有人“同时富裕”，也不是绝对相同程度的“同等富裕”，而是有差别的共同富裕。其次，共同富裕是物质富裕和精神富裕的全面富裕。广大人民群众的获得感、幸福感和安全感主要来自物质生活和精神生活的双重富裕。再次，共同富裕是共建和共享的统一。人民群众是社会财富的创造者，也是享有者。共建注重发挥人民的主体地位，鼓励人民通过辛勤劳动创造社会财富。共享强调人人享有，注重社会发展成果惠及每一个人。最后，共同富裕是一项长期任务，是循序渐进的发展过程。从时间节点来看，“十四五”末到2035年，再到21世纪中叶全体人民共同富裕基本实现，推进共同富裕是阶段性、渐进性的过程，只有循序渐进、脚踏实地地完成阶段性任务，才能积小胜为大胜，最终实现共同富裕。

2.新型城镇化

新型城镇化是指以符合我国现阶段基本国情和保护自然资源为基础，着力解决城乡发展不平衡问题，以全面提高我国经济发展水平和城乡人民生活水准为要求，以城乡统筹为基本原则，推进人的城镇化和土地城镇化协调发展。

---

① 习近平：《扎实推动共同富裕》，《求是》2021年第20期。

2021年《中华人民共和国国民经济和社会发展第十四个五年规划和2035年远景目标纲要》明确提出“坚持走中国特色新型城镇化道路，深入推进以人为核心的新型城镇化战略，以城市群、都市圈为依托促进大中小城市和小城镇协调联动、特色化发展，使更多人民群众享有更高品质的城市生活”[①]，为推进新型城镇化建设指明了方向。新型城镇化强调城乡协调发展，以高质量发展为导向，核心是人的城镇化，在新型城镇化发展过程中建设人文、经济和生态三者协同发展的新风貌，让更多的人共享发展成果。新型城镇化建设有利于促进城乡经济快速发展，对于解决城乡发展不协调、推动城乡一体化发展具有重要意义。

（二）共同富裕下新型城镇化建设的重要性

进入新时代，站在新的历史方位，新型城镇化建设对于巩固我国脱贫攻坚成果、朝着实现“第二个百年奋斗目标”迈进均有着重要意义。其重要性主要表现在以下几个方面：

1.新型城镇化建设是实现共同富裕的必然要求和必由之路

在一定程度上，新型城镇化建设目标与共同富裕建设目标相一致。首先，新型城镇化建设主要是指以人为核心的城镇化，这一目标中城镇化建设的重点在人这个主体上，在尊重生态承载力实现人与自然和谐共生的生态理念基础上，走出一条符合生态标准和满足社会发展的新路子，使城镇化建设发展成果由全体人民共享。新型城镇化建设不仅要通过多渠道多方式增加居民收入，实现居民收入增长和经济增长基本同步，劳动报酬提高与劳动生产率提高基本同步，更要在城镇化建设中实现乡镇的全面发展，在基础设施、公共服务、民生事业等方面达到高质量城镇化建设水平。其次，在城镇化建设过程中，还需把握好时间和空间两个维度。就时间维度来说，必须将“第二个百年奋斗目标”作为推进新型城镇化建设的指引方向，将实现全体人民共同富裕作为新型城镇化建设的目标导向；还需关注我国主要矛盾已经发生变化，需迫切关注人民主体日益多变的需求，满足他们的切实需要，不断缩小城乡差距。就空间维度来说，新型城镇化建设注重各个区域之间的差异性。在建设过程中，注重新型城镇化建设经济效益的同时也应注重人的全面发展，将人的发展与城市建设发展同步起来，缩小户籍人口城镇化率与常住人口城镇化率差距。促进农业转移人口更好地融入城市，真正实现以人为核心的城镇化建设。总之，走以人为核心的城镇化建设是实现共同富裕的必然选择。

① 《中华人民共和国国民经济和社会发展第十四个五年规划和2035年远景目标纲要》，《人民日报》2021年3月13日。

2.建设新型城镇化有利于推动我国经济高质量增长

近年来,受逆全球化、老龄化以及2020年以来新冠疫情影响,全球经济呈下行趋势。从国际来看,逆全球化和国际动荡产生的经济影响短期内不易改变,世界经济对我国经济发展的带动力减弱。从国内来看,我国正处于高质量发展阶段,经济发展由要素驱动和投资驱动转向创新驱动。随着社会主要矛盾的转变,高质量发展成为现阶段全面建设社会主义现代化国家的首要任务,更加强调在高质量发展中推进共同富裕。习近平总书记明确指出,“努力在危机中育新机、于变局中开新局”,要坚持推动高质量发展为主体,把实施扩大内需战略同深化供给侧结构性改革有机结合起来,增强国内大循环内生动力和可靠性①,形成以国内大循环为主体、国内国际双循环相互促进的新发展格局。这是党中央积极面对国内外经济形势变化作出的战略判断。在国际市场不确定性增加的形势下,扩大内需是促增长的必然选择,而新型城镇化是我国最大的内需潜力和发展动能所在。首先,新型城镇化能有力激发投资需求。新型城镇化注重质量提升,而完备的城市功能和发展质量能进一步激发投资需求,为城市经济发展提供动力。随着经济快速发展,城市化水平也进一步提升,这将吸引众多海外企业进入城市进行投资,进而激发新兴产业出现。其次,新型城镇化的发展促进我国产业结构不断优化。在推进新型城镇化进程中,现代工业体系的建立、服务业的蓬勃发展,均不断推动我国产业结构优化升级。随着城镇化率的提高,城镇人口的增多也必然带动城镇居民对工业产品的需求不断提高,进一步推动相关产业的优化升级。最后,新型城镇化的发展也必然激发城镇居民的消费潜力。国家统计局数据显示,党的十八大以来,虽然2020年由于疫情原因城镇居民消费水平相比2019年有所下降,但总体而言我国居民消费水平在稳步提高。其中,随着新型城镇化战略的推进,城镇居民的增加致使其生产消费活动向城镇聚集,释放更大的消费需求,提高我国居民的整体消费水平。

3.中国特色新型城镇化建设经验为世界城镇化建设提供中国智慧

随着工业化的推进,世界上一大批中等收入国家走上城镇化道路。城镇化带来的效率提升不仅成为各国经济发展的动能,也让人民享受到更多现代化发展成果。党的十一届三中全会后,以邓小平同志为主要代表的中国共产党人在吸取马克思、恩格斯、列宁和毛泽东等关于共同富裕论述的基础上,基于当时中国的基本国情,提出了改革开放指导思想,实行“先富带动后富”的发展政策,并

① 参见齐志明、丁怡婷:《党的二十大举行第一场记者招待会——以中国式现代化全面推进中华民族伟大复兴》,《人民日报》2022年10月18日。

在各方面取得显著成效。到2021年，我国常住人口城镇化率从17.92%提升到64.72%，经历了世界上速度最快的城镇化发展。我国在推进新型城镇化过程中，吸取西方城镇化建设的经验教训，并将一直以来存在于我国的“三农”问题纳入新型城镇化建设中，一边寻求解决“三农”问题最佳方案，一边寻求城乡融合发展最优格局。这种城乡协同发展路径的探寻，为谋求一种中国新型城乡共同建设发展模式、为世界城镇化建设贡献出中国智慧创造了更多的可能性。

4.新型城镇化建设为推进乡村振兴提供动力

城市与乡村是不可分割的整体。新型城镇化并不是简单地以城市代替乡村，而是大中小城市、小城镇和农村社区协同发展、互相促进。乡村振兴也不简单依靠农业、农村自身发展或仅仅依靠城市对农村的反哺来实现。乡村振兴重点在农村，坚持农业农村优先发展，坚持城乡融合发展，畅通城乡要素流动①，不仅打破传统城乡间的界限，还有助于农村与城市之间的良性互动，加快建设农业强国，扎实推动乡村产业、人才、文化、生态、组织振兴②。首先，新型城镇化为农业农村农民注入现代要素。一方面，新型城镇化通过向农业注入现代生产要素和服务等为农业现代化提供技术支撑，强化农业科技和装备配置，健全种粮农民收益保障机制和主产区利益补偿机制，加快农村经济发展；另一方面，新型城镇化以人为核心，破除传统城镇化重物轻人的思维，在推进农业转移人口市民化过程中重点关注农民的生存和发展问题，维护农民享有的平等权利，提高农民平等发展的能力，通过开展技能培训等开阔村民眼界，提高农民的现代化水平。其次，新型城镇化为城乡要素流动搭建载体。新型城镇化积极推进产城融合，将产业发展和小城镇建设有机结合，通过集聚城乡资本、人才等要素积极支持和引导乡村产业发展，进而激发乡村发展活力。最后，新型城镇化积极发挥辐射带动作用，带动农村发展。城镇是某一区域政治、经济、文化发展中心，其经济引领力、社会服务力等都在不断增强并辐射到周围乡镇。城镇服务向农村的有效延伸能更好地推动城乡共联共享，保障农民使用和获得公共服务的权利，有效提升农民生活质量。通过城市和乡村两个地方的市场融合，促进经济快速增长，为新型城镇化带来效益的同时也能持续改善乡村生产生活条件、为乡村振兴提供支持。

四、共同富裕背景下城镇化建设中存在的问题

在共同富裕背景下，新型城镇化建设是我国现代化建设的必由之路和必然

① 参见《基层代表畅谈——坚持农业农村优先发展》，《人民日报》2022年10月21日。

② 参见常钦：《汇聚全面推动乡村振兴的磅礴力量（感言）》，《人民日报》2022年10月19日。

选择，为我国经济持续健康发展注入许多内生动力。但在我国新型城镇化建设过程中仍然面临诸多问题，其主要表现在以下几个方面：

1.城市群人口和经济与环境承载能力不匹配

在新时代，城市群是新型城镇化的主体形态。早在2016年《中华人民共和国国民经济和社会发展“十三五”规划纲要》就提出：“坚持以人为核心，以城市群为主体形态、以城市综合承载能力为支撑、以体制机制创新为保障，加快新型城镇化步伐。”“十三五”期间，在国家战略的支持下，城市群在推进大中小城市协调发展方面发挥着辐射带动作用。2021年3月发布的《中华人民共和国国民经济和社会发展第十四个五年规划和2035年远景目标纲要》中提出：“以促进城市群发展为抓手，全面形成‘两横三纵’城镇化战略格局。”2022年3月国家发改委发布的《2022年新型城镇化和城乡融合发展重点任务》中提出新型城镇化的首要任务是推进农业转移人口市民化，并提出提升城市群和都市群承载能力，培育发展现代化都市圈。依托城市群和都市圈促进大中小城市协调发展，推动形成疏密有致、分工协作、功能完善的城镇化空间格局。近几年来，随着我国城镇化建设步伐加快，城镇化建设制度不断完善，在农村人口进入城市生活等方面给予了多方面的政策支持和就业指导，吸引大批农民涌入城市。不同等级城市常住人口调查显示，一线城市展现出超强的磁吸力，常住人口保持每年3.4%的增长速度。二、三线城市常住人口变化波动大，除偶尔下滑之外，常住人口数保持在1.2%的增长速度。四线城市的常住人口数量变化不大，总体较平衡。而要解决农村转移人口落户问题，要求城市群提高其自身人口和经济承载力。然而在已有的19个城市群中，人口和经济承载力差距较大，部分城市群人口和经济承载力偏低，环境承载能力不足，还不足以完全解决农业转移人口市民化问题。且伴随城市磁吸效应而来的是大城市病的出现，城市交通拥堵、环境污染严重、资源供给难以平衡。城市病中表现最突出的就是生态方面的问题，城市发展将经济效益放在首位，而造成生态环境破坏。在城镇化建设中，就环境方面来说，雾霾、水污染、能源消耗过度等问题愈发凸显，且中国全要素能源效率一直处于低水平，这些愈发突显的城市病，已经集中体现为城市环境承载力与城市群人口数量不匹配。

2.城乡发展不平衡不充分制约新型城镇化高质量发展

我国实施西部大开发战略和区域协调发展战略以来，在一定程度上缩小了不同区域城市之间的差距，但在我国城镇化建设过程中，一些城市建设问题仍然突出。首先，中国各地区城乡发展差距仍然较大。东部地区和西部地区农村差距过大，以浙江农村为代表，该农村地区已经开始建设现代化农村新风貌，并以此形成了独具特色的乡村建设，成为高质量发展建设共同富裕示范区。但在西部地区大多数农村还在巩固脱贫攻坚成果。以此来看，两者之间的发展仍然存在较大差距。除此之外，总的来说，与城市相比，大部分农村地区的基础设施、公共卫生、教育资源、医疗、社会保障等方面仍然与城市有较大差距。由于建设资金有限，外加农村地区人才大量向城市地区转移，大部分农村地区“空心化”现象突出，乡村地区难以实现经济社会较快发展。其次，就可支配收入方面，以北京、上海、广州、深圳为代表的一线城市人均可支配收入已达到中等收入国家水平，但西部个别较偏远农村地区和刚完成脱贫的农村地区人均可支配收入仍然处于较低水平。最后，区域发展仍然不平衡。共同富裕不仅是全民富裕，也是城乡区域全面富裕。在区域协调发展战略实施下，我国各个区域发展差距不断缩小，但也要看到中西部地区人才储备和技术支撑不足、发展新动能培育较慢等现状。总之，农村地区受地理区位、发展动能和基础设施等多方面影响，长期发展缓慢，与城市地区仍然存在较大差距，虽有相关政策作为建设的制度保障，但就时间维度来讲，新型城镇化高质量发展还有很长的路要走。

3.基本公共服务供给不均等

新型城镇化是以人为核心的城镇化，而以人为核心也是共同富裕遵循的基本价值。其中，基本公共服务是最基本的民生保障，但是现有的公共服务水平不高，且资源分配不公平，主要体现在以下两个方面。一方面，城市公共服务分配不均。2022 年，我国新型城镇化建设首要任务是推进农业转移人口市民化。党的十八大以来，我国户籍人口城镇化率不断提升。据统计，2012 年我国常住人口城镇化率为 52.57%，户籍人口城镇化率为 35%，二者相差 17 个百分点左右。经过多年户籍制度改革，我国城镇户籍人口不断增加，据公安部统计，截至 2020 年底我国常住人口城镇化率提高到 60%以上，户籍人口城镇化率达到 45.4%，二者相差 15 个百分点左右。这反映在现实中是进城务工的农民工受户籍限制难以享受到与城市居民相同的福利，特别是在职业培训和养老薪酬方面仍然存在较大差异。另一方面，城乡公共服务分配不均。城市与乡村在教育、医疗、养老等公共服务方面差距明显。由于城乡二元结构差异明显，我国城乡社会保障制度差异较大。在推进城镇化建设过程中，城市与乡村的社会保障制度衔接不畅，导致有关农民进城务工的意愿虽强，但受医疗保障制度不完善等因素影响，其参保意愿不强，出现“半城镇化”现象。在教育方面，城市教育资源丰富，而农村受经济发展影响难以引入优质师资力量。

4.小城镇建设短板突出

县城是我国新型城镇化建设的重要组成部分。2022 年 5 月，中共中央办公厅、国务院办公厅印发《关于推进以县城为重要载体的城镇化建设的意见》，系统阐述了以县城为载体推进新型城镇化建设的总部署。县城既能强化与邻近城市的联系，也能辐射带动乡村发展，是推进新型城镇化的重要空间载体。但在现实中，以县城为载体推进新型城镇化建设还面临很多堵点。第一，对于县城在推进新型城镇化方面的作用认识不足。推进县城发展旨在转变偏向城市的发展观念，解决城市空间结构失衡问题。但是在实际工作中，部分县城未充分认识到县城在推进新型城镇化建设中的纽带作用，将城镇化等同于城市建设，将工作重心聚焦于土地开发而偏离以人为核心的新型城镇化方向。如不同地区城镇化建设出现千城一面的状况。第二，县城自我发展能力不足。与大中城市相比，县城在人口、财政、土地等要素发展中优势不强，资源利用率不高，以致县城建设较城市相对滞后。一些县城与邻近城市互联互通水平不够，没有有效发挥对乡村的辐射带动作用。第三，制度的缺失阻碍了县城在推进新型城镇化进程中作用的发挥。县城是联结城市与乡村的枢纽。由于城乡二元壁垒还未完全消除，城乡要素自由流动的通道还未完全打通，所以城市管理、资金等要素进入县城还面临一些制度性约束。

五、新型城镇化实现路径

“十四五”期间，在共同富裕目标下推进以人为核心的新型城镇化必须坚持新发展理念，走集约式城镇化发展道路，加快完善制度，推动城市群和小城镇协同发展，真正建设好以人为核心的新型城镇化。

1.坚持新发展理念，走集约式城镇化发展道路

党的十八大以来，以习近平同志为核心的党中央特别重视新型城镇化建设工作的进展情况，强调在新的历史时期要坚持用发展的眼光看问题，运用新发展理念来解决我国新型城镇化建设过程中的问题。同时，在建设过程中要突破传统的城镇化建设模式，在促进城市经济建设过程中将生态文明意识纳入其中，走出一条新时代中国特色的城镇化发展之路。

从新型城镇化的内涵来看，其重点强调人的主体作用，注重人的全面发展，加强以新发展理念作为建设指引，引领新型城镇化建设。习近平总书记强调，在新的历史阶段要将新发展理念深入到各项建设之中。综观西方发达国家的城镇化建设道路，每一次城镇化的发展中都造成生态环境的严重破坏和生态资源的过度浪费等弊病。在面对我国城镇化建设的城市病问题上，加强生态建设是新型城镇化建设的突破口。第一，坚持以新发展理念作为行动的先导，在提升城市经济建设速度和人的全面发展的同时合理规划城市空间布局，构建优势

互补、高质量发展的区域经济布局和国土空间体系，降低城市建设成本。同时，满足城市绿色发展要求，推动智慧城市和绿色城市建设，提高人居环境水平，坚持绿色生产方式，提升居民环保意识，奋力提升宜居城市、绿色城市、低碳城市、人文城市四位一体的城市建设水准。[①] 第二，按照共同富裕本质要求，在城市建设推进过程中突出人的主体性建设。坚持人民城市人民建、人民城市为人民，提高城市规划、建设、治理水平，坚持按照新发展理念的要求，将“发展成果由人民共享”的理念贯彻到底，实施城市更新行动，加强城市基础设施建设，打造宜居、韧性、智慧城市，不断提升居住环境水平，改善人们的城市生活体验，改进空气污染防治和水污染治理工作，改变人们的出行方式，降低出行的时间成本等。

2.大力发展城市经济，为新型城镇化夯实基础

我国城镇化建设一直朝前稳步迈进，为使城市群更好地发挥辐射带动作用，避免因城市功能过于集中而产生的“大城市病”问题，就要加强中心城市建设，强化城市圈内部各城市之间的互动联系，健全主体功能区制度，优化国土空间发展格局。对于经济规模相对偏低的城市群，要注重加强中心城市建设，提升中心城市的经济水平和辐射能力，通过强大的资源集聚效应和辐射作用逐步缩小城市群之间经济发展差距。要进一步提升我国城市化建设水平，须通过以下几个方面来提升我国城市经济发展水平，加快城市建设步伐。第一，支持创新创业，为进城务工农民提供更多就业机会。就业是民生保障，在新型城镇化建设过程中，需重点关注人的主体性，特别是外来人员这一群体。当城市具备更多的就业岗位时，不仅会带动城市相关产业升级，同时也会增加外来人口人均可支配收入，使城市居民消费升级，促进城市经济发展，缩小城乡差距。第二，推动数字经济建设，打破城乡之间原有界限。互联网的兴起，带动了一系列高新技术的产生，同时，互联网的出现使城市与乡村沟通更加便捷，联系更加紧密。因此，数字经济企业追求生产规模最大化的同时，对其放宽相关数字化经济建设条件，对数字经济发展较弱地区采取宽松的价格扶持政策，以降低数字经济发展产生的城乡共同富裕的门槛效应。第三，利用数字经济带来的便利发展城市特色产业。互联网可以拉近与世界各地的距离，在城市化建设过程中，可利用互联网技术，对本地特色产业进行介绍和传播，促进相关地区旅游业的繁荣发展，提升经济收益，缩小收入差距。

3.加快完善城镇化建设相关制度

推动以人为核心的新型城镇化建设，要重点关注“人”这个主体，满足这一

① 参见《建设人与自然和谐共生的现代化（新征程·全心全意为人民服务）》，《人民日报》2022年10月19日。

主体需求,不断完善新型城镇化建设过程中的相关制度,健全覆盖全民、统筹城乡、公平统一、安全规范、可持续的多层次社会保障体系,推动城乡公共服务均等化。第一,深入推进"五有并轨"[①]。就业方面,强化就业优先政策,健全就业促进机制,促进高质量充分就业,健全就业公共服务体系,完善重点群体就业支持体系,加强困难群体就业兜底帮扶。[②] 教育方面,需解决好进城务工子女教育问题,加快义务教育优质均衡发展和城乡一体化,优化区域教育资源配置,让其子女与城市子女一样有升学、学费减免的权利。医疗保障方面,适当增加城市中进城务工人员的公共医疗服务经费额度,并加强城市与乡村之间社会保障体系的黏性,促进多层次医疗保障有序衔接,完善大病保险和医疗救助制度,落实异地就医结算,建立长期护理保险制度,提高进城务工人员参与城市医疗保险的意愿。住房方面,以发展保障性租赁住房为重点,进一步完善住房保障体系,增加保障性住房供给,实现进城务工人员住有所居。养老方面,完善基本养老保险全国统筹制度,发展多层次、多支柱养老保险体系,维护进城务工人员社会保障权益,同时可通过改革现行缴费高的养老保险设计,降低缴纳费用,使农民有信心完成保险费用缴纳。此外,可将其在城镇里已交的养老保险与农村的养老保险对接,使农民工可顺利将城镇养老保险转到家乡的居民养老保险,以此提高进城务工人员养老保障能力。第二,深入推进"三权落实"。半城镇化现象严重的原因之一就是农民担心失去自己的土地,因此,要深化农村土地制度改革,赋予农民更加充分的财产权益,保障进城落户农民合法土地权益,鼓励依法自愿有偿转让[③],为其创造更多的进城务工条件。第三,完善相关土地政策。一直以来,城市建设问题最主要的就是用地问题,要更加合理地规划农村和城市用地,在不突破耕地红线的情况下,使城乡之间的土地制度更加完善,更具连接性。总之,在推进以人为核心的新型城镇化建设过程中,从人的主体性出发,完善相关制度,使城镇化建设更具制度保障,也更具人文情怀。

4.提升县城建设水平

以县城为载体推进新型城镇化建设,必须深刻认识到县城在新型城镇化建设中的重要性,不断加强顶层设计,强化县城产业支撑,不断推进新型城镇化高质量发展。首先,明确县城定位,消除城市偏向的错误思维,科学定位县城发展,重视县城发展规划与乡村振兴战略的有机衔接,促进县城生态建设、人的建设与

---

① "五有并轨"是指农业转移人口及城市人口促进创业就业、增强教育保障、完善住房供应体系、提供医疗卫生保障以及健全养老服务体系并轨。

② 参见《党的二十大代表热议——在发展中保障和改善民生》,《人民日报》2022 年 10 月 21 日。

③ 参见习近平:《高举中国特色社会主义伟大旗帜　为全面建设社会主义现代化国家而团结奋斗——在中国共产党第二十次全国代表大会上的报告》,《人民日报》2022 年 10 月 26 日。

经济建设三方面协同推进，彰显县城建设新活力以及县城发展前瞻性。就城镇建设同质化现象严重方面来说，需坚持以科学观点编织县城建设蓝图，禁止城镇建设一刀切现象，着力提升县城建设水平。其次，加强顶层设计，不断深化改革，破除城市偏向的体制机制障碍，推动城市、县城与乡村之间要素的自由流动。充分发挥市场在资源配置中的决定性作用，更好地发挥政府作用，提高政府宏观调控和科学管理水平，积极推动人口、土地、资金等重点领域的体制机制改革，实现县域治理体系和治理能力现代化。最后，发展县城特色优势产业，提高县城经济实力和就业吸纳力。积极培育县城特色产业，加强县城产业园区、经济开发区的建设，促进居民就地就业；积极发展农产品加工、储藏、销售产业链，提高当地农产品加工业发展质量；积极培育各类新型农业经营主体，推进农业产业化经营。

党的二十大报告在总结过去十年的成就时，提出“共同富裕取得新成效”①。十年来，我们接续奋斗，打赢了世界上规模最大的脱贫攻坚战，实现了小康这个中华民族的千年梦想，我国发展站在了更高历史起点上，建成了世界上规模最大的教育体系、社会保障体系、医疗卫生体系，共同富裕取得新成效。在部署今后任务时，习近平总书记指出，在新征程上，要“扎实推进共同富裕”这一目标，将促进全体人民共同富裕摆在更加重要的位置。以实现共同富裕为目标，以实际问题为导向，坚持以人民为中心的发展思想，逐步缩小人口城镇化与土地城镇化之间的发展差距，针对城乡区域发展不协调现状提出具有时效性、可行性的政策建议，解决长期存在的“三农”问题、城乡区域发展差距过大的问题、发展过程中的时空错配问题，实现城镇化着力点由“量”向“质”的转变。在实现共同富裕进程中，维护人民根本利益，增进人民福祉，不断实现发展为了人民、发展依靠人民、发展成果由人民共享，让共同富裕成果更多、更公平地惠及全体人民。希望通过此研究，给不同地区城镇化建设中存在的问题提供一些建议和指引，以期积极推进基于共同富裕的新型城镇化的生动实践，脚踏实地、久久为功，让广大人民群众获得感、幸福感、安全感更加充实、更有保障、更可持续，加快实现共同富裕这一伟大目标。②

［原载于《山东大学学报(哲学社会科学版)》2022 年第 6 期］

① 习近平：《高举中国特色社会主义伟大旗帜　为全面建设社会主义现代化国家而团结奋斗——在中国共产党第二十次全国代表大会上的报告》，《人民日报》2022 年 10 月 26 日。

② 参见《基层代表畅谈增进民生福祉——不断实现人民对美好生活的向往》，《人民日报》2022 年 10 月 20 日。

新发展格局下中国文化产业高质量发展的战略思路与实现路径

潘爱玲　王　雪　刘　昕

一、引言

党的二十大报告强调："必须完整、准确、全面贯彻新发展理念，坚持社会主义市场经济改革方向，坚持高水平对外开放，加快构建以国内大循环为主体、国内国际双循环相互促进的新发展格局。"[①]《"十四五"文化发展规划》指出，"贯彻新发展理念，构建新发展格局，推动高质量发展，文化是重要支点"，需要"充分发挥文化在激活发展动能、提升发展品质、促进经济结构优化升级中的作用"[②]。文化产业高质量发展不仅是畅通国内大循环的新发展动能，也是推进中国式现代化进程、实现2035年建成社会主义文化强国目标的重要战略。作为战略性新兴产业和朝阳产业，文化产业独有的精神属性可以充分与新发展格局下提质扩容的现实需求相适应，特别是通过文化功能创新可以实现与其他产业的渗透和兼容，增强内外循环的文化意蕴。同时，文化产业具有的文化传播功能和价值共享特性不仅能作用于特定个体，更能潜移默化地承载民族文化和价值立场，提升中华文化的价值引导力，势必会在新发展格局中发挥重要作用。

然而，新发展格局下我国社会经济的发展阶段、发展环境和发展条件已经发生深刻变化，其背后是增长动能、经济结构和制度规则的全方位转换。[③] 习近平总书记在党的二十大报告中指出："我国发展进入战略机遇和风险挑战并存、不

---

① 习近平：《高举中国特色社会主义伟大旗帜　为全面建设社会主义现代化国家而团结奋斗——在中国共产党第二十次全国代表大会上的报告》，《人民日报》2022年10月26日。

② 《中共中央办公厅　国务院办公厅印发〈"十四五"文化发展规划〉》，http://www.gov.cn/zhengce/2022-08/16/content_5705612.htm。

③ 参见王一鸣：《百年大变局、高质量发展与构建新发展格局》，《管理世界》2020年第12期。

确定难预料因素增多的时期。"[①]国内外的复杂变局使文化产业的发展面临新挑战和新机遇，如何结合文化产业的特性，重新定位并准确把握双循环新格局下实现高质量发展的逻辑和动力，构建文化产业高质量发展的时代路径，对于增强文化自信、推动我国经济持续稳定发展具有重要意义，也是学术界和社会各界关注的重要议题。基于此，本文立足于双循环新发展格局的时代背景，运用经济学、管理学等多学科理论，阐述了新发展格局下文化产业高质量发展的主要表征，并深入剖析了在当前错综复杂的国际形势和经济环境下我国文化产业面临的现实挑战和战略机遇，在明晰文化产业高质量发展行动逻辑的前提下，提出新发展格局下我国文化产业高质量发展的突破路径，为文化产业研究提供了新的视角和思路，为新发展格局下实现文化产业的高质量发展提供政策依据和决策参考。

本文的研究有以下几点增量贡献：第一，厘清了文化产业高质量发展与双循环新发展格局之间的内在联系。结合错综复杂的国际形势，多维度、系统性地剖析两者之间的交互影响，从学理上探究了新发展格局下文化产业高质量发展的主要表征，具有较强的创新性和时代性，是对现有文化产业研究文献的重要补充。第二，从双循环的视角拓展了文化产业高质量发展的研究思路。立足于双循环新发展格局的时代背景，基于内外循环的差异和联系，提出了文化产业高质量发展的根本遵循、切入点和突破点。第三，为"十四五"时期我国文化产业高质量发展提供前瞻性的决策依据。基于"文化产业内循环协同均衡"与"文化产业外循环链条攀升"两个维度探讨了新发展格局下文化产业高质量发展的具体路径，契合了国家将文化产业打造成国民经济支柱性产业的战略要求，可以为中国文化产业的可持续发展和国际竞争力提升提供政策依据和决策参考。

二、新发展格局下文化产业高质量发展的主要表征

文化产业高质量发展是一个洞察、呵护和满足当代中国民众潜隐文化需求的过程，也是实现优质文化产品供给与文化消费潜力激发协同优化的过程，主要包括经济维度的强劲联动性和渗透力、社会维度的广泛辐射力和普惠力、文化维度的强烈价值感召力和凝聚力。[②] 在全面建设社会主义现代化国家的新阶段，我国经济发展的立足点更多放在了扩大内需、提升国内国际双循环的增长

① 习近平：《高举中国特色社会主义伟大旗帜　为全面建设社会主义现代化国家而团结奋斗——在中国共产党第二十次全国代表大会上的报告》，《人民日报》2022 年 10 月 26 日。

② 参见宗祖盼：《深刻理解文化产业高质量发展的内涵与要求》，《学习与探索》2020 年第 10 期。

质量上,而这恰好需要文化产业高质量发展的有力支撑,为此,新格局下文化产业高质量发展的主要表征应包括以下几点:

首先,从需求潜力维度看,文化产业高质量发展应表现在能充分激发内需潜力、推动内循环提质扩容上。随着国民经济的发展、城镇化的推进以及全面脱贫的实现,人民的生活水平不断提高,包括文化产业在内的各产业都面临着前所未有的全新社会语境。在双循环新发展格局下,只有坚持以人民为中心的创作导向生产蕴含着人文情怀的高质量文化产品,才能真正契合人民的兴趣、审美、心理以及灵魂需求,激发人民内心潜在的消费欲望,满足人民群众对美好生活的期盼和新需要,这就要求供给市场重视产品的文化内涵。文化产业高质量发展恰好能够实现文化与多种产业经济的渗透性融合,极大增强产品供给的创意性和差异性。在这种情景下,文化内容产业链及价值链将延伸并与国民经济其他环节密切结合,国民经济中的文化内涵逐渐增加,从而会提升消费市场中的产品供给质量,满足市场的高品质消费需求,不断挖掘内循环经济中新的文化消费热点,促进新消费增长点的培育和成长。因此,文化产业高质量发展应能促进国内消费市场的提质和扩容,提升国内经济大循环中高质量供给与需求的适配度。

其次,从城乡布局维度看,文化产业高质量发展应表现在能为中国新型城镇化建设和乡村振兴注入鲜明的文化基因上。双循环新格局强调空间布局的均衡性,而目前自给自足的农业经济体系和城市现代工业体系的二元割裂抑制了农业现代化和工业化进程,因而亟须寻找能够促进新型城镇化建设与乡村振兴融合的黏合剂。相较于其他产业,文化产业具有较强的辐射力和适应性,极易借助地区的文化比较优势和扶持政策迅速集合成规模化产业集群,进而实现资本、人才、技术等产业要素在空间层面的再集聚,从而建立城乡之间的动力流转机制,推动“土地城镇化”向“人的城镇化”转型。因此,文化产业的高质量发展意味着在空间维度可以实现乡村文化资源的产业化,并利用城市经济的引力效应引导乡村市场的培育和建设,通过空间优化机制促进城乡之间基础设施的互联共通,塑造独特的城市人文环境和区域文化品牌,从而建立乡村与城市间的双向互哺机制,推进新型城镇化建设的步伐,最终实现经济内循环中城乡空间链条的发展成果共享。

再次,从产业结构维度看,文化产业高质量发展表现在能助推中国跨越“中等收入陷阱”上。“中等收入陷阱”是发展中国家在经济腾飞之后必须突破的门槛,在此阶段的经济体由于经济发展方式转变缓慢,其内部经济循环容易出现松弛和“滞胀”问题,所以“中等收入陷阱”的跨越是构建高质量双循环模式的重要前提。一般来说，高收入阶段经济体的服务业比重大多稳定在65%～80%，而我国的服务业占比始终未突破60%。最新统计数据显示，我国2020年第三产业增加值的占比仅为54.5%。因此如何提高现代服务业的比重，推动传统制造业为主导向现代服务业为主导的产业结构转型升级将成为我国跨越“中等收入陷阱”的关键。文化产业具有创意驱动、可持续性强和高附加值等特点，是较为典型的高端现代服务业，按照国家统计局数据测算，2005～2019年我国文化产业增加值年均增长率高达16.9%，说明文化产业始终是推动中国经济高质量发展的重要引擎，虽然近两年增速有所放缓，但仍然是修复我国经济结构失衡的重要动能。所以，文化产业的高质量发展也表现在能否从经济层面提高整个国内经济循环的结构质量上，即通过强有力的经济拉动作用加快国内产业结构的优化升级，规避“中等收入陷阱”，这恰好是构建高质量双循环模式的重要前提。①

最后，从对外开放维度看，文化产业高质量发展应表现在能讲好中国故事、传播中华文化，实现内外循环协调互促上。文化产业是各个国家在世界范围内传播其民族价值观和文化意识的主要渠道，也是促进不同地区、不同民族间文化和宗教相互交流和理解的重要载体。文化产业的这种特殊属性意味着其高质量发展不仅仅局限在经济层面，更重要的是在树立文化自信中的价值引领作用，尤其在对外交流中展现“中国故事”及其背后的思想力量和精神力量方面具有不可替代的作用，关乎国家的文化传播力和内生价值认同。习近平总书记在党的二十大报告中强调，要“推进文化自信自强”，“坚守中华文化立场，讲好中国故事、传播好中国声音，展现可信、可爱、可敬的中国形象”②。要想在当今复杂的国际形势下提升中国的整体实力，就必须摒弃西方文化弥漫性的价值渗透，塑造以追求中国特征、中国价值、中国气度为底蕴的新时代国际形象。因此，从国际层面看，文化产业高质量发展就要不断提升国家文化软实力和国际话语权，让世界更好地认识中国、了解中国，进而以高水平的内循环促进外循环的畅通，最终实现内外循环的协调互促和共生发展，共同推进国家整体实力和发展质量的跃升。

---

① 参见叶初升、李承璋：《内生于中国经济发展大逻辑的“双循环”》，《兰州大学学报(社会科学版)》2021年第1期。

② 习近平：《高举中国特色社会主义伟大旗帜　为全面建设社会主义现代化国家而团结奋斗——在中国共产党第二十次全国代表大会上的报告》，《人民日报》2022年10月26日。

三、新发展格局下我国文化产业发展面临的挑战与机遇

文化产业高质量发展与构建双循环新发展格局紧密契合,而当前世界正经历百年未有之大变局,中美贸易摩擦叠加新冠疫情加剧了社会经济的不确定性,中国的发展面临恶意制裁、疫情冲击、信任缺失和政治摩擦等诸多困境[①],文化产业发展所面临的大环境也发生了根本性改变,新发展格局下我国文化产业要实现高质量发展也面临不少现实挑战。但正如习近平总书记所强调的,“危和机同生并存,克服了危即是机”[②],双循环新发展格局下的不确定性也为其突破发展瓶颈带来了重要的战略机遇。

(一)新发展格局下我国文化产业发展面临的现实挑战

其一,国际意识形态竞争加剧,我国文化产业的海外市场被压缩。中美贸易摩擦及新冠疫情的暴发打断了全球经济一体化的持续进程,各国开始考虑自身的产业链安全问题,贸易保护主义重新兴起[③],加之以美国为首的部分西方国家不断推行所谓的“脱钩”和“去中国化”策略,并以共同的意识形态和价值观为纽带联合部分西方国家建立反华联盟[④],正常的多边合作机制受到严峻挑战[⑤]。为了达到孤立中国的目的,以美国为首的西方国家极力限制并曲解我国的对外文化交流与传播项目,由此进一步恶化了我国文化企业“走出去”的国际环境,国际市场对我国文化产品的吸收能力和外部需求也明显下降。如美国对中国传媒企业进行大规模审查与关停,印度集体下架 TikTok、微信和 QQ 音乐等 59 款热门中国应用软件,直接造成了我国巨大的海外市场损失。在此情景下,受限严重的国内文化企业将被迫退出国外文化市场,我国文化产业的外循环链条可能遭受重创。

其二,文化产品国际传播力和影响力的相对弱势,与中国的大国实力格局不符,较难形成促进文化产业高质量循环的外推力。U.S.News 发布的 2019 年全球文化影响力榜单显示,中国仅位列第 19 位,文化国际影响力与经济总量已成为世界第二的大国地位极不相符。尽管中国已成为全球文化产品的最大出

---

① 沈国兵:《疫情全球蔓延下推动国内国际双循环促进经贸发展的困境及纾解举措》,《重庆大学学报(社会科学版)》2021 年第 1 期。

② 《习近平:危和机同生并存,克服了危即是机》,http://health.people.com.cn/n1/2020/0402/c14739-31658776.html。

③ 参见阎学通:《新冠肺炎疫情为去全球化提供合理性》,《国际政治科学》2020 年第 5 期。

④ 参见李怀亮:《“新冷战”条件下中国文化走出去的战略选择》,《对外传播》2020 年第 8 期。

⑤ 参见仇发华、陈露、吴迪:《新形势下我国区域经济合作的动力及趋势》,《宏观经济管理》2021 年第 2 期。

口国，但与文化全球传播力和海外影响力紧密相关的文化产品出口始终存在结构性失调，文化产品输出带来中华文化元素在全球影响力的提振作用不明显。《中国文化国际传播与影响力报告(2020)》显示，我国在传统纸质文化产品和新型电子文化产品的文化贸易及版权引进与输出、电视节目进出口业务中仍存在较大贸易逆差，且传播范围较难突破亚洲，与英语语言文化产品差距较大，中华文化在世界范围内的影响力和价值引导力还有较大上升空间。这也从侧面说明我国文化产业在国际循环中缺乏自己的文化品牌，仍处于文化产业链低端，文化产品竞争力和认可度不高，与高质量融入国际文化产业循环体系尚有较大差距。

其三，后疫情时代的文化消费趋势放缓，线下消费大大受阻。新冠疫情对部分以线下集聚、实体场景消费和面对面接触式服务为主要特征的传统文化细分行业（如文旅业、影视业）的冲击尤为明显，例如万达电影 2020 年亏损近 67 亿元就是疫情期间传统影视行业的一个鲜明缩影。疫情不断反复，传统线下文化企业的经营环境仍存在较大不确定性。同时，新发展格局下我国经济发展的下行压力较大，与经济发展密切相关的消费增速明显放缓，后疫情时代人们的文化消费需求恢复较为缓慢。如何激活消费潜力、提高文化内需的拉动力成为当前最突出的挑战之一。

其四，文化要素资源配置结构不合理，文化产业区域间循环不畅通。我国文化历史资源和文化现实资源非常丰富，但文化产业的空间布局却与文化资源的丰裕程度很不匹配，区域文化要素禀赋优势和比较优势难以发挥，呈现出东中西部不均衡、城乡发展不均衡等特点。笔者根据 2019 年统计年鉴数据测算，湖北、湖南、重庆、四川等中部地区的文化资源（包含自然资源、历史文化资源、民俗文化资源、美术馆、音乐厅等）最为丰裕，约为东部地区的 1.39 倍、西部地区的 1.44 倍。然而从文化产业法人单位数、从业人员数、文化产业资产总额以及文化产业营业收入等指标综合来看，我国约 64％的文化产业却主要集中于北京、山东、浙江、江苏等东部地区，中西部地区文化产业发展水平相对落后。这说明文化创意、资本、技术、人才等要素的自由流动仍受区域壁垒和市场分割影响，如何疏通文化产业不同区域之间要素流动的“断点”和“堵点”，仍然是新发展格局下文化产业高质量发展的巨大挑战。

（二）新发展格局下我国文化产业发展的战略机遇

其一，疫情防控的成功彰显了中国的大国形象和制度优越性，极大增强了世界人民对中国文化的认同感。在全球疫情蔓延和防控压力增大的情况下，我国总结防疫经验出版了《新型冠状病毒性肺炎预防手册》，成功面向 17 个国家和地区进行了12种语言版本的版权输出，这种代表着中国经验的文化贸易输出破除了西方国家的诸多不实谎言，极大地提升了中国的国际形象。习近平总书记指出："这次疫情发生后，我们怎么应对、应对效果如何，国际社会高度关注。中国人民在疫情防控中展现的中国力量、中国精神、中国效率，展现的负责任大国形象，得到国际社会高度赞誉。"①在全球疫情防控的考验中，中国疫情防控的成功经验不仅向国际社会昭示了中国强大的综合国力和治理效力，更显示了中华民族伟大的精神力量以及敢于战胜一切困难的自强品格，为进一步向世界传递中国声音、讲述中国故事、分享中国方案奠定了基础，有利于减轻中国文化产品"走出去"的价值认同障碍，对隐含中国价值观的文化产品海外输出产生了正面增益效果。

其二，国内消费需求转型为文化产业链优化升级提供了新的契机。复杂国际形势下的海外威胁将推动各类文化企业逐渐改变市场布局，以内需为主的大发展趋势也促使各类文化企业在未来发展过程中更加注重本土化创新，重新深入挖掘中国传统文化中的当代价值，为文化产业内循环链条的升级奠定基础。同时，疫情防控常态化情景下国民的海外消费热情下降，海外消费渠道受阻，文化消费逐步回流，国内文化消费需求加大，提高了文化消费升级的市场韧性，进一步增强了文化产业国内需求链的稳定性。值得注意的是，网络新生代人群逐渐成为新格局下文化消费的主力，其审美需求和消费动机更加多元。与改革开放初期不同，国内庞大的消费主体不再过度执着于海外名牌或崇尚西方文化，而是对承载时代记忆的"中国元素"和高性价比的国民品牌倍加推崇，"国潮风""文物热"等现象反映出国人对优质国货的空前需求，中国本土文化产品迎来崭新的发展机遇。

其三，推动文化产业高质量发展的内生动力后劲十足。首先，从"物质文化需要"到"美好生活需要"、从"落后的社会生产"到"不平衡不充分的发展"，主要矛盾嬗变的背后折射出社会生产力的进步和消费需求的迭代升级，这是文化产业高质量发展的根本动力。其次，网络技术和新冠疫情极大改变了消费者的固有消费习惯，线上文化消费和数字体验式消费模式逐渐被大众接受，为文化产业的数字化转型创造了必要条件。在数字经济领域的先发优势和比较优势下，区块链、5G、人工智能、大数据以及华为鸿蒙操作系统等数字科技的运用契合了文化产业供给侧结构性改革的需求。德国柏林欧洲高等商学院(ESCP)2020年

---

① 习近平:《在统筹推进新冠肺炎疫情防控和经济社会发展工作部署会议上的讲话》,《光明日报》2020年2月24日。

发布的一项报告表明，中国数字竞争力在过去 3 年里排名累计上升了 52 位，为文化产业高质量发展提供了强大的科技支撑力。

其四，中国五千年优秀传统文化积淀形成了丰富恢宏的自然文化遗产和特色鲜明的非物质文化遗产，为文化产业高质量发展提供了不竭源泉。新的国际形势下，我们愈加认识到深入挖掘中华优秀传统文化对打开文化产业高质量发展增量空间具有重要的战略意义。

四、新发展格局下文化产业高质量发展的战略思路

在错综复杂的国际形势下，面对多重挑战和机遇，实现文化产业高质量发展的首要问题是要有明确的战略思路和行动纲领，只有这样，其具体实践路径才有依据和方向。

1.以守正创新和双效统一作为新发展格局下文化产业高质量发展的根本遵循

习近平总书记指出："文化产业既有意识形态属性，又有市场属性，但意识形态属性是本质属性。"[①]新发展格局下文化产业高质量发展必须牢牢把握住价值主线，将社会效益放在首位，实现社会效益与经济效益的统一，这是其持续健康发展的根本遵循。文化产业是通过生产投入和文化产出实现经济价值与意识形态统一的特殊生产机制，也是国家和社会重要的表达系统和传播系统，其文化产品内含的意蕴直接关系到国家自信和社会群体的价值认同，不可避免地会影响人们的价值选择和现实行为。尤其是在当前复杂的国内外局势下，更要做好文化产业的意识形态治理与引导工作，牢牢掌握党对意识形态工作领导权，巩固壮大奋进新时代的主流思想舆论，弘扬社会主义核心价值观，这是保证新发展格局下文化产业高质量发展的核心。

与此同时，文化产业经济属性内生的自发性、盲目性缺陷也决定了文化产业在高质量发展过程中必须时刻具有"底线"思维，坚持守正创新。科技的迅速发展使文化产品的生产方式、传播渠道和消费方式等发生了质变，单纯的市场力量驱动容易引发文化市场"娱乐至上"的乱象，导致优秀传统文化资源被滥用和错用，加剧盗版风险和隐私泄露风险，最终背离社会主义核心价值观，难以真正满足人民群众的精神文化需求。这就意味着能促进文化产业高质量发展的创新是立足于优秀文化资源、扎根于人民群众根本需求的守正创新，且无论是

---

① 《习近平在长沙考察，彰显这两个关键词》，https://news.cctv.com/2020/09/18/ARTIKlp3ObfyU9KqM2oZtEdD200918.shtml。

内循环还是外循环都要在"守正"的基础上把握双循环新格局下文化产业发展的新变化和新需求，探索社会效益和经济效益良性互动的创新机制。

2.从内外循环的差异性入手把握新发展格局下文化产业高质量发展的行动方略

双循环新发展格局以内循环为主体，力求实现各产业在国内市场与国际市场更大范围、更深层次、更强力度的互联和互通，这就意味着实现文化产业高质量发展需要把握内外经济循环中角色定位的差异性，把握住"文化产业内循环协同均衡"和"文化产业外循环链条攀升"的发展主线，这样才能更加高效地利用国内国际两种市场和资源。

一方面，以国内大循环为主体并不意味着文化产业发展进入内卷状态，而是通过调整内循环结构、改进内循环动能来实现高质量发展，进而建立高效畅通的文化产业内循环体系，实现其内循环的协同均衡。根据社会再生产理论，产业的生产供给是各类经济循环的开端和物质基础，而产品的消费则是经济循环的终点和下一轮循环的新起点，因此文化产业内循环的高效畅通需要从文化供需两端入手，完善文化产业内循环的供需链条，保障文化产业内部的供需动态平衡和优化升级。同时，文化产业是一种特殊的产业形态，其形成和发展主要依附特定地域的历史传统、文化设施、高知人群、创意创新氛围等文化资源和载体，并因此产生较为频繁的空间运动变化和调整，所以要实现文化产业高质量发展也需要从内循环支撑空间的协调性入手，保障文化产业发展在区域布局及城乡融合的协同，完善文化产业内循环的空间链条。

另一方面，从整个文化产业发展层面上看，新形势下文化产业的高质量发展也需要重视国际循环。这意味着文化产业发展不能仅局限于国内的市场和资源，而是要推进文化产业内循环体系与国际文化供应链和国际文化大市场的全方位对接，这事关中国在国际社会的引导力及竞争力。特别是当前国际政治经济环境发生较大变化，文化产业在新形势下的长远目标应该是提振中华文化的世界影响力，摆脱以西方国家为主导的价值渗透，这更需要做大做强我国文化产业的外循环体系，在文化产品输出的同时提升中国文化元素在全球的传播力和影响力，推动我国文化产品和服务向全球文化产业链的高端跃升，从而整体提升文化产业在全球经济中的竞争力，创造出新阶段我国文化产业内外循环互促的新模式。

3.以文旅融合作为新发展格局下文化产业高质量发展的切入点

首先，文化与旅游业融合形成的文旅产业是典型的综合性服务产业，其涉及行业面广、乘数效应强、民众参与度高、可持续性强，且具有较高的消费韧性。

虽然新冠疫情蔓延对文旅行业造成了严峻考验，但全球疫情下文旅产业的疲软不是需求不足，而是消费刚需被压制的一场特殊危机[①]，在疫情控制良好的地区，与文旅相关的行业能够迅速实现回弹，且文旅产业的包容性较强，能够整合多方位的文化要素，使各领域、各部门与企业形成异业联动，打通和延长各类产业内循环链条，是刺激消费需求的重要力量。其次，文旅行业的人本价值较高，具有潜移默化的文化感染力和渗透力，是一种传递特色文化的隐形表达方式，既能够在较大程度上契合中国人民的精神文化追求，提升文化产业内循环的质量，也能在文旅全球化进程中推动中国声音和中国价值走出国门，帮助我国文化产业更有深度地、持续地融入国际循环体系。因此，从刺激文化需求强度和促进文化交流角度考虑，实现新发展格局下文化产业高质量发展的目标可以以推动文化与旅游业融合为切入点。

4.以数字化转型作为新发展格局下文化产业高质量发展的突破点

文化产业的数字化转型是文化与广义的数字技术系统性融合的过程[②]，也是新发展格局下创新文化业态的重要手段。作为一种新型要素，数据能够突破时间和空间局限，在撬动文化产业链上企业的创意融通、生产环节优化和供给提质等方面发挥着重要的联动协同作用。所以，文化产业各链条结构的数字化转型能够在文化创意设计环节、文化产品生产环节和文化产品营销环节之间实现精准匹配和流程再造，从而打破文化产业既有的创新模式，提升整个文化产业链条的创新效率和效果。在新发展格局下，新冠疫情的反复性和不确定性加速了文化消费习惯向线上转移，文化产业的数字创新能力更为凸显，通过数字化技术与文化行业融合能够突破时间和空间局限，将受压抑的文化刚性需求及时转换成可实现的有效需求，充分调动接触性的线下传统文化业态与非接触性的线上文化新业态的双重活跃度，更好地满足各种经营状态及不同物理空间的文化需求，推动文化产业的内外循环和交流互动。因此，从促进创新、突破物理和交流界限的角度考虑，利用数字赋能、实现数字化转型将是实现新格局下我国文化产业高质量发展的重要突破口。

五、新发展格局下文化产业高质量发展的实现路径

在构建双循环新发展格局和推进中国式现代化进程的时代背景下，为解决文化产业的关键制约问题，文化产业高质量发展应在坚持守正创新和双效统一

① 参见夏春红、章军杰：《全球疫情冲击下我国文旅全球化能力建设研究》，《山东社会科学》2021年第9期。

② 参见张铮：《文化产业数字化战略的内涵与关键》，《人民论坛》2021年第26期。

的基础上，立足于国内循环与国际循环的差异性，从“文化产业内循环协同均衡”与“文化产业外循环链条攀升”两个维度同步展开。

1.加强文化供给侧与需求侧良性互动和文化产业内循环迭代升级

党的二十大报告强调：“把实施扩大内需战略同深化供给侧结构性改革有机结合起来，增强国内大循环的动力和可靠性。”[①]在双循环新发展格局下，形成文化需求牵引供给、文化供给创造需求的更高水平的供求关系是畅通文化产业内循环的治本之策。为此，应统筹实行文化供给侧结构性改革和文化需求侧管理，消除疫情影响下我国文化产业存在的文化供给梗阻现象以及文化消费内需不足、需求外溢等产业弊端，从而更好地实现文化产业内循环的良性互动和迭代升级。

一方面，应以供给侧结构性改革为契机，创新文化产品供给模式，实现文化产品和服务的高质量供给。要充分借助现代化科技手段，全方位深挖优秀传统文化及其历史底蕴，使其“潮”起来、“动”起来，创造更具“沉浸式”的产品供给。比如，安徽齐云山景区以“汉文化”为媒，借助最新的声、光、电技术，全新讲述传统文化故事，成为新的网红打卡地；山东省杂技团运用传统杂技与现代科技相结合的手段，采用解构和重构理念进行舞台设计，将革命故事《铁道英雄》以令人震撼的全新方式展现出来，突破了以往杂技剧以炫技为主的固有模式。同时，要打破传统的文化传播载体和形式，利用 5G、8K、AI、VR 等技术手段，促进文化供给的场景再造，做到疫情期间文化产品供给“不打烊”，充分满足消费者多元化、立体性的文化需求。譬如敦煌研究院联合腾讯、人民日报社推出“云游敦煌”，消费者足不出户就能够欣赏敦煌石窟的 200 多个石窟和 2000 多张精美壁画，该项目自上线以来总访问量是线下敦煌莫高窟年接待量的 22 倍，彰显了“云文旅”的创造力和巨大市场潜力。进一步地，更要发挥文化产业对其他产业的赋能和引领作用，将文化理念渗透到制造业、服务业和其他相关产业的产品定位、设计、加工、营销的全过程，引导一般性产品向带有文化属性和文化价值的产品转变，提升其品牌价值和文化价值，适时延长文化产业链。

另一方面，更加重视打通需求侧中的关键“堵点”，采取多种方式激发人民在疫情之下被压制的文化消费刚需，消除制约人民文化消费的障碍。探索打造低密度、零距离的文化消费模式，开展多种线上文化消费活动，拓展文化消费新空间。利用“互联网＋”、人工智能、区块链等先进技术改善消费者的被动消费

---

① 习近平：《高举中国特色社会主义伟大旗帜 为全面建设社会主义现代化国家而团结奋斗——在中国共产党第二十次全国代表大会上的报告》，《人民日报》2022 年 10 月 26 日。

状态，大力发展“云综艺”“云展览”“云旅游”等多样化的新型互联网文化消费形态，通过直播、短视频等实时互动的消费场景拓展文化消费新空间，形成线上线下并行发展的文化消费新模式。受疫情冲击影响较大的传统剧团、乐队等线下演出行业应充分适应新的环境，将舞台艺术作品向视频平台迁移，开启付费直播新模式。除此之外，也要推动企业通过运用大数据、云计算等手段更精准地刻画消费者需求，进一步挖掘消费者的潜在需求并创造新的需求。特别是应抓住当前海外高端消费回流的机遇期，不断培育新的文化消费热点，尤其要关注“90 后”“00 后”等对新技术有较高积极性和参与性的年轻一代群体的消费需求。

2.优化文化要素空间布局与文化产业内循环均衡发展

新发展格局下，文化产业高质量发展必须缩小要素间的区域差距，促进要素自由流动，实现文化产业的空间布局优化，这是畅通文化产业内循环的题中之义。通过采取多种手段优化文化产业空间布局，不仅有助于当前中国产业发展内循环的均衡性，促进文化产业空间链条的均衡有序，亦有助于增强中西部地区的产业韧性和对外来投资的吸引力，巩固脱贫攻坚成果，为缩小我国区域发展差距、促进乡村振兴提供动力源泉。

首先，以政府引导、精准帮扶为导向促进文化产业要素在不同区域间自由流动，形成东部地区与中西部地区文化产业错位发展、联动升级的发展新格局。政府应借鉴精准扶贫和对口支援模式，积极推动和引导东部发达省份将资本和人才输出到中西部落后地区，在文化产业欠发达地区实施有区分的、基于各自比较优势的发展路径。在具体实施过程中，政府帮扶应由传统文化产业政策向营造高质量竞争有序环境政策转型，着力优化中西部落后地区的文化产业发展环境，充分挖掘当地的历史文化资源，发挥比较优势，建立适合当地文化资源特色的文化产业发展模式；支持民族地区发展特色文化产业，繁荣发展少数民族文化。设立文化产业试验区，根据文化产业区域特性制定适宜的税收优惠政策。通过文化产业专项基金，引领资本、人才、创意、数据等文化产业要素由东部发达省份向中西部地区流动，提升文化产业要素跨区域流动的质量和效率，逐步实现文化产业区域布局由局部集聚走向动态平衡。

其次，文化脱贫与经济脱贫并重，挖掘乡村文化资源优势，打造属于当地特色的文化品牌，增添乡村传统产业的文化附加值。借助乡村振兴和脱贫攻坚的机遇，在经济脱贫的基础上实现文化脱贫，扎实推动乡村产业、人才、文化、生态、组织振兴，才能缓解文化产业空间格局的城乡严重失衡问题。习近平总书记指出：“实施乡村振兴战略不能光看农民口袋里票子有多少，更要看农民精神风貌怎么样。"[①]因此,应大力发掘乡村文化、民俗文化和自然资源特色,保护和挖掘地方非遗资源,实现非遗转化创新。积极鼓励、支持和发展原乡、旅居、民俗等多种业态,提质升级乡村旅游,培育和打造乡村文化旅游示范村。例如,云南省的永富村积极开发"半山耕云"项目,融入当地的高原乡村文化、农耕文化、少数民族文化、红色文化等四大特色文化,成为当地独具特色的乡村旅游名片,也成为疫情之下当地游客乡村游、近郊游的优选。此外,也要逐步加大对乡村公共基础设施的投入,增加乡村文化阅览室、博物馆、文化广场等设施;实施文化惠民工程,健全乡村公共文化设施网络,提升乡村公共文化服务水平。借鉴经济脱贫模式,实施对乡村地区和"老少边穷"地区的文化帮扶,加大城乡间人才、资本的双向流动,让乡村地区享受与城市地区同样的精神文明成果和基本文化权益。

3.塑造开放型、国际化的文化发展格局与文化产业外循环链条攀升

习近平总书记在党的二十大报告中指出,要"坚持高水平对外开放","提升国际循环质量和水平"[②]。推动文化产品和服务"走出去",提高文化产业的国际竞争力,加快构建中国话语和中国叙事体系,是双循环新发展格局下实现文化产业高质量发展的必由之路。如何在文化产品输出的同时提升中国文化元素在全球的传播力和影响力,成为新发展格局下推动文化产业链向高端跃升的关键。

第一,树立国际品牌意识,打造具有世界影响力的中国文化品牌。推动中国文化产业在全球产业链条中由组装、加工的中下游环节向文化 IP 孵化、创意、授权等上游环节攀升。在这一过程中,既要加强自身文化品牌建设,加大对中华优秀传统文化的探索、研究和创新转化,同时也要充分研究中国故事国际表达的有效方式,形成能与国际交流的对外话语体系。受全球疫情等外在条件影响,我国优秀传统文化产品出口相对停滞,但是以游戏、网络文学等为代表的数字文化产品出海力度较大,成为中国文化对外传播的新载体和新表现形式。阅文集团成功将中国的网络文学和运营模式带到海外,引发了一股海外中国网文热;李子柒以短视频为依托传播不一样的中国文化和自然风光,创下"YouTube 中文频道最多订阅量"的吉尼斯世界纪录,开拓了讲好中国故事的新思路。这些互联网时代的"爆款"文化产品都充分表明,依托动漫游戏、网络文

① 《习近平:农村要发展需要好的带头人》,http://www.xinhuanet.com/politics/2017-12/12/c_1122100825.htm。

② 习近平:《高举中国特色社会主义伟大旗帜 为全面建设社会主义现代化国家而团结奋斗——在中国共产党第二十次全国代表大会上的报告》,《人民日报》2022 年 10 月 26 日。

学、网络音乐、网络视频、创意设计等方式让优秀传统文化资源焕发新的生机，形成一批具有鲜明中国文化特色的文化 IP，将成为树立中国形象、传播中国声音，全面提升国际传播效能，增加中国文化全球影响力的新动能，亦将形成助力中华民族伟大复兴的文化力量。

第二，以构建境外产业园区或产业板块为抓手，积极推动我国与“一带一路”共建国家和亚非拉国家多种形式的人文交流，助力中国文化“走出去”。当前，我国已经成为 140 多个国家和地区的主要贸易伙伴。借助“一带一路”建设、亚太区域合作以及中非命运共同体构建的发展机遇，将中国元素融入文化产品中并优先向文化认同感较强的国家传播，更多地展现国家文化“软实力”。特别是，在境外产业园区的建设管理中应将文化产业要素作为不可或缺的一环加以考虑，既要弘扬中国的特色文化和优秀传统文化，也要添加东道国当地的异域文化要素，激发东道国消费者心理上的情感共鸣。如可以在境外产业园区内设立文化剧场，利用已建立的丝绸之路国际剧院联盟等国际平台，共同开发和孵化具有全球价值、符合当地市场需求的演绎剧目，推动中国文艺精品真正走入当地文化市场，增进与“一带一路”共建国家和亚非拉各国人民的文化互信和民心沟通。

第三，以自由贸易试验区为依托探索中国特色文化产业体系和国际文化产业体系交流与合作的新模式，吸引国外优秀文化产品和高质量文化要素资源流入，形成以内促外、内外互促的双向开放和融合新格局。一是要加强以海南自由贸易港为代表的自贸区在文化产业领域的顶层设计，推动自贸区建设由实物资本投资向文化、知识资本投资转变。充分利用国内广阔文化消费市场的虹吸效应，吸引全球高端创意要素和人才流入。在这一过程中，要始终把社会效益放在首位，维护国家文化安全，对涉及意识形态领域的文化内容加强监管，审慎适度地扩大文化产业领域的对外开放广度和深度。二是在坚持正确导向的基础上，借助自贸区的发展契机对文化产业领域进行先行先试的制度创新，为新发展格局下我国文化产业发展带来开放的红利。率先探索并主动对接高标准的国际文化贸易规则体系，完善文化产业备案制管理、知识产权保护制度以及负面清单管理模式，营造自贸区优良的文化产业投资环境和竞争环境，支持中国本土文化企业与外资企业在版权输出、影视制作、IP 开发等领域开展深度合作，消化、吸收国外先进的发展理念和技术经验，并立足于本国的实际国情和文化要素资源，研发、创新有鲜明中国特色的文化产品，打造新发展格局下文化产业高质量发展新高地。

第四，企业也应自觉担当起中国文化海外传播的时代使命，以产品“走出去”、企业“走出去”带动文化“走出去”。在中国产品和中国企业“走出去”的过程中,应着力加强中国高端制造业的海外形象建构工作,以有温度、有厚度、诚实守信的中国企业形象促进中国文化的海外传播。在相互尊重的基础上,以无形性、灵巧性等“润物细无声”的方式突破国家间跨文化融合的阻力和障碍,减少“文化折扣”现象,传递中国优秀企业的理念和价值观,进一步展现国家文化软实力,形成支撑高质量国内、国际双循环的文化力量。

4.推进新型文化数字化战略与文化产业双循环提质增效

在新一轮技术革命浪潮下,通过数字化战略提升文化产业链现代化水平和产业要素流动效率是新发展格局下文化产业内外循环提质增效和循环效率提升的重要引擎。

首先,借助数字化机遇促进文化企业商业模式创新,实现传统文化产业的数字化改造。推动传统文化企业向智能识别需求、大数据云展示、全产业链存储控制等方向转型,促进文化产业链条上单个文化企业生产效率和产品价值的提升。鼓励各类新兴平台开发新型的文化产品和服务,支持互联网企业打造数字文化精品,发展多样性、立体化、数字化文化新业态。

其次,搭建文化产业的大数据信息服务平台,利用数字化展览技术、云储存技术、网络授权交易技术等实现大数据信息在文化产业链条上的多元共享,促进文化需求与供给、金融资本与文化资源、政府政策与要素支持的有效对接,增强文化产业链条各环节的前后关联性,确保消费市场内部的高质量需求可以顺利传递至文化产业链的各环节。

再次,大力发展数字化文化产业集群,建立文化产业与其他产业的跨界融合联动机制。利用数字化技术建设线上线下结合的知识链聚集平台,改变文化产业集群的传统空间结构,实现文化产业链条上不同区域企业的纵向和横向协同,重塑文化产业集群内企业链和供需链的空间布局,打造以互联网平台为虚拟空间聚合点的新型文化产业集群,实现文化产业链的横向和纵向延伸。

最后,在数字化文化产业的发展中,应避免将数字化技术作为纯粹的工具而出现滥用数字化和过度娱乐化倾向,要加强对文化产品流通过程中行为数据、消费数据、交易数据的跟踪管理,防止文化产业内容空心化等现象。

5.营造竞争有序的发展环境与完善文化产业双循环治理保障机制

一是完善文化经济政策,多措并举为文化企业纾困解难。在特殊时期,要充分发挥有为政府在政策保障和优化资本配置方面的作用。政府应主动对接金融部门,将演艺、影视、文旅等受疫情冲击较大的文化产业列为当地金融优先支持的重点领域,创新文化产业投融资模式,满足困难时期文化企业产品服务创新、兼并重组、产业升级等方面的资金需求，稳住文化产业恢复发展基本盘。例如，北京市发放 1.95 亿元“投贷奖”降低了特殊时期文化企业的融资成本；雄安新区开展消费补贴和运营补贴，并降低企业防疫成本，保障了现代服务业的健康有序发展。政府各类文化经济政策的出台为文化产业的稳定发展注入活力，也是文化企业平稳顺利通过疫情大考的有力支撑。

二是推动信息平台建设，实现资源的多边共享。借鉴浙江省“浙朵云”发展模式，采取政府采购等方式，鼓励和支持各省市建立文化产业大数据库，着力打造文化产业服务平台、文化产业交易平台，促进信息、创意、服务、人才、科技等要素在不同区域和行业间的流动；进一步深化体制机制改革，加强各部门之间的交流与合作，打破制约文化产业发展的区域壁垒和行业壁垒，为文化产业健康发展释放制度红利。

三是完善由多元主体共同参与的上下互动、多维合作的监督治理体系。文化产业在发展过程中要始终坚持将社会效益放在首位，这就需要政府、行业协会、企业、媒体、公众等多个主体共同参与监督和治理。政府应将重事后管控转为前瞻性指导，对新技术催生的文化新业态以及网络文化中的不良文化内容，运用现代化的技术手段进行监督治理；对文化产业的内容生产进行价值引领，确保产品内容符合正确的价值取向，形成文明健康的网络文化空间。坚决打击盗版和侵权行为，加大文化领域的知识产权保护力度，营造秩序良好的文化生态系统，为文化产业高质量发展营造绿色文明、竞争有序的生态环境。

六、结语

文化产业的高质量发展不仅是畅通国内大循环的必要动能，也是实现国际循环、应对百年未有之大变局的战略选择。面对国内国际形势的变化，文化产业的未来发展既有挑战又有机遇，既有外生压力又有内生动力。在双循环新发展格局下，我国必须在坚持守正创新、双效统一根本原则的前提下，把握内外循环的差异性，通过多种路径实现文化产业的高质量发展。这些路径包括：构建更高水平、更高质量的文化产品供给体系，发挥文化产业对其他产业的赋能和引领作用，同时也要打通需求侧中的关键“堵点”，激活刚性文化消费需求，加强文化供给与需求的良性互动和内循环的迭代升级；以政府引导、精准帮扶为导向，文化脱贫与经济脱贫并重，促进文化产业要素在不同区域间自由流动，推进乡村文化产业体系建设，优化文化要素空间布局，实现文化产业内循环均衡发展；加强国际文化品牌建设，以构建境外产业园区或产业板块为抓手，以自由贸易试验区为依托，探索中国特色文化产业体系和国际文化产业体系交流与合作的新模式，助推中国文化产业在全球价值链条上的持续攀升，形成以内促外、内外互促的双向开放和融合新格局；培育以创意和技术为核心的数字文化产业链，通过数字化战略提升产业链现代化水平，建立集数据处理和数据交易于一体的文化产业要素市场，打通文化产业链上下游的柔性创新通道，推动文化产业双循环提质增效；完善文化经济政策，推动全国文化产业信息平台建设，完善由多元主体共同参与的上下互动、多维合作的监督治理体系，打造健康有序的文化产业内外循环生态环境。

[原载于《山东大学学报（哲学社会科学版）》2022 年第 6 期]

中国式现代化与第四次工业革命:风险和应对

马 奔 叶紫蒙 杨悦兮

第一次工业革命开启了现代化历程,并成为人类文明历史的分水岭。前三次工业革命以西方为主导,其现代化理论蕴含着单线进化论的假设,西方现代化模式被有些人奉为圭臬。例如,有西方学者指出,“从历史上看,现代化是一个朝着欧美的社会、经济和政治制度演变的过程”①。但是,这种“趋同论”观点已经被实践证明是没有说服力的,“现代化”不是“西方化”的同义语,人类现代化的实践丰富多彩,每个国家都有权利走符合本国国情的现代化道路。在过去的一百多年,中国共产党开启了探索现代化中国方案的历史征程,坚持现代化的主体性,成功推进和拓展了中国式现代化,“中国式现代化为人类实现现代化提供了新的选择”②。

当前,以人工智能、无人控制技术、量子信息技术、虚拟现实以及生物技术等为驱动力的第四次工业革命,正以前所未有的发展态势席卷全球,世界再次迎来了新一轮现代化浪潮。在2013年德国汉诺威工业博览会上,“第四次工业革命”成为热议话题。在以科技革命为主要内容的第三次工业革命进程中,中国与西方的距离逐渐缩小,中国式现代化的优势逐渐凸显。我国应该争夺第四次工业革命的制高点,并努力成为第四次工业革命的领跑者。第四次工业革命对中国式现代化既带来难得的机遇,也带来严峻的风险挑战。因此,在推进中国式现代化的进程中,在把握第四次工业革命所带来的发展机遇的同时,我们也应充分认识其风险挑战,并采取有效治理措施。

---

① S. N. Eisenstadt, *Modernization: Protest and Change*, Englewood Cliffs, NJ: Prentice-Hall, 1966, p.1.

② 习近平:《高举中国特色社会主义伟大旗帜 为全面建设社会主义现代化国家而团结奋斗——在中国共产党第二十次全国代表大会上的报告》,《人民日报》2022年10月26日。

一、在中国式现代化进程中树立第四次工业革命的风险意识

前三次工业革命分别是以蒸汽机作为动力并广泛使用的机械化时代，以电气工业诞生为标志的电气化时代，以计算机、半导体迅速发展为标志的信息化时代，它们体现了世界范围内从农业社会向工业社会、信息社会转变的现代化进程。21 世纪以来，世界上诞生了一些颠覆性的技术。相当多的学者认为，当今世界已进入了全新的发展阶段并称之为“第四次工业革命”。但对何谓第四次工业革命，学界尚未形成统一的内涵界定和时间划分。本文在参照已有研究的基础上[①]，总结了四次工业革命的时间、历史意义和主导技术等，如表 1 所示。第四次工业革命涉及的技术创新，主要包括人工智能、万物互联、大数据分析、无人驾驶、区块链、量子计算、基因测序及编辑技术等 21 项。[②]

表 1　四次工业革命的对比

	第一次工业革命	第二次工业革命	第三次工业革命	第四次工业革命
时间	18 世纪 60 年代～19 世纪 40 年代	19 世纪末～20 世纪初	20 世纪 40 年代开始	21 世纪以来
历史意义	机械时代	电气时代	电子时代（信息时代）	智能时代
主导技术	蒸汽动力	内燃机	电子技术与原子能技术	信息技术、生物技术、新能源技术等
代表产物	织布机、蒸汽机	电灯、电话、汽车	计算机、半导体	人工智能、量子通信、生物科技、核聚变能源
主导国家	英国	美国、德国	美国	中国、日本、美国、德国

资料来源：作者整理。

从目前的发展现状来看，第四次工业革命仍然是一种以需求为导向、以新技术为手段的市场化过程。[③] 与前三次工业革命相比，其共性在于导向和手段，

① 参见陈平：《代谢增长论：技术小波和文明兴衰》，北京：北京大学出版社，2019 年，第 92～96 页；阳军、樊鹏：《新技术革命的风险、挑战与国家治理体系适应性变革》，《国外社会科学》2020 年第 5 期。

② 参见[德]克劳斯·施瓦布：《第四次工业革命：转型的力量》，李菁译，北京：中信出版社，2016 年，第 124～183 页。

③ 参见郭凯明：《人工智能发展、产业结构转型升级与劳动收入份额变动》，《管理世界》2019 年第 7 期。

不同之处在于技术的新特性。[①] 在第四次工业革命中,技术创新迅速在多个领域展开并取得了多项成果,甚至连技术的更新和运行都可以由技术本身完成,这很可能会带来某些难以预测的结果。

当今世界正经历百年未有之大变局,第四次工业革命给中国带来重大发展机遇。党的二十大报告指出:“从现在起,中国共产党的中心任务就是团结带领全国各族人民全面建成社会主义现代化强国、实现第二个百年奋斗目标,以中国式现代化全面推进中华民族伟大复兴。”[②]推进中国式现代化,要求我们把握住第四次工业革命的重大历史机遇,为2035年基本实现社会主义现代化和21世纪中叶建成社会主义现代化强国提供科技支撑。推进中国式现代化离不开科技支撑。党的二十大报告对科教兴国战略进行了规划部署。同时,我们也要认识到,我国虽然在专利授权数量、论文发表等方面跃居全球首位,但在关键核心技术、基础研究方面与美国等西方发达国家还存在一定差距,与中国式现代化的要求也存在一定差距。例如,在技术创新能力方面,2020年世界知识产权组织发布的《全球创新指数报告》显示,中国在131个经济体中位列第14位,在光刻机、芯片、操作系统、航空发动机、触觉传感器等领域的科技创新尚未取得重大突破,还需要“集聚力量进行原创性引领性科技攻关,坚决打赢关键核心技术攻坚战”[③]。因此,在第四次工业革命浪潮中实现第二个百年奋斗目标,就需要充分发挥中国式现代化的制度优势,把科技创新和科技自强作为现代化建设全局的战略支撑。

同时,在高度复杂、迅速变化的技术创新浪潮中保持风险意识,显得尤为重要。我们要认识到,人类现代化与风险相伴而生,不管人类现代化在化解风险威胁的过程中进步到何种程度,新兴风险总是以出乎意料的形式挑战人类现代化的进程。工业革命是一把“双刃剑”。德国社会学家乌尔里希·贝克认为,人类在工业社会后进入了以风险为本质特征的社会。历史上的每一次工业革命和现代化转型经验均表明,科技创新在现代化进程中不可替代,但其中也隐藏着风险与灾难,在利用技术解决问题的同时不可避免地引发了新问题。短时间内,人们可以清晰地感受、信任甚至高估技术创新的价值,却对其在未来很长一

① 参见[意]卢西亚诺·弗洛里迪:《第四次革命:人工智能如何重塑人类现实》,王文革译,杭州:浙江人民出版社,2016年,第31~35页。

② 习近平:《高举中国特色社会主义伟大旗帜 为全面建设社会主义现代化国家而团结奋斗——在中国共产党第二十次全国代表大会上的报告》,《人民日报》2022年10月26日。

③ 习近平:《高举中国特色社会主义伟大旗帜 为全面建设社会主义现代化国家而团结奋斗——在中国共产党第二十次全国代表大会上的报告》,《人民日报》2022年10月26日。

段时间内衍生的风险知之甚少。事实上，技术创新的背后是风险的疯狂生长和蔓延。①

相比较前三次工业革命，第四次工业革命的形态、速度、广度、深度和复杂程度都有很大不同，其带来的不确定性仍在演化的过程中，它的风险和挑战也在考验着人类的治理能力。有学者在分析风险挑战与现代化之间关系基础上认为，中国在实现工业、农业、国防、科学技术等方面的现代化之外，越来越需要实现"第六种现代化"，可以概括为风险治理的现代化。② 在第四次工业革命发展过程中，众多颠覆性技术创新在释放能量的同时，亦使社会发展面临着无法完全预测的风险。因此，在推进中国式现代化进程中树立第四次工业革命的风险意识，并采取科学有效的风险治理措施，是在第四次工业革命大潮中推进中国式现代化的必然要求。

二、第四次工业革命的特征及风险挑战

在推进中国式现代化的进程中，为了有效应对第四次工业革命的风险挑战，我们首先应该对其发展特征有清醒的认识和把握，在此基础上对其可能产生的主要风险挑战进行梳理，并结合中国式现代化的要求提出应对措施，进一步推进中国式现代化的实践与探索。

（一）第四次工业革命的特征

在总结已有研究的基础上，本文将第四次工业革命的特征概括为以下三点：

一是技术创新的全面渗透性。与前三次工业革命以某项技术或某个产业的创新为标志不同，第四次工业革命不再拘泥于单一领域、单一技术的突破创新，技术创新全面渗透进人类生活的方方面面，并在多个领域集中爆发，技术之间的交叉与融合又催生了新的技术。目前的技术创新横跨信息、物理和生物三大领域并进行互动，在人工智能、生物技术、新材料和新能源等多类技术群落融合应用，技术的应用场域也在交通、工业制造、生物医疗、商品零售等多个领域全方位展开。

二是后果的难以预测性。第四次工业革命的技术创新渗透到了社会生活的方方面面，这给整个社会体系、人类自身的定位和价值带来的改变都将是难以预测的。这次技术变革给全人类带来了比前三次工业革命更为强烈的危机

---

① 参见张鑫、王明辉：《中国人工智能发展态势及其促进策略》，《改革》2019年第9期。

② 参见[美]理查德·希特迈尔：《"第六种现代化"：中国、安全及风险管理》，《国外理论动态》2009年第10期。

感。例如，在2017年全球移动互联网大会上，物理学家霍金表达了对人工智能发展的担忧，“人工智能也有可能是人类文明史的终结”[①]。而2018年的基因编辑婴儿事件更是验证了，即使是在监管严格的生物技术领域，技术创新也会带来不可预测的后果。在技术创新为人类社会注入无限活力的同时，个人信息和隐私保护、智能创作内容的知识产权保护等问题，尤其是人工智能系统可能存在的歧视和偏见、脑机接口和人机共生的科技伦理等问题，已初现端倪并引起广泛讨论。

三是技术的“自主性”。“自主性”(autonomy)概念一般应用于人类。康德认为，自主不仅仅意味着自由意志与行动，同时也意味着具备相应的道德。[②] 第四次工业革命中的技术已可以具备自由意志和行动，其更新和运行可以脱离人类而在技术内部自行完成。[③] 以计算机编程为例，以往的编程模式是将复杂问题简单化从而写入代码并且让软件执行编程者所设定的任务。但是，现在的智能算法使机器具有了自由意志和行动，机器拥有自主学习的能力后能够直接处理复杂问题，甚至可以理解人类自然语言、识别图像和语音，并提供准确的判断和预测，而非简单罗列搜索或计算得到的结果。[④] 目前，技术是否具备道德仍是值得探讨的话题。多位学者已就第四次工业革命的技术“道德自主性”问题进行了深入探讨。反对技术“道德自主性”的学者，大多遵从康德学派的理性理论，侧重于对技术滥用的批判，认为技术本身是没有道德的，因而并不具备“自主性”。[⑤] 但也有支持技术“自主性”的伦理个人主义者，他们认为，技术本身可以成为独立的责任承担者，无须在乎技术是否具有道德，因而技术可以具备“自主性”。[⑥] 从技术能不能具备道德入手来解释技术的“自主性”，技术可以具备道德理性的决策方式，因而是可能具备道德的。以人工智能的算法为例，人工智能的算法通过数据间的联系寻找最优解的运算模式，符合人类从经验中总结规律的思考方式；而人工智能的决策也是在理解人类需求的基础上与人类合作，因而也是涉及道德的，如自动驾驶汽车不仅需要避免产生碰撞，也需要在程序

---

① ［英］斯蒂芬·威廉·霍金、周翔：《让人工智能造福人类及其赖以生存的家园》，《科技中国》2017年第6期。

② 参见董山民：《康德“自主性”概念及其超越》，《中南大学学报（社会科学版）》2007年第6期。

③ M. Rüßmann, M. Lorenz, P. Gerbert, et al., *Industry 4.0: The Future of Productivity and Growth in Manufacturing Industries*, Boston Consulting Group, 2015, pp.54-89.

④ 参见［德］克劳斯·施瓦布：《第四次工业革命：转型的力量》，第161页。

⑤ 参见［德］尤尔根·哈贝马斯：《后民族结构》，曹卫东译，上海：上海人民出版社，2019年，第219～226页；刘静：《基因编辑与人的尊严——关于基因技术革命的伦理学思考》，《学术月刊》2021年第9期。

⑥ D. Ronald, *Sovereign Virtue: The Theory and Practice of Equality*, Cambridge, MA: Harvard University Press, 2000, p.452.

设计上考虑人类安全。作为第四次工业革命的核心特征，技术的“自主性”几乎是所有风险产生的根源。无论是自由意志和行动，还是可能存在的道德，都不是完全稳定的。如果不加以适当干预，全面渗透于各个领域的技术“自主性”负外部性会带来难以预测的后果。

（二）第四次工业革命的风险挑战

第四次工业革命在带来颠覆性创新力量的同时，也不可避免地带来系统性的风险挑战，此次工业革命究竟以何种姿态呈现将取决于人类自身。因而，应当对第四次工业革命带来的风险挑战进行全面的思考与分析。下面，我们以第四次工业革命的代表性产物——人工智能为切入点，分析第四次工业革命带来的风险挑战。人工智能作为第四次工业革命的代表性产物，有着相对于其他技术更加快速、成熟的发展，已渗透到社会生产和人们生活的各个领域，改变着人类的行为方式、治理方式、生活方式和思维方式，带来了诸多风险挑战。

一是“机器问题”带来的社会就业问题。与前三次工业革命相同，“机器问题”(machinery question)同样在第四次工业革命中引起了社会就业问题的讨论。① 第四次工业革命中技术本身所特有的“自主性”加快了机器自动化的速率，人工智能的蓬勃发展可能会替代大多数人的工作②，全世界范围内一半以上的工作会在2055年左右实现完全的自动化③。越来越多的研究结论让许多人悲观地对技术创新带来的就业问题表示焦虑，当然，也有乐观者坚信，第四次工业革命将会在取代一些工作岗位的同时创造其他就业机会。他们认为，技术创新背景下特定行业生产率的提高虽然会降低该行业的就业率，但是其所带来的溢出效应又会促使其他行业劳动力需求的增加，从而使社会总就业率提升。④因此，“机器问题”并不必然会降低总体的劳动力需求，它对人类劳动者的影响更多的是结构性变化。

我国人工智能技术对现代化制造业产生了极大影响。机械化、流程化、格式化的传统人工生产方式正转向大数据化和智能化生产模式，劳动者在生产中的地位不断发生变化，劳动分工精细化也加快了劳动力市场的流动速度，中国制造正迈向“中国智造”。⑤ 而在智能制造迅速发展的态势下，其代替人类劳动

---

① 参见王阳、李爽、张本波等：《第四次工业革命对就业的挑战与建议》，《经济纵横》2017年第11期。

② 参见谢新水：《人工智能发展：规划赋能、技术自主性叠加与监管复杂性审视》，《浙江学刊》2020年第2期。

③ 参见麦肯锡全球研究院：《人机共存的新纪元：自动化、就业和生产力》，2017年1月。

④ A. Agrawal, J. S. Gans, A. Goldfarb, “Artificial Intelligence: The Ambiguous Labor Market Impact of Automating Prediction”, *Journal of Economic Perspectives*, Vol.33, No.2, 2019, pp.31-50.

⑤ 参见沈洋、张秀武：《智能制造、产业集聚与劳动力错配》，《中国流通经济》2022年第4期。

者执行生产任务的趋势越来越明显，生产线上的生产方式和相应的劳动分工均发生了重组，失业风险大概率会聚集在拥有较低技能、无法实现自我调节和自我提高的社会底层，这可能会固化原先就存在的社会阶层的不平等，进而造成社会关系的紧张与对抗，不利于社会稳定，亦对包容性增长带来挑战。

二是技术监管滞后带来的隐私风险。我国新一代人工智能技术发展迅速，众多人工智能产业和企业的技术迭代速度远远超越了政府监管水平的适应性，进而出现了隐私风险。作为前一次工业革命中问题的延续，隐私风险在技术“自主性”的自由意志和行动作用下愈来愈大，而政府监管准则和相关政策规定的发展有特定程序且变化较为缓慢，无法及时提供对私人领域的保护，常常出现“风险在前，规制在后”的时差挑战。目前，政府在虚拟空间中的追踪和监管能力仍然较弱，传统法律、行政法规不仅难以适应复杂多变的市场环境，更难以对技术创新和新兴企业实施有效监管。新兴人工智能技术企业去实体、虚拟化的特点削弱了政府的监管能力，而以算法为基础的区块链系统正在逐步消解政府在知识产权、公证等方面的监管职能。①

新型人工智能产品和算法在提供极大便利的同时，也使原本私密的空间和信息不断受到侵蚀。在我国，公民在各类线上平台留下的数字痕迹，被形形色色的平台和企业利用人工智能数据挖掘、过度索要授权等方式收集、分析、共享并形成具体的用户画像及偏好，用以推荐更具有针对性的商品、信息及新闻，从而刺激用户的心理以左右其经济行为，而用户作为数据的主要生产者却对个人信息偏好的二次利用和增值挖掘既不知情也无法自主选择。② 2020 年，工信部通报了 131 家利用大数据、人工智能等新兴技术侵害公民权益的 App 企业名单并责令进行整改，但由于缺乏具体操作准则和政策，部分企业在整改过程中仍存在推诿、阻挠、拖延现象。在几乎每一个人都变成“透明人”的数据社会，技术的“自主性”不但使个人隐私面临着极大的暴露风险，甚至有可能使人类使用者成为技术的奴隶。如何平衡数据使用和个人隐私保护二者之间的关系，仍然是第四次工业革命亟须解决的问题。

三是多智能体崛起带来的治理风险。技术的“自主性”不仅冲击了政府的监管体系，同时也冲击着政府在治理过程中的主导地位。越来越多的非政府智能体依托技术创新崛起，“权力正从国家向非国家行为体转移，从现有的体制向

① 参见张毅、肖聪利、宁晓静：《区块链技术对政府治理创新的影响》，《电子政务》2016 年第 12 期。

② 参见张乐、童星：《人工智能的发展动力与风险生成：一个整合性逻辑框架》，《江西财经大学学报》2021 年第 5 期。

松散的网络转移”[①],政策制定过程不再完全由政府主导,而越来越多地受到新兴技术公司、企业的制约。加速崛起的大型新兴技术公司对政府的治理主体地位形成较大的冲击。新兴技术公司依靠技术壁垒获得了高度的垄断性,并借助大数据等工具成为政府部分职能的承接者和履行者,将自身影响力范围从经济领域延伸至政治领域,挑战政府的治理主体地位。

迫于技术手段和人员的限制,一些地方政府常常将基础数据的所有权和控制权让渡于新兴技术公司、企业等,合作实施算法流程的开发,并将算法设计、运行和分析交给技术公司来操作。诸多案例显示,控制算法数据及算法分析的新兴技术公司掌握了我国一些地方政府“智慧城市”指挥中心。这也可能直接导致公共利益被私人利益俘获、资本支配公权力等风险的产生。

在这样的情境下,政府不再具有绝对意义上的治理主导地位,政府的职能和权威势必会遭到一定程度的弱化甚至被取代。但在面对第四次工业革命带来的诸多风险挑战时,着眼于利润的技术公司并不完全关心技术所涉及的公共利益、公共权力等问题,只有拥有政策制定权的政府才关心并能够有效应对这些风险挑战。在众多有影响力的智能体的崛起和冲击下,政府如何更好地利用第四次工业革命带来的机遇提升自身的治理能力,不仅关乎社会治理水平,也关系人类的生存与发展。

四是技术异化带来的伦理风险。虽然技术可能具备道德理性,但也面临着无法设置基本道德标准的问题,可能会产生技术异化的结果。技术“自主性”对社会伦理的忽视使其面临着失管和异化的可能性,进而产生了伦理风险。[②] 技术开发者们的个体偏见很可能在算法中得到固化并加强,而算法在分析运行海量数据时也常会因技术本身的复杂性带来偏见,技术极有可能异化为不同消极规则、制度和伦理的历史沿袭。[③]

在国外,因人工智能算法而导致的雇员性别歧视、智能机器人种族歧视等争议不断发生。在我国,带有歧视和偏见的人工智能算法技术同样引发了社会的担忧。一方面,算法歧视、“大数据杀熟”现象不断涌现,各类软件、App 常常采取区分用户、优先级降低、信息差减少用户选择等手段筛选或迫使用户高消费,引起道德伦理争议。如某些网约车平台采取了差别定价手段,对新老用户、高低频用户、不同支付意愿用户、不同价位手机设备用户的打车价格显示和实

① [德]克劳斯·施瓦布:《第四次工业革命:转型的力量》,第 70 页。

② 参见于雪、段伟文:《人工智能的伦理建构》,《理论探索》2019 年第 6 期。

③ 参见贾开、薛澜:《人工智能伦理问题与安全风险治理的全球比较与中国实践》,《公共管理评论》2021 年第 1 期。

际支付均有明显差异。[①] 此外，大部分搜索引擎以利益为导向的竞价排名规则在真实性和公平性上也饱受诟病，普通公民无法甄别平台的商业服务模式，最终因平台错误引导而导致诸如“魏则西事件”的悲剧，同样伤害了社会伦理道德。

在享受技术创新带来的好处时，更应理性思考如何应对其导致的伦理困境。当技术的开发和使用面临严峻的道德和哲学层面的双重考验时，如何为处于黑箱之中的数据算法和技术使用的范围设置基本的道德标准和规范，并将社会伦理要求内嵌至技术研发和创新的过程中，是第四次工业革命中难以忽视的议题。

五是人类生存意义何在的终极风险。随着第四次工业革命向纵深发展，技术的“自主性”已在越来越多的领域证明技术创新不再需要人类的指导和协助。从 AlphaGo 到 AlphaGo Zero，人工智能算法完全不需要使用强制监督学习来复制人类决策，仅仅通过自我博弈的强化学习就能超越自己。[②] 技术的“自主性”特征加大了其脱离人类控制的风险，并有可能挑战人类生存的意义和价值。当技术的“自主性”可以完成自我生成、自我维持和自我规制的机制时，则有可能生成“统治”或“奴役”人类的想法或意图。此外，如果开发者将不良动机注入人工智能，甚至利用人工智能去作恶，则更有可能威胁人类。

人工智能和基因编辑不仅是技术革命，同时也是存在论水平上的革命。[③] 我国的人工智能伦理学研究已经开始思考第四次工业革命中的人工智能技术是否能通过“自主性”生成德性、意图、意向、情绪等人类心理要素的问题，并试图从心理学和哲学层面给出一些回答和解释。[④] 但具体的答案仍然是不明确的，没有人能够准确预测技术创新在未来对人类生存造成何种影响，只能从理论和经验性的层面上给出一些意见，这些意见和想法均表达了对人工智能技术“自主性”的不安。

由此看来，人类的尊严和地位大概率会受到前所未有的威胁性挑战，在未来，人类有可能不再是唯一的决策和创造主体，而人类向来秉持和推崇的人文主义传统也可能因技术的“自主性”而逐渐被颠覆。这些思考对国家和政府规

---

① 参见《复旦教授打网约车 800 余次调研报告：智能手机越贵，接单车型越贵》，https://xw.qq.com/cmsid/20210304A02F1A00。

② D. Silver, J. Schrittwieser, K. Simonyan, et.al., “Mastering the Game of Go without Human Knowledge”, *Nature*, Vol.550, No.7676, 2017, pp.354-359.

③ 参见冯庆：《我们何以恐惧人工智能——从感性学到政治哲学的诊断》，《哲学动态》2021 年第 9 期。

④ 参见谢新水：《人工智能发展：规划赋能、技术自主性叠加与监管复杂性审视》，《浙江学刊》2020 年第 2 期。

范技术创新的发展方向应有一些启示，政府如何限制技术的无限扩张并防止未来技术扩张后对人类生存领域的侵犯，就显得非常必要。

三、在中国式现代化进程中应对第四次工业革命风险的治理策略

第四次工业革命将带来一个全新的时代，难以预测在这个时代中技术“自主性”带来的创新与破坏哪一个会处于主导地位。技术本身并没有绝对的好或坏，其出现和应用是可以引导和控制的，但是政府现行的治理方式是在以往工业革命基础上形成和发展的，随着第四次工业革命风险范畴的不断扩大和影响程度的逐步加深，政府长久以来形成的治理方式和行动基础遭到技术“自主性”的严重挑战，这使现有的治理体系在面对“颠覆性力量”时表现迟钝甚至是不适应的，这就需要在研判第四次工业革命带来的风险挑战基础上对其进行有效治理。

1.推动劳动力教育培训体系升级

第四次工业革命下的人工智能技术，将重新定义多数工作的性质和所需技能，它不仅提升了社会生产效率，同时也可能导致相当数量的劳动力失去工作。目前看来，人工智能技术对机械常规、任务性的制造业、服务业劳动岗位有强替代性，同时又会增加技术性、专业性的技术岗位需求。政府面对的是转换职业或行业的劳动者如何再次就业的问题。政府需要在识别职业被自动化和智能化取代风险的基础上，明确中国式现代化的人才需求，为劳动者提供再次教育和技能培训的机会，积极培养复合型人才和人工智能技术专业人才，提升劳动者对新产业和新技术的适应性，从而推动劳动力教育培训体系升级。

一方面，注重对迫切需要转换职业的劳动力进行生产力的转化和更新。可通过设置相应的政府支持培育项目，依托产学研结合的形式建立劳动力技能提升机制；可以主动出资在所设立的地方公共实训基地开设线上线下相结合的免费技能提升课程，主动邀请具备培训实力和技术的企业、院校、科研机构承担一定的培训任务，对劳动岗位被人工智能技术替代、已经就业但仍需提升技能的劳动力群体进行培训。另一方面，逐步建立人才储备和培育机制，激发人才创新活力，满足未来人才需求。要鼓励各类院校、科研机构围绕人工智能和大数据分析等劳动市场需求，增设相关基础研究专业和应用研究专业，强化技术性和专业性技术人才培养。增强院校、科研机构劳动力技能教育和培训的时代性和实效性，完善专业化的职业教育培训体系，注重培养掌握人工智能相关技术的实干型、复合型技术人才，并在科技成果转化方面给予技术人才相应的激励和保障。注重发挥以政府为主要依托，以企业、院校、科研机构为主体的推动作

用，因地制宜地推动劳动力升级改造，为中国式现代化提供人才支撑。

2.进行负责任的研究与创新

为应对技术的“自主性”所带来的复杂的社会伦理和隐私安全等问题，欧美学界提出了“负责任的研究与创新”(responsible research and innovation)概念，即强调各参与方通过公共协商的方式确定科研创新的目标和价值，充分考虑创新过程及其产品的伦理可接受性，并以此塑造技术创新的路径和方向，力求将技术变革的过程和结果更好地内嵌到社会当中。该概念一经提出便成为科技伦理和科技政策学界的热门话题，我国也应积极倡导在人工智能领域开展伦理教育和伦理审查。[①] 因此，政府需要进一步强调技术在研究与创新过程中的多元价值取向，严格要求企业和科研机构将“责任意识”纳入技术研究与创新的过程中，促进科技创新的健康发展，为中国式现代化提供有力的科技支撑。

一方面，政府需要努力平衡科学技术创新的责任与效率之间的关系，保证“负责任的研究与创新”理念成为技术研发的实际遵循。在技术创新的过程中强调“负责任的研究与创新”，有利于抑制技术“自主性”异化所造成的伦理风险，但这并不意味着问题得到了一劳永逸的解决。“责任”的度量仍然是现实存在的问题，过度强调“责任”有可能会限制技术创新的效率，而淡化“责任”则有可能导致技术被出于不正当目的而滥用。这就需要政府将技术至善理念作为技术研究与创新的核心价值取向，整合不同利益主体的需求，平衡公民对技术的需求、技术所服务的利益、伦理规范等之间的关系，实现技术伦理规范对技术创新活动的内嵌，在技术与公民需求、伦理规范的互动中实现技术价值与资源配置的有机统一。另一方面，政府应注重公民对技术的需求，鼓励公民参与技术创新相关的风险评估决策，通过协商、对话等方式确定技术创新的发展目标。政府应基于公众利益需求展开协商，关注公众多方意见，有效地进行风险沟通，为公众提供合理的技术决策，真正地推动落实“负责任的研究与创新”。

3.实现数据使用与隐私保护的平衡

确立中国特色的数据使用和隐私保护的原则、制度和框架，是国家治理体系和治理能力现代化的必然要求，是推进中国式现代化不容忽视的重要方面。隐私风险的存在客观上要求政府强化对技术的监管，抑制技术“自主性”对个人数据隐私、政府数据的入侵。为了规范个人数据在科技创新方面的使用，2019

① 参见张春美：《负责任研究创新的生成逻辑及其实践》，《上海师范大学学报（哲学社会科学版）》2021年第3期。

年，我国发布了《新一代人工智能治理原则》，提出了“尊重隐私”的理念和原则。[①] 事实上，仅仅提出尊重隐私的理念是远远不够的，缺乏强制力的规范无法在个人隐私保护方面发挥实质性的作用。政府迫切需要利用具有强制力的法律体系，采取多样化的隐私保护手段和信息披露机制，才能实现数据使用与隐私保护的平衡。

首先，制定系统的个人信息保护法律。在信息披露、用户同意、算法透明度等方面作出更加详细的规定，完善针对数据泄露和滥用的惩戒制度，以回应人工智能技术所带来的隐私风险。要规范用户同意和信息披露机制，由公民决定是否向技术公司披露个人信息。同时，技术公司应向公民告知技术程序对披露信息的处理方式，通过政府与技术公司合作的方式向公众提供特定的算法访问渠道，便于公众了解算法运行逻辑，维护其知情权和监督权。其次，建立个人信息有偿使用机制。人工智能技术的提升离不开公民提供的个人信息，因此，愿意公开个人信息的公民可向技术公司收取适当费用，以达到尊重个人隐私和促进技术进步的双重目标。此外，需要明确禁止技术公司对个人特定的敏感信息的自动化处理，如公民不愿意披露的信息、特定群体（如儿童、残障人士等）的信息，最大限度地减轻信息披露对个人社会生活带来的负面影响。最后，鼓励技术公司使用隐私增强的算法技术和算法设计原则，将信息安全和隐私保护的重点从事后打击移至事前预防，从源头上减少甚至杜绝个人隐私的泄露。利用匿名通信、“差分隐私”（differential privacy）、同态加密（homomorphic encryption）等算法增强个人信息保护。引导技术公司将隐私保护内嵌到程序设计之中，让公民设计自己的使用偏好，避免个人信息和浏览数据被追踪。

4.实施更加灵活的监管框架和制度

技术“自主性”使监管对象日益呈现出隐匿化和虚拟化特征，政府现有的监管框架和制度发展缓慢，难以跟上技术“自主性”的步伐，从而导致技术变革过程中的治理滞后现象。因此，政府要认识到改进监管方式的必要性，采取更加灵活的监管框架，在理念倡导、治理主体等方面进行多维组合，政府既要鼓励技术公司和企业思考如何更好地实现战略目标，也应为监管机构提供更大的灵活性，使其根据技术变革需求进行科学有效的监管，以实现技术创新与社会稳定的平衡，为推进中国式现代化创造稳定的社会环境。

第一，充分发挥现有监管机构的核心作用和技术领军企业的带头作用。利

---

① 参见《发展负责任的人工智能：新一代人工智能治理原则发布》，http://www.safea.gov.cn/kjbgz/201906/t20190617_147107.html。

用新一代人工智能治理专业委员会、全国信息安全标准化技术委员会等专业机构，加强对技术“自主性”的监管，及时跟进人工智能技术的变化和发展。第二，鼓励我国人工智能的领军企业主动制定行业规范，依托产业链建立包括大、中、小、微型企业在内的创新联合体，在树立责任企业形象的同时，形成普遍性自我约束。第三，构建多元主体协同治理的模式，增强风险规制力度。针对特定的人工智能技术问题，各级政府部门、行业协会、企业、公民要加强合作，增强多元主体之间的横向、纵向沟通与协作，及时对各类新兴风险予以适当规制。第四，还应注重与国际技术监督机构、领军企业、行业协会的互动，联合成立国际监管机构，实现对技术开发与应用的国际监管①，在世界第四次工业革命中提升我国话语权。

四、结语

党的二十大对“统筹发展和安全”进行了再次强调。安全问题不仅要关注自然灾害和事故灾难等类型的传统风险，还要关注第四次工业革命带来的新兴风险。因为传统风险在一定程度上是可预防、可控制的，而新兴风险仍在演化发展过程中，人类还没有足够的认知水平来了解其带来的危害和不可预期的变化。中国式现代化致力于“加快实现高水平科技自立自强。以国家战略需求为导向，集聚力量进行原创性引领性科技攻关，坚决打赢关键核心技术攻坚战”②，通过科技创新实现“领跑”第四次工业革命。但也应看到，第四次工业革命的技术突破、互动与融合正给整个社会带来前所未有的影响，对其带来风险挑战，我们需要以科学方法加以识别并提出应对措施，以适应时代巨变，不断推进中国式现代化。

［原载于《山东大学学报（哲学社会科学版）》2023 年第 1 期］

① H. Yu, L. Xue, R. Barrangou, et al.,“Opinion: Toward Inclusive Global Governance of Human Genome Editing”, *Proceedings of the National Academy of Sciences*, Vol.118, No.47, 2021, e2118540118.

② 习近平：《高举中国特色社会主义伟大旗帜　为全面建设社会主义现代化国家而团结奋斗——在中国共产党第二十次全国代表大会上的报告》，《人民日报》2022 年 10 月 26 日。

第四章　文化传承发展与中国式现代化

以中华美学丰富人民精神世界

——文人艺术的多元形态与当代价值

管　宁

一、引言

习近平总书记在文化传承发展座谈会上强调，“在新的起点上继续推动文化繁荣、建设文化强国、建设中华民族现代文明，是我们在新时代新的文化使命”，同时指出，“中华优秀传统文化有很多重要元素，共同塑造出中华文明的突出特性”①。中华美学作为中华优秀传统文化的构成要素，不仅在塑造中华古代文明中发挥重要作用，而且在丰富人民精神世界、创造中国式现代化的文化形态中不断彰显新的活力，赋予中华民族现代文明以深厚底蕴。中华美学积淀深厚、内蕴丰赡，其美学精神所具有的宽度、深度和高度，以及整体上所体现出的自由与和谐二元变奏特性，使其在中国文化中占据重要地位。② 这决定了中华美学在当代不仅是中国文化创造的重要资源，也是中华民族伟大复兴的智慧源泉。其中文人艺术及其所呈现的文人审美，相较于宫廷和民间美学具有鲜明的艺术特征和很高的艺术价值，不仅在古典美学中具有主导性地位，而且构成当代文化高质量发展的重要资源，也是丰富人民精神世界的文化富矿。

中华文明作为人类四大文明之一，在物质文明与精神文明两个向度上都达到很高的水平。中华民族现代文明是古代中华文明的现实延伸和崭新创造，其精神文化层面的创造及其所达到的高度，不仅决定着中国式现代化能否实现丰

① 《习近平在文化传承发展座谈会上强调　担负起新的文化使命　努力建设中华民族现代文明》，http://www.news.cn/politics/leaders/2023-06/02/c_1129666321.htm。

② 参见刘成纪：《中华美学精神在中国文化中的位置》，《文学评论》2016 年第 3 期。

富人民精神世界的价值诉求，而且决定着中华民族现代文明能否再次成为人类文明发展史上一颗耀眼的明星。深入挖掘中华美学资源，传承和运用中华美学资源及其智慧，既关系着文脉赓续，也关系着民族复兴伟业。

丰富人民精神世界不仅是中国式现代化的本质要求，而且顺应了人类文明发展的未来趋势，表现出鲜明的时代诉求和当代文明特征。其一，随着人工智能时代的到来，物质生产力将不断释放和提升，消费社会在超越生产社会的同时正悄然发生新的变化——从符号消费向虚拟消费转向，消费对物质实体的依赖持续降低，而基于数字技术的虚拟文化消费日渐趋旺，体现出更为突出和广泛的精神性特点。如同有学者指出的那样："精神世界活动逐渐增多，成为全球性趋势，人类社会终将达到这个'奇点'。随着元宇宙社会到来，物质生活的吸引力、重要性或将被精神生活超越"，而"精神生活的主要方面逐渐在虚拟社会场域进行"[①]。当然，物质生活总是第一性的，精神生活可以在物质极大丰富的前提下显得更为重要，而不存在超越问题。其二，从空间概念角度而言，精神世界具有无限性特征，而满足精神需求便是一个永无止境的过程和无限宽博的动态延展。无论是消费社会依凭物质实体与符号概念之间发生联系来满足人们的精神需求，还是数字消费时代通过虚拟文化空间来满足人们的审美期待，都离不开既往人类文明的辉煌创造，离不开源于传统的当代文化创新。并且，在文化消费日益个性化的今天，人们越来越不满足于同质化的文化产品，也越来越不满足于以符号和元素运用为主的"复制传统"的文化产品，包括那些简单模仿传统的虚拟文化空间。于是，拥有高度创意含量的原创性文化创造，以及具有多元个性化形态的文化产品，便成为新时代文化发展的聚焦点和发力点。其三，不断提升和完善的技术、工艺和日趋完美的人工智能艺术创作，一经与人持续增长的个性化需求遭遇，便会形成文化创造和消费的一种新趋向，即越来越多的人将不满足于单纯的、被动式的文化消费，而更热衷于自主创造型的文化消费，进而形成研赏式消费，实现文化创造主体与消费主体合而为一、高度融合，致力于在文化创造中丰富精神世界，从而达臻精神生活的新高度和新境界。本文将以中华美学中文人艺术及其审美的多元形态和当代价值为考察中心，从文艺美学、造物美学、生活美学等方面探讨新时代如何以中华美学润泽和丰富人民精神世界，谱写中华文明的当代华章。

二、文艺美学：无形的精神滋育

文艺美学作为审美意识形态，既能直接作用于人们的心理情感，也能塑造

① 吕鹏：《元宇宙技术与人类"数字永生"》，《人民论坛》2022年第7期。

人们的精神世界，是中国精神在审美面向的重要体现；而中华美学与当代审美追求结合，则是激活中华文化生命力的重要方式和途径。在数字时代各种现代艺术、外来文化纷繁杂呈的今天，中华美学精神的传承显得尤为重要，“在一个迅猛现代化的时代里，实在需要努力保持一份对传统的了解、体认和珍爱”[1]。当代中国文化本土性和主体地位的确立，既是更加鲜明地体现中国式现代化文化表征的需要，也是中华文化在世界获得广泛认可的重要前提。

数字时代人们精神世界的丰富离不开中华美学的支撑，关键在于其拥有独步世界的审美特质与审美精神，即“讲求托物言志、寓理于情，讲求言简意赅、凝练节制，讲求形神兼备、意境深远”[2]。这三个“讲求”集中概括了中华美学的优秀基因，也揭示了构成中华美学独特风范的内因所在。

首先，作为人们思想情感、人生感悟之精神承载的文艺作品及其艺术思想，在人类文明史上占据重要地位，也是各民族独特审美运思的集中体现。中国诗学所具有的“诗言志”与“诗缘情”两个重要传统，均表现出独特的审美运思方式。“诗言志”出自《尚书·尧典》，即“诗言志，歌永言，声依永，律和声”，阐明诗歌的主要功能在于表达思想感情，但“志”的表现往往不直接明示，而是借助比兴的方式“托物言志”，使理性内涵以生动的比拟、比喻形式进行表达。同时，思想的理性色彩与情感的感性特征并非截然分离，而是可以寓理于情融合为一的，所谓“情志”是也。这一传统在先秦至魏晋期间尤为突出，处于主流和优势地位。但中华美学总是因主干坚实强盛而具有开枝散叶的旺盛生命力，在历史烟尘中不断延伸、嬗变和拓展。至汉代，对诗歌情感表现的诉求与主张逐步浮现且渐成流脉，形成“诗缘情”传统。继《毛诗序》提出“情动于中而形于言”，陆机《文赋》则进一步从儒家言志说的束缚中脱出，提出“诗缘情而绮靡，赋体物而浏亮”的“诗缘情”艺术思想，深化了对诗歌艺术特征的阐发，对后世产生深远影响。刘勰《文心雕龙·情采》中将情感视作诗歌的本质特征，提出“情者文之经”的主张；白居易《与元九书》中也强调情感对于诗歌感染力的重要性，提出“感人心者莫先乎情”的观点，并认为“诗者，根情，苗言，华声，实义”，把情视作诗歌的根本。并且，情的表现方式不同于西方的直接抒发与表达，而是借助外物触发进行托物抒情或托物言志，是一种间接的、物我融合的情感抒写方式，形成中华艺术含蓄蕴藉的审美风格。刘勰《文心雕龙·明诗》所言“人禀七情，应物斯感；感物吟志，莫非自然”[3]，体现出民族文化审美中感性思维的鲜明特征。比兴的

① 杨永之：《宋：风雅美学的十个侧面》，北京：生活·读书·新知三联书店，2021年，第195页。
② 习近平：《在文艺工作座谈会上的讲话》，《文艺报》(号外)2015年10月15日。
③ 范文澜：《文心雕龙注》，北京：人民文学出版社，1958年，第65页。

创作方式必然形成诗歌对理性表现的摒弃而趋向情感，形成“诗有别趣，非关理也”[①]之“寓理于情”的独特审美运思方式。

其次，独特的审美运思方式必然形成与之相应的审美表现方式，即“言简意赅、凝练节制”。所谓“审美表现的方式，主要是指文学艺术的物化表现，也即运用不同艺术门类的艺术语言或媒介进行构形，从而创造出具有物性的文学艺术作品”[②]。历代文艺理论家对此进行了充分阐述，刘勰强调文学语言以简约凝练表现丰富蕴含，“物色虽繁，而析辞尚简，使味飘飘而轻举，情晔晔而更新”[③]，并将“析辞尚简”作为一种美学原则。司空图则提倡“不着一字，尽得风流”“浅深聚散，万取一收”[④]，以最简括文字表现最丰富意蕴，达到“以一驭万”的审美表现效果。中国文人画之所以在艺术史上具有独标一格的地位，也与运用简笔素墨、追求简淡萧疏的风格密切相关。文人画杰出代表倪瓒、八大山人等，都以简约凝练之风著称，倪瓒所标示的“逸笔”“逸气”就是“以一总多”审美旨趣的集中体现，其山水画作通常以简素空灵的萧疏林木、窠木竹石出现，却具有连“沈周、文徵明、董其昌等一代大师都感叹难以穷其奥妙”[⑤]的美学深蕴。而八大山人的简率笔墨虽然很大程度源于禅宗思想，但也可视为简约凝练之审美表现的一种极致运用。钱钟书在论及南宗画时对“简约”有精到阐释，“以经济的笔墨获取丰富的艺术效果，以减削迹象来增加意境”[⑥]，由此成为中华美学的重要美学观念。

最后，独特表现方式的运用，必然形成有别于其他民族的审美形态和存在方式。以形捉神而达致形神兼备、气韵生动而达臻意境深远，既是中华美学的重要基因，也是涵育人格气质、滋润精神世界的文化精华。中国古典诗词、绘画不乏对客观事物的精细摹写，如白居易的《琵琶行》《卖炭翁》，杜甫的《登岳阳楼》《旅夜书怀》，张择端的《清明上河图》，徐杨的《姑苏繁华图》《金陵繁华图》，袁江的《山水楼阁图》，袁耀的《阿房宫图》等，都是伟大的写实主义作品。同时，古典诗词、绘画强调形神兼备、意境深远，如东晋的顾恺之《论画》中提出“以形写神而空其实对，荃生之用乖，传神之趣失矣”，强调在物象基础上的传神。明

① （南宋）严羽：《沧浪诗话·诗辨》。

② 张晶：《三个“讲求”：中华美学精神的精髓》，《文学评论》2016年第3期。

③ 范文澜：《文心雕龙注》，第694页。

④ （唐）司空图：《二十四诗品·含蓄》，载郭绍虞：《诗品集解·续诗品注》，北京：人民文学出版社，1963年，第21页。

⑤ 朱良志：《一花一世界》，北京：北京大学出版社，2020年，第431页。

⑥ 钱钟书：《七缀集》，上海：上海古籍出版社，1985年，第10页。

代莫是龙主张“传神者必以形，形与心手相凑而相忘，神之所托也”①，突出强调了形神兼备的美学观念。但占据中国古代绘画高峰的文人画，则更多是以“逸笔”勾画物象之概貌大要，目的在于以形捉神，抒写心绪情怀。这种“以含蓄内敛为主要特征，不长于追求状物的精细真切，而善于摹写内在神韵的微妙玄奥”②，构成文人艺术的独特传统，也成为中华美学的最高艺术追求。宋代文人画日臻成熟，画论更加强调精神气韵和意境构筑。苏轼甚至将重神轻形的观点推向极致，提出“论画以形似，见与儿童邻”③。虽失之偏颇，却道出文人艺术的真谛。

以上论述只是拣择和勾勒了中华美学精神的基本轮廓和核心要义，显然“无法囊括中华美学精神的全部内涵”④，其中蕴含的纷繁艺术流脉和审美形态更是远未穷尽，但寻此路径深入探究中华美学精华，我们不由得将目光投向中华美学三大主要传统之一的道家美学及其重要载体——文人艺术。倘若从哲学源流角度考察，中华美学在历史演绎中形成了儒、道、释三个主要美学传统。儒家美学主张文以载道、文以贯道，道家美学推崇自然朴素、浑一圆融，禅宗美学追求虚静空灵、象外之象。但儒、道、释之间并非泾渭分明、难分轩轾，而是互相融合渗透，形成多彩多姿的美学风格和艺术流脉。

中国古代文人艺术创造的雅韵审美，是以“初发芙蓉，自然可爱”为主要审美特征的，被认为是比“镂金错彩、雕缋满眼”另一美学流脉更高的美的境界⑤，这是由于它体现的不仅是单纯的文人趣味和精神旨趣，而且内在地彰显了古代先贤的哲学之思和思致之美，并以此为内蕴创造了在人类文明史上足以独步世界的艺术精品，“是中华文明所孕育的奇特文化现象，是中国民族文化特性的鲜明体现，也是世界艺术史上的孤例”⑥，堪称中华美学的瑰宝。自魏晋以来，雅韵审美以其“抛却繁复、返璞归真、静谧清雅、彰显风雅的美学追求，成就了历代文化艺术的高峰”⑦。其所具有的“超拔放达、任心自运、淡泊天真的精神理想”⑧，创构出隽永超逸、简远疏朗的独特美学境界，成为流脉悠久、泽惠历代的主流文

① (明)莫是龙:《画说》,载俞剑华:《中国古代画论类编》,北京:人民美术出版社,1957年,第717页。

② 管宁:《古典美学邂逅现代生活》,《光明日报》2020年7月17日。

③ 王水照选注:《苏轼选集》,上海:上海古籍出版社,1984年,第189页。

④ 张晶:《三个“讲求”:中华美学精神的精髓》,《文学评论》2016年第3期。

⑤ 宗白华:《美学与艺术》,上海:华东师范大学出版社,2013年,第223页。

⑥ 卢辅圣:《中国文人画史》上册,上海:上海书画出版社,2012年,第1页。

⑦ 管宁:《雅韵美学与当代中国审美理想之构建》,《南京大学学报(哲学·人文科学·社会科学)》2022年第6期。

⑧ 刘桂荣、查律著,叶朗、朱良志主编:《中国艺术批评通史(宋元卷)》,合肥:安徽教育出版社,2015年,第9页。

化传统，也是中国古代文化在世界上被接受和认可度最高的艺术，吸引了众多西方学者探究的目光——英国学者柯律格《雅债：文徵明的社交性艺术》《明代的图像与视觉性》、威尔逊《中国——园林之母》，美国学者卜寿珊《心画：中国文人画五百年》、詹姆斯·埃尔金斯《西方艺术史中的中国山水画》、高居翰《图说中国绘画史》《不朽的林泉》、乔迅《石涛：清初中国的绘画与现代性》、班宗华《行到水穷处》，旅美学者巫鸿《重屏：中国绘画的媒介和表现》，荷兰学者高罗佩《中国书画鉴赏》等，都将中国文人艺术纳入研究视域。由此观之，文人艺术已然成为中华美学海外传播颇具影响力的文化使者，其先在的国际性和认知度也从另一个角度提示我们，文人艺术的当代价值不可低估。当然，在中华美学的庞大谱系中，即便是文人艺术这一传统，其宝藏之丰富、底蕴之深厚，也令人叹为观止、难以企及。唯有辨析文人艺术各家风格精要、细品深悟，方能把握精髓，为今日之审美创造提供优秀文化基因，为精神世界的丰富输送优质养料。

文人艺术所彰显的美学特征，除了“初发芙蓉，自然清新”的雅韵审美（体现隐逸山林的文人趣味），还有“昂扬豪放、遒劲刚毅”的雅正审美（体现入仕文人的美学趣味），二者之间亦非截然分离。而雅韵审美在不同的文人那里又演化出诸多极富个性的美学旨趣和风格，形成文人审美的多元形态。这不仅得益于文人艺术注重个性表达和自性绽放，而且得益于艺术家个体独特的“艺术掌握世界的方式”。自然清新、超逸脱俗是文人艺术重要特征之一，也是创造主体心性特质的艺术外化。倪瓒所追求的在艺术中传达胸中之“逸气”，其“大要在逸出规矩，超越表相，落在直接的生命觉悟和对生命真性的觉知上”[①]。倪瓒绘画对“逸气”的表现自有其独特的源自物态、空间和动态之视觉形象，但又超越物象空间物理形式，在“骊黄牝牡之外”寻求生命气韵，并以情感、意度、感知去构织空间序列，创构超越造型空间的意度空间，这个“绝对空间”是“生命空间，而非物理空间；虽托迹于形式（如物态特征、存在位置，相互关系），又超越于形式”[②]，并在此过程中体验瞬间感受与生命圆满具足。相形于倪瓒绘画之蕲向，苏轼作为文人艺术的思想领袖和旗帜人物，在绘画主题和风格上也倾向于荒寒冷寂、枯木萧疏，延续、丰富着白居易等文人艺术的“冷风景”传统，但他从“物本无物”的虚空与虚白中“超越物我的对境关系”，荡涤世俗凡尘，复归自我真性，

---

① 朱良志：《纯粹观照下的绘画“绝对空间”——由倪瓒谈起》，载叶朗主编：《观·物：哲学与艺术中的视觉问题》，北京：北京大学出版社，2019 年，第 171 页。

② 朱良志：《纯粹观照下的绘画“绝对空间”》，载叶朗主编：《观·物：哲学与艺术中的视觉问题》，第 171 页。

致力于“无一物中无尽藏，有花有月有楼台”[①]的哲学之思和境界追求。苏轼“谁言一点红，解寄无边春”之寓意于物思想所展现的“琅然清圆”“孤鸿灭没”之意境[②]，与后世倪瓒绘画的以“乾坤一草亭”把握世界方式所呈现的“冰痕雪影”境界可谓异曲同工。所不同的是，苏轼追求的虚静平宁更多是一种砥砺生命的信心所致——苏轼一生的宦海沉浮并没有泯灭他的文人心性，而是成就了他无数体现文人审美的千古绝响；而倪瓒则远离仕途凡尘，浪迹天涯、行踪飘忽，足涉寺院、广交僧人，在“行云流水，游戏自在”[③]中寻求生命图式的创构。徐渭画风承文人画传统，主观色彩格外浓厚，沿袭倪瓒逸气之表现，更加放纵挥洒，其所开创的大写意画派将“无色而具五色之绚烂”的美学意趣发挥到极致，如他的墨荷、紫藤，尤其是以水墨绘就之牡丹，脱去华贵绚丽色彩，赋予其清雅高洁的气韵格调，如同他诗中所言“从来国色无妆点，空染胭脂媚俗人”[④]，而他的《杂花图》则将南瓜、扁豆、芭蕉和石榴等寻常植物纳入表现对象，打破传统以梅、兰、竹、菊等物象进行比德表现的束缚，体现了他等量齐观的自然观和平等意识，并超越寻常绘画程式，体现出笔法的自由运用和天才运思，开拓了文人画的崭新空间与境界。对文人艺术审美的深入挖掘及其对构建当代中国审美理想的意义，笔者有另文详述，在此不赘。

文人艺术与中国隐逸文化传统密切相关。由于历代政权纷争、藩镇割据、战乱频仍的社会环境，文人艺术家的避世隐逸难免有消极之处，但避世、隐居等寓意题材数量可观、趣味高逸、影响深远，纽约大都会艺术博物馆近年甚至举办了“幽居有伴：中国画中的隐逸与交游”特展。但个体意识、主观感受的日渐增强与凸显，导致文人画题材数千年来独钟山水、花鸟，宝爱梅兰竹菊、木石，难免拘牵了心性、限制了视野，少有如徐渭、八大山人那般高致绝俗、天趣灿发的艺术创造。但文人画所体现的雅韵美学，以及涵蕴的人品、学问、才情和思想，甚至如苏轼那样在困顿人生中而沉淀和铸就出的审美智慧、旷达精神和人格气度，则可以成为今天人们提升艺术涵养、丰富精神世界的珍贵资源。

三、造物美学：雅物的日濡月染

作为文明古国，丰赡粹美的中华美学不只体现于艺术领域，也体现于造物之中，这种精神文化在造物中的体现以及溢出效应在人类文明史上无疑是普遍

---

① （宋）苏轼：《白纸赞》。

② 朱良志：《一花一世界》，第 388 页。

③ （元）倪瓒：《画偈》。

④ （明）徐渭：《水墨牡丹》。

现象，而中华造物与艺术之间的关系显得更加密切。艺术与造物融合始终离不开文人和艺术家的介入和参与，并且“在中国文人的内心世界里，器物之中浸透着更为深广的人文情怀”①。而正是由于人文情怀的浓厚，使中国文人在造物过程中融入更多艺术形式，如中国园林建造便融入包括诗词、楹联、匾额、书法、石刻等诸多精神文化，这在世界园林艺术史中是独一无二的，由此使功能性的造物成为美学的新载体，并潜移默化影响着人们乃至整个社会的文化品位，上至皇家贵胄、富商大贾，下到黎民百姓无不喜爱有加、趋之若鹜。“人时刻被自己创造的设计物品塑造着。”②器物成为审美载体或媒介，发挥着传递美学精神的独特作用；于是器物同书画等精神文化一样，也“成为研究中国传统文化的‘标本’”，并且器物在中国精神文化的海外传播中还发挥着特殊作用，如“爪哇人了解中国山水画风格的中介是中国流传海外的青花瓷”③。文艺作品中涵蕴的中华美学，其传播范围、渠道乃至所需时空条件，即便在今天互联网和数字时代都存在一定局限性——人们每天总是需要耗费大量时间在工作、社交等事务上，而分配给纯粹的艺术欣赏的时光毕竟有限。而当人们为满足衣食住行的需要而创造的器物被赋予审美和艺术价值，使功能与审美合而为一、难分彼此时，便将器物的使用与审美的享用融为了一体。古时文人造物，更多追求的是审美意趣和精神寄寓，文人的所谓“玩物”“涉事”，“正意味着在物事之内寻找自我真性的一种玩涉”④。在设计文化日益繁荣、设计美学日臻精雅的今天，器物之美带来的审美感受甚至高于精神审美。文艺作品传递的审美意象是一种抽象的、无形的存在，而“观念如果通过文字的抽象描述，不可能达到诸如在空间场域中感受得到的巨大凝聚力与影响力”⑤。这即是说，物质实体及其所构筑的空间可诉诸人的体感、触觉、味觉和视觉等多重感官的体验，具有感知的直观性、可触性，以及更强烈的现场感和沉浸感。因而，丰富人民精神世界，显然不可忽略造物美学日濡月染的滋育作用。

同托物言志、状物寄性相关联的审美感兴，“是贯穿感性、理性与灵性即整个精神成长过程的一种内在文化机制，是与宇宙节奏根本契合的生命图式”⑥，也是中华美学的核心理念，其作为文艺创造发生论的意义不言而喻，而当这一审美运思方式进入造物领域时，便与古代哲学有了源流关系。造物设计既是基

① 严克勤：《天工文质：明式家具美器之道说略》，南京：江苏凤凰文艺出版社，2019 年，第 76 页。
② 转引自方海：《太湖石与正面体：园林中的艺术与科学》，北京：中国电力出版社，2018 年，第 222 页。
③ ［荷］高罗佩：《中国书画鉴赏》，万笑石译，长沙：湖南美术出版社，2020 年，译序第 6、7 页。
④ 李溪：《清物十志：文人之物的意义世界》，北京：北京大学出版社，2022 年，第 7 页。
⑤ 金秋野、王欣编：《乌有园（第 3 辑）·观想与兴造》，上海：同济大学出版社，2018 年，第 145 页。
⑥ 张晶、刘洁：《中华美学精神及其诗学基因探源》，《江苏社会科学》2022 年第 6 期。

于一种满足功能需求的创造活动，也是一种将审美趣味融入器物制造的审美行为，而且随着人们精神需求的不断提升，造物的审美考量占据着越来越重要的地位。由此，审美感兴在对美器雅物的创造和追求中，从对器物美感的一般性需求到日益凸显的以器物创造体现审美精神和价值的创造欲求，不断走向超越对物的占有和获取，在“物我融合”“与物为宜”以至“天人合一”的追求中，更注重生命价值和意义的呈现，更热衷体味和感知宇宙旋律和生命节奏的美妙。在这个过程中，中华造物美学蕴含的优秀基因和智慧，无疑是不可多得的精神资源。

文人艺术的创造典型地体现了凝练节制的审美观念，但并不意味着中国艺术家拙于客观事物的描摹、造型和写实，而是有意识地借助于物质形态的提炼、重构和凝定，传达出心性情感和生命体验，寻求诗意栖息的灵魂之所。文人真性的表达，实为去除一切知识、观念、规范和世俗的牵绊，还人和世界的本来面貌，因而具有天然去雕饰的大朴之美、超越俗世礼制规范的“清凉”境界，由此成就永恒的艺术魅力。从中国艺术的海外传播视角看，正是这样一种具有浓厚创造主体自性情感的艺术所蕴含的审美特质，才使其焕发出跨越国度、超越时空的隽永魅力。

在现代化过程中，中国传统建筑因现代社会生活方式和建筑技术的发展逐渐从主流地位淡出，成为一种文化遗存和历史记忆，这使造物领域如何传承优秀文脉，以建立本土现代造物理论体系并付诸实践运用，始终是一个需要不断探索的问题，而这些探索的前提必然要建立在对传统造物美学和智慧深入阐发和挖掘的基础上。先人留下的造物美学丰富浩瀚、丰赡粹美，又适逢民族复兴之际，转化再造之风日趋兴盛。然而，若欲“致广大”，还需“尽精微”，深入传统内部彻幽入微地耙疏剔抉、独申创解，方能传承中华美学精要、激活其时代生命。

中国古代造物秉持天人合一、万物一体的哲学理念，如“将庄子‘天地与我并生，万物与我为一’的观点融进佛家的‘芥子纳须弥’中，成为‘人即宇宙，宇宙即人’的精神建构”[①]，由此在审美上形成顺应自然、心物相照、巧法造化的美学原则。其中，因文人士大夫的广泛参与和介入造物领域而发展出的文人造物体系，极尽雅逸韵致和脱俗气质，突显“大朴不雕、圆融中通的造物美学，简括中求无限、无色中显绚烂的传统设计精神”[②]，在构筑中华文明过程中扮演着极为重

① （明）计成：《园冶》，倪泰一译注，重庆：重庆出版社，2019年，代序第5页。

② 管宁：《古典美学邂逅现代生活》，《光明日报》2020年7月17日。

要的角色。千百年来安居乐业的观念深植于中国人的心灵，对美好生活的向往离不开对诗意栖居的想象，迨至现代社会必然要将这种想象转化为对良屋美居的祈愿。有关中国造物美学与智慧，笔者在其他文章中已有阐发，如致用有度的造物思想、物我互融的空间构筑、整体论的思维方式、物尽其用的生态理念等①，此不再赘述。这里我们将从更微观角度去深度发掘古代造物美学之精要。

中国古代人居美学底蕴丰赡厚实，在建筑、园林、家具、装饰、文玩以及工艺美术等造物领域形成一整套完整的美学体系，体现出先人对建构美好生活的不懈努力和精神追求。古典建筑美学的精华集中体现于皇宫、寺庙、园林和民居之中，而以文人园林成就最高。虽然建筑在园林中并不占据主角，却被纳入叠山理水、园艺盆栽等系统中进行审美构筑，成为园林美学不可或缺的要素——亭、台、楼、阁、轩、榭、馆、堂、斋、室，此外《园冶》"屋宇"篇中所列还有门楼、卷、广、廊等，以及与屋宇建筑结构和装饰有关的列架、装折、栏杆、门窗、墙垣等。值得探究的是，同样都是建筑，何须要有如此繁复的名称呢？其实这些建筑构制的命名本身便足以显示园林美学底蕴之丰厚与成熟。亭在园林中是必不可少的建筑，用于停留歇息，因四面无遮挡而显得通透空灵、精雅挺俊，所谓"亭亭玉立"是也；而轩与榭等都具有亭的基本结构，只是在亭的结构上演变而出，多半亦无墙体围合，并以在园林中置放位置而得名。如置于水边的亭状建筑为榭，"榭者，藉也。藉景而成者也。或水边，或花畔，制亦随态"②。轩亦为开敞精致、小巧玲珑的建筑，既是景观性建筑，又是赏景之处，但与榭不同的是，通常适合建造于园林高旷之处，以增加建筑空间的轩昂之气。③

如果说亭、榭、轩与景观的欣赏密切相关，那么堂、馆、房、斋、室则更多具有功能与伦理的特征。"堂者，当也。谓当正向阳之屋，以取堂堂高显之义"④，而室则不同于堂在于四壁相对封闭，适合人的居住。但在一些经典文人园林中却有出人意表的创制，如拙政园的远香堂，虽为堂屋却颇具新意地运用了四周为窗的做法，形成"落地明罩"的既空透明亮又私密隐蔽的效果。"斋较堂，惟气藏而致敛，有使人肃然起敬之意"⑤，因而多半修筑于隐秘的地方，不适宜明显敞露。而楼阁则需根据不同用途而确定其形制和位置，"作房闼者，须环窈窕；供登眺者，须轩敞宏丽"⑥，即用作居所应当小巧玲珑，专供登高望远的须宽阔敞

① 参见管宁：《中华造物智慧与美学基因活化》，《江海学刊》2023 年第 1 期。

② （明）计成：《园冶》，第 83 页。

③ 参见（明）计成：《园冶》，第 86 页。

④ （明）计成：《园冶》，第 71 页。

⑤ （明）计成：《园冶》，第 72 页。

⑥ （明）文震亨：《长物志》，胡天寿译注，重庆：重庆出版社，2020 年，第 16 页。

亮。凡此种种，都充分展现了古人对屋宇建造的理解和想象力，寄寓着丰富的审美意涵，以及功能与美学互融相宜的独特运思智慧，使建筑远非停留于遮风避雨、舒适便利的功能性需求上。同时，这些各异其趣的建筑构制不仅彼此间同中有异、统一和谐而互映增胜，还能与遍布园中的众多植物形成复杂而井然有序的美学构织，使之浑然天成、相映成趣，既充分体现了“随方制象，各有所宜”①的美学原则，又生动诠释了“虽由人作，宛自天开”“巧于因借，精在体宜”的园林美学精髓。

文人艺术崇尚的简素淡雅、空灵秀逸，必然影响至造物领域。园林之建筑固然能在小桥流水、林木植被和花卉盆景的掩映下，尽显立体画般的山水意境，但倘若屋宇之中四壁空无一物或缺乏雅器点缀，则会品位尽失，难获相得益彰、对映成趣之美。宋代是文人艺术高度繁荣的时期，此时文人审美推崇的简约素雅美学趣味深刻影响着造物领域。“简约，是宋代艺术的重要特点之一，在绘画、瓷器以及其他许多器物上都渗透浸润着简约之美。”②宋人通融丰润的审美文化意识赋予汝窑釉色单纯、器型雅致的美感品位，而天青色、梅子青等清雅素洁的色调穿越数百年时光而魅力不减。明式家具之所以能成为中国古典家具的代表，缘于其传承了宋代家具基本制式且日臻完善，最终成为世界公认的家具三大体式（明式家具、哥特式家具、洛可可式家具）之首，是人类文明创造的重要文化财富。由于现代设计文化普及不尽如人意，当审美内蕴丰厚的明式家具淡出人们生活视野，而现代中式家具尚未传承再造出成熟的本土家具风格时，多数人依然只是将家具视为日用品。事实上，“家具艺术同其他艺术一样，是人类社会由科学、文化、信仰等衍生的艺术品的一部分”，“家具作为一种日常用具以及沟通传达的视觉工具，实际上已经成为文化的载体”③。在中国历代家具发展中，由于明清之际“文人的气质、学养、审美理想进一步进入世俗生活，更重要的是文人的介入提升了世俗生活，精神世界的物化现象就极为鲜明，明式家具就是典型的代表”④。

以此观之，明式家具审美功能不可小觑：其一，文人雅士深度参与了家具设计，将书法、绘画等精神文化意涵融入其中，尤其是文徵明、唐寅等江南文人，总是不遗余力地将飘逸洒脱、清雅秀丽的美学趣味寄寓于家具之中，如明式家具里的圆、展、方、守四大型制之不同美学韵味，分别源自书法之篆、隶、魏、楷四种

---

① （明）文震亨：《长物志》，第22页。

② 杨永之：《宋：风雅美学的十个侧面》，第33页。

③ 董玉库、彭亮编著：《世界家具艺术史》，天津：百花文艺出版社，2019年，第3页。

④ 严克勤：《天工文质：明式家具美器之道说略》，第75～76页。

书体的美学特征[1]，是“运用线形基本元素进行型廓、间架、杆形、材径的设计，形成具有中和圆通、清逸静气的传统家具风格”[2]，明式家具由此获得经久不衰的艺术魅力。其二，文人艺术追求“宁古无时，宁朴无巧，宁俭无俗”[3]，有着清新雅致的天然情趣。饱含文人意趣和审美品位的明式家具以及文玩等关联性精雅造物，因其已然上升为实用艺术品而具有很高的精神文化价值，此时器物与审美达致难分彼此、相与相恰、物我同得的境界。其三，文人造物出于真性表达，形成待物和赏物的独特姿态，那就是不以占有为目的的“真赏”。以物的可见之在场去把握蕴含其中的不可见的在场，才是文人造物、赏物的内在旨归。唯其如此，才能“令物的真性不再受到‘物质化’的拘缚”[4]。海德格尔曾思考如何以一种诗与艺术的语言澄明出“本己的真理性”从而实现理想的栖居于世的问题，而陶渊明、白居易、苏轼、文徵明等文人推崇的待物之“真赏”姿态，就是要“去蔽以存真”，留得一片清雅的天趣。文人融书法绘画抽象与还原之艺术精神于居家器物之中，使之富有笔墨韵味，正是明式家具作为线性艺术获得简约秀逸、挺俊灵动的美学气质的关键所在，也是文人钟爱于此的主要原因。不难想见，日常生活中能有雅器时刻伴随左右、形影不离，人的美学趣味和品位自会于潜移默化中获得滋育润泽，器用之物也就成为散发艺术魅力的一种精神存在。而以明式家具所承载的文人艺术底蕴，可为中国现代家具设计和美好生活提供丰富资源，发挥丰富人民精神世界的独特作用。

四、生活美学：道器的融通创化

无论什么时代，日常生活空间所容纳的事物可谓无所不包，人类文明各领域的发展成就都会在生活空间里存在和呈现。因而，如果说文艺美学与造物美学共同构成了生活美学，那么，生活美学既是文艺美学与造物美学所构筑的空间场景，又是一种内涵上更为丰富的动态性和生成性存在。因为无论是文艺美学还是造物美学，一旦进入社会生活领域，纳入复杂的社会结构、组织阶层和人际关系之中，便会形成纷繁多样的形态和评价尺度，成为一种变动不居、因时而异的文化环境。从这个意义上说，生活美学的构筑离不开文艺美学和造物美学，但要使二者发生作用、产生意义，必然要通过人的价值立场和行为来实现，

① 参见乔子龙：《匠说构造——中华传统家具作法》（上），南京：江苏凤凰科学技术出版社，2016年，第82～88页。

② 管宁：《古典美学邂逅现代生活》，《光明日报》2020年7月17日。

③ （明）文震亨：《长物志》，第22页。

④ 李溪：《清物十志：文人之物的意义世界》，第8页。

因此更重要的是人们如何拣择、萃取艺文之精华，如何欣赏、善处美器佳物；既不耽溺、醉迷于艺术，又不沉迷、拘牵于器物，始终秉持超然脱俗之心、寓意于物而不留意于物之姿[①]，在创造艺术之美中享受艺术，在构筑生活品质之中品味生活美学。

中国古代不乏生活美学的著述，除人所皆知的《考工记》《长物志》《园冶》，还有《遵生八笺》《考槃余事》等。古人生活美学历史积淀的形成，除了受惠于深厚的文艺和造物美学之外，还与中国美学一个重要特征密切相关，即"与西方美学精神突出的理论旨趣相比，中华美学精神最为突出的特点，就是其鲜明而强烈的实践旨趣"，且这种实践旨趣"指向人的生命和生活，具有突出的人文意趣、美情意趣、诗性意趣。这也构筑了中华美学最为重要的理论内核"[②]。在此，我们仍然从文人艺术视角探讨古代生活美学。在精神和造物文化领域中，精雅秀逸的文人艺术为今天人们的生活提供了无比丰富的美学资源；但在人工智能时代，人们虽然可以坐享先人的文明创造，却无法始终流连于此、举足不前，而需要创造新的文明，包括如何创造和享用。中国古人既有"腹有诗书气自华"的说法，还有"生活艺术化，艺术生活化"的传统。从山水诗、山水画而至文人园林，进而出现园林绘画，正是由于古人在精神与造物文化的互融互补、相与往返中不断延展和创造的结果。

文人艺术中不仅有大量描绘园林的绘画成为传世精品，还有海量的吟咏园林的诗词作品，而这一过程不仅形成新的精神文化财富，而且其本身就是一种提升生活美学的最佳方式。古人的园林咏记纷繁多样，佳作如星斗绚耀。王维在安史之乱后久居辋川别业，与友人"浮舟往来，弹琴赋诗，啸咏终日"[③]，并留下许多与园林有关的著名诗文篇章，除了人们熟知的《鹿柴》"空山不见人，但闻人语响。返景入深林，复照青苔上"，还有《山中与裴秀才迪书》所记述的他在辋川的生活，其中写道："春山可望，清鲦出水，白鸥矫翼，露湿青皋，麦陇朝雊，斯之不远，倘能从我游乎？非子天机清妙者，岂能以此不急之务相邀。然是中有深趣矣。"[④]园林风景摹写清新秀丽，而所涵蕴之禅意则又透露出"色空无碍"的生命感悟。白居易不仅对人居美学有很高的要求，而且形成丰厚的人居生活美学思想。在园林设计与营造中获得人居美学和精神修为的提升，是白居易一生从未中辍的追求。他设计园林讲求因地制宜、量力而置，属意在于美化生活、怡情

① 参见朱良志：《一花一世界》，第 404 页。

② 金雅：《中华美学精神的实践旨趣及其当代意义》，《社会科学辑刊》2018 年第 6 期。

③ 《旧唐书・王维传》。

④ 《王佑丞集》卷十八。

养性，在道器融通之中实现精神的超升。白居易《幽居早秋闲吟》言“袅袅过水桥，微微入林路。幽境深谁知，老身闲独步”，向往一种“幽僻嚣尘外，清凉水木间”的诗意栖居。园林中山石流水是构景之要素，在唐代文人中对石的钟爱与欣赏白居易算是第一人，“苍然两片石，阙壮怪且丑。俗用无所堪，时人嫌不取”[①]。石虽为物，在白居易看来却因其丑与怪而另有审美意趣，体现出独特的生活美学境界，他这类园林诗文有三百余篇之多，赏园、品园的闲适诗亦有数百首，其中表现了极为丰富的园林建造思想、室内陈设等精神性建构，是生活美学的珍贵遗产。宋代苏轼《江城子·梦中了了醉中醒》《前赤壁赋》《后赤壁赋》，欧阳修《浮槎山水记》等，皆于吟咏山水中表达寄情自然的生活意趣，而欧阳修《醉翁亭记》抒写醉翁亭与山泉林壑构织的曲径通幽之大美佳境，无异于一篇构园理论和园林美学论文。明代文徵明体认到的“在园林审美活动中，只有进入心与物会、情与景融的状态，乃得园林之真赏”[②]，则道出了园林美学之真谛。另有王世贞、文震亨、邹迪光、李流芳、祁彪佳等文化大师同样也留下吟咏园林、记写山林思情与人居之美的丰富诗文名篇，成为生活美学的思想宝库和文艺美学的独特篇章。

很显然，文人艺术所追求的生活美学离不开园林构织的空间，而“园林与文学、书画、史学、思想学术有着密切关系”[③]，使这个充满艺术元素和氛围的大美生活空间所标示的美学高度和趣味成为不同阶层人们向往的理想人居之境，不仅形成崇尚雅韵的美学风尚和传统，而且成为后代文人士大夫品质生活的样板和自觉追求。其中尤以宋代最具代表性，宋人在三个方面均体现出对雅韵的追求和对文人气质的尊崇，“诗、词、歌、赋、书、画、琴、棋、茶、古玩构合为宋人的生活内容，吟诗、填词、绘画、戏墨、弹琴、弈棋、斗茶、置园、赏玩构合为宋人的生活方式，诗情、词心、书韵、琴趣、禅意便构合为宋人的心态”，这些都成为一种进入审美层面的清赏性、体验性的生活态度，“成为对明代中后期美学最具影响力的范畴”[④]。在此崇尚雅韵审美风气影响下，宋代社会民间崇文重教，平民文化修养、审美情趣普遍提升，甚至出现“孤村到晓犹灯火，知有人家夜读书”[⑤]的文化昌明盛况。

不难看出，先人在生活美学的追求上，既讲求物质的富足，也讲求消费的适

① 白居易：《双石》，载朱金城：《白居易集笺校》，上海：上海古籍出版社，1988 年，第 1423 页。

② 夏咸淳：《中国园林美学思想史（明代卷）》，上海：同济大学出版社，2015 年，第 91 页。

③ 夏咸淳：《中国园林美学思想史（明代卷）》，第 97 页。

④ 曹林娣、沈岚：《中国园林美学思想史（隋唐五代两宋辽金元卷）》，上海：同济大学出版社，2015 年，第 113 页。

⑤ 曹林娣、沈岚：《中国园林美学思想史（隋唐五代两宋辽金元卷）》，第 114 页。

宜；既是一种物质层面的生活，也是一种精神领域的生活；既把生活艺术化，又把艺术生活化，在道器的融通互动中创造出平淡而优雅的生活美学。步入数字时代的今天，宋代生活美学之风愈演愈烈，正表明其超越时空的迥异魅力。当然，随着科技的进步和社会的变迁，先人生活美学的优秀基因必然要适应当代生活需求，适宜于今天人们的生活习惯和美学追求，方能充分释放其生命力。而在构筑新时代生活美学、丰富人民精神世界的过程中，应着力聚焦古人创造生活美学的智慧及其所体现的生活姿态和价值观念。在物质生活日益丰富的今天，选择怎样的生活方式，不仅关系到物质生产的发展走向，而且关系到文明进步的未来趋势。

古代文人雅集作为一种社交生活，不失为生活美学的至高境界，虽然这种“宾朋盈座、焚香煮茗、吟诗作画、种竹养兰、博古抚琴等活动”，“构成了晚明以至清代文学艺术活动的主要方式”[①]，但从另一个视角来看，此种艺术化的生活，不仅成为诗词歌赋、书法绘画和音乐舞蹈的传播场所，而且生成了众多文化精品，王羲之的《兰亭序》即是诞生于文人雅集。以画入园、以园入画的互动又产生一系列园林主题的绘画，如倪瓒《狮子林图》、张宏《止园图》、沈周《东庄二十四景图》、文徵明《拙政园三十一景图》、仇英《独乐园图》等，成为一个独立的园林绘画体系；而“西园雅集”本身也凝定成一个长盛不衰的绘画主题，成就了诸多传世名画；由此还延伸出《十八学士图》经典主题绘画系列，最早始于唐代阎立本《十八学士图》，北宋有宋徽宗等仿本，南宋有刘松年《十八学士图》，明代有杜堇《明十八学士图屏》、佚名《明人十八学士图》，清代有孙祜等合绘《十八学士图》等，更是集中体现了充满文人雅趣的生活场景和生活方式，甚至陈枚所绘表现宫廷女子生活的《月曼清游图》也以雅玩活动为主题。[②] 可见，尚雅之风濡染下的生活美学，能够起到在日常性、生活化的情景中接续优秀传统文化的重要作用。

如何超越对物的依赖和过度追求，是当代构建品质生活和生活美学需要面对的问题，而文人艺术所彰显的智慧深具启示意义——先人擅长借助人格境界的构筑以超越物质日常的羁绊。陶渊明美学思想集中体现为他的存在之思和“物我一体”思想：第一，物与我都是自然的组成部分，不分彼此、不分主客，超越主客相对之关系，亦无“以人律天”的人对自然的主宰之观念；第二，人是万物中的一分子，物与我都遵循盛衰枯荣的自然规律和法则，并无根本性之区别；第

---

① 董寿琪编著：《林泉卧游：苏州园林山水画选》，北京：中国水利水电出版社，2020 年，序二第 9 页。

② 参见[荷]高罗佩：《中国书画鉴赏》，第 31 页。

三，物与我时常是相与往返、相与相恰、彼此交融，物我共同构筑一个意义世界，是一种“心物冥合”境界[①]，如其名句“采菊东篱下，悠然见南山”即为此一境界的艺术呈现。缘此思想，陶渊明在当下日常和自然之中寻求与艺术审美密切相连，以“顺应大化腾迁”，从而“通万物之情为一己之情，会世界之乐为自身之乐”，达致“心安宁，处处都是桃花源”的超然境界。[②]

生活美学关涉精神文化和造物文化，待物之道决定着人们以怎样的审美立场对待物质日常。先人对待物质生活有深刻的思考和美学建构，其在本体意义上确立的待物姿态值得传承弘扬。如果说“园林审美最高目标在于超尘拔俗，涤襟澄怀”[③]的话，那么，先人从园林美学延伸而出的生活美学就标示出超然物外、深远雅淡的高雅化审美取向。苏轼崇尚的“平淡”美学观念，可作为古人关于如何让精神超越物质而获得心灵自由和惬适生活的智慧范型。苏轼虽然是在长期的禅学浸润中获得了内心的一种坚定和安顿[④]，但由此形成的日常审美生活观念却具有跨越时空的当代价值。其一，苏轼追求一种平淡简单和休闲的生活美学，在物质方面唯求“一丝可衣也，一瓦可居也”，且满足于“读书可乐也”[⑤]，他主张在简单的生活中获得自由的人格和丰富的精神价值，而这种价值显然是借助读书形成的心性修为和内心丰富来获得的。因而物的存在作为日常生活所需有其必要性，但不是苏轼留意之处，“寓意于物，而不留意于物”，所谓“长物扰天真”[⑥]便是“认为留于物，必然会美恶横生，引起忧乐感受”[⑦]。而以审美态度看待世界，则可以超越物质的有限性而获致无限的精神乐趣。李渔亦有类似观点：“若能实具一段闲情、一双慧眼，则过目之物尽是画图，入耳之声无非诗料。”[⑧]其二，强调物我相融的闲适，而闲适则来自节制与淡然，以此达到“我适物自闲”[⑨]的无穷生活乐趣。这一思想之要义在于摒弃内心得失、优劣之念，使心境清净无尘、了无挂碍。在苏轼眼中，常以“不囿于一物”的随物赋形的游动观来看待人与物的关系，并将水视为道的象征，形成一种“物外之游”的优游闲适之生活姿态。苏轼《曲槛》诗言“流水照朱栏，浮萍乱明鉴。谁见槛上人，无

① 参见逯钦立：《读陶管见》，载《逯钦立文存》，北京：中华书局，2010年，第336页。
② 朱良志：《一花一世界》，第300、295页。
③ 曹林娣、沈岚：《中国园林美学思想史（隋唐五代两宋辽金元卷）》，总序第2页。
④ 参见李溪：《清物十志：文人之物的意义世界》，第179页。
⑤ （宋）苏轼：《送张道士序》。
⑥ （宋）苏轼：《送竹几与谢秀才》。
⑦ 朱良志：《一花一世界》，第405页。
⑧ （清）李渔：《闲情偶寄》，南京：江苏凤凰文艺出版社，2019年，第157页。
⑨ （宋）苏轼：《和陶归园田居》。

言观物泛”,强调随物宛转、相与往返的自在与永恒境界。[1] 其三,以独特生活美学而达致随缘任适的审美人生境界。苏轼的美学旨趣已然将道器融为一体、化作日常而难分彼此,如同有学者指出,苏轼的“‘文’不只是文艺,而更是人生的艺术,即审美的生活态度、人生哲学和韵味”[2]。将文艺审美融入物质日常,并视一切世间之物皆可以为乐,苏轼创造了富有智慧的生活美学:其“游于物之外”不是要逃离现实物质世界,而是以豁达之心超越世俗生活,寄情于物而超然于物,使生活美学上升为一种“无心而一”的境界哲学;其“寓意于物”,是“既不疏离于物,也不胶着固执于物,而毋宁是对‘物’采取一种审美与休闲的态度”[3]。

如果说古代文人艺术家对待生活秉持着一种不做尘世生活的“间离者”,而做物质日常的“超越者”的话,那么今天人们承继先人生活美学智慧而欲达致精神世界的新境界,则应做现世生活的“参与者”和“创造者”。其一,先人对物质日常的超越,多为出世隐逸或寻求禅意的结果,是一种返归内心净土的精神追求,而疏于关注现世的改变和完善,更无法形成构筑全民族共享的美好生活的理想宏愿。其二,先人在超越物我对境关系中寻求生命之怡然自适的体验,这固然是一种不沉溺于物而与物优游的“大圆觉”的生命体验境界,然而在自性复归的同时也失却了投向人类整体生存境况的关切目光。其三,先人以“心中无物”而成现世的“虚静之观”,营构出一种生活美学的独特境界,然而向内转的人生姿态,却失去了另一种境界的达成:将自我人格建构与民族文化创造融为一体,使创造美好生活成为生活美学的一种重要内涵和构成部分,从物我的精神性融合走向自我与世界的共生,营造出新时代生活美学的新境界。

五、结语

在新时代丰富人民精神世界,中华美学提供了可资汲取的不竭源泉。但美学传统的接续和弘扬关涉多重面向。首先,对待古典美学,在深入探究其精髓的基础上,必须重视其当代运用和创造,即要“更加倾向于阐发和推扬,因为它重在对文化活性基因的探索,它必须是生成性的研究而不能是回归式的复古”[4]。而活化和创新还须置于当今人类文明发展的视野和趋势中进行考量。其次,在高质量发展背景下,必须确立创造时代文化精品乃至传世之作的高远志向,高标准地提供文化服务和产品,古人深知“凡作传世之文者,必先有可以

---

① 参见朱良志:《一花一世界》,第 406 页。

② 李泽厚:《美学三书》,合肥:安徽文艺出版社,1999 年,第 395 页。

③ 叶朗主编:《中国美学通史(宋金元卷)》,南京:江苏人民出版社,2014 年,第 114 页。

④ 张晶、刘洁:《中华美学精神及其诗学基因探源》,《江苏社会科学》2022 年第 6 期。

传世之心”[①]。这道出了创造主体自身修为和襟怀对于文化精品创构的重要性。再次，古典美学的滋养既丰富了人民精神世界，也塑造着人们的心理品格，儒家将“志于道，据于德，依于仁，游于艺”[②]作为士人人格修为的整体框架，启示今人应从整体性角度建构人们的精神世界，实现人的全面发展。最后，精神世界的丰富既表现为人格之提升，还表现为品位之高雅，二者的结合方可达致更高的精神境界。高雅品位不只是一种静态的悬置，而且可以在日常消费等社会生活中体现，品位能赋予人“敏锐意识到什么样的事物合乎美与善”[③]。而这一切，都需要借助制度设计，使精神境界的提升成为人们的自觉意识。当探索世界、自我提升、自我丰富成为人们普遍的自觉行为时，便能达致丰富人民精神世界的理想境界。

［原载于《山东大学学报（哲学社会科学版）》2023 年第 4 期］

① （清）李渔：《闲情偶寄》，第 7 页。

② 《论语·述而》。

③ ［英］阿兰·德波顿、［澳］约翰·阿姆斯特朗：《艺术的慰藉》，陈信宏译，武汉：华中科技大学出版社，2021 年，第 166 页。

建设中华民族现代文明的历史逻辑阐释

——以推动文艺繁荣发展的方针政策演进为考察对象

范玉刚　崔文斌

党的十八大以来，中国特色社会主义进入新时代，新时代的主题是以中国式现代化全面推进中华民族伟大复兴。新时代是中国文化繁荣发展的新方位。一方面，中华文化繁荣兴盛是中华民族伟大复兴的一项基本内容；另一方面，中华民族伟大复兴需要中华文化为其提供精神力量、民族凝聚力和价值感召力。

在文化传承发展座谈会上，习近平总书记指出："文化关乎国本、国运。这段时间，我一直在思考推进中国特色社会主义文化建设、建设中华民族现代文明这个重大问题。"[①]基于此，习近平总书记围绕"深刻把握中华文明的突出特性""深刻理解'两个结合'的重大意义""更好担负起新的文化使命"等问题作了重要论述，为如何建设中华民族现代文明提供了基本遵循。其中，中华文明突出特性的概括不仅更新了中华民族文化特点的自我认知，而且为中华文化的发展打开了创新空间。其中，关于"两个结合"特别是"第二个结合"的全面系统阐释，为如何建设中华民族现代文明指明了方向和路径。"两个结合"，一方面是中国革命和建设历史规律的提炼总结，另一方面又是指导中国革命和建设不断成功的行动指南。"第一个结合"即把马克思主义基本原理同中国具体实际相结合，是在新民主主义革命时期就已经确立的基本原则；"第二个结合"即把马克思主义基本原理同中华优秀传统文化相结合，是在新时代明确确立的基本原则；二者共同有机构成"两个结合"新思维范式。在此需要说明的是，在"第一个结合"中就有着对文化的重视，尤其是新中国成立以后，外国优秀文化和中华优秀传统文化都进入毛泽东同志对中国文化建设思考的视野，只是因为形势需要，革命和建设占据了主导地位。事实上，从"两个结合"及"第二个结合"的着力点来看，建设中华民族现代文明作为中国共产党人的文化使命，历经了三个

① 习近平：《在文化传承发展座谈会上的讲话》，《求是》2023年第17期。

不同发展阶段的逻辑演进和政策促进，即新民主主义革命时期“普及和提高”的文艺方针、新中国成立初期促进科学文化发展的“百花齐放、百家争鸣”方针和新时代“文化自信、开放包容、守正创新”的文化发展方略。本文通过对三个历史阶段政策促进背后的逻辑梳理，旨在学习、研究和阐释习近平文化思想，以更好把握中国共产党人的初心和新时代文化发展的使命担当。

一、新民主主义论下的“普及和提高”方针

从马克思主义传入中国到马克思主义中国化是一个学习、研究、探索、丰富和发展的过程，这一进程也是马克思主义同中国实际、同中国文化相结合的历程。早在党的六届六中全会上，毛泽东同志谈论“学习问题”时就提出一个重大理论和实践命题，即“马克思主义的中国化”。毛泽东同志认为作为行动指南的马克思主义是具体的思想理论，而非抽象的思想理论。“具体的马克思主义”，或者经由民族形式表达出来的马克思主义，或者强调把马克思主义基本原理应用到中国的具体实际情况，才是真正的马克思主义。在中国，只有这种“具体的马克思主义”才有用武之地，它可以拯救中华民族，它可以丰富和发展中华文化，它可以延续中华文明的生命周期。同时，“马克思主义的中国化，使之在其每一表现中带着中国的特性……新鲜活泼的、为中国老百姓所喜闻乐见的中国作风与中国气派”[①]。这种“马克思主义的中国化”不仅使马克思主义基本原理在中国场域得到具体的创造性创新性运用，而且“中国化的马克思主义”以中国特色、中国作风和中国气派丰富和发展了马克思主义。其实，毛泽东同志所指的不论是“具体的马克思主义”还是“马克思主义的中国化”，其中就蕴含着在“第一个结合”中造就一个既具有中华文明色彩又吸收古今中外文化遗产的自强不息的新的文化生命体的意味。

在明确提出新民主主义论前夕，即1939年冬季，毛泽东和其他几个同志合著了一本名为《中国革命和中国共产党》的教科书。毛泽东同志负责该书第二章的编著任务。在文章中，毛泽东同志追溯了近百年以来中国革命发展史，并就中国革命运动的对象、任务、动力、性质和前途等问题进行了分析研究。就毛泽东同志的观点而言，中国革命发展道路是由中国的历史传统和实际情况所决定的。毛泽东同志认为在性质上当前中国革命是“新民主主义的革命”，是属于资产阶级民主主义的革命；未来中国革命才属于无产阶级社会主义革命。在其

① 毛泽东：《论新阶段》，载中共中央文献研究室、中央档案馆编：《建党以来重要文献选编：1921～1949》第15册，北京：中央文献出版社，2011年，第651页。

关于中国革命发展阶段的思考中,“新民主主义的革命”新话语中就蕴含着关于文化建设理论和方略的新思想。

1940 年春季,毛泽东同志完成了新民主主义的代表作,即《新民主主义论》[①]。在新思想理论体系下,毛泽东同志对现阶段中国革命的政治、经济和文化作了详细论述。毛泽东新革命理论的理想和使命是让中华民族在政治方面变被压迫为民主自由,在经济方面变受剥削为繁荣昌盛,在文化方面变愚昧落后为文明先进。“一句话,我们要建立一个新中国。建立中华民族的新文化,这就是我们在文化领域中的目的。”[②]其思考中就明确包含着对于中华文化“向何处去”的问题。在毛泽东同志看来,新民主主义的文化反映的是新民主主义的政治和经济,并为新民主主义的政治和经济服务。新民主主义的文化具有中华民族特点,主张马克思主义要经过民族形式,维护的是中华民族的尊严和独立;新民主主义的文化具有现代科学特征,主张实事求是向前推进,维护的是中华民族的自信心和自豪感;新民主主义的文化具有人民大众特色,主张人民群众的民主,维护的是中华民族的整体需要和利益。新民主主义的文化对内反对封建主义腐朽文化,对外反对帝国主义侵略文化。在对此思考的基础上,关于中华文化“怎么办”的问题就已经埋下了伏笔,其最终的出场是《在延安文艺座谈会上的讲话》中作为一个鲜明的现实问题被提出。

1942 年,毛泽东同志在延安不仅考察调研讨论了中国文艺方针问题,还筹划了文艺座谈会。延安文艺座谈会开了三天三场:5 月 2 日召开第一场座谈会,毛泽东同志作“引言”讲话;5 月 16 日举行第二场座谈会,毛泽东同志主要听取代表们的发言和讨论;5 月 23 日举办第三场座谈会,毛泽东同志作“结论”讲话。中央政治局在第二场和第三场座谈会期间召开了涉及文艺座谈会的会议。会上,毛泽东同志就文艺问题的根本性原则发表了意见。毛泽东同志认为从阶级立场、态度和情感来看,现阶段在延安的很多文艺家创作的文艺作品和鲁迅曾经创作的大量文艺作品是不太一样的,延安的许多文艺作品内容和形象存在着对中小资产阶级的同情和爱,而鲁迅的大批文艺作品内容和形象更多是对工农阶级的同情和爱。为了解决好延安文艺界存在的实际问题,“必须整顿文风,必须达到文艺与群众结合。要注意普及与提高,并以普及为基本的。同时,注意

---

① 毛泽东在 1940 年 1 月 9 日陕甘宁边区文化协会第一次大会上的报告原标题是“新民主主义的政治与新民主主义的文化”,该报告在 2 月 15 日《中国文化》创刊号上的标题依然是《新民主主义的政治与新民主主义的文化》,但是在 2 月 20 日《解放》期刊中的标题改为了《新民主主义论》,且在新中国成立后编辑《毛泽东选集》时沿用了《新民主主义论》标题。

② 《毛泽东选集》第 2 卷,北京:人民出版社,1991 年,第 663 页。

吸收外国的东西”[①]。中共中央政治局同意并通过了毛泽东同志关于文艺方针的基本观点。在延安文艺座谈会上的“结论”讲话中，根据对延安文艺界实际情况的分析总结，毛泽东同志较为详尽地阐述了当时文艺发展的基本方针。毛泽东同志指出，文艺的问题“基本上是一个为群众的问题和一个如何为群众的问题”[②]，也就是文艺为工农兵和文艺怎样为工农兵的基本方针问题。就文艺为工农兵而言，相比于“大后方”和“沦陷区”文艺界，延安文艺界人士不仅是抗日的、民主的，而且更具有成为无产阶级的现实可能性，要促使他们从根本上转变阶级立场，使他们走进工农兵、向工农兵学习，让他们的文艺作品表现工农兵，让他们的文艺作品教育工农兵。就文艺怎样为工农兵服务而言，在文艺为人民大众的根本原则下，文艺的普及是向工农兵的普及，文艺的提高是从工农兵的提高。文艺普及工作是迫切需要的，延安文艺界急需创作出一批合适的文艺作品来启蒙和教育工农兵大众，在思想观念上提高他们的团结意识和斗争精神。即便是当时艰苦卓绝的抗战时期，文艺提高工作也是需要的，既包括为工农兵的提高，也包括为教育和指导工农兵的干部的提高。在“普及和提高”方针下，文艺界人士同党领导的工农兵实现了有机结合，所谓“具体的中国实际”其实包含着文化维度，普及和提高的目的是培育和造就新民主主义文化的主体——中华文化的主体，也是中华民族文化的主体。在文艺的普及和提高政策的促进下，延安等抗日根据地逐渐培育和形成了新民主主义文化主体，这些被激发出来的文化力量开始创造新民主主义的文化。可见，新民主主义论下“普及和提高”方针的出场和有效实施，合乎逻辑地成为以“两个结合”的思维方式建设中华民族现代文明的理论思考和文化使命的起点。

值得注意的是，在延安文艺座谈会上毛泽东同志就文化革命和建设中“借鉴、继承和创造”的关系及价值发表了观点。毛泽东同志认为古人和外国人的文化“我们必须批判地吸收这些东西，作为我们的借鉴……但这仅仅是借鉴而不是替代，这是绝不能替代的”[③]。虽然毛泽东同志后来对此观点有所修正和补

---

① 中共中央文献研究室编：《毛泽东年谱（1893～1949）（修订本）》中卷，北京：中央文献出版社，2013年，第380～381页。

② 《毛泽东选集》第3卷，北京：人民出版社，1991年，第853页。

③ 毛泽东：《在延安文艺座谈会上的讲话》，《解放日报》1943年10月19日。在新中国成立后编辑《毛泽东选集》时，毛泽东将此处原文本修改为：“我们必须继承一切优秀的文学艺术遗产，批判地吸收其中一切有益的东西，作为我们从此时此地的人民生活中的文学艺术原料创造作品时候的借鉴……但是继承和借鉴决不可以变成替代自己的创造，这是决不能替代的。”（《毛泽东选集》第3卷，北京：人民出版社，1953年，第882页）显然，毛泽东此时对中外优秀传统文化的价值有了新判断：在强调文化“创造”重要性的同时，承认文化“继承”的意义。

充，但其核心观点依然如同年为延安平剧研究院题词一样是“推陈出新”，其对文化的思考显然包括对传统文化资源的发掘和利用，马克思主义基本原理同中国具体实际相结合自然包含着对中华优秀传统文化的保护、开发和利用问题。

二、人民内部矛盾论下的“双百”方针

随着新中国的建立，社会主要矛盾发生了变化。在讨论《关于无产阶级专政的历史经验》修改稿时，毛泽东同志结合苏共二十大的教训与我国社会主义革命和建设的问题，着重论述了“第一个结合”的“第一次结合”和“第二次结合”。从历史经验教训与中国现实革命和建设使命担当出发，毛泽东同志主张中国共产党人要在思想上实现独立自主，不仅要能够认识中国问题，而且要能够提出解决中国问题的新理论、新方案，也就是要根据中国革命和建设的实际需要和利益来运用马克思主义基本原理，真正实现“第一个结合”。在毛泽东同志看来，新民主主义革命之所以在经历曲折之后能取得胜利就是因为成功实现了“第一个结合”的“第一次结合”；而社会主义革命和建设要取得像前者一样的预期成功，就需要进行“第一个结合”的“第二次结合”，找出符合中国发展的新道路新理论。这些重要论述确立了“相结合”的独立自主原则，开启了“第一个结合”的“第二次结合”，为新中国初期的文化建设提供了方向指引。

就文化建设实践中“第一个结合”的“第二次结合”而言，“百花齐放、百家争鸣”方针的提出、宣传、教育和落实，其实并非一帆风顺，其间甚至充满火药味。“百花齐放”口号的提出和新中国初期中国戏曲发展现实状况及中国戏曲研究院题词具有因果性。周扬后来的回忆录文本和毛泽东同志当时的讲话纪录文本可以互相实证这一因果关系。周扬回忆过“百花齐放”口号的来源以及毛泽东同志对其的基本态度。关于是否发展地方戏曲的问题是 1950 年全国戏曲工作会议的一项重要议题。中国戏曲界对这一问题存在着不同的看法。有的参会者提出应该容许地方戏曲发展，全国各地不同种类的戏曲应该“百花齐放”，不应只容许这一种戏曲发展而禁止那一种戏曲发展。周扬将这一部分戏曲工作者的看法向毛泽东同志进行了汇报，毛泽东同志非常认同和赞赏“百花齐放”的看法，认为它反映了中国戏曲工作者的意愿和利益，也反映了中国戏曲发展的基本规律。而在 1951 年，毛泽东同志为中国戏曲研究院的题词正是“百花齐放，推陈出新”。且在 1956 年 4 月 28 日，毛泽东同志对“百花齐放”的出处作了补充性解释。毛泽东同志说“百花齐放”来自人民群众，但具体是谁说的，他自己也不知道。可以说，“百花齐放”口号的提出是马克思主义基本原理同中国戏曲发展实际情况的一次有机结合，是“第一个结合”的又一次成功落实，是其中

文化维度的具体化实践。

如果说“百花齐放”口号的提出还略显平静，那么“百家争鸣”口号的提出就已是暗流涌动。“百家争鸣”口号的提出和中国历史问题研究具有因果性。关于早期中国社会历史的分期问题，两位权威学者郭沫若和范文澜的学术观点出现了不可调和性。对此，毛泽东同志给出的解决法宝正是“百家争鸣”。在1956年4月28日，毛泽东同志对于“百家争鸣”的出处也作了补充性解释。毛泽东同志说“百家争鸣”是古代中国先哲提出的一种思想，是对春秋战国时代文化生态环境的一种描述。从毛泽东同志对“百家争鸣”口号的运用和深入思考来看，这个口号的提出是根据早期中国社会历史分期研究实际问题，将马克思主义基本立场观点方法同中华先秦优秀传统文化的一次有机结合，是一次非常成功的文化实践，是一定历史语境下中华优秀传统文化实现现代转化的结果，可以说是一次很成功的中华优秀传统文化的创造性转化、创新性发展的早期探索。

1956年4月22～28日，中央政治局召开了扩大会议。毛泽东同志在25日有各省、市、自治区党委书记参加的扩大会议上作了“论十大关系”的讲话。在27日扩大会议的发言环节中，陆定一就学术、艺术、技术性质问题和政治思想问题的关系发表了意见。陆定一主张应当将学术、艺术、技术性质问题和政治思想问题区分开来。这是为了建设好社会主义文化，是一种好的政治思想领导，也是一种好的文化艺术领导。好的文化艺术领导是政治方向性领导，而不是学术、艺术和技术性质或具体问题的领导。陆定一强调，在文化艺术的政治思想领导下，要让学术、艺术和技术有发展的自由。在28日扩大会议的发言环节中，谈论的主题涉及“百花齐放”和“百家争鸣”口号。会议肯定了毛泽东同志所提出的“百花齐放”口号在中国戏曲发展中的作用和“百家争鸣”口号在中国历史问题研究中的作用。在扩大会议的最后阶段，毛泽东同志作会议总结。在讲到“百花齐放”和“百家争鸣”的口号时，毛泽东同志第一次正式提出将二者连在一起作为中国共产党的科学文化基本方针——“艺术问题上的百花齐放，学术问题上的百家争鸣，我看应该成为我们的方针。”①

1956年5月2日，毛泽东同志在最高国务会议第七次会议上首次对外界公开介绍“百花齐放、百家争鸣”方针。在接下来的一段时间内，毛泽东同志在众多场合中全力阐释和推广人民内部矛盾论下的“百花齐放、百家争鸣”方针，直至《关于正确处理人民内部矛盾的问题》终稿的完成和对外公开发表。毛泽东

① 《毛泽东文集》第7卷，北京：人民出版社，1999年，第54页。

同志十分坚信“百花齐放、百家争鸣”科学文化方针的正确性和优先性。虽然“百花齐放、百家争鸣”方针在确立过程中发生了反右派斗争扩大化错误，但是该方针的核心内核已经深入人心，不论是专家学者还是人民群众都普遍信奉它为繁荣发展社会主义科学文化的基本方针。“百花齐放、百家争鸣”方针的提出接受了马克思主义基本原理的指导，总结了中国戏曲发展、中国历史问题研究等科学文化发展和研究的规律性认识，吸取了世界上其他社会主义国家科学文化建设的经验教训，结合了中国科学文化发展的实际情况和理想目标，综合了古今中外优秀文化成果。“百花齐放、百家争鸣”方针为旨在调动包括党内党外、国内国外和古代当代的一切积极因素来建设中华民族现代科学文化，来建设强大的社会主义国家，自然包含着努力建设中华民族现代文明的价值诉求。“百花齐放、百家争鸣”方针的贯彻落实，激活了中华文化主体性，丰富和发展了中华文化，形成了社会主义文化的主体力量，激发亿万人民群众创造社会主义文化的磅礴激情。以此逻辑我们可以看出，人民内部矛盾论下的“百花齐放、百家争鸣”方针的出场和实践，是“第一个结合”中文化维度的彰显，是“两个结合”思维方式下建设中华民族现代文明的理论思考和文化使命的重要环节，也是一次如何建设社会主义新文化的成功探索。

此外，不论 1956 年 8 月同中国音乐家协会负责人的谈话中强调“‘学’是指基本理论，这是中外一致的，不应该分中西”[①]，还是 1964 年 9 月对中央音乐学院一名学生来信作的“古为今用，洋为中用”批示，都是毛泽东同志关于“古今中外”问题的一些基本主张，并为该问题的解决贡献了独特智慧，都是对“双百”方针的补充和丰富，是马克思主义基本原理同中国具体实际相结合中文化维度的具体显现，也同样是对如何建设中华民族现代文明的有益思考。

三、新时代“文化自信、开放包容、守正创新”的文化方略

（一）新时期文化建设理论和方略的转向与探索

党的十一届三中全会开启了中国改革开放和社会主义现代化建设新时期。以邓小平同志、江泽民同志和胡锦涛同志为主要代表的中国共产党人先后创立了邓小平理论、形成了“三个代表”重要思想和科学发展观，中国进入了中国特色社会主义道路探索的新时期。在这一新的历史发展阶段，中国文化艺术界不仅确立了“文艺为人民服务，为社会主义服务”的新发展方向（简称“二为”方

① 毛泽东：《同音乐工作者的谈话》，载中共中央文献研究室编：《毛泽东文艺论集》，北京：中央文献出版社，2002 年，第 154 页。

向），而且还在某种程度上对“两个结合”思维方式下关于中华民族现代文明建设的理论和方略进行了积极理论思考和具体文化实践。

邓小平理论强调社会主义现代化建设是物质文明和精神文明的平衡发展。关于社会主义现代化建设的问题，邓小平同志指出：“把马克思主义的普遍真理同我国的具体实际结合起来，走自己的道路，建设有中国特色的社会主义，这就是我们总结长期历史经验得出的基本结论。”[①]这一结论一方面恢复了中国共产党人将马克思主义基本原理同中国具体实际相结合的优秀传统，另一方面又试图在“第一个结合”思维方式下找到适合中国情况的建设道路、形式和方法。在文化艺术建设路线方面，这一时期中国文艺界的发展方向发生了重大转向，完成了历史性的拨乱反正。1980 年《人民日报》在社论中提出了“文艺为人民服务，为社会主义服务”的新口号，不仅取代了“文艺从属于政治”和“文艺为政治服务”的旧口号，而且还正式写入《中华人民共和国宪法》（1982 年）。在文化艺术建设方针方面，邓小平理论不仅要求中国文艺界更加突出强调坚持“百花齐放、百家争鸣”的方针，而且希望中国文艺工作者在吸收和借鉴古今中外文艺技巧中创造出更多能够代表新时期的具有中华民族风格的文艺形式。

经历过 20 世纪 80 年代“文化热”和 90 年代“左右之争”，中国文化发展跨入了新阶段。“三个代表”重要思想不仅提出了“进一步团结和动员广大文学艺术工作者，为建设有中国特色社会主义文化，为推进现代化建设、实现中华民族的伟大复兴而继续奋斗”[②]的新目标，而且还要求中国文化艺术工作者能够正确处理文化艺术传统与创新的辩证关系。文化艺术优秀传统既包括中华民族在中华文化艺术发展历史过程中所创造出来的一切优秀文化成果，也包括国外各个民族各个地区各个国家人民在文化艺术发展历史过程中所创造出来的一切优秀文化成果。在某种程度上，对古今中外一切优秀文化艺术成果的继承是当代中国文化艺术发展的重要基础，而当代中国文化艺术的创新则是对所有优秀传统文化继承的一种必然发展结果。优秀传统文化艺术的继承和当代中国文化艺术的创新不仅能够满足人民群众多元化文化艺术精神需要和利益，而且它们本身是辩证统一的，相互依存、相互贯通。在文化艺术建设路线和方针方面，中国文化艺术界自觉坚持“二为”方向和“双百”方针。同时，中国文化艺术界已经明确将中国特色社会主义文化、现代化建设和中华民族伟大复兴三者紧密关联起来，强调文化艺术“继承与创新”的辩证关系，格外突出中华优秀传统文化

---

① 《邓小平文选》第 3 卷，北京：人民出版社，1993 年，第 3 页。

② 《江泽民文选》第 3 卷，北京：人民出版社，2006 年，第 398 页。

在文化繁荣发展、现代化建设和民族复兴中的基础作用。

科学发展观进一步聚焦发展社会主义先进文化。这种文化被视为中国特色社会主义建设的基本内容和中华民族伟大复兴的显著标志。这一时期特别需要关注的是关于文化艺术继承和创新关系的思想观点。科学发展观下的文化理论和方略在这一主题上有了新发展。在文化艺术发展中,一方面强调继承具有基础作用,另一方面强调创新具有关键作用。“继承和创新,是一个民族文化生生不息的两个重要轮子。”[①]在文化艺术建设路线和方略方面,中国文化艺术界不仅坚持“二为”方向和“双百”方针,而且将“继承和创新”视为中华文化艺术繁荣发展的“两个重要轮子”。在某种程度上,发展社会主义先进文化和传承中华优秀传统文化被提升到同等重要地位,以实践表明了“中国共产党从成立之日起,就既是中华优秀传统文化的忠实传承者和弘扬者,又是中国先进文化的积极倡导者和发展者”[②]的重大论断,也进一步表征着“中国共产党既是马克思主义的坚定信仰者和践行者,又是中华优秀传统文化的忠实继承者和弘扬者”[③]。

(二)新时代文化建设方略的明确出场

新时代,以习近平同志为主要代表的中国共产党人创立了习近平新时代中国特色社会主义思想,形成了习近平文化思想。党的二十大报告提出:“全面建设社会主义现代化国家,必须坚持中国特色社会主义文化发展道路,增强文化自信,围绕举旗帜、聚民心、育新人、兴文化、展形象建设社会主义文化强国,发展面向现代化、面向世界、面向未来的,民族的科学的大众的社会主义文化,激发全民族文化创新创造活力,增强实现中华民族伟大复兴的精神力量。”[④]在创造中国经济快速发展和社会长期稳定两大奇迹中,中国的和平发展急需推动文化繁荣、建设文化强国、建设中华民族现代文明,从而合乎历史规律地提出了新时代文化建设的方略。在文化传承发展座谈会上,习近平总书记不仅阐明了“两个结合”及“第二个结合”的科学内容以及其理论与现实意义,还对建设中华民族现代文明的文化方略进行了全面系统论述。2023 年 10 月 7～8 日召开的

---

① 《胡锦涛文选》第 2 卷,北京:人民出版社,2016 年,第 542 页。

② 《中共中央关于深化文化体制改革　推动社会主义文化大发展大繁荣若干重大问题的决定》,北京:人民出版社,2011 年,第 2 页。

③ 习近平:《在文化传承发展座谈会上的讲话》,《求是》2023 年第 17 期。

④ 习近平:《高举中国特色社会主义伟大旗帜　为全面建设社会主义现代化国家而团结奋斗——在中国共产党第二十次全国代表大会上的报告》,《人民日报》2022 年 10 月 26 日。

全国宣传思想文化工作会议首次提出习近平文化思想。[①]

历史地看，习近平新时代中国特色社会主义思想中关于“两个结合”及“第二个结合”的出场有着前后相续的逻辑节点。一是习近平总书记在庆祝中国共产党成立100周年大会上首次明确提出了“两个结合”，并且强调要在“两个结合”思维方式下发展当代中国马克思主义和21世纪马克思主义。二是“两个结合”被写入《中共中央关于党的百年奋斗重大成就和历史经验的决议》。三是习近平总书记在党的二十大报告中再次强调了“两个结合”，并且将“两个结合”视为不断开辟马克思主义中国化时代化新境界的根本原则。四是习近平总书记在文化传承发展座谈会上对“两个结合”特别是“第二个结合”作了重要阐述。相比于新民主主义革命时期马克思主义基本原理同中国具体实际相结合的第一次理论飞跃以及对“第二个结合”的探索、社会主义革命和建设时期马克思主义基本原理同中国具体实际相结合的第二次理论飞跃以及对“第二个结合”的再探索、改革开放和社会主义现代化建设时期对马克思主义基本原理同中国具体实际相结合的回归和发展以及对“第二个结合”的持续探索，习近平总书记对“两个结合”特别是“第二个结合”的重要论述，不仅深化了对马克思主义基本原理同中国具体实际相结合的理论认知，实现了第三次理论飞跃，而且在格外凸显相结合的文化维度中明确提出了马克思主义基本原理同中华优秀传统文化相结合的重大理论命题，还创造性地阐述了“第二个结合”的思想内涵和重大意义，把文化建设提升到治国理政的战略高度。简言之，习近平总书记提出的“两个结合”特别是“第二个结合”的重大命题，既是建设中国特色社会主义道路、制度、理论和文化的历史性总结和理论提升，也是指导面向未来的中国特色社会主义道路、制度、理论和文化的一种理论规划和前瞻思考，其对中华民族伟大复兴和文化建设的创新性达到了历史和理论的新高度。

就“两个结合”特别是“第二个结合”对文化建设的意义而言，习近平总书记对中华文明突出特性的阐述，以及对文化传承发展使命的重要论述，特别是概括性地提炼了党的十八大以来有关文化建设规律的“14个新思想新观点新论断”和文化新使命中“坚定文化自信、秉持开放包容、坚持守正创新”的3点强调，愈加明确了习近平文化思想的核心要义，实现了“两个结合”的第三次理论飞跃和“第二个结合”的第一次理论飞跃，为建设中华民族现代文明提供了方向和有效路径，表征着中国共产党对当代中华文化主体性的认知更加自觉和成

① 参见《习近平对宣传思想文化工作作出重要指示》，http://www.news.cn/politics/leaders/2023-10/08/c_1129904890.htm。

熟，彰显了当代中华文化主体所洋溢着的独立自由、健全完满、自觉自信的精神气象，以及科学对待古今中外优秀文化的基本态度。为此，习近平总书记自豪地指出："经过长期努力，我们比以往任何一个时代都更有条件破解'古今中西之争'，也比以往任何一个时代都更迫切需要一批熔铸古今、汇通中西的文化成果。"①

四、结语

中华民族伟大复兴的中国梦之实现需要中国式现代化，建设中国特色社会主义文化和中华民族现代文明是中国式现代化的必然要求。建设中华民族现代文明不仅需要满足中国人民多层次多面向的美好生活需求和利益，还需要在促进不同民族、区域、国家之间进行交流互鉴交融中丰富人类文明。以中国式现代化所开创的人类文明新形态，既属于中国人，又属于全人类。在习近平文化思想的实践伟力和历史逻辑的合力作用下，建设中华民族现代文明正迈向历史的新图景。

［原载于《山东大学学报（哲学社会科学版）》2023 年第 6 期］

① 习近平：《在文化传承发展座谈会上的讲话》，《求是》2023 年第 17 期。

“三重六维”：马克思主义和中华优秀传统文化的契合性分析

马秋丽　张永怀

习近平总书记在庆祝中国共产党成立100周年大会上的重要讲话中首次明确提出了“坚持把马克思主义基本原理同中华优秀传统文化相结合”（即“第二个结合”）的重要论断，党的十九届六中全会将其写入《中共中央关于党的百年奋斗重大成就和历史经验的决议》。党的二十大报告再次强调：“坚持和发展马克思主义，必须同中华优秀传统文化相结合。”[①]在文化传承发展座谈会上的重要讲话中，习近平总书记多次谈到“第二个结合”，并指出，尽管二者来源不同，“但彼此存在高度的契合性……相互契合才能有机结合”[②]。“第二个结合”是关系马克思主义在中国牢牢扎根、关系马克思主义真理之树根深叶茂的富有深邃思考的重大理论命题，“让我们能够在更广阔的文化空间中，充分运用中华优秀传统文化的宝贵资源，探索面向未来的理论和制度创新”[③]，因而成为习近平文化思想的重要内容。基于学界对“第二个结合”的相关研究，从学理上对二者之间的相互契合予以阐释，对于不断推进“第二个结合”、深刻领会习近平文化思想，具有重要的理论意义和现实意义。

马克思主义和中华优秀传统文化的高度契合性是二者结合的内在基础和前提。“‘结合’的前提是彼此契合……相互契合才能有机结合。”[④]这种契合性体现在多个方面，“中华优秀传统文化源远流长、博大精深，是中华文明的智慧结晶，其中蕴含的天下为公、民为邦本、为政以德、革故鼎新、任人唯贤、天人合一、自强不息、厚德载物、讲信修睦、亲仁善邻等，是中国人民在长期生产生活中

---

① 习近平：《高举中国特色社会主义伟大旗帜　为全面建设社会主义现代化国家而团结奋斗——在中国共产党第二十次全国代表大会上的报告》，北京：人民出版社，2022年，第18页。

② 习近平：《在文化传承发展座谈会上的讲话》，《求是》2023年第17期。

③ 习近平：《在文化传承发展座谈会上的讲话》，《求是》2023年第17期。

④ 习近平：《在文化传承发展座谈会上的讲话》，《求是》2023年第17期。

积累的宇宙观、天下观、社会观、道德观的重要体现，同科学社会主义价值观主张具有高度契合性”[①]。马克思主义和中华优秀传统文化的契合性可以从多角度进行挖掘和阐发，就二者相结合的逻辑理路而言，中华优秀传统文化与马克思主义的诸多契合点并非平列等同，而是表现为从外到内、由表及里的层层递进的三重契合，其中每一重契合主要体现在两个维度，这三重契合共体现为六个维度，我们称之为“三重六维”。本文将从“三重六维”角度对马克思主义和中华优秀传统文化的契合性问题加以探讨。

一、第一重契合：理论本性的契合

第一重契合是中华优秀传统文化的文化基因与马克思主义理论本性的契合，这种最宽泛层面的契合提供了二者结合的先决条件。二者的结合之所以能发生，正是因为中华优秀传统文化开放包容、革故鼎新的文化基因和马克思主义开放、发展的理论本性之间相契合。难以想象，两个各自封闭的理论体系能实现结合。两者之间的第一重契合主要体现为以下两个维度。

1.中华优秀传统文化开放包容的文化基因与马克思主义开放性的理论品格相契合

和而不同、开放包容的文化基因使中华优秀传统文化生生不息，传承至今。史伯提出“和实生物，同则不继”(《国语·郑语》)，孔子主张“和而不同”(《论语·子路》)，《礼记·中庸》主张“万物并育而不相害，道并行而不相悖”。这种尊重差异、包容多样的文化精神，使中华文化能够海纳百川、有容乃大。就文化起源而言，黄河中下游地区的仰韶文化、大汶口文化，内蒙古的红山文化，甘肃的大地湾文化，长江流域的楚文化和巴蜀文化，浙江的河姆渡文化，共同构成了初创期的中国传统文化。就文化的交流互鉴来看，中华优秀传统文化的开放包容还体现为始终遵照虚怀若谷的取向，对不同文明的优秀成果积极吸纳镜鉴，博采外域。历史地看，在“西学东渐”的进程中，西方的数学、医学、地理学、地质学、测量学、化学、物理学及诸多社会科学思潮传入中国，在中西文化的碰撞交流中逐渐被中华文化包容吸纳，对中国的经济、政治、文化、社会等方面产生了重大影响。正如习近平总书记所言：“中华文明是在同其他文明不断交流互鉴中形成的开放体系。从历史上的佛教东传、‘伊儒会通’，到近代以来的‘西学东渐’、新文化运动、马克思主义和社会主义思想传入中国，再到改革开放以来全方位

---

① 习近平：《高举中国特色社会主义伟大旗帜　为全面建设社会主义现代化国家而团结奋斗——在中国共产党第二十次全国代表大会上的报告》，第18页。

对外开放，中华文明始终在兼收并蓄中历久弥新。”[①]由此可见，和而不同，海纳百川，使中华文化具备了长久的生命力，成为四大文明古国中唯一没有断流的悠久文化。

同样，马克思主义也具有开放性的理论品格。就马克思主义理论而言，它“是在批判吸收人类创造的一切优秀文明成果的基础上产生的”[②]。首先，马克思主义理论初创之时便吸收借鉴了人类思想文化的精华。19 世纪的三次重大科学发现为马克思主义的产生提供了自然科学前提，德国古典哲学、英国古典政治经济学和英法空想社会主义为马克思主义理论的产生提供了思想源泉。其次，马克思主义的开放性突出体现为考察分析问题时的世界历史视野。马克思的世界历史理论鲜明体现了马克思主义的开放性，它超越了以往理论的狭隘视野，着眼于为人类求解放的目标，关注到包括中国在内的全球每个国家、民族在整个世界历史中的发展。譬如，他对古代中国有一系列的论述，认为古代中国在不久的未来将迎来“中华共和国”[③]的曙光。最后，马克思主义的开放性还体现在对教条主义的批判和纠正上。恩格斯直言：“马克思的整个世界观……它提供的不是现成的教条，而是进一步研究的出发点和供这种研究使用的方法。”[④]马克思主义是原则而不是教条的特质彰显了其理论本身的开放性，这使其没有陷入画地自限的窠臼之中，且为后世马克思主义者留下了向未来开放的诠解和实践的空间。

简言之，马克思主义是“人类历史上最没有宗派狭隘性的科学理论，对各个民族和民族文化最不具排异性，很容易在具有不同民族文化背景的广大人民中得到认同”[⑤]。

2.中华优秀传统文化革故鼎新的文化基因与马克思主义发展性的理论品格相契合

革故鼎新、日新又新的文化基因使中华文化历久弥新。《诗经 · 文王》所载的“周虽旧邦，其命维新”为后世儒家所推崇。反映两周抽象思维水平的《周易》，其主要精神是变易。其中的《革》卦和《鼎》卦蕴含着因革损益、革故鼎新的深刻哲理和客观世界变化的某些法则。穷则变、变则通、通则久乃变革之大义，

① 《习近平谈治国理政》第 3 卷，北京：外文出版社，2020 年，第 471 页。

② 段妍：《“两个结合”与新时代马克思主义中国化的新进程》，《广西大学学报（哲学社会科学版）》2022 年第 1 期。

③ 《马克思恩格斯论中国》，北京：人民出版社，2018 年，第 134 页。

④ 《马克思恩格斯选集》第 4 卷，北京：人民出版社，2012 年，第 664 页。

⑤ 陈先达：《论马克思主义与中国传统文化》，《中国特色社会主义研究》2010 年第 6 期。

鼎新则预示新的生机。“日新之谓盛德”(《周易·系辞上》),“苟日新,日日新,又日新”(《大学》),“与时偕行”(《周易·乾·文言》),代表着中华优秀传统文化的基本精神。“日新又新”的文化基因推动中国传统文化从先秦诸子学不断发展为两汉经学、魏晋玄学、隋唐佛学、宋明理学、清代乾嘉学派等形态来展现其核心内容,但其中不变的是“日新又新”的文化精神。中华文化之所以历久弥新,就在于因革损益、革故鼎新过程中的寓常于变、常在变中的哲学智慧。正如习近平总书记所言:“文明永续发展,既需要薪火相传、代代守护,更需要顺时应势、推陈出新。”[①]

发展性是马克思主义的鲜明特征。马克思和恩格斯面对他们所处时代提出的“资本主义向何处去、人类向何处去”的课题,基于对资本主义根深蒂固弊病的深刻认知,回应工人运动的现实需求和理论需求,吸收人类历史上一切优秀思想成果,创立了马克思主义理论。

马克思主义并没有穷尽真理,而是为人们打开了一条通往真理的科学道路。马克思和恩格斯历来反对把他们的理论教条化理解。马克思指出:“一定要把我关于西欧资本主义起源的历史概述彻底变成一般发展道路的历史哲学理论,一切民族,不管它们所处的历史环境如何,都注定要走这条道路……会给我过多的荣誉,同时也会给我过多的侮辱。”[②]恩格斯也指出:“我们的理论是发展着的理论,而不是必须背得烂熟并机械地加以重复的教条。”[③]随着从西欧发源地向全世界的传播,马克思主义在指导社会主义事业发展的过程中需要与各国具体实际和时代特征相结合以实现自身的发展。本土化是指马克思主义基本原理与各国国情相结合,并在各国落地生根、开花结果的过程;时代化是指马克思主义基本原理与时代特征相结合,回答新的时代问题,始终把握时代、引领时代的过程。本土化主要体现马克思主义创新发展的空间维度,时代化主要体现马克思主义创新发展的时间维度,二者有机统一,构成马克思主义创新发展的基本路径。列宁基于对资本主义发展到帝国主义阶段的科学剖析,提出了社会主义革命可能在一国或数国首先发生并取得胜利的论断,并在领导俄国革命和建设的过程中把马克思主义基本原理与俄国具体实际相结合,将马克思主义发展到列宁主义阶段。具体到中国,马克思主义的发展性也必然体现为马克思主义中国化和时代化的过程。不同时代、不同地域的马克思主义者,从理论和实践层面挖掘和拓展了马克思主义基本原理所具有的意义容量和理论空间,促

---

① 习近平:《论党的宣传思想工作》,北京:中央文献出版社,2020年,第402页。

② 《马克思恩格斯选集》第3卷,北京:人民出版社,2012年,第730页。

③ 《马克思恩格斯文集》第10卷,北京:人民出版社,2009年,第562页。

进了马克思主义的与时俱进。

合而言之，中华优秀传统文化开放包容、革故鼎新的文化基因，已深入到中国人的生命和血脉之中，成就了中国人文化意义上的自我，塑造了中国人的“中国性”，为马克思主义传入中国并日益中国化提供了重要的解释学背景和诠释主体。中华优秀传统文化作为一种“前见”，成为中国人诠解马克思主义的先行有效的理论前提。但只有理论前提还不足以充分解释二者的结合，还需从精神气质的契合方面予以探赜。

二、第二重契合：精神气质上的契合

精神气质上的契合，是马克思主义与中华优秀传统文化的第二重契合，是二者结合的关键因素，主要体现为二者辩证思维的相通和实践精神的神似这两个维度。

1.辩证思维上的相通

中华优秀传统文化中蕴含丰富的辩证法思想，在内涵、实质等多方面，它们与马克思主义基本原理的辩证思维有异曲同工之妙。

《周易》被称为“六经之首”，“易”之为名，与“变”内在相关，乃变易与不易的统一，所谓“易者不易”，两者不可偏废，此正为辩证法的真谛。例如，《易·系辞下》特别强调“变”，“《易》之为书也不可远，为道也屡迁，变动不居，周流六虚。上下无常，刚柔相易。不可为典要，唯变所适”，这里面包含变易及其矛盾运动之原因。再如，“一阴一阳之谓道”“刚柔相推而生变化”（《易·系辞上》）和“有无相生，难易相成，长短相形，高下相倾，音声相和，前后相随”（《道德经·第二章》），这些思想无不折射出中华优秀传统文化重视矛盾及其统一性这一辩证思维的智慧。

在中华优秀传统文化中，变易的思想主要从宇宙观立论。《易·系辞下》中“天地絪缊，万物化醇；男女构精，万物化生”，老子的“万物负阴而抱阳，冲气以为和”（《道德经·第四十二章》），王充的“天覆于上，地偃于下，下气蒸上，上气降下，万物自生其中间矣”（《论衡·自然》）等，都以气的变化运行建构起了中国传统的宇宙观。不易，就宇宙论而言，是变易之中包含的不易之规律与恒常的秩序。宇宙之变易，流动不居，在这种变动中有不变的运行秩序。正如《易·系辞下》所言：“日往则月来，月往则日来，日月相推而明生焉。寒往则暑来，暑往则寒来，寒暑相推而岁成焉。”在宇宙的生成变化过程中，日月运行、四时更替的规律恒常不变。变易保证宇宙处于永不滞留的状态，不易确保宇宙变而不乱、变而有常。变中有常，常而又变，昭显了一个“生生不息”的宇宙。

中华优秀传统文化中的辩证法观念，内在包含着由“一分为二”和“合二而一”构成的基本脉络，显示出辩证法赖以展开并完成自身的基本结构。宋儒朱熹《中庸章句集注》指出，“其书始言一理，中散为万事，末复合为一理”①，这种由“一理”到“万事”的过渡，其实就蕴含着“一分为二”的内在结构，而“万事复合为一理”，则是“合二而一”的完成。

马克思主义同样注重世界的变化发展及其规律。马克思认为：“辩证法在对现存事物的肯定的理解中同时包含对现存事物的否定的理解，即对现存事物的必然灭亡的理解；辩证法对每一种既成的形式都是从不断的运动中，因而也是从它的暂时性方面去理解。”②恩格斯指出：“不存在任何最终的东西、绝对的东西、神圣的东西……除了生成和灭亡的不断过程、无止境地由低级上升到高级的不断过程，什么都不存在。”③马克思主义把一切事物和现象视为存在的过程，从它的暂时性方面去理解，这与儒家“生生不息”的变易观念相契合。恩格斯认为：“世界不是既成事物的集合体，而是过程的集合体，其中各个似乎稳定的事物同它们在我们头脑中的思想映象即概念一样都处在生成和灭亡的不断变化中。”④世界的生成和灭亡遵循着客观规律并处在不断变化中。

对立统一规律是马克思主义辩证法的核心，是指事物之间和事物内部的对立及其相互转化。“除了‘非此即彼！’，又在恰当的地方承认‘亦此亦彼！’，并使对立的各方相互联系起来。”⑤马克思指出：“两个相互矛盾方面的共存、斗争以及融合成一个新范畴，就是辩证运动。”⑥恩格斯认为：“一切差异都在中间阶段融合，一切对立都经过中间环节而互相转移。”⑦对于这一问题，列宁也指出：“辩证法是一种学说，它研究对立面怎样才能够同一，是怎样（怎样成为）同一的——在什么条件下它们是同一的、是相互转化的。”⑧在一定意义上，矛盾的对立面既是一个生成的过程，也是一个在辩证运动中不断消解的过程。

马克思主义辩证法是对倒立着的黑格尔的绝对精神的辩证法的颠倒，为辩证法寻找到了全新的原初基础即人的实践活动。易言之，在黑格尔的语境中，辩证法的“三一式”不过是逻辑的演绎，而在马克思那里，则将其置于人的社会

---

① 朱熹：《四书章句集注》，北京：中华书局，2016 年，第 17 页。

② 马克思：《资本论》（节选本），北京：人民出版社，2018 年，第 17 页。

③ 恩格斯：《路德维希·费尔巴哈和德国古典哲学的终结》，北京：人民出版社，1997 年，第 8 页。

④ 《马克思恩格斯文集》第 4 卷，北京：人民出版社，2009 年，第 298 页。

⑤ 恩格斯：《自然辩证法》，北京：人民出版社，2018 年，第 84 页。

⑥ 《马克思恩格斯选集》第 1 卷，北京：人民出版社，2012 年，第 225 页。

⑦ 《马克思恩格斯选集》第 3 卷，第 909 页。

⑧ 列宁：《哲学笔记》，北京：人民出版社，1960 年，第 111 页。

性存在的历史展现及其完成的内在结构的语境中予以诠释，辩证的展开不过是人的实践活动能动地建构的过程。正因为如此，马克思和恩格斯创立了唯物史观和剩余价值学说，诠释了人类社会发展的一般规律，为人类指明了从必然王国向自由王国飞跃的途径。由此可见，马克思主义世界发展观的深邃之处就在于从变化中看到发展，从发展中发现规律。

中国的先进知识分子无不带着自己深受影响的中华优秀传统文化视角来理解马克思主义的辩证法及世界发展观，从翻译、理解到自发意义上对二者结合的探索，再到自觉地将二者进行结合，其关键理据是二者在辩证思维方面的契合。

2.实践精神的神似

中华优秀传统文化与马克思主义对实践精神或实践品格的共同重视，也昭示了二者精神气质上的神似。中华优秀传统文化与马克思主义都有极其重视实践或践履的精神气质。马克思主义强调理论与实践的内在统一，中华优秀传统文化尤其是儒学强调知行合一，二者的共同取向是确立“做”（实践或践履）的绝对原初性。

中华优秀传统文化具有鲜明的实践品格。中国古代关于“行”的探讨有两种情况：一是指一般的行为、活动。《尚书·说命中》的“非知之艰，行之惟艰”，《荀子·儒效》的“不闻不若闻之，闻之不若见之，见之不若知之，知之不若行之，学至于行之而止矣”，皆指一般的活动。二是指道德行为。“践履”“躬行”备受儒家强调和推崇。《论语·学而》指出：“弟子入则孝，出则弟，谨而信，泛爱众，而亲仁。行有余力，则以学文。”《论语·公冶长》指出：“子路有闻，未之能行，唯恐有闻。”这里的“行”皆指道德践行。明代王廷相《慎言·潜心篇》提到，“笃行实践，以守义理之中也；改过徙义，以极道德之实也”，也是重视道德践履。孔子学说的中心议题“仁”决定了“践履”这一实践精神构成儒家思想的基本特征。对于“仁”这一核心概念，孔子从未下过确切定义，不同学生问“仁”，同一学生不同场景中问“仁”，孔子的回答并不相同。孔子的学生不是从概念的角度去问，而主要问怎样成为仁人，即如何行仁、践仁。孔子每于日常生活处灵活指点，使弟子因所处之境反思意会，仁只有在仁德的实践中才能呈现、体悟、感知。所以，孔子的回答是告诉他们行仁之方法、工夫、修为，由此可见孔子对践履的重视。宋明儒学讲本体必讲工夫，本体与工夫一体两面，就是沿袭先秦儒学的传统。梁漱溟直称孔子“所谓学问就是他的生活”①。在牟宗三看来，“广义地说，

① 《梁漱溟先生讲孔孟》，李渊庭、阎秉华整理，桂林：广西师范大学出版社，2003年，第14页。

东方的形而上学都是实践的形而上学(practical metaphysics)”[1]。儒家的实践性最为突出,崇“践履”倡“躬行”的取向,看重人的亲在性,决定了它必然重视“现世”。如“子不语怪、力、乱、神”(《论语·述而》),“未知生,焉知死”(《论语·先进》),或者如《庄子·齐物论》所言“六合之外,圣人存而不论”,强调的都是人的当下的生活即对现世的重视。

儒家强调“行”的优先性,还体现在言行关系和知行关系上。在言行关系上,儒家更重行。孔子曾因学生宰予而改变了自己的观念,“始吾于人也,听其言而信其行;今吾于人也,听其言而观其行”(《论语·公冶长》)。《论语》中的相关记载比比皆是,如“君子耻其言而过其行”(《论语·宪问》),“古者言之不出,耻躬之不逮也”(《论语·里仁》),“君子欲讷于言而敏于行”(《论语·里仁》)。再如,《礼记·中庸》所言“庸德之行,庸言之谨,有所不足,不敢不勉,有余不敢尽,言顾行,行顾言,君子胡不慥慥尔”,亦是重行。“行难,常常做得不够,所以需要勉励自己力行。言易,常多余,所以应警诫自己不要多说。做到言行之间互相照应,方可称得上笃实的君子。”[2]知与行,是中国哲学关于认知与实践关系的哲学范畴,“知”是指做人做事的道理,指向人类的道德法则。“行”是指道德践履。在知行关系上,儒家强调行的优先性,更侧重于道德践履即实践中的“体认”“亲知”。后世儒家朱熹、王阳明、王夫之等,尽管在知行观方面存在差异,但重视实践精神的思想特色却一以贯之。正如王夫之《四书训义》所言,“知而不行,犹无知也”[3]。

强调实践是马克思主义哲学区别于一切旧哲学最根本的标志。马克思的《关于费尔巴哈的提纲》以寥寥千言确立了科学的实践观,彰显了“哲学家们只是用不同的方式解释世界,问题在于改变世界”[4]的实践品格。从实践出发,马克思进一步分析了社会生活的本质和人的本质,主张把社会生活当作实践去理解。他指出:“社会生活在本质上是实践的。凡是把理论诱入神秘主义的神秘东西,都能在人的实践中以及对这种实践的理解中得到合理的解决。”[5]“人的本质不是单个人所固有的抽象物,在其现实性上,它是一切社会关系的总和。”[6]马克思和恩格斯强调实践在整个社会生活及其矛盾运动中的变革作用,“对实践

---

① 牟宗三:《中国哲学十九讲》,长春:吉林出版集团有限责任公司,2010年,第102页。

② 马秋丽:《孔子的语言哲学》,《福建论坛(人文社会科学版)》2011年第2期。

③ 《船山全书》第7册,长沙:岳麓书社,1991年,第408页。

④ 《马克思恩格斯选集》第1卷,第136页。

⑤ 《马克思恩格斯选集》第1卷,第139～140页。

⑥ 《马克思恩格斯选集》第1卷,第135页。

的唯物主义者即共产主义者来说，全部问题都在于使现存世界革命化，实际地反对并改变现存的事物”[①]，从而形成了唯物主义的历史观。在一定意义上，实践在马克思和恩格斯那里不仅具有世界观的意义，同时也是唯物史观的概念基石。马克思和恩格斯称自己的学说为“实践的唯物主义”[②]，在其论著中，几乎找不到定义性的文字，有的只是关于哲学式的实践的主张。质言之，马克思和恩格斯的千言万语无非是让人回归到自己的“亲在”状态。

马克思尤其强调“实践关系”对于“理论关系”的优先性。“人的思维是否具有客观的真理性，这不是一个理论的问题，而是一个实践的问题。人应该在实践中证明自己思维的真理性，即自己思维的现实性和力量，自己思维的此岸性。”[③]他本人就不是坐而论道的思辨哲学家，而是起而行之的实践家。马克思关注现世，他“寻求的这种‘现世性’归根到底是由人的亲在得到的人的在场性来保障的”[④]。马克思指出：“真理的彼岸世界消逝以后，历史的任务就是确立此岸世界的真理。”[⑤]他先行地确立实践是实现“确立此岸世界的真理”这一目标的初始立场。恩格斯也指出：“社会主义则是在现世里，在社会改造中寻求。”[⑥]马克思主义哲学的真正力量，归根结底在于“它的实践能力的明证”[⑦]，毛泽东所言“十月革命一声炮响，给我们送来了马克思列宁主义”[⑧]，正是基于俄国十月革命的爆发和胜利，使马克思主义这一理论变成了令人信服的“物质力量”，从而达成了马克思所说的“实践能力的明证”。

中华优秀传统文化中重视践履和经世致用精神与马克思主义的实践品格神似，显示出“东圣西圣，心同理同”[⑨]的旨趣和精神气质上的契合。

三、第三重契合：价值观上的契合

二者之间的第三重契合是价值观上的契合。价值观上的高度契合性是二者能够相结合的内在理据。习近平总书记指出：“马克思主义和中华优秀传统文化来源不同，但彼此存在高度的契合性。比如，天下为公、讲信修睦的社会追

① 《马克思恩格斯选集》第1卷，第155页。

② 《马克思恩格斯选集》第1卷，第155页。

③ 《马克思恩格斯选集》第1卷，第134页。

④ 何中华：《马克思主义与儒学的会通何以可能?》，《文史哲》2018年第2期。

⑤ 《马克思恩格斯选集》第1卷，第2页。

⑥ 《恩格斯论宗教》，北京：人民出版社，2001年，第19页。

⑦ 《马克思恩格斯选集》第1卷，第10页。

⑧ 《毛泽东选集》第4卷，北京：人民出版社，1991年，第1471页。

⑨ 贺麟：《文化与人生》，上海：上海人民出版社，2010年，第15页。

求与共产主义、社会主义的理想信念相通，民为邦本、为政以德的治理思想与人民至上的政治观念相融。"[①]二者之间价值观上的契合，主要体现在民众观和社会理想观这两个维度。

1.民为邦本、为政以德的民众观与人民至上的政治观念相契合

《尚书》中载，"民惟邦本，本固邦宁"(《尚书·五子之歌》)，"天视自我民视，天听自我民听"(《尚书·泰誓中》)，"民之所欲，天必从之"(《尚书·泰誓上》)，这反映了中华优秀传统文化视百姓为国家根本，视民心向背为国家兴衰的决定力量，尊重百姓意志，体恤百姓、依靠百姓的民本思想。儒家的民本思想主要体现为重民、养民、富民、教民等方面。《论语》中50多次提到"民"，如"节用而爱人，使民以时"(《论语·学而》)，"务民之义，敬鬼神而远之"(《论语·雍也》)等。对于民，孔子的态度主要是同情、体谅、关爱和保护。《论语》中从没有出现孔子告诫、斥责或谴责百姓的内容，他认为，即使天下大乱，也不该归罪于百姓。在孔子看来，百姓若是受苦受难，只能怪罪统治者，统治者对"民"应该承担起"庶之、富之、教之"的责任与义务。

孟子提出了"民为贵，社稷次之，君为轻"(《孟子·尽心下》)的"民贵君轻"思想，并对孔子的"庶之""富之""教之"(《论语·子路》)思想作了进一步阐发。在孟子看来，一切政治、经济制度皆为民设，君也为民设。因此，君应该"保民"，认为"保民而王，莫之能御也"(《孟子·梁惠王上》)。如何"保民"呢？第一，"制民之产"。"是故明君制民之产，必使仰足以事父母，俯足以畜妻子，乐岁终身饱，凶年免于死亡"(《孟子·梁惠王上》)，应当使"民有恒产"。第二，"推恩"于民。第三，"使民以时"。"不违农时，谷不可胜食也；数罟不入洿池，鱼鳖不可胜食也；斧斤以时入山林，材木不可胜用也……鸡豚狗彘之畜，无失其时，七十者可以食肉矣。"(《孟子·梁惠王上》)第四，"薄其税敛"。"薄其税敛，民可使富也。"(《孟子·尽心上》)第五，富而后教。"谨庠序之教，申之以孝悌之义"(《孟子·梁惠王上》)，"教以人伦：父子有亲，君臣有义，夫妇有别，长幼有序，朋友有信"(《孟子·滕文公上》)。现在看来，以上五种措施，都着力于民生方面，若能很好地实施，民众完全可以过上富足且有教养的生活。另外，《荀子·大略》的"天之生民，非为君也；天之立君，以为民也"，《荀子·哀公》的"君者，舟也；庶人者，水也。水则载舟，水则覆舟"，《礼记·大学》的"民之所好好之，民之所恶恶之""得众则得国，失众则失国"，都是对民本思想的发挥。《管子·治国》的"凡治国之道，必先富民"，《文子·上义》的"治国有常，而利民为本"等，将重民思想

---

① 习近平：《在文化传承发展座谈会上的讲话》，《求是》2023年第17期。

进一步丰富和拓展,成为宝贵精神财富。

民为邦本的理念与为政以德密切相关,自然相连。殷周易代之际,鉴于殷商灭亡的教训,周人发动了一场以"疑天""敬德""保民"为核心的政治革新。他们认识到,国运长久不在于祭物的丰厚和祭祀的虔诚,而在于统治者"宜民宜人"护佑人民安居乐业的努力。"皇天无亲,惟德是辅"(《尚书·蔡仲之命》)逐渐成为周代意识形态的基础。孔子继承周代的德治思想,提出"为政以德""道之以德"(《论语·为政》)的治理思想。孟子将孔子的核心概念"仁"与"德治"思想进行融合,发展为仁政民本学说,影响深远。

马克思主义的政治立场是以阶级性为基础的人民至上。马克思主义以无产阶级解放和全人类解放为己任,以每个人自由而全面发展为目标,致力于实现最广大人民的根本利益。"如果我们选择了最能为人类而工作的职业,那么,重担就不能把我们压倒"①,马克思终生致力于现实的人及其解放。正如伯尔所言,"女售货员没有马克思,至今还得为其八小时工作制,为其自由的下午,也许也为其自由的礼拜天,为其在工作时间偶尔坐坐的权利而斗争"②。恩格斯也非常关心被压迫的工人阶级的状况,他曾经用 21 个月的时间了解英国无产阶级的愿望、痛苦以及欢乐,并指出:"工人阶级的状况是当代一切社会运动的真正基础和出发点,因为它是我们目前存在的社会灾难最尖锐、最露骨的表现。"③

马克思和恩格斯的唯物史观立足于现实的人及其本质来考察历史的创造者,把人民群众放在至高无上的地位。马克思主义坚信人民群众是社会历史的主体,是历史的创造者。在社会历史发展过程中,人民群众起着决定性的作用。人民群众创造历史的作用同社会基本矛盾运动推动社会前进的过程相一致。在社会基本矛盾的解决过程中,人民群众是顺应生产力发展要求的社会力量,是具有变革旧的生产关系愿望的社会力量,是主张变革旧的社会制度和旧的思想观念的社会力量。人民群众的总体意愿和行动代表了历史发展的方向,人民群众的社会实践最终决定历史发展的结局。人民群众是物质财富和精神财富的创造者,是社会历史变革的决定力量,是改变现实创造理想社会的主要力量。

以上的考察显示,中华优秀传统文化对民众的重视、体谅、关爱,与马克思主义对现实生活中的童工、女工等被压迫阶级、被压迫民众的关心有着高度契合,在顺应民意和民众意愿决定历史发展方向方面也有着很强的一致性。不可否认,中国传统的民本思想是君主制之下的民本,并不是现代意义上的民主。

---

① 《马克思恩格斯全集》第 1 卷,北京:人民出版社,1995 年,第 459 页。

② [德]伯尔:《伯尔文论》,袁志英等译,北京:生活·读书·新知三联书店,1996 年,第 76 页。

③ 《马克思恩格斯文集》第 1 卷,北京:人民出版社,2009 年,第 385 页。

但在中国传统政治体制下，重民惠民利民的时期大都政治清明，百姓富足。反之，草菅人命、视民如土芥的时期则政治昏聩，百姓罹难。马克思主义的群众史观则是把人民群众视为历史创造的主体，毛泽东将其表述为“人民，只有人民，才是创造世界历史的动力”[①]。虽然“民为邦本”的思想与群众史观存在差异，但二者依托百姓、依靠百姓、为了百姓等价值取向却具有相通性。中国化马克思主义正是秉承群众史观，传承中华优秀传统文化的重民思想，提出了“以人民为中心”的发展思想和基本方略。习近平总书记指出：“江山就是人民，人民就是江山。中国共产党领导人民打江山、守江山，守的是人民的心。治国有常，利民为本。为民造福是立党为公、执政为民的本质要求。”[②]这正是新时代将中华优秀传统文化的“民为邦本”思想与马克思主义群众史观相结合的鲜明体现。

2.天下为公、讲信修睦的社会追求与共产主义理想相契合

中华优秀传统文化中的大同思想与共产主义远大理想存在高度契合性。二者“都包含着对理想社会的诉求，而且在理想社会的原型上具有某种同构性”[③]。中华优秀传统文化中的大同思想承载着中华民族几千年来的美好夙愿。大同思想与共产主义理想具有很大相似性，它既符合中华民族一以贯之的对美好社会的向往与追求，又增加了中华民族对共产主义的认同感。

“大道之行也，天下为公”出自《礼记·礼运》，道出了中华优秀传统文化对理想社会的追求。“大道之行也，天下为公。选贤与能，讲信修睦，故人不独亲其亲，不独子其子，使老有所终，壮有所用，幼有所长，矜寡孤独废疾者皆有所养，男有分，女有归。货恶其弃于地也，不必藏于己；力恶其不出于身也，不必为己。是故谋闭而不兴，盗窃乱贼而不作，故外户而不闭，是谓大同。”（《礼记·礼运》）在大同思想的语境中，人类社会反对私有制，实现了生产资料公有制。其中，矜寡孤独废疾者“皆有所养”体现了对物质上充裕的追求；“货恶其弃于地也，不必藏于己；力恶其不出于身也，不必为己”彰显了天下为公的理想，是物尽其用又不归私有、百姓尽心尽力又不必谋求一己之私的为公境界；“是故谋闭而不兴，盗窃乱贼而不作，故外户而不闭”呈现的是理想社会中百姓夜不闭户、路不拾遗的精神境界。这样的社会理想成为中华民族长期以来的美好追求，在一定意义上也成为适宜栽培共产主义思想的天然土壤。

---

① 《毛泽东选集》第3卷，北京：人民出版社，1991年，第1031页。

② 习近平：《高举中国特色社会主义伟大旗帜 为全面建设社会主义现代化国家而团结奋斗——在中国共产党第二十次全国代表大会上的报告》，第46页。

③ 何中华：《马克思与孔夫子：一个历史的相遇》，北京：中国人民大学出版社，2021年，第270页。

大同社会还特别关注社会关系的和谐，呈现出讲信修睦、守望相助、各得其所等诸多美好景象。讲信修睦的社会追求是大同社会的核心理念，旨在达成社会关系和谐、邦交和睦、世界和平。“和平、和睦、和谐是中华文明五千多年来一直传承的理念，主张以道德秩序构造一个群己合一的世界，在人己关系中以他人为重。”[①]就社会关系和谐而言，孔子“老者安之，朋友信之，少者怀之”（《论语·公冶长》）的志向，呈现出的就是家庭关系的和睦、群己关系的和谐。孟子也论述了“出入相友，守望相助，疾病相扶持，则百姓亲睦”（《孟子·滕文公上》）的理想社会图景。大同理想作为中华优秀传统文化对理想社会的集中表达，以“讲信修睦，故人不独亲其亲，不独子其子，使老有所终，壮有所用，幼有所长，矜寡孤独废疾者皆有所养，男有分，女有归”（《礼记·礼运》）展望了人们各得其所、各安其乐的和谐景象。就邦交和睦而言，中华优秀传统文化强调国与国之间理应“怀仁义以相接”（《孟子·告子下》）。邻国相交之道体现为“惟仁者为能以大事小”“惟智者为能以小事大”（《孟子·梁惠王下》）。小国要仁政爱民，与民同心，捍卫国家。大国则要行仁政王道，有驾驭其强大经济和军事实力的道德能力。就实现天下太平而言，中华优秀传统文化提倡仁政王道，避免战争，追求和平。孔子明确表示：“桓公九合诸侯，不以兵车，管仲之力也。如其仁！如其仁！”（《论语·宪问》）可见，正是着眼于管仲以外交手段避免战争的功劳，孔子对管仲才有“如其仁！如其仁！”的肯定性评价。孟子“贵王贱霸”，力图改变“天下无道，小役大，弱役强”（《孟子·离娄上》）以及列国交争、恃强凌弱的社会现实，推行“天下有道，小德役大德，小贤役大贤”（《孟子·离娄上》）的王道理想。荀子倡导“义立而王”（《荀子·王霸》），认为“修其道，行其义，兴天下之同利，除天下之同害，而天下归之”（《荀子·正论》），也体现了对捍卫仁义、天下归心的王道理想的推崇。

马克思主义的理想社会是共产主义社会。“共产党人可以把自己的理论概括为一句话：消灭私有制。”[②]共产主义社会的生产资料将实现社会直接占有，自由平等的劳动者联合体共同占有和使用生产资料。与生产资料的社会占有相适应，共产主义社会对生产进行有计划的组织和管理。由于全社会占有生产资料和共同组织生产、共同分配产品，个人劳动与社会劳动、个人利益与社会利益达成了直接统一。个人劳动直接成为社会劳动的一部分，个人利益在社会利益中得以实现。这与大同社会理想的“货恶其弃于地也，不必藏于己；力恶其不出

---

① 习近平：《在文化传承发展座谈会上的讲话》，《求是》2023年第17期。

② 《马克思恩格斯文集》第2卷，北京：人民出版社，2009年，第45页。

于身也，不必为己”(《礼记·礼运》)有着异曲同工之处。在马克思主义语境中，无产阶级彻底消灭了一切剥削、压迫以及阶级和阶级对立，建立起共产主义制度，使人类社会进入自由王国。自由王国承载着无产阶级的诸多美好愿景，“在共产主义社会高级阶段，在迫使个人奴隶般地服从分工的情形已经消失……社会才能在自己的旗帜上写上：各尽所能，按需分配!”①在共产主义社会的理想图景中，“由社会全体成员组成的共同联合体来共同地和有计划地利用生产力；把生产发展到能够满足所有人的需要的规模；结束牺牲一些人的利益来满足另一些人的需要的状况；彻底消灭阶级和阶级对立；通过消除旧的分工，通过产业教育、变换工种、所有人共同享受大家创造出来的福利，通过城乡的融合，使社会全体成员的才能得到全面发展”②。可见，共产主义价值指向的物质层面是社会生产力高度发展、产品极大丰富、实现普遍的生产资料公有制的社会。共产主义价值指向的社会层面体现为社会关系的高度和谐。在共产主义社会，阶级将会消亡，阶级剥削和压迫将不复存在。作为阶级压迫工具的国家机器也将随之消亡，人类社会第一次作为统一的社会而存在和发展，各民族和国家的历史发展为统一的世界历史。在共产主义社会，战争将不复存在。大量的资源将从军事活动中解放出来，造福于全社会，人类将真正过上和平安宁的日子。共产主义价值指向的精神层面体现为自觉地为他人、为社会服务和奉献。实现人的自由而全面发展是马克思主义理想社会追求的根本价值目标。“代替那存在着阶级和阶级对立的资产阶级旧社会的，将是这样一个联合体，在那里，每个人的自由发展是一切人的自由发展的条件。”③那时，人摆脱了自然经济条件下对“人的依赖关系”，也摆脱了商品经济条件下对“物的依赖性”，实现了人的“自由个性”的发展。

诚然，中国传统的大同社会理想有一定的空想性质，而共产主义理想则体现了人类社会的发展规律。尽管如此，由上述考察可以看出，二者对理想社会的诉求是相契合的，在理想社会原型上存在某种同构性和天然的亲和性。二者均立足于人的“在场性”谋求现世的幸福，既强调了生产力的发展和物质产品的丰富，又重视社会关系的和谐，都主张避免或消除战争，皆以实现公天下为社会理想。对于人本身，“马克思主义从社会关系的角度把握人的本质，中华文化也把人安放在家国天下之中，都反对把人看作孤立的个体”④。二者都追求社会关系的高度和谐、人们精神境界的极大提高。这些契合减少了二者之间的生疏感

① 《马克思恩格斯选集》第3卷，第364～365页。

② 马克思、恩格斯：《共产党宣言》，北京：人民出版社，2014年，第90页。

③ 《马克思恩格斯选集》第1卷，第442页。

④ 习近平：《在文化传承发展座谈会上的讲话》，《求是》2023年第17期。

和排异性，顺应了中华民族对理想社会的追求。中国的许多学者比如朱谦之、江亢虎、景定成、蔡和森、梁启超、蔡元培、郭沫若、钱穆、吕思勉、窦宗仪、邬昆如等，不约而同地指出了马克思主义与大同社会的一致性。他们从不同角度论及大同社会的理想与社会主义理想的“暗合”“互相印证”“勾连”“亲和”“相通”“某种一致”，指出大同社会的理想是近代中国易于接受社会主义的一个原因。① 中国人对大同社会的诉求与共产主义理想社会的契合，不仅在事实上构成了马克思主义在中国传播的深厚而适宜的文化土壤，也将促进马克思主义与中华优秀传统文化在价值观念层面的融通。

四、结语

综上，我们呈现了马克思主义和中华优秀传统文化之间存在的“三重六维”的高度契合性，探究了马克思主义基本原理与中华优秀传统文化相结合的内在基础和前提。所谓“三重契合”，第一重契合是指中华优秀传统文化的文化基因与马克思主义理论本性的契合，这种最宽泛层面的契合提供了二者结合的先决条件。第二重契合是精神气质上的契合，这种契合促进了二者的精神接近。第三重契合是价值观上的契合，这种契合构成了二者相结合的深层理据。所谓“六个维度”，是指三重契合主要体现在六个维度。第一重契合主要体现为中华优秀传统文化开放包容的文化基因与马克思主义开放性的理论品格相契合、中华优秀传统文化革故鼎新的文化基因与马克思主义发展性的理论品格相契合这两个维度。第二重契合主要体现为中华优秀传统文化与马克思主义在辩证思维上的相通和实践精神方面的神似这两个维度。第三重契合主要体现为中华优秀传统文化与马克思主义在民众观、社会理想观两个维度的契合。三重契合在逻辑理路上层层递进，为马克思主义基本原理与中华优秀传统文化相结合提供了内在基础和前提，不仅在事实层面造就了马克思主义基本原理与中华优秀传统文化相结合的百年探索和实践过程，而且有助于在推进和拓展中国式现代化、建设中华民族现代文明进程中进一步促进马克思主义基本原理与中华优秀传统文化的融通和贯通，更加深入地推进二者的结合和相互成就，让经由“结合”而形成的新文化成为中国式现代化的文化形态，在新时代谱写马克思主义中国化时代化新篇章。

［原载于《山东大学学报（哲学社会科学版）》2023 年第 6 期］

---

① 参见何中华：《马克思与孔夫子：一个历史的相遇》，第 271～276 页。

第五章　全球减贫视域下的中国式现代化

“亚洲的戏剧”：中印消除贫困的现代化路径

张淑兰　黄靖媛　赵伟康

“亚洲的戏剧”是1974年诺贝尔经济学奖获得者冈纳·缪尔达尔在1968年提出的概念，意指第二次世界大战后亚洲国家消除贫困、追求现代化发展的生动实践。经过近半个世纪的发展，联合国在2000年推出的8项千年发展目标和2015年提出的17项可持续发展目标中，首要的目标仍然是消除贫困。2021年，我国成功解决了绝对贫困问题，开启了全面建设社会主义现代化国家的新征程，但仍面临着脱贫人口再返贫的风险与挑战。同为发展中大国、崛起中的新兴经济体和世界文明古国的亚洲邻国印度，直到现在仍然没有解决绝对贫困问题。中印发展模式是21世纪以来备受学界关注的话题，有鉴于此，本文聚焦中印消除贫困问题的现代化路径，探寻其共性和特殊性，旨在促进两国之间相互借鉴，并在新千年的人类发展和全球治理中作出亚洲文明古国的新贡献。

一、中印消除贫困的现代化追求构成“亚洲的戏剧”主题与主角

缪尔达尔说，之所以将这本书命名为《亚洲的戏剧》，是因为“在所有复杂的和不同的事务背后，我们意识到有一系列相当鲜明的冲突和一个共同的主题，就像在戏剧里看到的一样”①。第二次世界大战（以下简称“二战”）结束至今，“亚洲的戏剧”主角不断变化，但主题却始终未变，因而具有世界性的影响和价值。

1.“亚洲的戏剧”主题一直是以现代化的方式消除贫困、追求发展

二战结束后，“亚洲的戏剧”开幕。1947年3月，“泛亚洲会议”在印度新德

① ［瑞典］冈纳·缪尔达尔：《亚洲的戏剧：南亚国家贫困问题研究》，［美］塞思·金缩写，方福前译，北京：商务印书馆，2015年，第21页。

里召开，中国代表团参会，亚洲的殖民地和半殖民地国家共同提出了“亚洲团结”的思想。印度国大党主席尼赫鲁在会议上发表讲话：“现在，我们处于旧时代结束、新时代到来的时刻。在此新旧分裂之际，我们回溯历史，展望未来。亚洲经历了长期的压迫，现在终于在世界事务中再次变得非常重要。”[①]同年 8 月，尼赫鲁在印度脱离英国殖民统治的前夜宣布，“多年前我们与命运有约，现在是实践诺言的时候了”，最先也是最重要的一项任务是“结束贫穷、愚昧、疾病和机会不平等”[②]。1950 年 1 月，《印度共和国宪法》生效，规定要将印度建设成为一个“主权的、社会主义的、世俗的、民主的”国家。1954 年，毛泽东主席向全世界宣布，要把我国建设成为一个“工业化的、具有高度现代文化程度的伟大的国家”[③]。同年，尼赫鲁发表演讲，“在中国和印度发生的这些新的革命性变化，尽管在内容上不同，但都代表了亚洲的新精神，显示了亚洲国家的新生命力”[④]。

现代化是“亚洲的戏剧”的指导思想。二战结束后，尤其是冷战爆发后，西方经济学家开始热衷于研究欠发达国家的不平等、贫困和发展问题，促成了发展经济学和现代化研究的兴盛。为专门研究亚洲国家的贫困原因以及如何脱贫与发展问题，1957 年，缪尔达尔到南亚、东南亚、中国西部和苏联西南部等地区进行了为期十年的实地考察。他发现，尽管亚洲各国存在不同甚至是矛盾的价值观，但其“新价值观”均是“现代化理想”，且“已成为‘官方信念’，几乎成了一种国教，是新民族主义的一个重要组成部分”[⑤]。原因是，各国的发展计划和报告序言都公开宣布以“现代化”为目标。缪尔达尔还发现，南亚国家的许多现代化理想相互重叠，有一个基本框架，包括理性、发展与发展计划、生产率的提高、生活水平的提高、社会和经济的平等化、改进制度和态度、民族团结、政治民主、群众民主、社会纪律与“民主计划”、派生的价值前提等。[⑥] 但是，我国的现代化框架不同于南亚和东南亚国家。1957 年，毛泽东第一次提出了工业、农业和科学文化的三个现代化；1964 年，周恩来提出了农业、工业、国防和科学技术的四个现代化。无论是三个现代化还是四个现代化，中国现代化的最终目标都是建成一个社会主义现代化强国。因此，1966 年，美国现代化学者 C.E.布莱克指

---

① S. Gopal, *Selected Works of Jawahar Lal Nehru*, *Second Series*, Volume 2, New Delhi:Jawaharlal Nehru Memorial Fund, 1984, p.503.

② [印度]阿马蒂亚·森、让·德雷兹：《印度：经济发展与社会机会》，黄飞君译，北京：社会科学文献出版社，2006 年，第 1 页。

③ 《毛泽东文集》第 6 卷，北京：人民出版社，1999 年，第 350 页。

④ [印度]阿马蒂亚·森、让·德雷兹：《印度：经济发展与社会机会》，第 2、69 页。

⑤ [瑞典]冈纳·缪尔达尔：《亚洲的戏剧：南亚国家贫困问题研究》，第 34～35 页。

⑥ 参见[瑞典]冈纳·缪尔达尔：《亚洲的戏剧：南亚国家贫困问题研究》，第 37～44 页。

出，世界各国的资源、技术、历史制度遗产、发展阶段、领导体制、政策均不相同，因此，没有完全相同的现代化模式，“尽管如此，我们仍可能区分现代化主要问题与政策的不同类型社会，而不失去其中任一社会的个性”[①]。他从政治、经济和社会三个方面把世界各国和地区的现代化分成了七种模式，包括英法模式、美国模式、欧洲模式、拉美模式、俄日中—伊朗土耳其埃塞俄比亚—泰国模式、亚洲和美洲的新独立国家和附属国模式、撒哈拉沙漠以南和大洋洲的新独立国家和附属国模式，但没有独立的南亚模式、东亚模式，更不用说亚洲模式了。

消除贫困一直是亚洲乃至全世界的首要发展目标。缪尔达尔指出：“‘发展’是指告别‘欠发达’，从贫困中解脱出来的过程。”[②]1995 年，“亚洲的戏剧”变成了“全球的戏剧”，联合国召开了首次世界发展峰会，通过了《哥本哈根社会发展问题宣言》和《社会发展问题世界首脑会议行动纲领》，号召消除贫困、实现充分就业和社会整合，对消除贫困作出了世界性的承诺。到 2000 年，联合国发现，“在发展中世界，有近三分之一的人口仍受到贫穷的煎熬，而这已经比四十年前三分之二的贫困人口下降了很多”[③]。因此，联合国《千年宣言》设立了 8 个以 2015 年为期限的“千年发展目标”，包括消除极端贫穷和饥饿、赋予妇女权利以促进两性平等、确保环境的可持续能力等。到 2015 年，生活在极端贫困中的人数从 1990 年的 19 亿降至 8.36 亿[④]，减少了一半以上，但是仍然有更多目标有待实现。2015 年，联合国通过了《变革我们的世界：2030 年可持续发展议程》，“千年发展目标”被“可持续发展目标”所代替，包括无贫穷、零饥饿、良好健康与福祉、性别平等、优质教育、减少不平等、气候、环境退化、繁荣、和平与正义等 17 个目标[⑤]，实质上是将“可持续发展”与“消除贫困”结合起来，呼吁全世界共同采取行动，到 2030 年以综合有力的方式消除贫困、保护地球、改善所有人的生活和未来。

2.“亚洲的戏剧”的主角在中印之间呈现周期性变化

20 世纪 50～60 年代，“亚洲的戏剧”主角是印度。缪尔达尔的书中谈到了

---

① [美]C.E.布莱克：《现代化的动力——一个比较史的研究》，景跃进、张静译，杭州：浙江人民出版社，1989 年，第 87 页。

② [瑞典]冈纳·缪尔达尔：《亚洲的戏剧：南亚国家贫困问题研究》，第 374 页。

③ [美]霍华德·威亚尔达：《新兴国家的政治发展：第三世界还存在吗？》，刘青、牛可译，北京：北京大学出版社，2005 年，第 182 页。

④ 参见《千年发展目标 2015 年报告》，https://www.un.org/en/development/desa/publications/mdg-report-2015.html。

⑤ 参见《可持续发展目标》，https://www.un.org/sustainabledevelopment/zh/sustainable-development-goals/。

东亚的中国、朝鲜和韩国，但主要涉及南亚和东南亚的 11 个国家，着墨最多的是印度。相比曾是半殖民地的中国，作为英国殖民地的印度先是经历了 1770 年 1000 多万人因饥饿致死的大饥荒①，然后深切体会了 1929 年世界经济大危机的痛楚，1943 年又再次经历 300 万人因饥饿致死的孟加拉大饥荒②，因此，印度的思想家和学者们一直在思考消除贫困与饥荒的问题。早在 1931 年 9 月，正在伦敦的圣雄甘地指出："从我心深处可以感觉到……世界已经病到要流血死亡。要寻求一条出路，并且我以拥有这样的信念而得意：也许印度这块古老的土地将荣幸地指明饥饿世界的出路。"③67 年后，甘地的信念成为现实。1998 年，印度经济学家阿马蒂亚·森获得诺贝尔经济学奖。森 1933 年出生于印度，1953 年完成大学学业后赴英国留学，随后一直辗转于英国的伦敦经济学院、牛津大学、剑桥大学和美国的哈佛大学执教，但他一直保留着印度国籍，是印度经济发展的顾问。1998 年诺贝尔皇家学会的授奖公告长达 26 页，列举了森在饥荒、贫困、社会福利等领域的研究成果，充分肯定他在福利经济学方面作出的重大贡献；诺贝尔经济学奖获得者罗伯特·默顿·索洛赞誉森是"经济学的良心"，时任联合国秘书长安南也高度赞扬"他的著作已经对发展的理论和实践产生了革命性的影响"④。自 1990 年以来，联合国每年发表的《人类发展报告》都包含了森帮助设计的发展测量方法。从甘地的神秘预言到森的卓越贡献，这一令人惊叹的历史巧合显示了印度不可思议的迷人魅力。

1997 年东南亚金融危机见证了"亚洲的戏剧"的另一个主角——中国——一个负责任的大国的崛起：中国不仅坚持人民币不贬值，而且通过双边渠道向东南亚相关国家提供援助，成为亚洲金融危机中的中流砥柱。因此，西方发展学的学者们在较为著名的《非西方发展理论》研究中把亚洲模式等同于东亚模式，并将印度"排除在亚洲之外"⑤。直到 2003 年，研究第三世界的学者们仍然认为亚洲模式的主角是中国所在的东亚："发展最成功的地区一直是东亚"，"或者（从强调文化方面来说）是那些属于儒家文化圈的部分国家和地区"。"第二个最成功的发展中地区是拉美"，"发展最落后的两个地区是中东和撒哈拉以南

---

① 参见[印度]阿马蒂亚·森：《贫困与饥荒》，王宇、王文玉译，北京：商务印书馆，2017 年，第 49 页。

② 参见[印度]阿马蒂亚·森：《贫困与饥荒》，第 65 页。

③ [美]斯坦利·沃尔波特：《印度史》，李建欣、张锦冬译，上海：东方出版中心，2016 年，第 321～322 页。

④ [印度]阿马蒂亚·森：《以自由看待发展》，任赜、于真译，北京：中国人民大学出版社，2013 年，译者序言第 2 页。

⑤ 参见[美]霍华德·威亚尔达主编：《非西方发展理论——地区模式与全球趋势》，董正华、昝涛、郑振清译，北京：北京大学出版社，2006 年，第 148、49 页。

非洲”。这三种案例中均没有提及印度,反而在“依然存在的问题”部分谈到了印度所在的南亚地区:“许多国家,尤其是撒哈拉以南非洲和部分东南亚和南亚国家里,广大群众仍然处在水深火热之中。”[①]相反,我国南亚研究学界早于西方学界认识到印度发展的潜力和地位。1991年,中国南亚学会会长孙培钧先生领衔完成了我国第六个五年计划期间国家社会科学研究重点课题“中印经济发展比较研究”;2000年,北京大学陈峰君教授明确指出,在亚洲存在东亚与印度两种现代化模式[②];2003年,笔者之一的张淑兰完成了对印度经济改革十周年的历史研究,并出版专著《印度拉奥政府经济改革研究》[③]。

2008年全球金融危机见证了“亚洲的戏剧”的双主角——中国和印度的共同崛起。印度真正进入世界的视野是在2004年,在达沃斯世界经济论坛上,印度政府至少花费了400万美元发起了一场“印度无处不在”运动,举行了“印度与世界:畅想2025”等会议,以吸引世界对印度的关注。时任印度工商部长卡迈勒·纳特说:“大家关注中国太久了,不妨也换一换印度的新鲜空气。”[④]2006年,印度在达沃斯全胜而归;在2008年全球金融危机中,曾是世界银行前经济学家的印度总理曼莫汉·辛格更是借机成功地打响了“印度牌”。因此,2010年前后,中印发展模式的对比成为一个热门话题,成果纷呈。[⑤] 尽管不乏偏颇的声音,但大部分学者持有客观的学术立场。2012年,阿马蒂亚·森就明确指出,“我可以告诉你,没有中国,印度的经济改革就不会发生”,“我认为中国真的很重要”。[⑥] 2015年,印度GDP增长率第一次超过中国,世界舆论普遍认为印度已经走上了复制中国发展奇迹的道路。中印消除贫困的巨大成就可以有力证实这一点,参见图1。

---

① [美]霍华德·威亚尔达:《新兴国家的政治发展:第三世界还存在吗?》,第182页。

② 参见陈峰君:《东亚与印度:亚洲两种现代化模式》,北京:经济科学出版社,2000年,第1页。

③ 参见张淑兰:《印度拉奥政府经济改革研究》,新华出版社2003年版。

④ [英]戴维·史密斯:《龙象之争:中国、印度与世界新秩序》,丁德良译,北京:当代中国出版社,2007年,第51页。

⑤ 国内相关成果主要有:李云霞《中印现代化比较研究》(北京:社会科学文献出版社,2010年),何一峰、杨张乔《潜力与制约——中国、印度农村现代化发展比较研究》(北京:社会科学文献出版社,2009年),赵刚印《现代化进程中的公民政治参与——一项对中国与印度的比较研究》(上海:上海人民出版社,2010年)。国外相关成果主要有:[英]戴维·史密斯《龙象之争:中国、印度与世界新秩序》(丁德良译,北京:当代中国出版社,2007年),[印度]阿马蒂亚·森、让·德雷兹《印度:经济发展与社会机会》(黄飞君译,北京:社会科学文献出版社,2006年),[美]威亚尔达主编《非西方发展理论——地区模式与全球趋势》(董正华、昝涛、郑振清译,北京:北京大学出版社,2006年)。

⑥ [印]阿马蒂亚·森、刘民权、夏庆杰等:《从增长到发展》,北京:中国人民大学出版社,2015年,第14~15页。

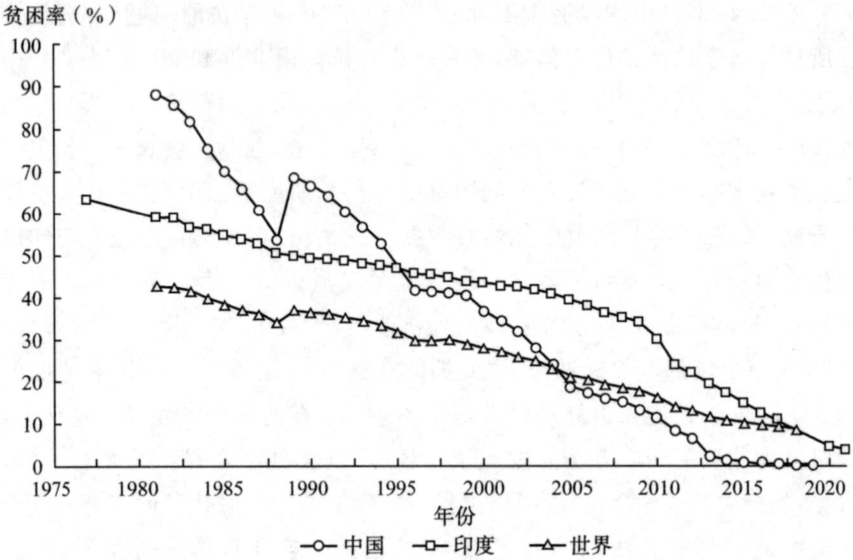

图 1　中印贫困率与世界平均贫困率①

数据来源：世界银行 PovcalNet 平台，http://iresearch.worldbank.org/PovcalNet/home.aspx。

由图 1 和相关统计数据可以发现，自 20 世纪 70 年代以来，中印减贫成效较为亮眼。中国贫困率在 1994～1995 年急速下降，2005 年后已低于世界平均水平；印度贫困率在 2010～2011 年开始急速下降，2018 年开始接近世界平均水平；自 2005 年以来，中印两国的贫困率都开始持续性快速下降，每年的降幅几乎都超过 10%。当然，中印之间在消除贫困的成效方面既有上述共性，也存在差异性。第一，中国的减贫成效明显好于印度。中国比印度提前 13 年将贫困率降低到世界平均贫困线下。而且，1995 年以前，中国的贫困率高于印度，但 1996 年后，中国贫困率开始低于印度；2021 年，中国已经消除贫困②，而印度贫困率为 4.3%③。第二，中国的减贫幅度大于印度。自 1980 年以来，中国贫困率每年（除 1989 年）的降幅平均在 14%以上，印度贫困率每年的降幅平均不足 5%。第三，印度贫困率的下降比中国贫困率的下降具有稳定性。自 1980 年以来，中国的贫困率

① 注：按 2011 年购买力平价（PPP）不变价格美元计算的每人每天 1.90 美元国际贫困线以下人口比例。1977 年印度贫困率数据、2018 年世界贫困率数据来自世界银行世界发展指数（WDI）数据库，2018～2021 年印度贫困率数据来自“世界贫困时钟”（WPC）。

② 按照中国国家贫困线标准。参见 The World Bank and Development Research Center of the State Council of the People's Republic of China, *Four Decades of Poverty Reduction in China: Drivers, Insights for the World, and the Way Ahead* (Conference Edition), Washington, D.C.: World Bank Publications, 2022, p.viii.

③ 按照 1.90 美元国际贫困线标准。参见 World Poverty Clock，https://worldpoverty.io/map。

出现了三次陡降[①](1983～1984 年、1987～1988 年、1994～1995 年),而印度仅出现过 1 次(2010～2011 年),因此,中国贫困率的下降表现出较强的波动性。

二、中印消除贫困的现代化路径:架构与实现手段

现代化路径指的是现代化的表现形式和实现手段,而表现形式是指现代化的架构,实现手段包括静态的工具和动态的程序。

(一)架构与实现手段的选定

在消除贫困的过程中,中印现代化路径的架构由经济、政治、社会、文化、生态五大领域(此为量化分析的一级指标)组成,实现手段具体表现为五个领域现代化的二级和三级指标及其性质与权重。

1.基于消除贫困的出发点,考虑到基于经济总体和效率与公平,经济现代化的重要二级指标选定为生产效率和贸易投资。其中,生产效率的三级指标包括人均 GDP 和人均 GNI,贸易投资的三级指标包括国际贸易比例和外国直接投资比例。[②]

2.基于消除贫困的出发点,考虑到政治制度不能脱离特定社会政治条件和历史文化传统来抽象评判,政治现代化的重要二级指标排除了西方式竞争性选举,采用了更能够反映中印政治现代化发展进步、更具有国际通约性的治理能力和公共安全。其中,治理能力主要采用世界银行的政府效率指标,因为它全面体现了政府制定和实施政策以及提供公共服务的能力,公共安全主要采用国防费用比例、道路及交通死亡率、故意杀人案比例。[③]

3.基于消除贫困的出发点,考虑到人类生活和社会公平,社会现代化的重要二级指标选定为城市化、国民生活及健康状况、贫富差距。其中,城市化即城市人口比例指标,国民生活及健康状况包括平均预期寿命、婴儿死亡率、医生比例、安全用水普及率和卫生设施普及率,贫富差距包括最穷 10％人口、最富 10％人口的收入比例、基尼系数。[④]

4.基于消除贫困的出发点,考虑到文化发展和研发创新,文化现代化的重要

---

① 陡降的标准是贫困率下降 6 个点左右,在短期内处于峰值。

② 经济现代化的指标依据分别来自:方福前《实现新时代两步走战略目标的可能性分析》(《中国人民大学学报》2018 年第 4 期),贺晓宇、沈坤荣《现代化经济体系、全要素生产率与高质量发展》(《上海经济研究》2018 年第 6 期)。

③ 政治现代化的指标依据分别来自:敬乂嘉、任媛媛《比较视野下的中国治理:分析与反思》(《治理研究》2022 年第 4 期),王永兴、景维民《转型经济体国家治理质量监测指数研究》(《经济社会体制比较》2014 年第 1 期),高奇琦、游腾飞《国家治理的指数化评估及其新指标体系的构建》(《探索》2016 年第 6 期)。

④ 社会现代化的指标依据分别来自:简新华、黄锟《中国城镇化水平和速度的实证分析与前景预测》(《经济研究》2010 年第 3 期),风笑天《生活质量研究:近三十年回顾及相关问题探讨》(《社会科学研究》2007 年第 6 期),中国现代化战略研究课题组《中国现代化报告 2006——社会现代化研究》(北京:北京大学出版社,2006 年,第 7 页)。

二级指标选定为知识普及和知识创新。其中，知识普及主要包括中学普及率、高等教育普及率、平均受教育年限，知识创新主要包括科研（R&D）经费投入占GDP比例、发明专利申请比例、互联网普及率。①

5.基于消除贫困的出发点，考虑到环境友好和资源节约，生态现代化的重要二级指标选定为资源利用和生态保护。其中，资源利用主要包括人均耕地面积、能源消耗强度（单位GDP能源消耗量）、用水效率（单位水资源创造的增加值）、低碳能源（包括可再生能源和核能）比例，生态保护主要包括森林覆盖率、保护区（陆地、山地、淡水、海洋）覆盖率、CO_2 排放密度（单位GDP二氧化碳排放量）、空气污染（$PM_{2.5}$浓度）。②

（二）结构与实现手段的选定依据

首要依据是学术研究的共同结论以及中印两国官方的共同观点。根据世界银行和中国国务院发展研究中心联合发布的报告③、国际货币基金组织的工作文件（经印度财政部和印度储备银行的研讨反馈）④以及其他对中印减贫成效的研究成果，发现中印消除贫困的现代化共同驱动因素包括宏观经济改革与增长⑤、政府政策与财政和基础设施的支持⑥、教育文化和研发投入⑦等，即经济、政治、社会和文化的现代化发展。关于生态保护与消除贫困的关系，尽管存在一些争议，例如有研究认为在国家工业化早期，经济增长、创造就业和减少贫困

① 文化现代化的指标依据分别来自：曲蕴、马春《文化精准扶贫的理论内涵及其实现路径》（《图书馆杂志》2016年第9期），何传启《世界教育现代化的历史事实和理论假设》（《教育学术月刊》2013年第8期），国家统计局统计科研所信息化统计评价研究组《信息化发展指数优化研究报告》（《管理世界》2011年第12期）。

② 生态现代化的指标依据分别来自：何传启《中国生态现代化的战略选择》（《理论与现代化》2007年第5期），李晓西、刘一萌、宋涛《人类绿色发展指数的测算》（《中国社会科学》2014年第6期），魏敏、李书昊《新时代中国经济高质量发展水平的测度研究》（《数量经济技术经济研究》2018年第11期）。

③ The World Bank and Development Research Center of the State Council of the People's Republic of China, *Four Decades of Poverty Reduction in China: Drivers, Insights for the World, and the Way Ahead* (Conference Edition), Washington, D.C.: World Bank Publications, 2022.

④ Rahul Anand, Volodymyr Tulin, and Naresh Kumar, authorized for distribution by Paul Cashin, *India: Defining and Explaining Inclusive Growth and Poverty Reduction*, WP/14/63, International Monetary Fund, 2014.

⑤ 例如J.G.Montalvo, M.Ravallion, "The Pattern of Growth and Poverty Reduction in China", *Journal of Comparative Economics*, Vol.38, No.1, 2010, pp.2-16；陈绍华、王燕、王威等：《中国经济的增长和贫困的减少——1990～1999年的趋势研究》，《财经研究》2001年第9期。

⑥ 例如S.Fan, P.B.R.Hazell and S.Thorat, *Linkages between Government Spending, Growth, and Poverty in Rural India*, International Food Policy Research Institute, 1999；龚维进、覃成林、李超：《中国财政支出的减贫效应——基于结构与空间视角》，《经济与管理研究》2018年第5期。

⑦ 例如A.Thorat, R.Vanneman and S.Desai, et al., "Escaping and Falling into Poverty in India Today", *World Development*, No.93, 2017, pp.413-426；郭新华、戎天美：《国外关于教育与贫困变动理论研究新进展》，《教育与经济》2009年第1期。

均以环境恶化为代价①，但同时也有研究表明，从长期来看，发展中国家的贫困与污染之间呈正相关关系，中印欲消除贫困必须优先支持生态可持续发展②。最重要的是，中印两国对此高度重视。习近平总书记特别强调“绿水青山就是金山银山”的绿色减贫理念③，党的二十大报告明确指出，中国式现代化是人口规模巨大的现代化，是全体人民共同富裕的现代化，是物质文明和精神文明相协调的现代化，是人与自然和谐共生的现代化，是走和平发展道路的现代化。④印度的莫迪政府也制定了绿色、清洁、可持续和可信赖的增长目标。⑤ 因此，本文将生态现代化纳入其中。

其次，综合参考和借鉴了国际典型发展指标体系、何传启现代化指标体系、经典现代化评价指标体系、英克尔斯—同响评价模型、世界银行世界发展指标体系、经济合作与发展组织国际概览指标体系，据此归纳了五个领域现代化的工具（此为量化分析的二级指标），并选取五大领域工具的次级工具（此为量化分析的三级指标）。

最后，依据科学的量化分析工具。本文利用 Stata 16 软件的主成分分析法(PCA)对 1991～2021 年中印的经济、社会、政治、文化、生态现代化相关数据进行总体评价。主成分分析法尊重数据特征，能够减少多个变量中的重叠信息，对各指标进行客观赋权和计算综合得分。具体操作如下：(1)利用极差法，将指标数据压缩在[0,1]之间以消除量纲和数量级差异，并通过 KMO 值和 Bartlett 球形度检验数据是否适合主成分分析。经检验，5 个一级指标的 KMO 值均大于 0.5，Bartlett 检验 p 值均小于 0.05，说明分析项间存在信息重叠，可以进行主成分分析；累积方差贡献率均大于 80%，说明能够解释大部分原始数据信息。通过计算主成分得分及其与方差解释率、各变量间的关系等式得到三级指标权重和一级指标的综合得分。(2)利用极差法处理一级指标综合得分，对其进行主成分检验和分析。经检验，其 KMO 值为 0.842，Bartlett 检验 p 值为 0.000，参考碎石图可知，

① Nicholas Apergis and James Payne, “The Emissions, Energy Consumption, and Growth Nexus: Evidence from the Commonwealth of Independent States”, *Energy Policy*, Vol.38, No.1, 2010, pp.650-655.

② A.Jiang, Y.Cao, M.T.Sohail et al., “Management of Green Economy in China and India: Dynamics of Poverty and Policy Drivers”, *Environmental Science and Pollution Research*, Vol.28, No.39, 2021, pp.55526-55534.

③ 参见张琦、孔梅：《治理现代化视角下新时代中国绿色减贫思想研究》，《西安交通大学学报（社会科学版）》2020 年第 1 期。

④ 参见习近平：《高举中国特色社会主义伟大旗帜　为全面建设社会主义现代化国家而团结奋斗——在中国共产党第二十次全国代表大会上的报告》，《人民日报》2022 年 10 月 26 日。

⑤ PTI, “India's Growth in Next 25 Years will be Clean, Green, Sustainable and Reliable: Modi at Davos Summit”, https://www.newindianexpress.com/nation/2022/jan/17/indias-growth-in-next-25-years-will-be-clean-green-sustainable-and-reliable-modi-atdavos-summit-2407885.html.

曲线在第四个因子处发生明显转折，提取特征值大于 1 的公因子作为主成分，共提取 4 个主成分，累计方差贡献率为 94.71%，对提取的 4 个主成分进行加权，计算综合得分。此外，在已求得的指标系数基础上进行归一化，计算出各分指标得分用于横向对比。所有指标得分均进行坐标平移以消除负数影响(见表 1)。

表 1　中印现代化指标的选取、定性和权重

一级指标	二级指标	三级指标	指标性质	权重
经济现代化	生产效率	人均 GDP	+	0.024970
		人均 GNI	+	0.030732
	贸易投资	国际贸易比例	+	0.032402
		外国直接投资比例	+	0.000917
政治现代化	治理能力	政府效率	+	0.038099
	公共安全	国防费用比例	—	−0.000008
		道路及交通死亡率	—	0.040327
		故意杀人案比例	—	0.023314
社会现代化	城市化	城市人口比例	+	0.027463
	国民生活及健康状况	平均预期寿命	+	0.032966
		婴儿死亡率	—	0.039280
		医生比例	+	0.008319
		安全用水普及率	+	0.058347
		卫生设施普及率	+	0.043423
	贫富差距	最穷 10%人口的收入比例	+	0.004486
		最富 10%人口的收入比例	—	0.039292
		基尼系数	—	−0.016320
文化现代化	知识普及	中学普及率	+	0.046056
		高等教育普及率	+	0.048564
		平均受教育年限	+	0.047776
	知识创新	科研经费投入比例	+	0.022457
		发明专利申请比例	+	0.022769
		互联网普及率	+	0.043278

续表

一级指标	二级指标	三级指标	指标性质	权重
生态现代化	资源利用	人均耕地面积	+	0.029097
		能源消耗强度	—	0.039993
		用水效率	+	0.023020
		低碳能源比例(包括可再生能源和核能)	+	0.032043
	生态保护	森林覆盖率	+	0.041183
		陆地保护区覆盖率	+	0.039594
		山地保护区覆盖率	+	0.047831
		淡水保护区覆盖率	+	0.052795
		海洋保护区覆盖率	+	0.022720
		CO_2 排放密度	—	0.029721
		空气污染($PM_{2.5}$浓度)	—	−0.016910

数据来源:世界银行世界发展指标数据库、世界治理指标数据库、贫困与不平等平台(PIP)数据库、教育统计数据(EdStats)数据库,分别来自世界银行(http://www.worldbank.org/)、联合国开发计划署(https://hdr.undp.org/)、联合国粮农组织(https://www.fao.org/home/en/)、国际能源署(https://www.iea.org)、国际鸟类保护联盟(http://datazone.birdlife.org/home)、国际自然保护联盟(https://www.iucn.org/)、联合国可持续发展指标(https://unstats.un.org/sdgs/dataportal/)。

需要特别说明的是,根据中印两国数据和国际可比数据的可获得性,本文主要选取了1991年以后的中印数据进行比较。此外,受量化分析工具的条件限定,剔除了数据缺失严重(如成人识字率)以及相关性不明显(如失业率)的指标,这些指标参评没有通过主成分分析的前提检验或掩盖其他指标变化。①

(三)中印宏观现代化与消除贫困的关系

将1990年以来中印的五个现代化综合得分趋势与中印贫困率的降低趋势进行对照分析(参见图2),结合1990年之前的相关研究和统计数据,可以发现:首先,中国和印度的现代化总体水平都在长期稳步提升,两国的贫困率也都逐步降低。其次,21世纪以来,中印两国的现代化发展速度和贫困率的降低速度都显著加快。在现代化快速发展的时期,中印两国贫困率都随后出现了较大的

① 参见何传启主编:《中国现代化报告2020——世界现代化的度量衡》,北京:北京大学出版社,2020年,第38页。

降幅。其中，2010 年中印两国同时出现了现代化进程的明显加速，随后两国的贫困率都开始快速下降。最后，特别需要指出的是，与减贫的历程相似，中国现代化发展也是从一个相对劣势的起点出发，但是自 1992 年之后中国的现代化指标一直高于印度，与之对应的贫困率在 1995 年之后低于印度。

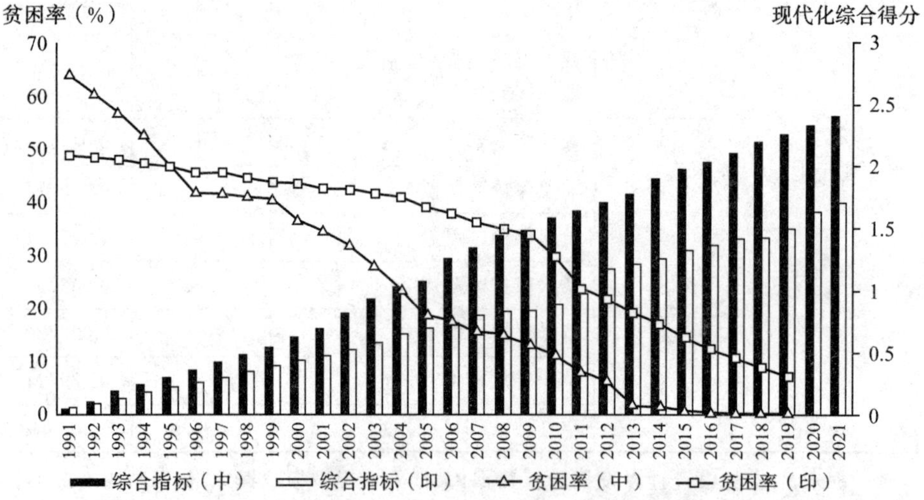

图 2　1991～2021 年中印现代化综合得分和贫困率

数据来源：中印两国贫困率数据同图 1；原始数据同表 1，其中人均 GDP 和人均 GNI 按 2015 年不变价格美元计算。

三、中印消除贫困的现代化路径：共性与差异

在消除贫困的国家发展战略层面，中印走的现代化发展道路既有共性也有差异性。本节首先通过五个具体现代化领域中工具使用的动态程序，微观分析中印之间的具体差异和共性，然后通过五个领域现代化的优先次序，宏观总结中印消除贫困的现代化路径的差异和共同特征。

（一）消除贫困的经济现代化路径特征

在消除贫困的现代化路径上，中印两国均以经济现代化作为消除贫困的主要手段。通过分析图 3A、3B 以及中印 1990 年前的相关统计数据[①]与各自贫困率的关系，可以发现：

---

① 包括世界银行世界发展指标数据库中的中国 1960～2020 年人均 GDP 和国际贸易比例数据、1979～2020 年外国直接投资比例、1995～2020 年人均 GNI 数据，印度 1960～2020 年人均 GDP、人均 GNI 和国际贸易比例、1970～2020 年外国直接投资比例数据。

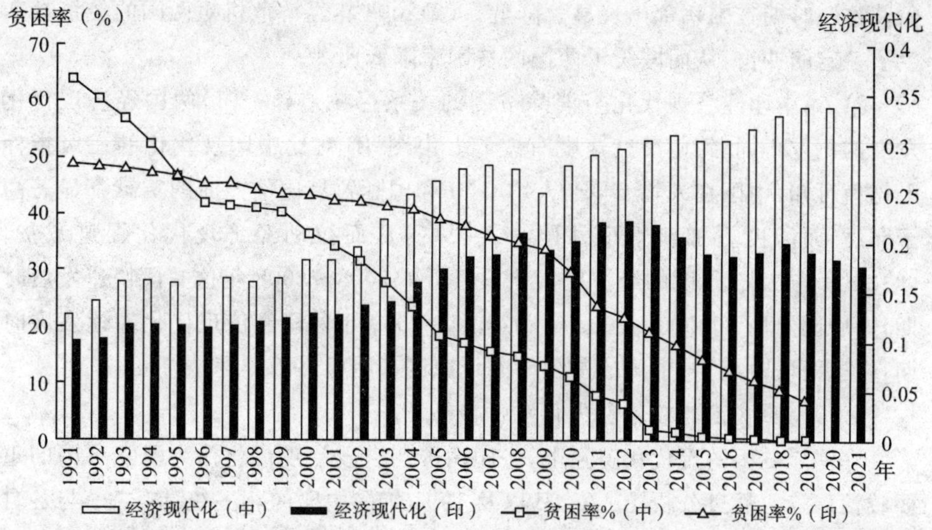

图 3A　1991～2021 年中印经济现代化与消除贫困的关系

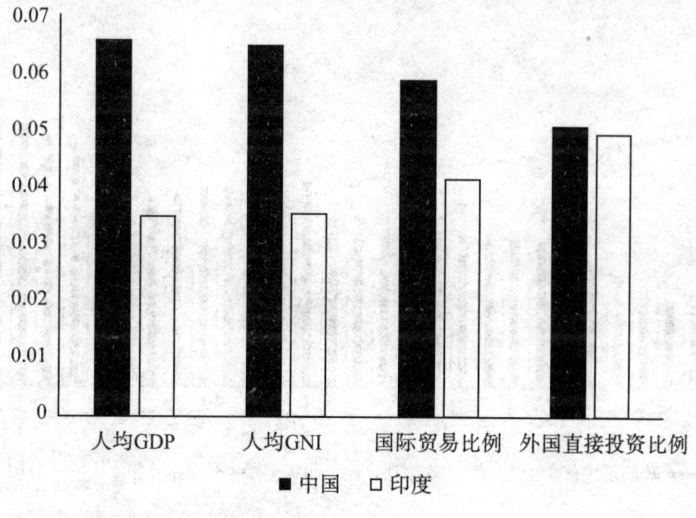

图 3B　1991～2021 年中印经济现代化三级指标平均值对比

数据来源：中印两国贫困率数据同图 1；原始数据同表 1，其中人均 GDP 和人均 GNI 按 2015 年不变价格美元计算。

第一，中印以经济现代化消除贫困的共同经验有两点：(1)经济现代化是影响减贫效应的直接因素。从总体趋势来看，中印两国的经济现代化成效与日俱增，尤其是进入 21 世纪后，两国同时经历了 2003～2008 年的高速发展时期，从而使这一时期贫困率都出现显著降低。(2)2008年经济危机对两国的经济都产生了一定的冲击,从而减缓了两国的贫困率降低速度。

第二,中印经济现代化与消除贫困的关系存在差异。(1)两国经济现代化发展的侧重不同,致使减贫速度有差异。由图3B对比中印现代化的三级指标平均值可知,中国在人均GDP、人均GNI和国际贸易比例方面的贡献都显著高于印度,而印度更加侧重于外国直接投资,从而拉动经济现代化促进减贫。(2)21世纪以来,印度的经济现代化只经历了2003～2008年这一段快速发展时期,而中国经历了2000～2005年和2010～2021年两段经济现代化高速发展时期,在这两段时期里,中国的贫困率降低速度都明显高于印度。

(二)消除贫困的政治现代化路径特征

在消除贫困的现代化路径上,中印两国均以政治现代化作为消除贫困的重要政治保障。通过分析图4A、4B以及1991年前中印的相关统计数据[①]与各自贫困率的关系,可以发现:

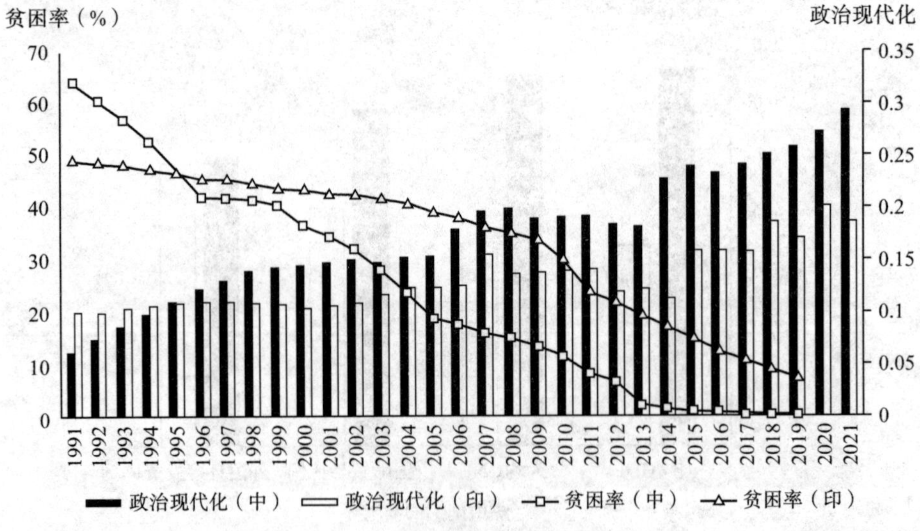

图4A　1991～2021年中印政治现代化与消除贫困的关系

① 包括世界银行世界治理指标和世界发展指标数据库中的中国和印度1996、1998、2000、2002～2021年政府效率(缺失年份数据变化趋势依据平滑曲线走势)和2000～2019年道路及交通死亡率数据,中国1989～2020年国防费用占比、1995～2018年故意杀人案发率数据,印度1970～2020年国防费用占比、1990～2018年故意杀人案发率数据。

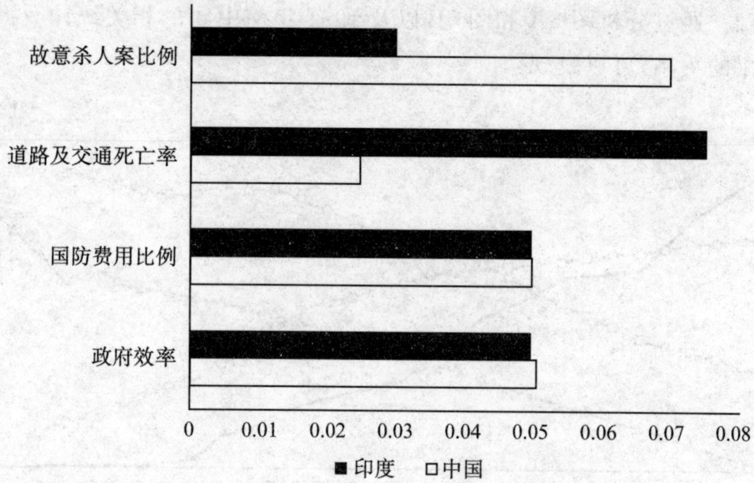

图 4B　1991～2021 年中印政治现代化三级指标平均值对比①

数据来源:两国贫困率数据同图 1,两国政治现代化的原始数据同表 1。

第一,中印以政治现代化消除贫困的共同经验表明:政治现代化是减贫效应较为间接的影响因素,但是不稳定的影响因素。从图 4A 可以看出,中印政治现代化发展都经历了两段快速发展时期,即 2004～2007 年、2013～2021 年,其间两国的贫困率也在不断下降。但是,中印政治现代化快速发展与贫困率的快速降低并未一一对应。从图 4A 来看,中国的政治现代化进程一路高涨,从 1995 年之后便逐渐与印度拉开差距,在一定程度上促使中国贫困率开始低于印度。印度的政治现代化进程稳中有进,但时有曲折,而印度的贫困率一直在稳步下降。

第二,中印政治现代化与消除贫困的关系存在差异。由图 4B 可以看出,中国的政府效率均值高于印度,中印政治现代化的差别主要反映在社会治安和交通安全上,中国的社会治安贡献远远高于印度,而交通安全却相反。究其原因,相较于印度,中国的基础设施建设发展迅速,汽车销量和保有量迅速增加,安全隐患也随之扩大,致使道路及交通死亡率较高。

(三)消除贫困的社会现代化路径特征

在消除贫困的现代化路径上,中印两国均以社会现代化作为消除贫困的根

① 注:图中显示为三级指标得分的平均值,其中负向指标已经过正向标准化处理,因此得分越高越好。例如,中国故意杀人案比例指标得分的平均值高于印度,说明中国对故意杀人案控制得更好,社会治安更好。

本和基础。通过分析图5A和图5B以及1991年前中印的相关统计数据①与各自贫困率的关系，可以发现：

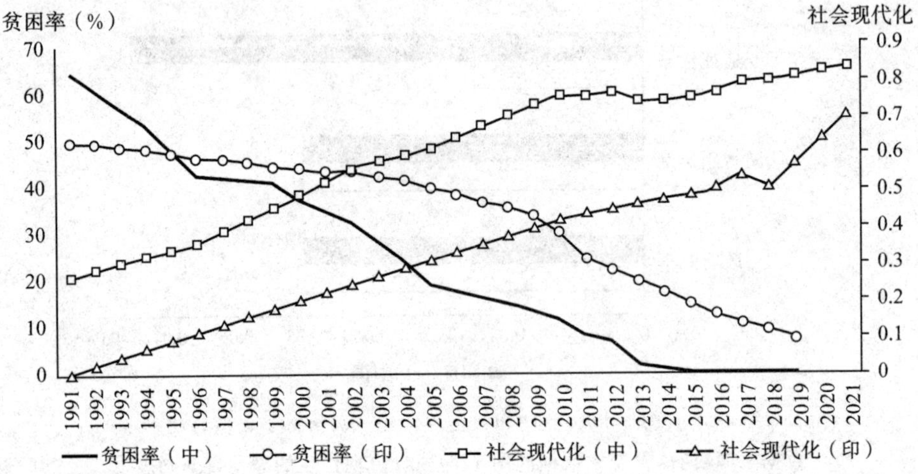

图5A　1991～2021年中印社会现代化与消除贫困的关系

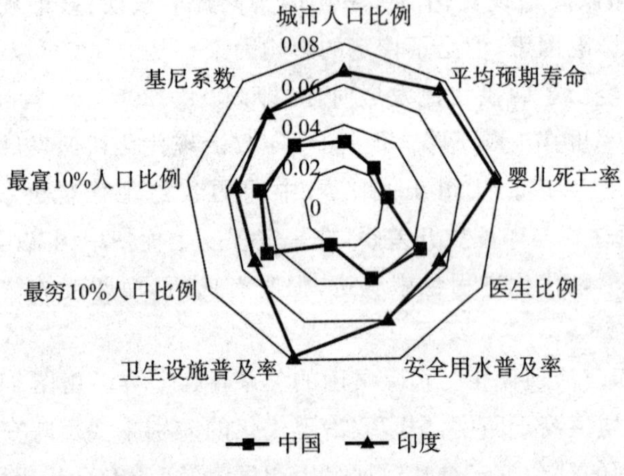

图5B　1991～2021年中印社会现代化三级指标平均值对比②

数据来源：中印两国贫困率数据同图1；原始数据同表1，两国社会现代化的原始数据同表1。

---

① 资料来源：世界银行世界发展指标数据库中的中国和印度1960～2020年城市人口比例、平均预期寿命，2000～2020年安全用水普及率和卫生设施普及率数据；中国1969～2020年婴儿死亡率数据，1981、1984、1987、1990、1993、1996、1999、2002、2005、2008、2010～2019年最穷10%人口、最富10%人口比例和基尼系数数据，1965～1977、1979、1981～1984、1986～1990、1995～2017年医生比例数据（缺失年份数据变化趋势依据平滑曲线走势）；印度1960～2020婴儿死亡率数据，1977、1983、1987、1993、2004、2009、2011、2015～2019年最穷10%人口、最富10%人口比例和基尼系数数据，1960、1965、1970、1975、1980～1981、1984、1988、1991、2000～2019年医生比例数据（缺失年份数据变化趋势依据平滑曲线走势）。

② 注：图中显示为三级指标得分的平均值，其中负向指标已经过正向标准化处理，因此得分越高越好。例如，中国婴儿死亡率指标得分的平均值高于印度，说明中国婴儿死亡率的下降更为显著。

第一,中印以社会现代化消除贫困的共同经验表明:社会现代化对减贫的效应在21世纪前后存在差异。在21世纪之前,中国和印度的社会现代化进程同时加快,但1996～2000年中印贫困率的降低并未明显提速。结合世界银行1991年之前相关指标数据可以发现,中印两国社会现代化的快速发展与减贫效应的明显呈现存在15年左右的时间差。其中,中国减贫发展最快的时期是1981～1996年,而1964～1977年是中国社会现代化发展较快的时期。[①] 印度减贫发展最快的时期是1983～1988年,而1971～1983年印度的社会现代化发展较快。在21世纪之后,社会现代化的提升与贫困率降低逐渐相合。

第二,中印社会现代化与消除贫困的关系存在差异。早在1964～1977年,中国就实施计划生育和农村合作医疗政策。[②] 由图5A和图5B还可以发现,中国的社会现代化注重各方面的均衡发展,发展水平始终领先于印度,尤其是在提高卫生医疗水平、降低婴儿死亡率和提高平均预期寿命方面遥遥领先,而印度的社会现代化发展更注重提高医生比例和收入水平等方面,因而中国的减贫效率高于印度。

(四)消除贫困的文化现代化的路径特征

在消除贫困的现代化路径上,中印两国均以文化现代化来促进社会文明进步,从而消除贫困。通过分析图6A和图6B以及1991年前中印的统计数据[③]与各自贫困率的关系,可以发现:

第一,中印以文化现代化消除贫困的共同经验表明:中印文化现代化发展都在稳中求进,但对减贫都存在时滞效应。中印文化现代化发展较快的时期与中印贫困率降低的时期存在时间差,至少5年以上,至多10年。从图6A来看,中国和印度的文化现代化发展都呈不断上升趋势。其中,印度的文化现代化在进入21世纪之后明显提速,2003～2016年出现了快速发展,2010～2018年出现了

---

① 这一点与普通中国人的认知不同,诺贝尔经济学奖获得者阿马蒂亚·森认为中国人自己都没有意识到这一点,他和北京大学刘民权教授的研究均得出同样的结论。参见[印]阿马蒂亚·森、刘民权、夏庆杰等:《从增长到发展》,第1～56页。

② 参见汪三贵:《在发展中战胜贫困——对中国30年大规模减贫经验的总结与评价》,《管理世界》2008年第11期。

③ 资料来源:联合国开发计划署、世界银行教育统计数据(EdStats)和世界发展指标数据库中的中国和印度1960、1965、1970、1975、1980、1985、1990～2021年平均受教育年限数据,1996～2018年科研经费投入比例数据,1990～2020年互联网普及率数据;中国1970～1997、1999～2003、2006～2015年中学普及率数据,1970、1973～1981、1984～2020年高等教育普及率数据,1985～2020年发明专利申请比例数据;印度1971～1973、1975～1978、1980～1984、1986～1989、1993～1997、1999～2020年中学普及率数据,1971、1973、1976～1991、1995～1997、2000～2020年高等教育普及率数据,1980～1982、1984～2020年发明专利申请比例数据(缺失年份数据变化趋势均依据平滑曲线走势)。

贫困率的快速下降；中国的文化现代化在2006年出现明显提速，随之而来的是2011～2020年中国贫困率快速降低。事实上，早在1970～1977年间中国文化现代化出现了一定发展[①]，中国贫困率随之在1981～1996年进入快速降低时期。

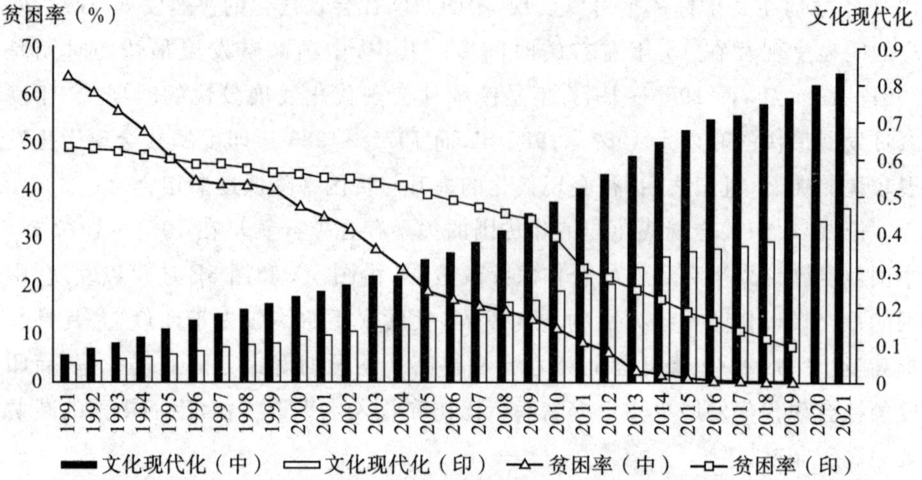

图6A 1991～2021年中印文化现代化与消除贫困的关系

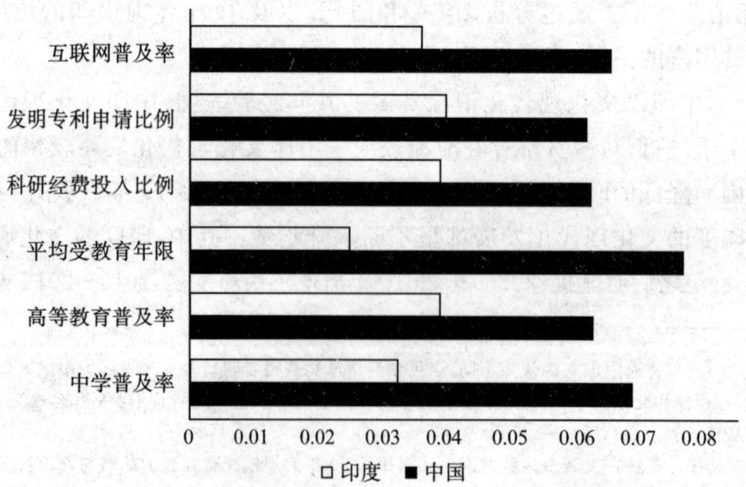

图6B 1991～2021年中印文化现代化三级指标平均值对比

数据来源：中印两国贫困率数据同图1，两国文化现代化的原始数据同表1。

① 参见白惠天、周黎安：《地方分权与教育医疗的大规模普及：基于中国计划经济时期的实证研究》，《经济学报》2020年第1期。

第二，中印文化现代化与消除贫困的关系存在差异。(1)在减贫成效方面，如上所述，中国文化现代化的减贫效应存在两个较为明显的时期，而印度只有一个。(2)在发展侧重方面，在整个观测期间，中国的文化现代化发展程度都领先于印度，但是，中国更加侧重于基础教育的普及和整体素质的提高，而印度在这两个方面明显落后于中国，从而导致两国贫困率下降的明显差异。

(五)消除贫困的生态现代化路径特征

在消除贫困的现代化路径上，中印两国均以生态现代化建设作为消除贫困、实现可持续发展的必由之路。通过分析图 7A 和图 7B 以及 1991 年前中印的相关统计数据[①]与各自贫困率的关系，可以发现：

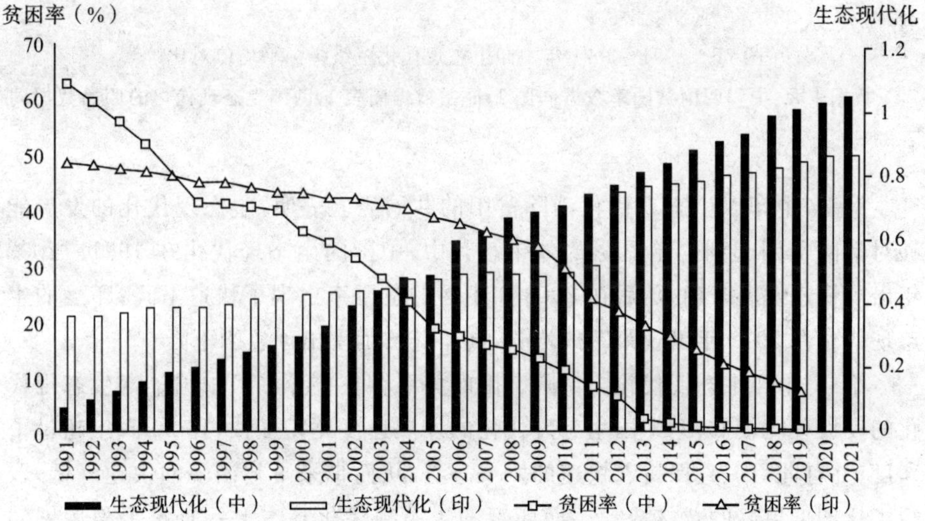

图 7A　1991～2021 年中印生态现代化与消除贫困的关系

① 资料来源：联合国粮农组织、国际能源署、世界银行世界发展指标数据库中的中国和印度 1961～2018 年人均耕地面积数据，2000～2019 年能源消耗强度数据，2000～2019 年用水效率数据，1965～2021 年低碳能源比例数据，2000～2021 年陆地、山地、淡水、海洋保护区覆盖率数据，2000～2019 年 CO_2 排放密度数据，1990、1995、2000、2005、2010～2017 年空气污染（$PM_{2.5}$浓度）数据；中国 1970、1980、1990～2020 年森林覆盖率数据，印度 1970、1990～2020 年森林覆盖率数据（缺失年份数据变化趋势均依据平滑曲线走势）。

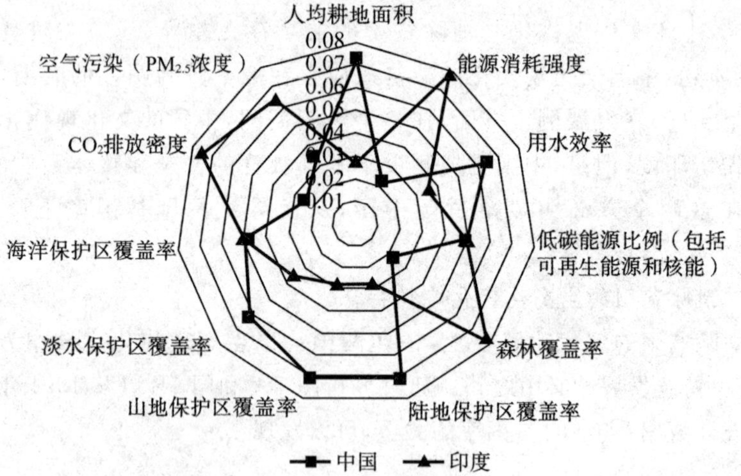

图 7B　1991～2021 年中印生态现代化三级指标平均值对比

数据来源：中印两国贫困率数据同图 1；原始数据同表 1，两国生态现代化的原始数据同表 1。

第一，中印以生态现代化消除贫困的共同经验表明：生态现代化的发展能够对消除贫困起到立竿见影的效果。其中，中国的生态现代化在 1991～2003 年出现快速发展时期，随后在 2003 年中国的贫困率出现了快速下降；印度的生态现代化在 2012 年出现跳跃式增长，同年其贫困率出现急剧下降。

第二，中印生态现代化与消除贫困的关系存在差异：(1)中国早期生态现代化的发展程度较低，但中国生态现代化的发展速度比印度快，在 2005 年超过了印度，并且此后一直保持着快速的发展态势，从而带来了贫困率的快速降低，取得了比印度更好的减贫成效。而印度的生态现代化基本上一直是平稳发展的态势，但在 2011 年出现了跳跃式增长。(2)通过图 7B 可以看出，中国与印度在生态现代化的不同方面各有所长。中国在人均耕地面积、用水效率、陆地保护区覆盖率、山地保护区覆盖率和淡水保护区覆盖率方面处于领先位置，而印度在森林资源、能源利用及减排方面的起点均比中国高，这构成了印度贫困率长期相对稳定下降的环境条件。

(六)五个领域现代化的发展次序与消除贫困的关系

中印两国在消除贫困的现代化进程中，五个领域的现代化发展趋势和规模各不相同(见图 8A 和图 8B)，从而导致两国减贫成效的不同。

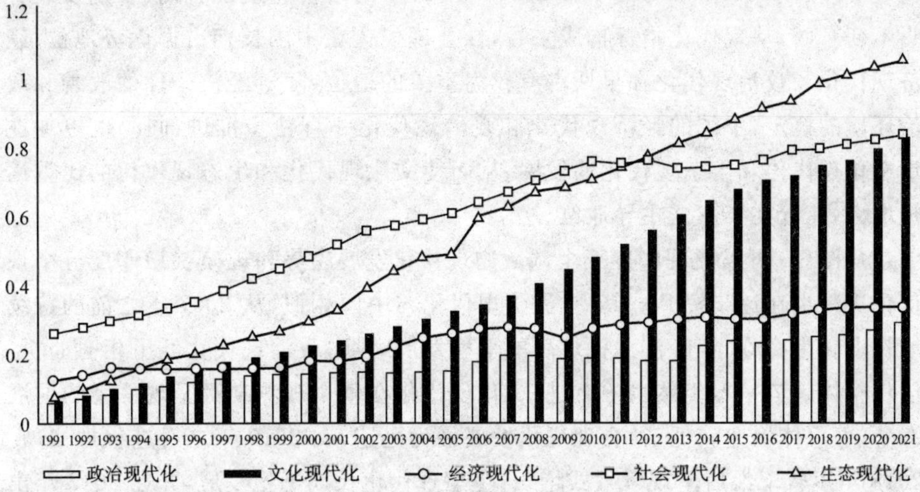

图 8A 1991～2021 年中国现代化得分

数据来源:原始数据同表 1。

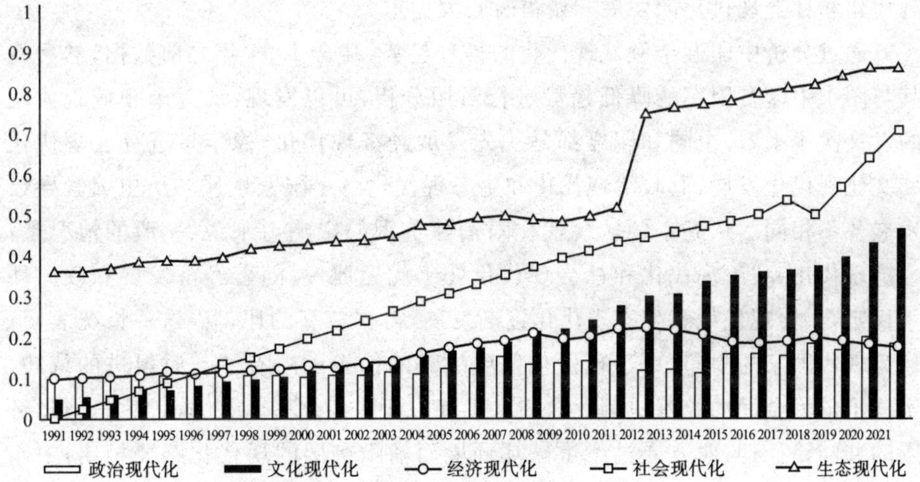

图 8B 1991～2021 年印度现代化得分

数据来源:原始数据同表 1。

由图 8A 可以发现中国五个领域的现代化发展趋势和规模:(1)中国五个领域的现代化进程都在稳步发展。其中,经济现代化在 2007 年之前逐渐增长,在 2008 年经济危机之后进入平稳发展时期;政治现代化经历了 2004～2007 年和 2013～2021 年两段快速增长时期;文化现代化呈不断上升趋势,在 2006 年出现明显提速;社会现代化发展最为迅速,在整个观测期都处于高速增长;生态现代化发展经历了1991～2003年和2005～2021年两段快速发展时期，长期发展势头不变。(2)从现代化指标构成来看，社会现代化在中国长期占据优势地位；经济现代化和政治现代化在早期占有较为重要的地位，随着经济条件的改善和政治环境的稳定，中国的经济现代化和政治现代化一直稳步推进，同时也更加注重文化现代化和生态现代化的发展，从而使文化现代化和生态现代化的比重逐步增大，在近几年占据主导地位。

从图8B可以发现印度五个领域的现代化发展趋势和规模：(1)印度五个现代化进程也在逐步提升。其中，经济现代化与中国相似，从2007年之前的持续增长期转为2008年经济危机之后的平稳发展时期；政治现代化经历相对曲折，但从整体趋势来看仍然稳中有进；文化现代化在整个观测期都呈现平稳的发展态势，但总体增速较低；社会现代化发展最为迅速，在2010年之后进程加快，在2018年短暂下滑后呈现爆发式增长；生态现代化长期平稳发展，并在2012年出现跳跃式上升。(2)从现代化指标构成来看，生态现代化一直处于前列；经济现代化和政治现代化在2000年之前都占有较大的比例，而进入21世纪之后文化现代化和社会现代化的发展开始占有较大比重。

通过分析中印五个领域现代化的得分趋势，结合1991年之前数据，然后将其与图1中印贫困率的降低趋势进行对照分析，可以发现：从五个领域现代化的发展次序来看，中国和印度都是优先发展经济现代化，稳步推进社会现代化和文化现代化发展，而政治现代化和生态现代化由于国家性质和历史因素导致发展各不相同。从五个领域现代化对消除贫困的影响力来说，一般的情况是：经济现代化、政治现代化和社会现代化处于优先地位，随着经济发展和政局环境稳定，文化现代化和生态现代化逐渐发展，占据较高的比例。这一情况表明，作为现代国家的中印，对于现代化发展战略的优先次序有了与时俱进的认知，实现了较为全面的统筹协调。这些事实有力证明：五个领域的现代化是消除贫困的共同路径；与西方通过严重破坏环境而消除贫困的现代化路径相比，中印为广大发展中国家消除贫困提供了有别于西方、行之有效的方案和选择。

四、结语

最后，再次回到“亚洲的戏剧”。从中印以现代化的发展来消除贫困的成效和路径来看，可以得出三个重要的结论。

1.实现现代化是彻底消除贫困的必由之路

首先，中印现代化进程和消除贫困的历程从实践层面证实了二者之间的逻辑关系。李克强总理指出：“要在现代化过程当中用发展的办法来解决发展中的问题。”[1]印度总理莫迪也提出，一国减贫和现代化必须同时进行。[2] 上文的分析已经证实了二者之间的逻辑关系，其他学者的研究同样可以证实这一点。中国科学院中国现代化研究中心何传启研究员对中国和世界的现代化进行了长期的量化研究，并依据他提出的第一次现代化和第二次现代化理论对世界各国包括中印的现代化水平进行了排名。本文以10年为区间，统计1950～2020年间中印第一次现代化指数、第二次现代化指数、综合现代化指数，分析中印现代化的变化幅度、历年增长率与贫困率降幅最大时期的关系（见图9），从而总结中印现代化与消除贫困的契合度以及中印之间的共性和差异。

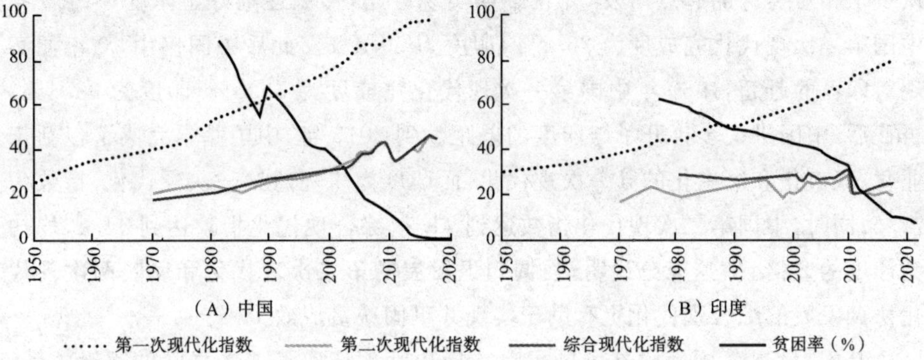

图9　中印现代化与消除贫困的关系

数据来源：《中国现代化报告2000～2022年》。[3]

通过图9可以发现：

第一，中印以现代化消除贫困的共同经验包括：(1)中印减贫成效显著得益于第一次现代化的发展。中印第一次现代化发展速度最快的时期，均是中印各自减贫史上成效最显著的时期。中国的第一次现代化指数在1970～1990年增幅最大，印度是在1990～2010年增幅最大。可以看出，在这两个时期的后半程，即中国从1980年、印度从2005年开始贫困率迅速降低。(2)21世纪以来，

① 《李克强总理出席记者会并回答中外记者提问》，http://www.gov.cn/gongbao/content/2022/content_5679683.htm。

② Outlook Web Bureau, "'India's Soul was Crushed on June 25, 1975': PM Modi Speaks about Emergency in Lok Sabha", https://www.outlookindia.com/website/story/india-news-democracy-was-crushed-in-india-on-june-25-1975-pm-narendra-modi-in-lok-sabha/332965.

③ 何传启团队对第二次现代化和综合现代化（结合了两次现代化的共性指标）的评价指标和评价方法进行了调整，导致中印两国第二次现代化指数在2010年和2014年、综合现代化指数在2010年出现较大波动。为此，本文在对比分析时尽可能忽略上述人为波动，并选取技术注释明确的数据进行呈现。

中印两国的综合现代化和第二次现代化的发展，为两国减贫提供了长效驱动力。除去 2010 年和 2014 年由人为测算所致的数据波动，中国自 2003 年开始，第二次现代化和综合现代化指数均加速增长，同时期的贫困率保持了明显的快速降幅，直至 2020 年基本消除绝对贫困；印度的第二次现代化和综合现代化指数在 21 世纪初也出现了一定增长，同时期印度的贫困率维持了相对快速、稳定的下降。

第二，中印现代化与消除贫困的关系存在差异，中印之间现代化发展的差异直接导致了两国减贫成效的差异。与减贫的历程相似，中国现代化发展也是从一个相对劣势的起点出发，并在中期实现赶超，形势逐渐好于印度。1950 年中国第一次现代化完成度为 26.1%，印度为 30.4%。此后中国仅用 10 年便实现对印度的赶超，1960 年中国第一次现代化完成度为 36.5%，印度为 33.4%。再往后，中国进一步拉开了与印度的差距。到 2015 年，中国基本完成了包括工业化、城市化和民主化的第一次现代化，而印度尚未完成第一次现代化，指数为 77.5；同时，中国第二次现代化指数达到 41.1、综合现代化指数达到 44.4，均约为印度的 2 倍。[①] 这充分说明，强调知识发展的第二次现代化和反映两次现代化协调发展的综合现代化更有助于实现并巩固减贫成效。

其实，世界各国消除贫困的历程均历史性地证实了二者之间的逻辑关系。一方面，贫困问题不是孤立的。“尽管财富分配的不均以及一些国家中持续的大规模贫困是发展中世界主要的也是最突出的问题，但这些都还不是问题的全部。另外还有腐败、独裁、暴力、疾病（主要是因为贫困，并且也因为贫困而加剧了）、裙带庇护关系、阻碍现代化的传统文化和思考方式、脆弱的制度机构（政府、法庭、官僚）、处理公共账目时缺乏透明度、市民社会弱小（那些处在国家和个人之间的中间群体）以及缺乏保护财产和个人权利的法律等。尤其是那些最最贫困的国家，这个问题清单还可以再列上很多很多。”[②]另一方面，贫困问题的解决需要经济发展以外的手段的配合。在 1995 年联合国社会发展世界首脑会议上，与会者一致同意“无人会否认这样的事实，经济发展从长期来看能够有效地实现社会目标和扫除贫困，但是要达到这一目标，至少需要三至五代人，这一过渡期是人性难以忍受的，在政治上也是不负责任的”[③]。因此，欲消除贫困，必

① 参见何传启主编：《中国现代化报告 2018——产业结构现代化研究》，北京：北京大学出版社，2018 年，第 312、330、334 页。

② [美]霍华德·威亚尔达：《新兴国家的政治发展：第三世界还存在吗？》，第 182～183 页。

③ Ignacy Sachs, “Searching for New Development Strategies: Challenges of Social Summit”, *Economic and Political Weekly*, Vol.30, No.27, 1995, p.1686.

须在经济增长的同时兼顾社会公正和文化生态的发展，使穷人也参与到发展的潮流中去并得到发展。也就是说，只有采取一揽子的现代化发展路径，才能从根本上解决最严重的、大规模的贫困问题。

现代化发展理论的更新同样显示了二者之间的逻辑关系。现代化理论起源于第一次工业革命之后，早期也被称为“发展理论”。尽管其早期的关注重点是资本形成（储蓄和投资）要素引发的工业化进程，后期将关注重点从经济增长拓展至基础设施等非经济因素，但自始至终，现代化发展理论均强调发展的目标是消除贫困。[①] 以联合国的发展观为代表，1990 年之前流行的是狭隘的发展观。“狭隘的发展观包括发展就是国民生产总值（GNP）增长、或个人收入提高、或工业化、或技术进步、或社会现代化等等的观点。”[②]但是，自 1990 年以来，联合国每年发表的《人类发展报告》都采用了广义的发展观，起先的测量方法是“可行能力方法”（capability approach），包括教育、医疗卫生、参与民主、公开的社会讨论，后来完善为“人类发展方法”（human development approach），直接关注减少贫困、可持续发展、性别问题、全球化以及社会民主参与等问题。由此可以看出，以现代化的方式消除贫困是冷战结束后全世界通行的新型发展观。

2.中印消除贫困的现代化丰富并夯实了“亚洲模式”

发展中国家的现代化进程迄今都没有完成。在现代化进程中，模式及其转变是至关重要的，因为模式必须经过设计创造和全盘统筹。确定什么样的具体目标、选择什么样的路径去实现现代化，是模式的根本价值所在。

20 世纪 70～80 年代，“亚洲四小龙”创造了经济奇迹，亚洲的政治家和领导人开始倡导不同于西方模式的独特的“亚洲模式”，积极捍卫“亚洲价值观”，如马来西亚的马哈茂德·马哈蒂尔和新加坡的李光耀。然而，直到 20 世纪末，国际上仍然存在截然相反的两种看法：一种是从经济成功的角度，对“亚洲模式”持乐观而肯定的看法。代表性人物是美国著名的未来学家约翰·奈斯比特。他认为，“亚洲的现代化绝非等同于‘西化’，它呈现出的是特有的‘亚洲模式’”，“这是一种将东、西方价值观完美结合的模式，一种包容自由、有序、社会关注和个人主义等信念的模式”[③]。另一种是从政治和社会贫困的角度，对“亚洲模式”持消极而怀疑的看法。代表性人物是著名的发展学学者霍华德·威亚尔达。

---

① Sixto K. Roxas, Gerardo R. Ungson, “From Alleviation to Eradication: A Reassessment of Modernization, Market-Based, and Communitarian Solutions to Global Poverty”, *Poverty & Public Policy*, Vol.3, No.2, 2011, pp.1-25.

② [印度]阿马蒂亚·森:《以自由看待发展》,第 2 页。

③ [美]约翰·奈斯比特:《亚洲大趋势》,蔚文译,北京:外文出版社,1996 年,第 6、275 页。

他认为，“在东亚，经济成功增加了亚洲发展模式的可信性，但其政治模式与经济模式是否相互割裂仍然是个问题”。而且，亚洲面临着严重的贫困问题，“有什么理由再去提出某种只会使贫困永存的特别的本土模式?”最重要的是，“一个亚洲模式需要什么，仍然不是很清楚：它是一个国家指导经济增长的经济模式，一个强调自上而下统治的政治模式，一个街道洁净、举止规范的文化和社会模式，还是它们的某种混合物?”因此，他断言：“或许将来有一天，日本、中国以及其他新兴强国会成为全世界发展的榜样。但至少在眼下，绝大多数第三世界国家只能跟从西方。”[①]从本质上说，西方学者否定“亚洲模式”的“社会一致”“亚洲价值观”等。

然而，2008 年全球金融危机后，中印崛起比“亚洲四小龙”更加引起了全世界对亚洲的关注和肯定。中国和印度不仅仅实现了经济崛起，而且在国家治理特别是在消除贫困方面取得了巨大成就。2012 年，阿马蒂亚·森指出：“大量人口已经越过了贫困线而使他们的家庭不再被定义为所谓的‘低收入’群体。在这一方面，中国的贡献极大，巴西、印度尼西亚、印度等国家也取得了不小的成就。在世界的许多地方，尤其是中国，贫困线以下人口占比大幅下降，但在亚洲的其他国家、拉丁美洲和非洲各地，‘收入贫困’现象仍然没有太大的改观。”[②]阿马蒂亚·森一直对“亚洲价值观”持怀疑的态度[③]，但是他也批评新自由主义教条的“华盛顿共识”，一直积极肯定和赞扬“亚洲经验”，即“在追求经济高速增长的同时迅速提升人类福祉”，正确处理了“经济增长与社会进步之间关系”。他认为，“这种双向关系是所谓的‘亚洲经济发展’的核心特征”，也“使中国在促进经济增长和扩展人类可行能力两方面处于世界领先地位”。[④] 因此，“亚洲经验”是“建立在通过教育、医疗、营养和可行能力的其他决定因素，使经济扩张和人类发展相辅相成的基础之上”[⑤]。特别是 2021 年，作为世界人口大国的中国，历史性地解决了绝对贫困问题。中印消除贫困的现代化成就不仅丰富了亚洲模式的内容，而且增强了亚洲模式的可信性。

---

① [美]霍华德·威亚尔达：《非西方发展理论——地区模式与全球趋势》，董正华、昝涛、郑振清译，北京：北京大学出版社，2006 年，第 11、49、147～148、13 页。

② 阿马蒂亚·森于 2012 年 10 月 18 日在中国发展研究基金会主办的第三届减贫与儿童发展研讨会上的主旨演讲。参见[印]阿马蒂亚·森、刘民权、夏庆杰等：《从增长到发展》，第 19 页。

③ 比如，阿马蒂亚·森说：“阿育王提倡平等主义和普遍宽容，对某些论者来说可能像是‘非亚洲的’。”（[印度]阿马蒂亚·森：《以自由看待发展》，第 239 页）

④ [印]阿马蒂亚·森、让·德雷兹：《不确定的荣耀》，唐奇译，北京：中国人民大学出版社，2015 年，序言。

⑤ [印]阿马蒂亚·森、让·德雷兹：《不确定的荣耀》，第 229～230 页。

3.中印以现代化消除贫困的成效差异凸显了中国式现代化的优越性

中印在消除贫困方面的成效差距以及现代化路径的差异，充分显示了中国式现代化的优越性。正如阿马蒂亚·森所言："我认为，世界能从中国获得的最大收益就是向中国学习。中国提供了许多经验，但实际上没有被注意到，有时我认为这些经验甚至在中国也没有得到认可，所以我们应该强调这一点。"①

社会主义制度具有集中力量办大事的优势，在不同时段中国的现代化建设方面表现出更强的方向感和规划性，坚持了以发展促减贫和精准扶贫等理念。②2012 年，阿马蒂亚·森强调："印度可以向中国学习两个方面：关注公共支出重点的评估检查，强化对公共部门的问责。"③2022 年，印度的国际评论家博苏(Rabi Sankar Bosu)指出："中国无意于出口其脱贫和实现现代化的模式，但是其成功的故事值得包括印度在内的所有的发展中国家学习。普通的印度人不想再听嘈杂民主中那些空洞的政治许诺，只想要免于贫困、饥饿、疾病、夭折、非人性的生活条件等的自由。在发展和良治方面，印度领导人应该向中国学习。"④

中国式现代化的优越性是中国特色社会主义制度的优越性。缪尔达尔在分析亚洲贫困问题的时候采用的是制度分析方法，他从制度层面揭示了亚洲国家贫困的经济、政治、社会、文化、习俗等广泛层面上的原因，并尝试着给出制度的良方，因为他始终坚信"从欠发达走向发达必定有一种制度方法"⑤。中国特色社会主义制度的优越性来源于中国共产党领导的社会主义制度的先进性。早在 20 世纪 60～70 年代，印度著名的社会现代化理论家德赛教授就呼吁，学术界应该加强对资本主义现代化道路与社会主义现代化道路对于欠发达国家的社会、经济、政治、教育和文化生活影响的研究，他认为这具有重大的历史意义，因为历史一再告诉我们：先进的制度总是会战胜落后的制度。就像马克思和恩格斯在《共产党宣言》中所言：资产阶级"使未开化和半开化的国家从属于文明的国家，使农民的民族从属于资产阶级的民族，使东方从属于西方"⑥。西

① [印]阿马蒂亚·森：《新时代国际经济发展与合作："一带一路"倡议》，北京：中国人民大学出版社，2018 年，第Ⅱ页。

② 参见邓金钱：《中国共产党百年减贫的历史方位与理论贡献》，《上海经济研究》2022 年第 7 期。

③ [印]阿马蒂亚·森、刘民权、夏庆杰等：《从增长到发展》，第 14～15 页。

④ Rabi Sankar Bosu, "A Comparison of Progress by India and China since Their Founding-CGTN", https://news.cgtn.com/news/2021-08-19/A-comparison-of-progress-byIndia-and-China-since-their-founding-12PM4eJjMIw/index.html.

⑤ [瑞典]冈纳·缪尔达尔：《亚洲的戏剧：南亚国家贫困问题研究》，第 375～376 页。

⑥ 《马克思恩格斯选集》第 1 卷，北京：人民出版社，2012 年，第 404 页。

方资本主义制度曾经战胜了东方的封建制度，先进的社会主义制度必将战胜资本主义制度。

中国式现代化的优越性是中华优秀传统文化的优越性。与缪尔达尔相比，世界著名文明史学家汤因比同样从欧洲到亚洲进行了一次考察。1929 年，他从伦敦出发，首先经过欧洲大陆的法、德、奥、匈等国，然后到达西亚的土耳其、叙利亚、伊拉克，接着到达南亚的印度等地，最后抵达中国，并在中国和日本之间往返数次，出席在日本京都召开的太平洋国际学会会议。会后他从西伯利亚到达苏联，从苏联回到欧洲。随后，汤因比出版了一本游记。作为世界文明史学家，汤因比游记的主题是思考宏观的人类未来。他预言："将来统一世界的大概不是西欧国家，也不是西欧化国家，而是中国。"[①]在这本书中，关于中国的内容不到一半，但是，其名称却是《中国纪行：从旧世界到新世界》，这充分显示了汤因比对未来人类社会开出的药方不是武力和军事，不是民主和选举，不是西方的霸权，而是文化引领世界，这个文化就是我们博大精深的中华文明。[②] 汤因比的预言过去近一个世纪，回想中印共同开启的半个多世纪的亚洲现代化征程，可以相信，在 21 世纪，中国式现代化所体现的先进的社会主义制度，将进一步激发中华文明的优秀传统，从而促进人类文明新形态的发展与进步。

［原载于《山东大学学报（哲学社会科学版）》2023 年第 1 期］

① ［英］阿诺德·汤因比：《中国纪行：从旧世界到新世界》，司佳译，上海：上海人民出版社，2019 年，第 10 页。

② 参见刘涛：《汤因比预言中国文明将照亮 21 世纪》，《红旗文稿》2013 年第 7 期。